2006年度上海市教委重点课程建设资助项目

海上无线电通信

HAISHANG WUXIANDIAN TONGXIN

第二版

主编 杨永康 毛奇凰

主审 黄佩韦

人民交通出版社

内 容 提 要

全书共分十一章，全面介绍了当今海上无线电通信系统与船舶使用的无线电通信设备。内容主要包括：海上无线电通信系统的功能和组成、船舶要求配备的无线电设备；船舶使用的无线电设备（INMARSAT SES 、MF/HF SSB 及其终端设备 NBDP 和 DSC、VHF 设备、518kHz NAVTEX 接收设备、406MHz EPIRB、9GHz SART 和 Two-way VHF 以及 GMDSS 备用电源）的功能、组成、工作原理及其使用的基本知识。

本书适用于航海院校航海技术专业、船舶电子电气专业本科生的教学，GMDSS 船舶 GOC 人员的教学与培训，也可以供现有船舶驾驶员、航运公司相关管理人员及从事海上无线电通信设备检验、管理人员学习和参考之用。

图书在版编目（CIP）数据

海上无线电通信／杨永康，毛奇凰主编. —2 版. —北京：人民交通出版社，2009. 4

ISBN 978－7－114－07812－5

Ⅰ. 海… Ⅱ. ①杨… ②毛… Ⅲ. 航海通信：无线电通信 Ⅳ. U675. 75

中国版本图书馆 CIP 数据核字（2009）第 025833 号

书　　名：海上无线电通信（第二版）
著 作 者：杨永康　毛奇凰
责任编辑：钱悦良
出版发行：人民交通出版社
地　　址：（100011）北京市朝阳区安定门外外馆斜街 3 号
网　　址：http://www.ccpress.com.cn
销售电话：（010）59757973
总 经 销：人民交通出版社发行部
经　　销：各地新华书店
印　　刷：北京鑫正大印刷有限公司
开　　本：787×1092　1/16
印　　张：18.5
字　　数：464 千
版　　次：2001 年 6 月　第 1 版　2009 年 4 月　第 2 版
印　　次：2013 年 8 月　第 2 版　第 2 次印刷　累计第 4 次印刷
书　　号：ISBN 978-7-114-07812-5
印　　数：3001－5000 册
定　　价：38.00 元
（有印刷、装订质量问题的图书由本社负责调换）

前言

体现SOLAS公约的全球海上遇险与安全系统，即GMDSS，在世界范围内实施已有近十年的时间。IMO针对GMDSS实施的实际情况及现代通信技术的发展，对SOLAS、GMDSS相关条款作了修改和决议。我国海事局在2007年对海船无线电人员考试和评估大纲进行了修订，修订后的大纲更好地体现了IMO STCW 78/95公约的要求、GMDSS的发展和船舶使用GMDSS设备的实际情况。

编者依据海事局的海船无线电人员考试和评估大纲，结合GMDSS的最新发展、十多年从事研究生和本科生海上无线电通信课程的教学经验、GMDSS GOC考证培训的教学实践，对《海上无线电通信》第一版作了很大幅度的增、删、改。按INMARSAT通信系统定义手册（即INMARSAT SDM），全面充实和更新了INMARSAT-C（和mini C）、INMARSAT-B的内容，增加了目前得到广泛应用的INMARSAT-F系统，删除了已关闭的INMARSAT-A和E的内容；无线电通信基础知识中增加了一些学习新通信系统所需的知识和内容；按IMO新修订的通信设备技术、使用标准，对NBDP、DSC、EPIRB等都作了相应的更新和修改。

全书共十一章，主要介绍了现代海上无线电通信系统的功能、组成及船舶配备GMDSS设备的要求；无线电通信基础知识；国际移动卫星通信系统（INMARSAT）；海上VHF、MF/HF SSB通信及使用的NBDP和DSC终端设备；518kHz航行电传系统、紧急无线电示位标（COSPAS/SARSAT系统的EPIRB）、救生艇筏无线电设备及备用电源。

本书内容立足于“海上通信”特色，力求向读者提供学习、了解海上无线电通信的新而全面的知识和内容。编者集多年的教学和实践经验，使本书既适用于《海上无线电通信》的教学和培训，也可以供从事或管理海上无线电通信的人员、港航企业、从事海上无线电通信设备检验、管理人员的学习和参考之用。

全书由上海海事大学杨永康教授、毛奇凰副教授主编，刘伟潮副教授参编；上海交通大学黄佩韦教授承担了本书的主审工作。

本书的出版获得2006年度上海市教委重点课程建设资助。

本书的编写和出版得到上海海事大学、上海船员培训中心的帮助和支持，也得到上海中集教学培训中心、上海海事技术学院各位同仁的帮助，在此一并表示谢意。

由于编者水平有限，书中难免有不妥、错漏之处，敬请读者批评、指正，不胜感激。

编者

2008年12月

目录

第一章　海上无线电通信系统综述

第一节　海上无线电通信的发展和特点

随着航海运输事业的发展,海上无线电通信越来越显示出它的重要性。海上无线电通信被誉为船长的耳目,船舶航行安全的神经。当船舶处于紧急、遇险的状况时,通过无线电通信船长可以获取变化万千的航行安全信息,从而及时决策、采取行之有效的措施,使船舶转危为安。同时,船长的决策也能迅速可靠地传递到岸上的指挥中心,使船舶得到及时的指导和援助。为了进一步提高航海安全的可靠性,对海上无线电通信提出了越来越高的要求。

19世纪初,当时世界上最大邮船“泰坦尼克”轮首航大西洋,在纽芬兰触冰山沉没。由于海上无线电通信的落后和通信规则的不完善,导致了严重后果,终于酿成死亡上千人的惨案。由此而制订了世界上第一个SOLAS(Safety of life at sea)公约,从制度上来保证航海的安全。

当今世界,航海运输竞争激烈、发展迅速,对船舶航行安全提出越来越高的要求。海上无线电通信系统得到不断更新和完善,对确保船舶航行安全作出了很大的贡献。

1989年6月,苏联的大邮船“高尔基”号在挪威外海与冰山相撞,由于通信手段先进,岸上救助中心马上派出直升机和救助船舶赶到现场。在船舶沉没之前,将船员和旅客抢救出来,没有造成重大伤亡。与此相反,1987年菲律宾一艘客船,由于通信设备落后,海岸电台和附近航行船舶都没有收到客船的求救信号,没有开展及时的救援行动,造成2000多人死亡。

1992年2月1日前的海上无线电通信受1974年SOLAS公约的约束,并与国际电信联盟(ITU)制订的无线电规则相一致。经历了甚高频(VHF)无线电话、中/高频(MF/HF)无线电话和莫尔斯(Morse)无线电报的发展。SOLAS公约对船舶遇险与安全的无线电通信设备及其技术要求作了详细且带有强制性的规定:

(1)船舶按其吨位数、类型和航行航区配备无线电设备;

(2)船舶应按国际电信联盟无线电规则规定在国际遇险频率上保持无线电值班守听。

按照规定,那时的海上无线电通信系统对船舶通信设备的配备可分为以下两个系统:

(1)莫尔斯(Morse)无线电报系统。所有1600总吨以上的货船和所有客船必须配备500kHz收发信机,以及合格的无线电报务员。无线电报务员必须按规定在500kHz无线电报国际遇险频率上值班,守听遇险船舶发出的电报遇险信号和遇险信息。

(2)无线电话系统。所有300总吨及其以上的货船和所有客船必须配备2182kHz无线电话收发信设备和甚高频(VHF)无线电话设备,船舶都要在2182kHz和VHF ch16(156.800MHz)的无线电话国际遇险频率上值班,守听遇险船舶发出的电话遇险信号和遇险信息。

海上无线电通信系统还为所有受1974年SOLAS公约约束的船舶提供公共遇险通信业务,频率分别位于2、4、6、8、12和22MHz频段。

ITU的无线电规则对在遇险频率上的值班守听和遇险通信的操作程序作了详细的规定。

为了保证遇险船舶发出的电报或电话遇险信号、遇险信息能被海岸电台或附近航行船舶电台接收到,每小时的15~18分、45~48分为无线电报静默时间;每小时的00~03分、30~33分为无线电话静默时间。在这些时间内,所有正常航行的船舶、海岸电台应在遇险频率上停止发射并在500kHz、2182kHz上认真守听,以确保能听到遇险船舶发出的或者其他船舶电台转发的无线电遇险信号和信息。

过去的海上无线电通信系统在船舶的遇险通信与救助中发挥过很大的作用,成功地完成过无数次的遇险通信和海上救助工作。但是,以往的海上无线电通信系统无论在遇险通信、搜救协调通信,还是常规的无线电通信,都有它的严重局限性和缺陷。下面以我国的“德堡轮”沉没事故为例,来说明海上无线电通信系统的弊端。

“德堡轮”是我国在1986年4月从罗马尼亚接收的新船,装盘圆3324.3t回国,6月16日21时在亚丁湾口附近倾覆沉没。由于“德堡轮”遇险时,没有任何船舶电台、海岸电台收到过任何求救信号,使搜救工作无法及时进行。

“德堡轮”发生倾斜时,报务主任曾在500kHz频率上将船长的遇险报警电报拍发了两遍,但没有联系上。“德堡轮”发报机的全功率为400W,船对船的有效通信距离为200n mile。发报机以1/3功率工作时,有效通信距离则降为100n mile。发报机的天线高度为23m,当船舶倾斜30°时,天线垂直高度降为17m,有效通信距离将由200n mile缩短为150n mile。总之,距“德堡轮”100n mile外的船舶电台或海岸电台是无法接收到求救信号的。当时,距“德堡轮”出事点最近的海岸电台在东非,相距约700n mile。而在100n mile以内的我国远洋轮“风鹰轮”与“德堡轮”相距约58n mile。但此时正是船舶抄收孟买气象报告,无法在500kHz频率上守听。加上“德堡轮”遇险时间非常短促,在有限时间内手动拍发电报最多两遍,没有时间作更多的重复性呼叫。船员弃船下海后,救生艇又倾覆,应急发报机无法工作。因此,附近航行船舶没有可能收到“德堡轮”的求救信号。

通过“德堡轮”倾覆沉没,从海上遇险与安全通信系统方面分析,有以下严重局限性和缺陷:

(1)遇险通信设备工作在中频(MF)和VHF波段,不能提供远距离的遇险报警。报警的距离范围最大为200n mile,超过此范围时,大部分情况下报警是无效的。

(2)使用莫尔斯无线电报和单边带无线电话设备报警时,需要合格的无线电人员才能进行。这也给拍发遇险信号的广泛性带来困难。

(3)遇险报警需人工操作。当船舶发生倾覆、爆炸等突发性事故时,遇险信号无法及时发出。

(4)无论是船舶电台还是海岸电台,遇险报警信号依靠专门人员守听,存在着许多人为因素。

(5)船舶电台虽配有高频(HF)无线电通信设备,通常只用于日常通信。由于短波信号传播常受到季节、气候、昼夜和地理位置的影响,接收地点的信号很不稳定,常有通信盲时和盲区现象,无法可靠地接收到信号。而且,国际上对于高频连续值班守听没有作出相应的规定。所以,高频无线电通信设备不能做到无保留地用于遇险与安全通信中。

(6)虽然已有不少国家建立搜救队伍,并配有相应的设施,但因各国搜救组织形式、操作方法没有统一,加上缺乏远距离通信指挥和搜寻手段,因此限制了各国搜救部门进行国际性广泛合作,在许多情况下不能充分发挥作用。

海上无线电通信具有如下三大特点:

(1)强制性。海上无线电通信受SOLAS公约和ITU无线电规则的制约,它使用的通信方式、频率、设备、人员等都受到强制性的规定。

(2)通信优先等级。海上通信分为遇险、紧急、安全和日常通信等级,并按通信等级给予优先接入。

(3)移动性。海上无线电通信是一种移动通信。船舶为了与陆上用户进行有效的通信，必须依赖于陆上通信。船舶无线电通信的实现是海上“无线”通信与陆上(“有线”)通信的结合。所以船舶要完成与陆上用户的通信，首先必须用“无线电通信”连接到陆上的“着陆点”，再由“着陆点”借助陆上通信网络连接到用户。

现代通信、导航技术和计算机技术的发展、大规模集成电路技术的应用，为海上无线电通信提高到一个新的水平奠定了基础。改革海上无线电通信，以适应现代海上运输业发展，顺理成章地导致了新的海上无线电通信系统——全球海上遇险与安全系统(Global Maritime Distress and Safety System)的产生和投入使用。

第二节　海上无线电通信系统的功能

为了最大限度保障海上人命和财产的安全，国际海事组织(IMO)一直致力于海上无线电通信系统的改善和发展。在有关国际组织共同协调和努力下，1986 年 12 月定名的全球海上遇险与安全系统(Global Maritime Distress and Safety System)，即 GMDSS，在 1988 年 11 月通过的《1974 年 SOLAS 公约 1988 年修正案》第四章以法律形式得到通过。GMDSS 于 1992 年 2 月 1 日起开始实施，经过 7 年的实施过渡期于 1999 年 2 月 1 日起完全实施。

GMDSS 是 IMO 为《1979 年海上国际搜寻与救助公约》(International Convention on Maritime Search and Rescue, 1979)即 SAR 公约精心设计的海上无线电通信系统。

如图 1-1 所示，GMDSS 凭借“立体”通信链路，将航行船舶、卫星和岸上搜救机构连成一体，确保船舶对岸、船舶对船舶、岸对船舶的全海域遇险报警。GMDSS 的基本概念就在于一旦船舶遇险，能够立即向岸上搜救机构及附近航行船舶通报遇险信息，岸上有关搜救机构能够以最短的时间延迟展开协同的搜救活动，使遇险船舶获得及时的救助。

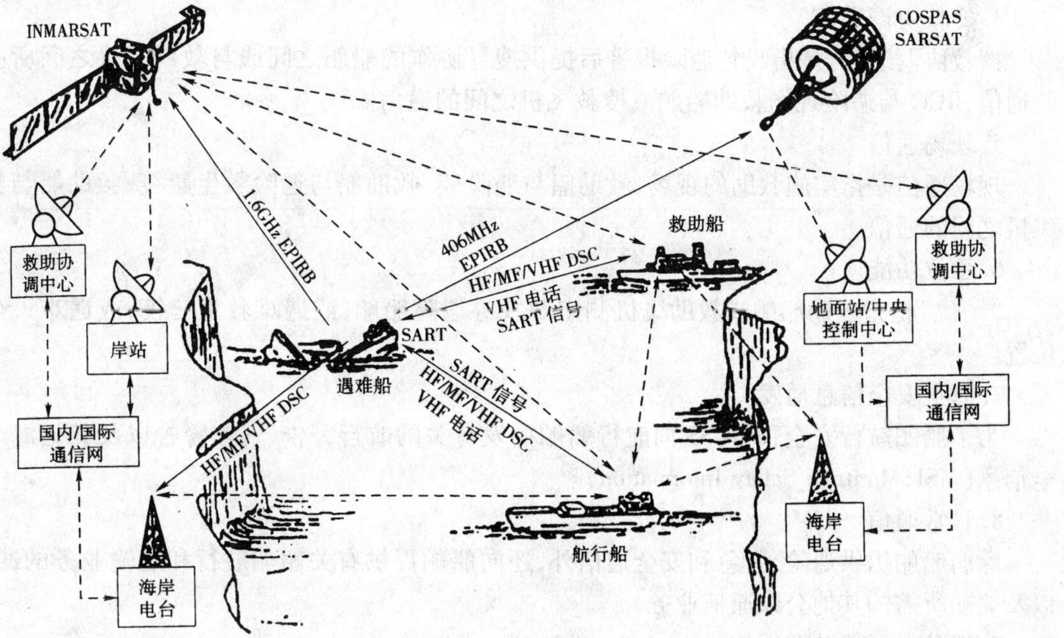

图 1-1　GMDSS 基本概念

为此,GMDSS 提供卫星和地面的遇险、紧急通信,也提供向船舶播发包括航行警告、气象预报和其他紧急安全信息的海上安全信息,以减少海上遇险事件的发生。当然,船舶通过 GMDSS 也能够迅速、可靠地完成日常所需的各类通信业务。

以莫尔斯无线电报作为主要手段的原海上无线电通信系统,由遇险船舶向附近航行船舶发出报警信号,以求取得救助。由于缺乏有效的远距离报警,遇险报警的接收主要依靠人工值班守听,所以报警的成功率很低,往往会延误甚至丧失对遇险船援救的机会,对海上安全十分不利。

GMDSS 符合 1974 年国际海上人命安全公约(即 SOLAS 公约)的 1988 年修改生效的新Ⅳ章和国际电联(ITU)1987 年世界无线电行政大会修改的《无线电规则》的规定,具有下面所述的 9 大通信功能。

1. 船至岸的遇险报警

遇险报警是指遇险船舶向搜救协调中心(RCC,Rescue Co-ordination Center)和在它附近航行的其他船舶迅速而有效地通报遇险信息。这些信息包括遇险船舶的 9 位数字水上移动业务识别码(MMSI,Maritime Mobile Service Identity)、遇险的位置和时间、遇险性质和其他有助于搜救的信息。RCC 收到遇险报警后,立即将船舶的报警传送给有关搜救部门和遇险船舶附近航行的船舶,及时采取救助措施。由于 GMDSS 设备提供可靠的遇险报警,遇险报警的成功率高,信息传送延时小,使救助成功的可能性大大增加。

2. 岸至船遇险报警

岸至船遇险报警是指陆上有关的 RCC 通过海岸电台或卫星地面站向遇险船舶附近航行的船舶播发或转发海上遇险报警,以便及时向遇险船舶提供救助。

3. 船至船的遇险报警

船至船的遇险报警是指遇险船舶向附近航行船舶的遇险报警,以及时取得附近航行船舶的援救。

4. 搜救协调通信

搜救协调通信,是指收到遇险报警后提供搜寻协作的船舶之间或与救助飞机之间所必需的通信、RCC 与遇险现场救助船舶或搜救飞机之间的通信。

5. 现场通信

现场通信是指实施救助的现场,救助船与遇险船、救助船与遇险救生艇筏、救助船与救助飞机之间的通信。

6. 示位功能

“示位”是指救助船舶或救助飞机测定和找寻遇险船舶,或遇难救生艇筏,或遇难人员的位置。

7. 海上安全信息播发

为了船舶航行安全,GMDSS 向航行船舶播发有关的航行警告、气象警告以及其他海上安全信息(MSI,Maritime Safety Information)。

8. 日常通信

除向船舶提供遇险、紧急和安全通信外,还向船舶提供有关船舶航行和运输业务的通信,以及船舶所需的其他公众通信业务。

9. 驾驶台至驾驶台通信

通常指船舶与船舶之间进行的有关航行安全、安全避让的通信。

第三节　GMDSS 的组成和使用的设备

为使 GMDSS 具有上面所述的通信功能,GMDSS 使用的通信系统由卫星通信系统和地面通信系统组成。

一、卫星通信系统

GMDSS 所使用的卫星通信系统包括 INMARSAT 卫星通信系统和 COSPAS/SARSAT 低极轨道卫星系统,它们能满足大部分 GMDSS 的功能,对 GMDSS 具有特殊的重要性。

1. INMARSAT 卫星通信系统

卫星通信范围广、不受气象条件限制、通信质量高、设备操作简单、通信业务多样化。船舶使用卫星设备可以与陆上用户进行高质量和可靠的电话、传真、电传、电子邮件等通信。当船舶发生故障时,可以通过通信获得岸上专家的指导和帮助,以避免发生严重的事故。船舶遇险时,报警可以以最高优先等级进入 Inmarsat 系统,并被直接连接到陆上的 RCC,以获得及时的援助。

Inmarsat 系统所使用的船载设备是各类 Inmarsat 船站,简称 INMARSAT SES(Ship Earth Station)或 MES(Mobile Earth Station),以及用于 MSI 接收的增强群呼(EGC,Enhanced Group Call)接收设备。

2. COSPAS/SARSAT 系统

COSPAS/SARSAT 系统使用低极轨道卫星为船舶提供全球的船到岸(RCC)遇险报警,系统使用的设备是 406MHz 紧急无线电示位标(EPIRB,Emergency Position Indicating Radio Beacon)。船舶一旦遇险,可以手动或自动启动 406MHz EPIRB,通过低极轨道卫星向陆上 RCC 发送遇险报警,准确、及时可靠。

二、地面无线电通信系统

GMDSS 使用的地面无线电通信系统,大致可以分为中频(MF)、高频(HF)和甚高频(VHF)三个分系统。遇险通信方式将不再使用人工莫尔斯电报,而使用 VHF 无线电话和单边带(SSB,Single Side Band)的无线电话、数字选择性呼叫(DSC,Digital Selective Calling)和窄带直接印字电报(NBDP,Narrow Band Direct Printing)等技术。船舶上使用的 GMDSS 设备是:VHF(带 DSC)设备和救生艇筏使用的双向(Two-way)VHF 设备、MF SSB 或 MF/HF SSB 设备(带 DSC 和/或 NBDP)。

地面无线电通信的 518kHz 用于航行电传系统(NAVTEX 系统),船舶使用 518kHz NAVTEX 接收设备,用于 MSI 的接收。

GMDSS 的示位功能由船上装载的 9GHz 搜救雷达应答器(SART,Search and Rescue Radar Transponder),与进行救助作业的船舶或飞机上装备的 9GHz 雷达共同完成。

第四节　船舶 GMDSS 设备的配备要求

按照 GMDSS 的规定,船舶 GMDSS 设备的装备要求将根据船舶航行的海区,而不是根据船舶总吨位来确定。这是因为 GMDSS 使用的不同通信系统在地理覆盖和所提供业务等方面都有一定的局限性，因此 GMDSS 主要根据船舶航行区域来确定无线电设备的配备。

一、GMDSS 海区

GMDSS 将全球航行区域划分为 4 个海区，如图 1-2 所示。

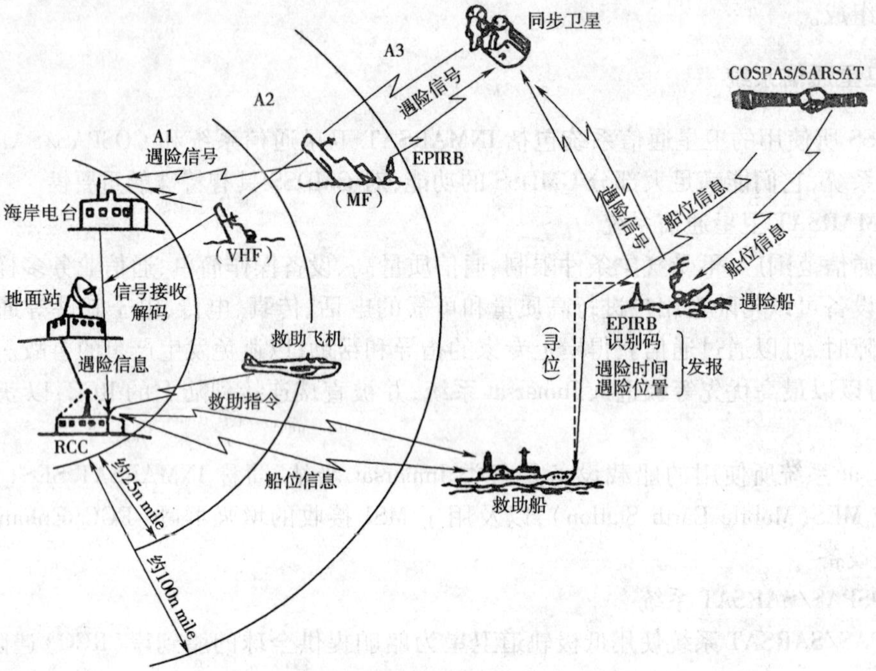

图 1-2　GMDSS 海区

1. A1 海区

A1 海区是指至少有一个 VHF 海岸电台所覆盖的区域，距岸约 20 ~ 30n mile。在这个区域内可以进行连续的 VHF DSC 报警。A1 海区的划分由主管的各国政府即 1974 年 SOLAS 公约签字国确定。

2. A2 海区

A2 海区是指除 A1 海区以外、至少有一个 MF 海岸电台所覆盖的区域，约 150n mile。在这个区域内可以进行连续的 MF DSC 报警。A2 海区的划分由主管的各国政府即 1974 年 SOLAS 公约签字国确定。

3. A3 海区

A3 海区是指除 A1 和 A2 海区以外的、Inmarsat 静止卫星所覆盖的区域——南北纬 70°以内区域。在这个区域内可以进行连续的 INMARSAT 报警。

4. A4 海区

A4 海区是指除 A1、A2 和 A3 海区以外的区域，即南北纬 70°以上的南极、北极区域。

二、船舶 GMDSS 设备装备的原则

SOLAS 公约第Ⅲ章、第Ⅳ章和第Ⅴ章对无线电设备有详细的规定和说明。

受到 1974 年 SOLAS 公约 1988 年修正文本约束的船舶（SOLAS 公约船）、从事国际航线的所有 300 总吨及其以上的货船、所有从事国际航运的客船，按照航行的主要海区分为 A1 船

舶、A1 + A2 船舶、A1 + A2 + A3 船舶、A1 + A2 + A3 + A4 船舶。各航行海区船舶均应分别配备适当的无线电设备，装备的设备必须提供船舶 GMDSS 所要求的 9 项功能：

(1)至少应有两种独立的装置，并使用不同的业务，发送船至岸的遇险报警；

(2)岸至船遇险报警的接收；

(3)船至船遇险报警的发送和接收；

(4)搜救协调通信的发送和接收；

(5)遇险现场通信的接收和发送；

(6)示位信号的接收和发射；

(7)海上安全信息的接收和发射；

(8)日常无线电通信的接收和发射；

(9)驾驶台至驾驶台通信的接收和发射。

三、船舶 GMDSS 设备的装备要求

我国船级社根据 SOLAS 公约修正案的有关规定，制定了中华人民共和国海船无线电设备规范，对 GMDSS 无线电通信设备的配备定额、基本技术要求和性能标准等都作了详细的规定。

1. 国际航行船舶的无线电通信设备的配备

从事国际航行船舶（海上航行的客船、300 总吨及其以上的货船）应按表 1-1 的最低要求配备 GMDSS 无线电设备。其中 A1 + A2 + A3 船舶 GMDSS 设备的配备有两种方案，即高频(HF)方案（方案 1）、卫星（INMARSAT）方案（方案 2）。

按表 1-1 配备，船舶在各自海区航行时都具有 GMDSS 所要求的 9 项功能。以 A1 + A2 + A3 船舶的船至岸的遇险报警功能为例，至少应有两种独立的装置：

从事国际航行船舶应配备的无线电通信设备　　表 1-1

序号	设备名称	船舶按海区配备无线电通信设备的数量				
		A1	A1 + A2	A1 + A2 + A3		A1 + A2 + A3 + A4
				方案 1	方案 2	
1	甚高频无线电话(VHF)	1	1	1	1	1
2	奈伏泰斯接收设备(NAVTEX)	1	1	1	1	1
3	极轨道卫星紧急无线电示位标(406MHz-EPIRB)	任选 1	1	1	1	1
4	甚高频紧急无线电示位标(VHF-EPIRB)					
5	中频无线电装置(MF)		1		1	
6	中/高频无线电装置(MF/HF)		1	1		1
7	船舶地面站(SES)				1	
8	增强群呼接收设备(EGC)			1	1	1
9	救生艇筏双向甚高频无线电话(TWO-WAY VHF)	3	3	3	3	3
10	搜救雷达应答器(SART)	2	2	2	2	2

注：①甚高频无线电话应能在156.525MHz（70频道）上发送和接收DSC遇险报警信号。应能从船舶通常驾驶的位置，在70频道启动遇险报警的发送。应能在156.300MHz（6频道）、156.650MHz（13频道）和156.800MHz（16频道）上进行无线电话通信。同时，能用无线电话发送和接收一般无线电通信。

甚高频无线电话尚应能在甚高频70频道上保持连续DSC值班。该功能也可以由单独的甚高频DSC值班接收机来满足。

②甚高频紧急无线电示位标应能在甚高频70频道上使用DSC发送遇险报警，并通过在9GHz频带上工作的搜救雷达应答器提供寻位信号。

③中频（MF）无线电收、发信机应能在2187.5kHz频率上使用DSC和在2182kHz频率上使用无线电话发送和接收遇险报警，且能在2187.5kHz频率上保持连续DSC值班。该功能也可由单独的中频DSC值班接收机来满足。能在1605～4000kHz频带内，用无线电话或直接印字电报发送和接收一般无线电通信（对A3海区的船舶所配备的MF设备无此项要求）。能从船舶通常驾驶的位置启动遇险报警的发送。

④中高频（MF/HF）无线电收发信机应能在1605～4000kHz和4000～27500kHz频带内，使用DSC、无线电话和直接印字电报发送和接收遇险报警。能在2187.5kHz、8414.5kHz和至少在4207.5kHz、6312kHz、12577kHz或16804.5kHz遇险和安全DSC频率的任一频率上保持DSC值班。该功能也可以由单独的中、高频DSC值班接收机来满足。能使用无线电话和直接印字电报发送和接收一般无线电通信。应能从船舶通常驾驶的位置启动遇险报警的发送。

⑤对1997年2月1日以后建造的船舶，到1999年2月1日或到国际海事组织海上安全委员会可能决定的其他日期将免除无线电话遇险频率值班接收机和无线电话报警信号发生器的配备要求。

⑥300总吨及以上但小于500总吨的每艘货船可配备2台救生艇筏双向甚高频无线电话。

⑦每艘客船和500总吨及以上的每艘货船，每舷至少配备一台搜救雷达应答器。300总吨及以上但小于500总吨的每艘货船，可仅配一台搜救雷达应答器。

航行在A1海区时，VHF DSC和406MHz EPIRB；A2海区时，MF DSC和406MHz EPIRB；A3海区时，（方案2的）INMARSAT SES和406MHz EPIRB或（方案1的）HF DSC和406MHz EPIRB。

2. 国内沿海航行船舶的无线电通信设备的配备

从事国内沿海航行的船舶应按表1-2的要求配备无线电设备。

从事国内沿海航行船舶的无线电通信设备的配备 表1-2

序号	设备名称	船舶按海区配备无线电通信设备的数量	
		A1	A2
1	甚高频无线电话（VHF）	1	1
2	奈伏泰斯接收设备（NAVTEX）	1	1
3	甚高频紧急无线电示位标（VHF-EPIRB）	任选1	
4	卫星紧急无线电示位标（406MHz EPIRB）		1
5	中频无线电装置（MF）		1
6	中/高频无线电装置（MF/HF）		
7	船舶地面站（SES）		
8	救生艇筏双向甚高频无线电话（TWO-WAY VHF）	3	3
9	搜救雷达应答器（SART）	2	2

注：同表1-1注。

3. 附加无线电通信设备的配备

（1）国际航行船舶如采用双套设备来确保设备的可用性，则应根据船舶预定通过的海区，按表1-3配备附加无线电通信设备。

国际航行船舶双套配备的附加配备 表 1-3

<table>
<tr><th rowspan="3">序号</th><th rowspan="3">设备名称</th><th colspan="5">船舶按海区配备无线电通信设备的数量</th></tr>
<tr><th rowspan="2">A1</th><th rowspan="2">A1 + A2</th><th colspan="2">A1 + A2 + A3</th><th rowspan="2">A1 + A2 + A3 + A4</th></tr>
<tr><th>方案 1</th><th>方案 2</th></tr>
<tr><td>1</td><td>甚高频无线电话(VHF)</td><td>1</td><td>1</td><td>1</td><td>1</td><td>1</td></tr>
<tr><td>2</td><td>中频无线电装置(MF)</td><td></td><td>1</td><td></td><td></td><td></td></tr>
<tr><td>3</td><td>中/高频无线电装置(MF/HF)</td><td></td><td></td><td colspan="2" rowspan="2">任选 1</td><td>1</td></tr>
<tr><td>4</td><td>船舶地面站(SES)</td><td></td><td></td><td></td></tr>
</table>

(2)国内航行船舶如采用双套设备来确保设备的可用性,则应根据船舶预定通过的海区按表 1-4 配备附加无线电通信设备。

国内航行船舶双套设备的附加配备 表 1-4

序号	设备名称	船舶按海区配备附加无线电通信设备的数量	
		A1	A2
1	甚高频无线电话(VHF)	1	1
2	中频无线电装置(MF)		1
3	中/高频无线电装置(MF/HF)		
4	船舶地面站(SES)		

第五节 关于 GMDSS 的实施

1992 年 2 月 1 日起开始实施的 GMDSS,标志着自 1899 年无线电问世以来海上无线电通信方面发生的最重要的变化。GMDSS 除要求船舶装备全新的现代无线电通信设备外,还包括空间的卫星系统和相应的地面设施等许多技术、费用,以及无线电人员等方面的问题有待解决。因此,GMDSS 开始实施到完全实施之间安排了 7 年过渡期。在这一过渡期内,GMDSS 和原来的海上遇险安全系统并行使用。也就是说,在 GMDSS 完全实施(1999 年 2 月 1 日)之前,所有公约船可以继续使用原来的海上遇险与安全通信的规定。而在 GMDSS 完全实施之后,不受 SOLAS 公约约束的船舶可以继续使用原来的遇险安全通信系统。

船用 GMDSS 设备具有自动发出遇险报警的功能,它使用即使在强噪声中也能检出信号的高效率 DSC 和几乎覆盖所有海区且能可靠通信的卫星作主体,取代了以人工收发莫尔斯电报为主体的原海上通信系统。GMDSS 船载设备使用高集成度的 IC 电路,具有一定的自诊断检测功能。这样,对船舶无线电人员要求、职能、设置,对船舶装载的无线电设备的维修要求都发生了很大的变化。为采纳 GMDSS 而修正的 SOLAS 公约的新四章对确保无线电设备的可用性、GMDSS 无线电员作了明确的规定。

一、关于船用 GMDSS 设备的可用性

“设备可用性”是指任何时候都使设备处于正常的工作状态。为了确保船用 GMDSS 无线电设备的可用性,对设备的维修确定了可供选择的三种维修方案,即:

(1)岸上维修(shore-based maintenance):应具有生产厂家或船级社认可的设备陆上维修证书;

(2)海上维修(at-sea maintenance):船舶应配备所有设备的技术资料和足够的备品、备件及测试设备、合格的维修人员;

(3)双套设备(duplication of equipment):应根据船舶预定通过的海区,按表1-3和表1-4来配备附加无线电设备。每一附加无线电通信设备应与各自的天线、电源相连,其安装应保证能随时可供使用。

航行于A1、A2海区的船舶,经船级社认可,可通过使用上面三种方案中的一种方法确保设备的可用性。

航行于A3、A4海区的船舶,经船级社认可,至少综合使用上面三种方案中任意两种方法确保设备的可用性。

二、关于船舶GMDSS无线电人员

SOLAS公约对GMDSS无线电人员作了如下规定:

每艘船舶应配备有能胜任遇险与安全无线电通信的人员,这些人员应持有无线电规则规定的,并由主管机关颁发的适当证书。船舶遇险时,应指定其中任何一人担负起主要无线电通信的责任。

在IMO的STCW 78/95公约中对执行GMDSS遇险和安全通信的无线电人员资格证书分设以下4类:

(1)一级无线电电子证书(1st REC, First-Class Radio Electronic Certificate);

(2)二级无线电电子证书(2nd REC, Second-Class Radio Electronic Certificate);

(3)通用操作员证书(GOC, General Operator's Certificate);

(4)限定操作员证书(ROC, Restricted Opertor's Certificate)。

其中,1st REC和2nd REC是无线电人员的管理级证书。要求具备无线电电台操作、维修和保养方面的知识与技能;电子、通信技术方面的知识与能力。GOC和ROC则是无线电人员的操作级证书,只要求具备无线电电台操作、保养方面的知识与技能,以及简单的无线电基础知识。

4类资格证书的适用范围为:

(1)1st REC和2nd REC适用于A1、A2、A3或A4海区航行的船舶、海上平台或设施;

(2)GOC适用于A1、A2海区航行的船舶、海上平台或设施;A3、A4海区航行的双套设备配备的船舶、海上平台或设施;

(3)ROC只适用于A1海区航行的船舶、海上平台或设施。

根据我国交通部有关规定,无线电人员的配员要求是:

1. GMDSS设备单配套的船舶

(1)航行于A1+A2+A3+A4的船舶、海上平台或设施至少应配有一名专职的1st REC人员。

(2)航行于A1+A2+A3的船舶、海上平台或设施至少应配有一名专职的2nd REC或以上人员。

(3)航行于A1+A2的船舶、海上平台或设施至少应配有一名专职的GOC或以上人员。

(4)航行于A1的船舶、海上平台或设施至少应配有一名专职的ROC或以上人员。

2. GMDSS设备双配套的船舶

(1)航行于A1+A2+A3+A4的船舶、海上平台或设施至少应配有一名专职的GOC或以上人员;或两名兼职的 GOC 或以上人员。

(2)航行于 A1 + A2 的船舶、海上平台或设施至少应配有一名兼职 GOC 或以上人员。

(3)航行于 A1 的船舶、海上平台或设施至少应配有一名兼职的 ROC 或以上人员。

第六节 遇险船舶船长操作 GMDSS 设备的指南

1979 年 SAR 公约要求沿海的有关国家之间进行协调,使任何海区内的搜救活动都能协作进行。GMDSS 提供的完善遇险安全通信功能,使 SAR 活动的通信能应付任何遇险情况。从船舶发生遇险到被救助,首要的是发出遇险报警。遇险报警一经发到岸上 RCC,将建立以 RCC 为中心的通信网,进行搜救协调通信。而对遇难船、救生艇筏的搜寻和通信则通过救生艇筏上的 SART 或手持双向 VHF 无线电话来实现。

船舶一旦遇险,船长除采取一切手段处理险情外,要获得救助必须进行遇险报警、遇险通信。面对诸多船载无线电设备,如何利用 GMDSS 进行遇险报警、通信,IMO 提供了图 1-3 所示的遇险船舶船长使用 GMDSS 设备进行遇险求救报警、通信的流程图。

一、船舶在不同海区实现报警、通信功能所使用的设备

1. 船至岸主要遇险报警发射

A1 海区 VHF DSC

A2 海区 MF DSC

A3 海区 卫星船站或 HF DSC

A4 海区 HF DSC

船至岸辅助(专用)遇险报警发射

A1 ~ A4 海区 406MHz EPIRB(A1 海区也可用 VHF EPIRB)

2. 岸至船遇险报警接收

VHF DSC 值班接收机

MF DSC 值班接收机

MF/HF DSC 值班接收机

卫星船站

3. 船至船遇险报警接收和发射

VHF DSC

MF DSC

4. 搜救协调通信接收和发射

VHF 设备

MF SSB 设备

MF/HF SSB 设备

卫星船站

5. 遇险现场通信接收和发射

VHF 设备、Two-way VHF

MF SSB 设备

6. 示位信号接收和发射

搜救雷达应答器(SART)(发射)

X 波段雷达(接收)

7. 海上安全信息接收和发射

518kHz NAVTEX 设备(接收)

EGC 设备(接收)

HF SSB NBDP 设备(接收和发射)

8. 船舶日常无线电通信接收和发射

VHF(电话)

MF/HF SSB(电话或 NBDP)

卫星船站

9. 驾驶台至驾驶台通信接收和发射

VHF(电话)

图 1-3 给出的遇险船舶船长 GMDSS 设备操作流程的要点之一是船舶遇险的性质、时间是否许可;要点之二是先进行遇险报警,再进行遇险通信;要点之三是首先使用具有通信功能的设备进行报警,再用专用(辅助)报警设备 EPIRB 进行报警。

图 1-3 告诉我们,船舶遇险时首要的是报警,遇险报警的最终手段是 EPIRB。EPIRB 所提供的遇险信息是必要的,但也是最低限度的。如要提供有关遇险的更详细信息,首先可以考虑选用具有通信功能的报警设备,如 VHF DSC、MF/HF DSC 或 Inmarsat 船站。因为一旦报警被 RCC 接收到,遇险船舶与 RCC 的遇险通信线路随即建立并可以进行与 RCC 的遇险通信。正如流程图中给出的那样,船舶可以根据险情,即不同的遇险性质以及航行的海区和装备的设备,选用适当的 GMDSS 设备发出遇险报警或呼叫,或进行遇险通信。当然,船舶遇险时,船上人员重要的是应具有冷静判断、沉着处理、临危不惧的能力。在正确判断的基础上,通过正确选择通信手段来进行遇险报警、通信,以获得及时的救援,把人命和财产的损失降低到最低限度。

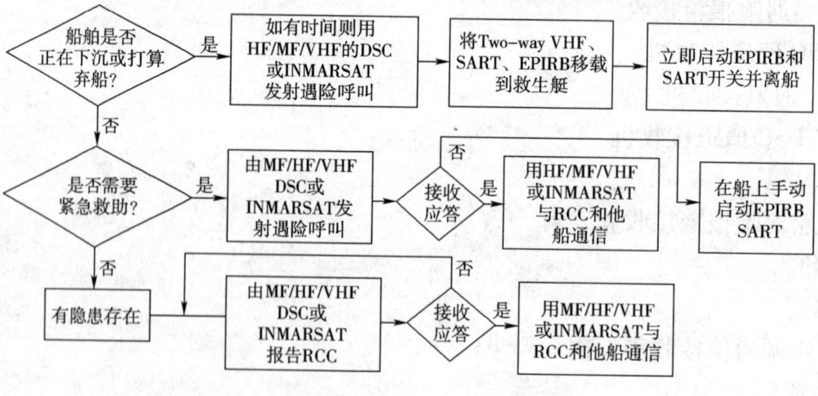

图 1-3　遇险船舶 GMDSS 设备操作流程

二、遇险船舶的报警流程

下面对图 1-3 遇险船舶的报警流程进一步作如下说明:

(1)船舶向岸上发出的遇险报警,可以通过卫星船站(SES)、VHF 和 MF/HF 的 DSC 设备、406MHz EPIRB 或 VHF EPIRB 向卫星地面站、海岸电台、RCC 通报船舶遇险信息(船名、识别标志、位置、遇险性质、航向、航速、遇险通信的方式以及记录这些信息的时间等)。

(2)船对船的遇险报警则是通过 VHF 的 DSC 和 MF 的 DSC 设备,向遇险船舶附近的船舶通报遇险信息。

(3)由岸上向船舶发出的遇险报警由 RCC 发起,根据情况向特定的船舶、经选择的船舶或在特定海区的船舶,或者所有船舶转发,或发出报警。

(4)接收到遇险报警的海岸电台、Inmarsat 地面站和 COSPAS/SARSAT 地球站,将此报警立即通报给有关 RCC。RCC 立即对遇险报警给予收妥确认,并向遇险船舶附近的船舶转发遇险报警。

(5)收到岸上 RCC 发来的遇险报警的船舶应按指示与遇险船舶建立通信联系,并按要求进行救助活动。

(6)对搜救活动负有指挥责任的 RCC 将统一管理和指挥该海事遇险通信。可以命令妨碍或干扰遇险通信的电台静默。此外,RCC 也是搜救协调通信的负责者和提供救助单位的指挥者。

(7)遇险船舶与救助船和飞机之间,或搜寻船、飞机与遇难现场指挥之间的现场通信将使用无线电话或电传,统一由现场指挥负责。

(8)搜寻船舶或飞机利用遇难船舶、救生艇筏或幸存者的 9GHz 雷达应答器发出的示位信号来发现和确定它们的位置。

思考题与习题

1. 什么是 GMDSS? 为什么要实施 GMDSS?
2. 试述 GMDSS 的基本功能。
3. 试述 GMDSS 的组成。
4. 试述 GMDSS 卫星系统使用的设备。
5. 试述 GMDSS 地面频率系统使用的设备。
6. 试述 A3 海区国际航行船舶的无线电通信设备的配备要求。
7. 试设计 A3 海区国际航行船舶的双套无线电通信设备的配备方案。
8. 试述 A3 海区航行船舶使用的 GMDSS 地面频率系统的无线电设备的名称和功能。
9. 船舶在 A3 海区航行时遇险,需要得到援助,你认为应如何正确选用船载的 GMDSS 无线电设备?
10. 试述船舶 GMDSS 无线电人员的资格证书等级及其业务范围。
11. 哪些是不同航行海区船舶都需要配备的 GMDSS 设备? 试述它们的主要功能。

第二章　无线电通信基础知识

第一节　通信与通信系统

通信的目的是传递消息，广义地说，通信就是指把信息从信息发出者传送到信息接收者的过程。

现代通信中，大多利用“电”（电压、电流、电磁波或光）通信方式来传递消息，所以习惯上称为电信。由于电通信方式能使消息几乎在任意的通信距离上实现既迅速、有效，又准确、可靠的传递，充分满足社会发展和人们对传递消息的要求，电信获得了突飞猛进的发展，成为当今科学技术发展最快的领域之一。

实现信息传输的系统称为通信系统。

一、通信系统的组成

任何通信都是把一地（发送端）的消息传递到另一地（接收端），因而，简单而完整的通信系统可以由图 2-1 来表示，由信息源、发送设备、信道、接收设备和受信者等部分组成。

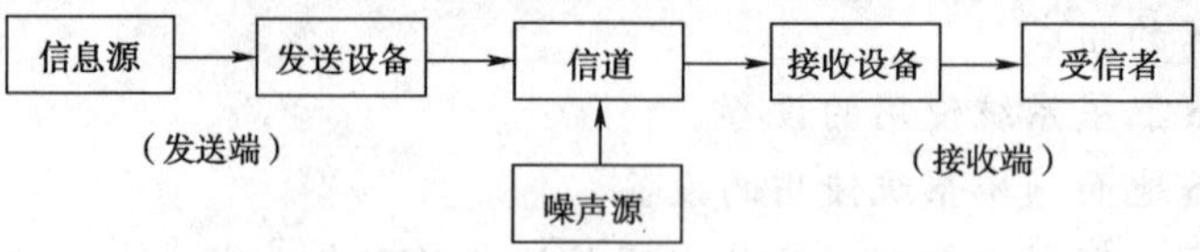

图 2-1　通信系统的一般组成

各部分的功能简述如下：

1. 信息源

信息源简称信源，它的作用是把各种消息转换成原始电信号。根据消息的种类，信源可以分为模拟信源和数字信源。模拟信源输出连续的模拟信号，如话筒将声音转换为音频电信号、摄像机把图像转换为视频信号等；数字信源则输出离散的数字信号，如电传机将键盘的字符转换为数字信号、计算机等各种数字终端送出的信号（模拟信源送出的信号经过数字化处理后也可以送出数字信号）。

2. 发送设备

发送设备的作用是将来自信源的原始电信号转换为适合在信道中传输的信号。

3. 信道

信道是一种物理媒质，将来自发送设备的信号传送到接收端。信道既是信号传输的通道或传输信号的介质，同时也会对信号引入干扰和噪声，影响正常信号的传输。

4. 接受设备

接收设备的功能是将接收到的来自信道的、受到减损的信号，还原或反变换出原始电信号、传送给受信者或信宿（信息的最终接收者）。

5. 受信者

受信者是传送消息的目的地，它的功能正好与信源相反，把原始电信号还原成相应的消息。

应当说明，图 2-1 给出的是一个单向的通信系统。实际上有许多通信系统是双向的，这样信源与信宿统称为终端或用户，发送设备和接收设备合称为收发设备或通信设备。

在通信系统的发送设备中，需要实现两种“变换”。第一种变换是将信源产生的原始信息变换成电信号，通常这一电信号属于低频信号，称为基带（baseband）信号。基带信号可以是模拟、脉冲或数字信号，但它只是对原始信息的直接映射，没有附加任何信息，也就是原始信息与电信号之间必须建立单一的对应关系，否则在接收端就无法恢复出原来的消息。第二种变换称为调制（modulation），它是将基带信号变换成适合在信道中传输的信号形式，一般为射频（RF，Radio Frequency）或高频的带通信号——已调信号，实现调制的部件称为调制器。通信系统的接收设备中，有相应的两种反变换。第一个反变换是将接收到的已调信号变换（或恢复）为基带信号，这个过程称为解调（demodulation），实现解调的部件称为解调器。通常将通信系统收发设备中的调制器和解调器合称为调制解调器（modem）。第二个反变换就是把解调后的基带信号还原成信宿可以识别的原始信息。

二、通信系统的分类

通信系统的类型可以根据不同的方法来划分，按照通信系统中组成部分的不同特性，有以下一些类型：

1. 模拟通信和数字通信

按照信源产生的消息类型（基带信号类型）来分，有模拟通信和数字通信两个大类。也可以细分为语音通信、图像通信、数据通信和多媒体通信等。

信源产生的不同消息，可以归结成两大类：一类称作离散消息，一类称作连续消息。离散消息是指消息的状态（时间上）是离散型的和/或（数值上是）可数的，比如文字、符号或数据等。而连续消息则是非离散型的，也即消息状态时间上、取值上是连续变化的，例如强弱变化的语音、亮度连续变化的图像等。连续消息也称为模拟消息。

消息的传递是通过物理载体——电信号来实现的，即把消息寄托在电信号的某一参量上，如连续波的幅度、频率或相位。消息与电信号之间必须建立单一的对应关系。按信号参量的取值方式不同，可以把信号分为两类：模拟信号和数字信号。如果电信号的参量取值连续（不可数、无穷多），则称之为模拟信号。例如话筒送出的电压包含有语音信息，并在一定的数值范围内连续变化。模拟信号有时也称连续信号，这里连续的含义是指信号的某一参量连续变化，或者说在某一取值范围内可以取无穷多个值，而不一定在时间上也连续。

如果电信号的参量仅可能取有限个值，则称之为数字信号。例如电传机输出的信号、计算机输入/输出信号就是数字信号。

通常，按照通信系统传输的是模拟信号还是数字信号，可以相应地把通信系统分成两类：模拟通信系统和数字通信系统（DCS，Digital Communication System）。

模拟通信系统模型如图 2-2 所示。

模拟通信系统，需要有两种重要变换。首先，信源产生的连续消息要变换成原始电信号即基带信号，接收端则要把基带信号反变换成连续消息。由于原始电信号所含有的（占有信号能量绝大部分的）频率成分（为零频附近）比较低，一般不能直接作为传输信号在信道中传输。

因此,模拟通信系统里要有第二种重要变换:将原始电信号转换成适合在信道中传输的信号形式,并在接收端进行相反的变换。这种变换就是上面提到的调制和解调。经过调制后的信号称为已调信号,调制之前的基带信号则称为调制信号。调制后的已调信号就不是基带信号了,它有两个基本特性:一是携带有消息,二是适合在信道中传输。

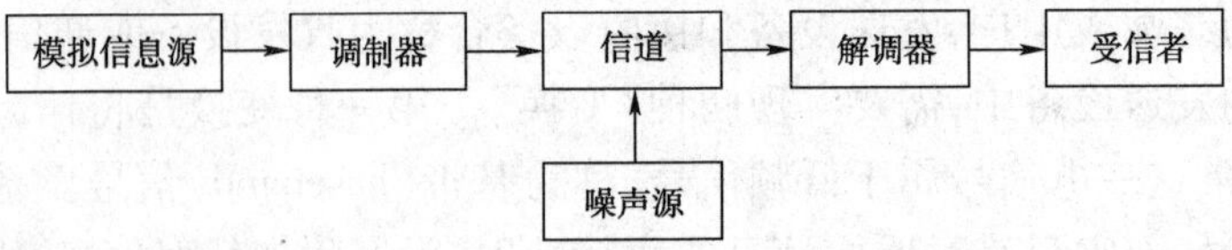

图 2-2　模拟通信系统模型

实际的数字通信系统的组成,因不同的用途而异。但综合各种数字通信系统可以用图2-3所示的模型表示。

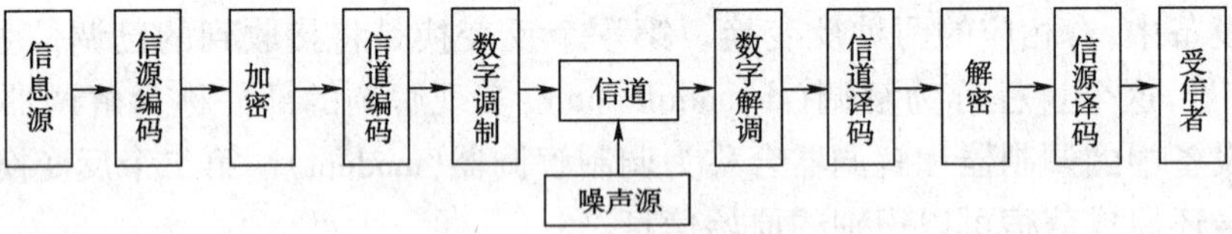

图 2-3　数字通信系统模型

图中信息源是送出待传输基带信号的装置,可以是模拟信源(如电话机、电视摄像机)、输出幅度随时间连续变化的电信号;也可以是离散信源(如电传机、计算机),输出离散的电信号。信源编码的基本功能是提高信息传输的有效性,把连续或离散的电信号变换成数字信号,形成代表信息的数字信号序列。

数字信号在信道传输时受到噪声等影响会引起差错,信道编码的功能就是增强数字信号的抗干扰能力。为了减少差错,信道编码在待传输的数字信息码元中按一定的规则加入多余码元,组成"抗干扰编码",以利于在接收端正确识别信号。接收端的信道译码器则按相应的逆规则进行解码,从中发现、纠正差错,降低接收的错误率,提高通信的可靠性。

加密与解密一般用于保密通信,为了保证所传输信息的安全,人为地将被传输的数字序列扰乱即加上密码,把这种处理过程称为加密。在接收端则利用与发送端相同的密码复制品对收到的数字序列进行解密,恢复原来消息。

调制器的功能是将信道编码器的输出变换成适合信道传输的已调信号。在接收端,图2-3中各方框的功能和发送端的相应部分恰恰相反,解调器将接收的已调信号变换成数字信号序列,并由信道译码器译码还原成代表信息的数字信号序列。在信道译码器中可以发现或纠正数字信号在传输中引入的错误。信源译码器则将其输入还原为信源送出的信息。

需要指出的是,由于数字通信传输的是一个接一个、按节拍传送的数字信号,因而接收端必须有一个与发送端相同的节拍。不然会因收、发步调不一致而造成混乱,使接收性能变坏。因此,数字通信系统中必须有一个收、发同步的问题,在框图中没有示意出,因为它的位置往往不是固定的。

目前,无论是模拟通信,还是数字通信,都是已经获得广泛应用的通信方式。在20世纪中叶以后,数字通信日益发展起来,甚至目前出现了数字通信替代模拟通信的趋势。因为与模拟通信相比,数字通信更能适应对通信技术越来越高的要求:第一,数字传输的抗干扰能力强,尤其对中继通信,数字信号可以再生而消除噪声的积累;第二,对传输中可能存在的差错可以进行纠正和控制,这就改善了通信的质量;第三,便于使用现代计算机技术对数字信息进行处理;

第四，数字信息易于加密，保密性强。大规模集成电路和计算机的迅速发展，为数字通信的高速发展创造了条件。

2. 有线通信和无线通信

按消息传递的信道类型，通信可分为两大类：一类称为有线通信，另一类称为无线通信。所谓有线通信，即消息传递是依赖导线、电缆或光纤等有着明确物理形状的载体来传送信号的通信系统。有线通信在空间上受到一定的限制，例如无法实现航海和航空所需要的通信。因此，19 世纪中期，当人们发现了电磁波之后，便开始利用电磁波作为消息的载体来实现远距离通信，这就是所谓的无线通信。由于电磁波在空间以光速传播，可达 30 万 km/s。地球上任意两地间进行的通信，几乎可以认为消息是瞬时地传递到对方的。同时，它不受空间的限制。因此，无线通信才真正突破了消息传递在时间上和空间上的限制。现在不仅可以将消息迅速而准确地传递到地球上任何地方，而且还可以越出地球界限传递到宇宙空间去，实现星际通信。

对于无线通信系统还可以按照工作频率和波段或传输手段进一步分类：如（海上通信使用的）中波通信、短波通信、甚高频通信和卫星通信等。所谓工作频率，主要是指接收与发射的射频（RF）频率。射频实际上就是“高频”的广义语，它是指适合无线电发射传播的频率。无线通信的一个发展方向就是开辟更高的频段。

3. 通信方式

按照通信方式或信号传递方向来分类，通信可分为单工通信、半双工通信及（全）双工通信三种方式。

（1）单工通信。是指消息只能单方向进行传输，即只能发或只能收的工作方式，如图 2-4a）所示。例如广播、遥控，就是一种单工通信方式。

（2）半双工通信方式。即是指通信双方都能收、发消息，但不能同时进行收和发的工作方式。例如，使用同一载波频率工作的船对船 VHF 无线电话通信，就是按这种通信方式工作的，如图 2-4b）所示。

（3）双工通信。即是指通信双方可同时进行双向传输消息的工作方式，如图 2-4c）所示。如普通电话就是最简单的一种全双工通信方式。

在数字通信中，按照数字信号排列的顺序，有串序传输和并序传输之分。

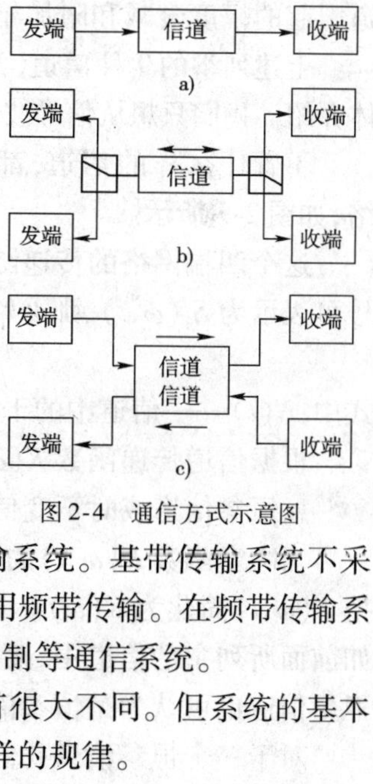

图 2-4　通信方式示意图

4. 频带传输系统和基带传输系统

按照是否采用调制，将通信系统分为频带传输系统和基带传输系统。基带传输系统不采用调制，传输距离有限，频带利用率比较低。无线通信系统通常采用频带传输。在频带传输系统中，按照调制方式的不同可以再分为调幅、调频、调相以及混合调制等通信系统。

各种不同类型的通信系统，系统的组成和设备的复杂程度也有很大不同。但系统的基本组成、组成设备的基本部件及其原理都是相同或相似的，都遵从同样的规律。

三、通信系统中的信道特性

信号的通道称为信道，信道是任何一个通信系统所必不可少的组成部分，信道的特性将直接影响通信系统的总特性。

一般地说，信道是指信号传输的媒质。可以用来传输信号的媒质有很多，归纳起来可以有：

(1)架空明线；

(2)电缆；

(3)中、长波的地(球)表(面)传播；

(4)超短波及微波的视距传播(包括人造卫星中继)；

(5)短波的电离层反射；

(6)超短波的超视距绕射；

(7)毫米波的波导传播；

(8)光导纤维；

(9)光波的视距传播等。

应该说，信道的这种定义是直观的。但从研究消息传输的观点说，我们所关心的只是通信系统中的基本问题。

通信信道分为有线信道和无线信道，信号经过信道传输后会遭受不同程度的衰减。对于不同的信道，引起衰减的原因不同，产生衰减的大小也不同。导线或电缆的衰减主要是由导线电阻和屏蔽损耗造成，通常衰减较小；光纤对光波的散射和吸收造成光纤的衰减，它的衰减程度更小。在无线信道中，电信号的衰减程度与传播路径、传播距离、大气结构、电离层结构、大地衰减及信号频率等因素密切相关。

不同的信道具有不同的工作频率范围，具有不同频率范围的信道适宜不同信号的传输。在信道的工作频率范围内，当不同频率的信号通过时，由信道引起的幅度衰减和附加相移是不同的。

上述列举的9种信道，各有自己的特点，这里不一一作具体介绍。我们只想从信号波形传输的角度来叙述它们的通性。

不管什么样的信道，都可以抽象地等效为一个四端网络，如图2-5所示。

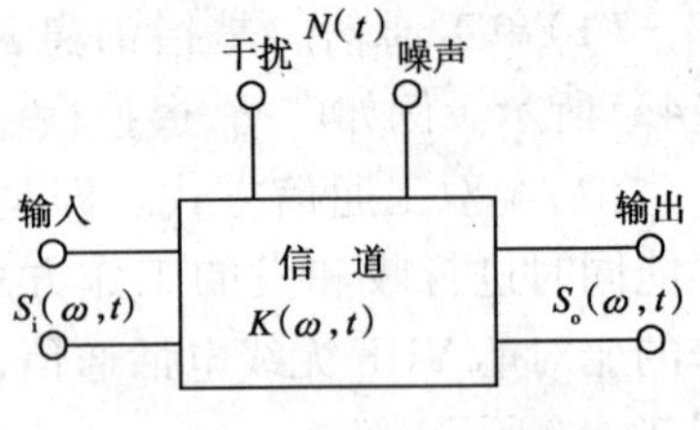

图2-5 信道等效四端网络

这个四端网络的传递函数一般可以表示为$K(\omega,t)$，即它是频率ω和时间t的函数。输入信号可表示为$S_i(\omega,t)$，那么输出信号为$S_o(\omega,t)$。显然

$$S_o(\omega,t) = K(\omega,t)S_i(\omega,t) + N(t)$$

式中：$N(t)$——信道中的干扰和噪声。

根据信道传递函数$K(\omega,t)$的性质，可以把各种信道大致划分为两大类。

1. 恒参信道或时不变信道

当决定函数$K(\omega,t)$的两个变量ω及t中，主要决定于ω而与t的关系很小时，这时就可把$K(\omega,t)$简化为$K(\omega)$。对这种传递特性不随时间而变的信道叫做恒参信道或时不变信道。如前面所列举的信道中，架空明线、电缆、中长波地表传播、光导纤维等都可归属恒参信道类，卫星信道也可认为是恒参信道。

对于一个恒参信道我们通常将它抽象成一个恒定的线性四端网络，它的传递函数$K(\omega)$通常可用幅度—频率特性来表征。我们要求信道的幅度—频率特性对信号的各频率特性成分能均匀传输，否则要使传输信号的幅度—频率特性发生畸变，引起信号波形的失真。至于信道的相位—频率特性，通常要求成线性关系，否则也会引起信号波形的失真。信道的相位—频率特性还经常采用群迟延—频率特性来衡量。所谓群迟延—频率特性，它是相位—频率特性的导数，即若相位—频率特性用$\Phi(\omega)$表示，则群迟延—频率特性$\tau(\omega)$为：

$$\tau(\omega) = \mathrm{d}\Phi(\omega)/\mathrm{d}\omega$$

可以看到,如果 Φ 与 ω 呈现线性关系,则 $\tau(\omega)$ 将是一条水平直线,如图 2-6 所示。此时,信号的不同频率成分将有相同的迟延,因而信号经过传输后不发生畸变。实践证明,相频畸变对模拟话音通信影响并不显著。这是因为人耳对相频畸变不太灵敏;但对数字信号传输却不然,尤其当传输速率高时,相频畸变将会引起严重的码间串扰,对通信带来很大的损害。

对实际信道,它的幅度-频率特性和相位-频率特性会偏离理想状态,即会产生幅频畸变和相频畸变。为了补偿这些畸变,通常加上一个线性补偿网络,来纠正信道的幅频畸变或相频畸变。这一措施通常称为"均衡"。

2. 变参信道或时变信道

传递函数 $K(\omega,t)$ 与时间 t 有密切关系的信道,或者说信道特性随时间而变的信道,称为变参信道或时变信道,又叫随参信道。最典型的随参信道是短波电离层反射信道。对于随参信道而言,难于建立较完善的数学模型,随参信道有以下特点:

(1)信道引入的干扰和衰减随时间而变;

(2)信道传输延时随时间而变;

(3)多径传播造成的频率选择性衰减和时延扩展现象。

属于随参信道的传播媒质可以以电离层反射为代表加以说明。它们的共同特点是:由发射点发出的电波可能经多种途径到达接收点,这种现象称多径传播。就每条路径而言,它的衰减和时延都不是固定不变的,而是随电离层的变化而变化的。因此,多径传播后的接收信号将是衰减和时延随时间变化的各路信号的合成。多径传播示意图如图 2-7 所示。这就造成接收到的信号的幅度和相位都随时间而变化。

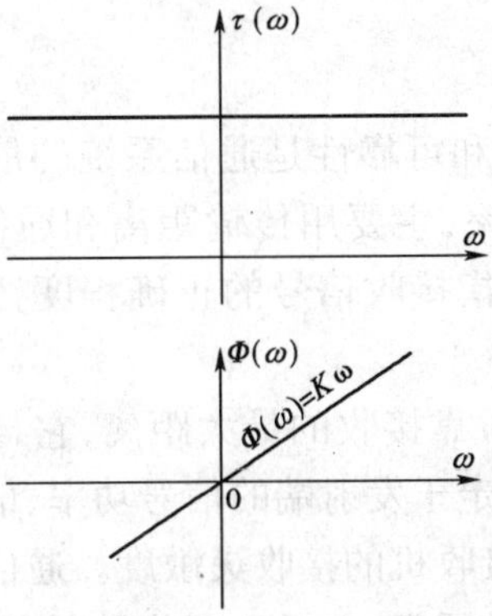

图 2-6 理想的相/频特性和群迟延/频率特性

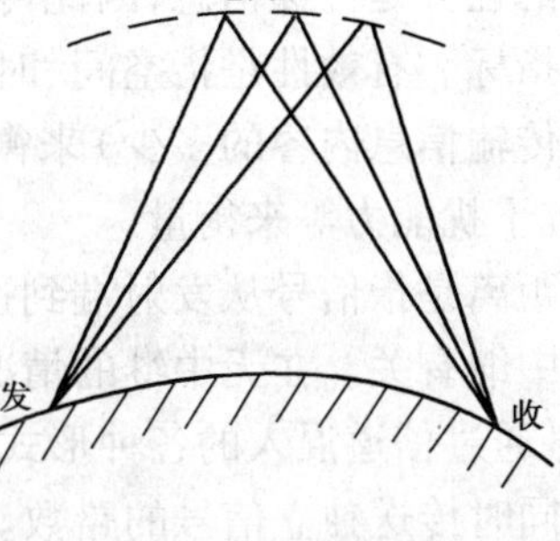

图 2-7 多径传播示意图

接收信号电平随时间而变化的现象称为衰落。统计表明,接收电平在秒数量级内的变化有时可超过 30dB 以上。当然衰落的情况与通信距离、地理位置、工作频率、工作时间等因素有关。当进行语音通信时,就会感到收到的声音有起伏变化。

随参信道的另一个特点是多径传播效应,简称多径效应。多径效应主要表现为两点,即频率选择性衰落及时间上波形的展宽。所谓频率选择性衰落是指对于同一通信路径、不同的频率具有的信道衰减是不同的。极端情况可能是对于某些频率出现同相叠加而出现传输极点,而对于另外一些频率则可能出现反相抵消而形成传输零点。这就造成对所传输波形的整个频谱范围内的频率成分受到不同程度的衰减,从而改变波形的频谱结构、造成波形的失真,这样就限制了所传信号的频谱宽度。同时由于各路径到达接收地点时间不同,多路径信号叠加的结果还会造成数字波形的展宽,如图2-8所示。使原先发送的宽度为T的波形展宽成$T+\tau$,τ是各路径间的最大相对延时。如果数字波形传输时是一个接一个的,中间没有间隙,那么就会造成相邻波形发生重叠,重叠部分造成波形之间的串扰,影响信号的接收。显然,波形展宽对数字通信会产生不良的影响,限制了波形传输速度,这就是短波通信传送数字信号一般不超过200b/s的原因。

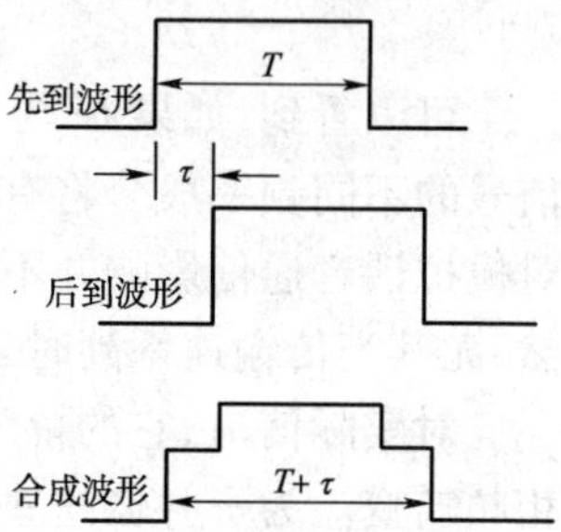

图2-8 波形展宽

随参信道的衰落,将会严重降低系统的性能。为了抗衰落,通常可采用多种措施,其中较为有效且常用的抗衰落措施乃是分集接收技术。前面说过,接收机收到的信号是各路径信号的合成。如果在接收端同时获得几个不同的合成信号,则将这些信号合并后得到总接收信号,将可能大为减小衰落的影响。这就是分集接收的基本思想。只要被分集的几个信号之间是统计独立的,那么经适当的合并后就能使系统性能大为改善。常用的分集接收技术有:

(1)空间分集。在接收端架设几副天线,天线的相对位置之间都要求有足够的间距(一般在100个信号波长左右),以保证各天线上获得的信号彼此基本独立。

(2)频率分集。用多个不同载波频率传送同一个消息,只要各载波的频率差相隔比较远,这些不同载波同时受到衰落影响的可能性比较小,因此通信的性能得到改善。

(3)时间分集。同一个信号以一定的时间间隔重复发射,只要间隔时间足够长,由于两次发射的信号同时受到衰落影响的可能性比较小,因此比较好地克服了衰落的影响。时间分集技术在海上无线电通信中得到了广泛的应用。

总之,采用分集接收技术既能提高接收电平,又能改善衰落,平滑了信道衰减。

四、通信系统的基本性能

通信的任务是传递信息,因此传输信息的有效性和可靠性是通信系统的最基本特性和主要的质量指标。有效性是指空间、时间、频率的利用率,主要用传输距离和通信容量(在给定信道内能传输信息内容的多少)来衡量;而可靠性是指接收信号的正确程度,主要用失真度、误码率、抗干扰能力等来衡量。

传输距离是指信号从发射端到达接收端并能被可靠接收的最大距离,它与采用的通信体制和是否中继有关。在无中继的情况下,传输距离决定于发射端的信号功率、信号通过信道的损耗、信号通过信道混入的各种形式的干扰、噪声及接收机的接收灵敏度。通信容量是指一个信道能够同时传送独立信号的路数。影响信道容量的因素,包括已调信号所占有的频带宽度、系统采用的调制方式、信道条件和信道的复用方式以及网络结构等。

信号失真度指的是接收设备输出信号不同于发送端基带信号的程度。产生信号失真的原因,主要包括信道特性的不理想,对信号进行处理的(发送和接收)电路的特性不理想。信号通过信道时,总要混入各种形式的干扰和噪声,使接收机输出信号的质量下降。通信系统抵抗各种干扰的能力称为通信系统的抗干扰能力。

模拟通信系统的有效性可以用有效传输频带来衡量。同样的消息用不同的调制方式,则需要不同的频带宽度。可靠性用接收端最终输出信噪比来度量,如通常电话通信要求输出信噪比为20~40dB,电视则要求40dB以上。不同调制方式在同样信道信噪比下所得到的最终解调后的信噪比是不同的,如调频信号抗干扰性能比调幅好,但调频信号所需传输带宽却宽于调幅。

对于数字通信系统，有效性可用信息传输速度来衡量。二进制数字消息的信息速率用b/s（比特/秒）作单位。比特（bit）是信息量单位，当二进制数字0、1取值等概率（而且统计独立）时，传送一个二进制数字其信息量就等于1bit。信息传输速率即信息速率，单位为比特/秒（bit/s或bps），常称比特率。信息速率用R_b（bit/s）表示，如比特率为1200 b/s，意味着每秒钟传送1200个二进制数字。显然，当信息量一定时，信息速率愈高，有效性也愈好。为了提高有效性，可以采用多进制传输，多进制每个码元携带的信息量超过1bit。若码元速率为R_s，每个码元有N种可能采用的符号（即N进制），则它们之间的关系为

$$R_b = R_s \log_2 N \quad \text{b/s 或记作 bps}$$

或

$$R_s = R_b / \log_2 N \quad \text{baud}$$

码元速率的单位为波特（baud），记作（B），常称为波特率。如每秒传送1200个码元，则码元速率为1200波特；若采用四进制，每个码元携带2比特信息，则信息速率为2400b/s。

数字通信系统的可靠性可用误码率来衡量。误比特率定义为

$$P_b = \text{错误比特数/传输总比特数}$$

误码元率定义为

$$P_s = \text{错误码元数/传输总码元数}$$

有时误比特率称为误信率，误码元率称为误符号率。

显然，在二进制中有

$$P_b = P_s$$

不同信号对错误率的要求不同。如传输数字电话时，误比特率通常要求为$10^{-3} \sim 10^{-6}$，而传输计算机信息时常常要求很高。当信道不能满足误比特率要求时，必须使用好的（信源、信道）编码，并采用检（纠）错措施。

第二节　基带信号及其频率特性

如上一节所述，通信系统要实现消息的传递，在发送端首先要把需要传递的语言、图像、符号等消息转换成电信号（随消息而变的电压或电流），即基带信号，在接收端则相反。实现这种转换的设备实质上是一种换能器，它将光能或声能等转换成电能，或者进行反变换。

由连续消息转换成的电信号也是连续的，如图2-9a）所示。任何确定的电信号，都可以表示为电压或电流的时间函数，所以可以用波形来表示。这种函数或波形，包含了信号的全部信息量。所以，信号的特性首先表现为它随时间变化快慢的特性，即时间特性。

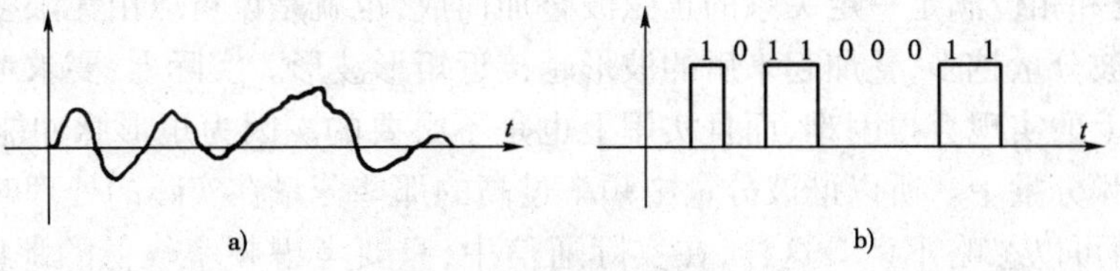

图2-9　连续信号与离散信号

a）连续信号；b）离散信号

基带信号除了时间特性外，还具有频率特性。分析表明，一个复杂的非正弦电压或电流的时间函数，可以（用傅里叶分析法）把它分解为许多（有限或无限个）不同频率的正弦分量相

加。正弦量则可以用一线段——频(率)谱线来表示(谱线的长度代表正弦量的振幅,谱线在频率轴的位置则表示该正弦量的频率),那么组成函数的各个正弦分量的频(率)谱线的集合就是该信号的频谱。这样的频谱,同样也包含了基带信号的全部信息。它就是基带信号的频率特性。

分析表明,组成基带信号的正弦分量的频率范围一般都比较宽,甚至是 0~∞。但基带信号的能量集中在较低的频率范围内,也就是低于某一频率以下、高于某一频率以上的所有正弦分量所具有能量的总和只占整个基带信号能量很小的比例(如5%、10%)。也就是说如果将高于某一频率以上、低于某一频率以下的正弦分量忽略不计,对基带信号的有效信息不会造成影响。这样,就可以认为每一个基带信号的频谱,都有一个有效的宽度。它的范围是从最低频率起到需要考虑的最高频率止,通常称这个频率范围为基带信号的频谱宽度,也称为带宽(BW,Band Wide)。考虑实际情况,(一般在)工程上以占信号总功率 90%(或 95%、98%、99%等)以内的信号所占有的频率范围作为信号的带宽。例如在电话信号中,频率大于 3000Hz 的分量和小于 300Hz 的分量如全部滤掉,经话筒恢复后的声音,听起来与原来的语音差不多。所以,认为代表电话语音的基带信号的频谱是 300~3000Hz。如果要使语音更逼真一些,可适当扩大基带信号的频率范围。如高质量的音乐就要有从 16Hz 到 15000Hz 之间的频率范围。又如电视图像(基带)信号的频谱,则要求在 0~6MHz 的范围。

由此可见,代表消息的基带信号的频谱通常是靠近零频附近,属于低频信号。对于通信系统设计者来说,待传输的基带信号具有不可预知的特性。但可以不管它随时间变化的复杂情况,也可以不管信号各频率分量的幅度与频率之间是什么关系。所设计的通信系统只要能对基带信号频谱内各频率分量均匀(即线性)地传输,那么所传输的基带信号就不会失真,所传输的信息就不会丢失。这个频率范围通常称为通信系统的通频带,或系统带宽。一般来说,要求通信系统的带宽要不小于待传输基带信号的带宽。

离散消息可以用一系列符号来表示,而每个符号只可以取有限个值。也就是说,在传送时,按时间先后一个符号一个符号地传送,所以在时间上是离散的。由于每个符号只能取有限个值,所以在取值上也是离散的。符号常用二进制取值,就是只取两个值的符号,用 1 和 0 表示。这样,离散消息如文字或数字可以用一个符号系列来表示,电传通信中最常用的是用五个二进制符号来表示字母、文字或数字。与之相对应的电信号,则可以用电流(或电压)的有无分别表示符号 1 或 0。因此,代表离散信号的符号序列,可以用电流或电压脉冲序列来表示,如图 2-9b)所示。我们称一个电脉冲为码元,脉冲持续时间称为码元宽度。可见离散消息的基带信号是随机的脉冲序列,而序列的单个码元却是确定的电流或电压波形。我们可以根据码元的波形估算出基带信号的频谱宽度。分析表明,以矩形脉冲组成的脉冲序列可以由无限多个频率、幅度和相位满足一定关系的正弦波叠加而成,也就是说可以由无限多个谐波分量组成。所取的谐波分量越多,叠加起来后的波形越接近矩形波形。实际上,要求考虑过多的谐波分量不仅工程上的实现会很困难,而且实用上也是不必要的。因为矩形脉冲能量的主要部分也是集中在低频分量中。所以谐波分量中频率过高的那些分量在实际的处理时已经没有什么重要意义,从而可以忽略不计。这样,在实际通信中,只要考虑频率较低的那些分量就够了。例如周期性的矩形脉冲的频谱如图 2-10 所示,它的大部分能量集中于 $0\sim1/\tau$ 的频率范围之内,其中 τ 为脉冲宽度。因此,矩形脉冲占有的频带仍然是有限的,且取决于矩形脉冲的宽度。脉冲信号越窄,意味着信号的频带宽度越宽。慢速电报,每秒发 50 个码元,其主要频谱集中在 0~50Hz。如果电报的速度加快,单位时间传送的码元数增加,码元的宽度变窄,从而使信号所占据的频带宽度展宽。我们仍然把代表离散信号的脉冲序列称为基带信号。因此,基带信号的特点是它所具有的频率分量大多集中于较低的频段之中。

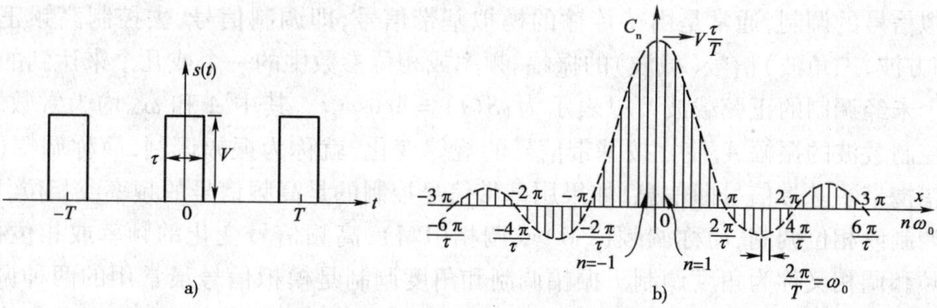

图 2-10 周期性的矩形脉冲的频谱

a)周期性方波波形;b)周期方波的频谱

第三节 调制和解调

调制在无线电通信中的作用是至关重要的。无线电信号传播,一般都要采用高频(射频)的一个原因就是高频适合于天线辐射和无线传播。只有天线的尺寸大到可以与信号波长相比拟时,天线的辐射效率才会较高,从而以较小的信号功率传播较远的距离,接收天线也才能有效地接收信号。若把低频的调制信号直接馈送到天线上,要想把它有效地变换成电磁波辐射,则所需天线的长度几乎无法实现。通过调制,可以把调制信号的频谱搬到高频载波频率,这样接收和发射天线的尺寸就可以大大缩小。调制还有一个作用就是可以实现信道的复用,提高信道的利用率。而且好的调制解调方式还可以改善信号的传输性能,提高通信的可靠性。

由上一节分析我们知道,构成基带信号的频率分量集中于较低的频段,所以基带信号不能以电磁波形式辐射到空间去进行传播。那么,在无线电通信系统中是如何把低频的基带电信号传输到接收端去的呢?这就要在发射机中将基带电信号变换成高频电信号,然后通过天线将高频电信号变成无线电波进行传播。

与低频相对应,高于 15kHz 的频率称为无线电频率,也叫高频(这个频率界线并不十分严格,只能作为讨论问题时参考)。但是一个无线电频率的电压或电流还不是所讲的高频电信号,因为它不含有代表消息的基带信号。代表消息的基带信号很难由天线辐射和传播,解决这个矛盾的办法是将基带信号(又称调制信号)载到高频信号(称为载波)上去。或者说,将低频基带信号的频谱搬移到高频范围,变换成带有信息的高频信号,这种变换叫调制。它是无线电通信中第二次变换。由调制得来的高频信号称已调高频信号或已调波。已调波也具有一定的频谱,这些频谱包含了待传输的基带信号的全部信息,它的频谱结构随调制方式不同而不同。因此,通信系统的发送端需要有调制过程,以形成无线电信号或已调波。无线电信号或已调波具有两个基本特性:一是携带(待传输信号的所有)信息;二是适应在信道中传输。通信系统的接收端则需要有反调制——解调过程,以恢复代表消息的原始电信号。分析表明,调制的作用在于通过某种方式将基带信号的频谱由一个频率位置搬移到高频载波频率,解调所实现的频谱搬移正好与调制相反。

下面我们分析模拟基带信号和数字基带信号的调制与解调的基本原理。

一、模拟信号的调制与解调

模拟信号的调制，通常是由待传输的模拟基带信号，即调制信号，去控制高频正弦(或非正弦，如方波、三角波)信号(载波)的振幅、频率或相位参数中的一个或几个来达到的。

一个未经调制的正弦载波可以表示为：$S(t)=A\cos\omega_c t$。其中 A 和 ω_c 均为常数。如用基带信号控制载波的振幅 A，使之按基带信号的规律变化，就称为振幅调制，简称调幅(AM)，变化的振幅携带了基带信号即信息；如果用基带信号控制的是高频信号的频率或相位，则分别称为频率调制或相位调制，简称调频(FM)或调相(PM)，高频信号变化的频率或相位携带了信息。调频和调相又称为角度调制。振幅调制和角度调制是模拟信号最常用的两种调制方式，不仅日常生活、在海上通信中得到广泛的应用。下面就这两种调制方式的原理作一介绍。

1. 振幅调制的分析

所谓振幅调制，就是高频正弦型载波的振幅随调制信号作线性变化、其他参数(频率和相位)不变的过程。

1) 调幅信号的表示式、波形和频谱

设正弦型载波为

$$S(t)=S_0\cos\omega_c t$$

式中：ω_c——载波角频率；

S_0——载波的振幅。

那么振幅调制信号一般可以表示成

$$S_m(t)=K_0 m(t)\cos\omega_c t$$

这里，K_0 为某一常数，$m(t)$ 为基带信号即调制信号。

由上式可见，振幅调制信号在波形上，振幅随基带信号变化而呈正比地变化。由上式还可以得到振幅调制信号的一般产生方法：即将基带信号与载波相乘，再通过滤波器后就能得到。其中滤波器的中心频率为载波频率 ω_c。

如果输入基带信号 $m(t)$ 为 m_0 和 $m'(t)$ 之和，其中 m_0 为 $m(t)$ 的直流分量，$m'(t)$ 表示 $m(t)$ 中无直流分量的变化分量。这样，振幅调制信号可以写成如下的表达式：

$$S_m(t)=[m_0+m'(t)]\cos\omega_c t$$

这里设 $K_0=1$(不会影响对调幅信号性能的讨论)。

将上式分解为

$$S_m(t)=m_0\cos\omega_c t+m'(t)\cos\omega_c t$$

其中 $m_0\cos\omega_c t$ 代表载波成分；而 $m'(t)\cos\omega_c t$ 代表着带有信息的调制成分。$S_m(t)$ 反映了振幅调制信号的时间特性。

为了进一步说明问题，假设基带信号是单一的余弦信号，即 $m'(t)=m'\cos\Omega t$。其中 Ω 为角频率，并满足 $m_0\gg m'$，$\Omega\ll\omega_c$。则调幅信号可以写成：

$$\begin{aligned}S_m(t)&=[m_0+m'\cos\Omega t]\cos\omega_c t\\&=m_0\left[1+\frac{m'}{m_0}\cos\Omega t\right]\cos\omega_c t\\&=m_0[1+M_a\cos\Omega t]\cos\omega_c t\end{aligned}$$

式中 $M_a = m'/m_0$ 称调幅系数或调幅度，它的值恒小于或等于 1；$m_0[1+M_a\cos\Omega t]$ 是高频调幅信号的振幅，它反映了调制信号（基带信号）的变化规律，称为调幅波的包络。在输入基带信号的一个周期内，调幅波的最大振幅为 $m_0(1+M_a)$，最小振幅为 $m_0(1-M_a)$。将上式展开，可以得到组成调幅波的各个余弦分量，即

$$S_m(t) = m_0\cos\omega_c t + m_0 M_a \cos\Omega t\cos\omega_c t$$

$$= m_0\cos\omega_c t + \frac{1}{2}m_0 M_a \cos(\omega_c+\Omega)t + \frac{1}{2}m_0 M_a \cos(\omega_c-\Omega)t$$

可见，单一频率余弦信号调制时，调幅波由三个频率分量组成：角频率为 ω_c 的载波分量，角频率分别为 $\omega_c+\Omega$ 和 $\omega_c-\Omega$ 的上、下边频分量。这两个边频分量的振幅为$\frac{1}{2}m_0M_a$。根据上面的式子，可以画出单一频率余弦信号调幅波的波形和相应的频谱，如图 2-11 所示。其中，图 2-11a）是调制信号、b）是载波、c）中的虚线表示调幅波的包络（反映了调制信号）、d）表示调幅波的频谱。

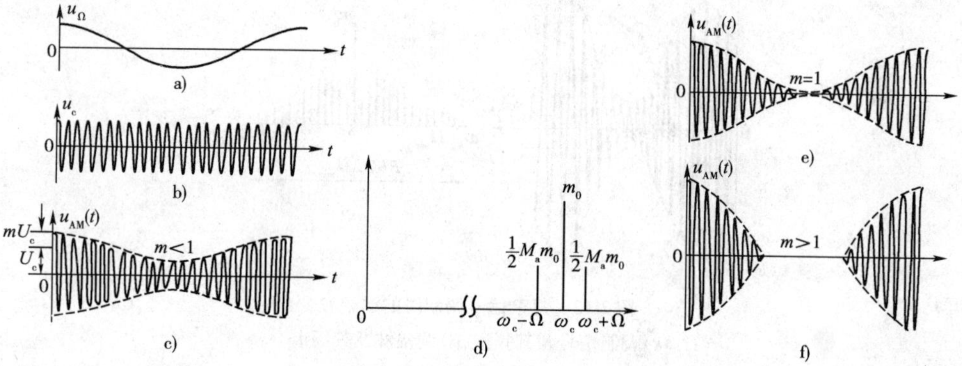

图 2-11　AM 调制信号的波形、频谱

要产生不失真的调幅，首先必须保证 $M_a \leqslant 1$。否则在 $\Omega t=\pi$ 附近一段时间内，载波的振幅就会出现负值。当然，在实际的调幅电路中，它的输出不会出现负值振幅的高频载波，因而在这段时间内输出只能为零（见图 2-11 的 e 和 f）。

上述对基带信号是单一余弦信号的调幅波的分析，很容易引申到调制信号是复杂的基带信号的调幅情况。我们可以把复杂信号 $m(t)$ 看成是由许多频率不同的余弦信号所组成，写成下列形式，即：

$$m(t) = m_0 + \sum_0^{\infty} m_n\cos\Omega_n t$$

调幅信号可以写成

$$S_m(t) = m_0(1+\sum_0^{\infty} M_{an}\cos\Omega t)\cos\omega_c t$$

$$= m_0\cos\omega_c t + m_0\sum_0^{\infty}\frac{1}{2}M_{an}\cos(\omega_c+\Omega_n)t + m_0\sum_0^{\infty}\frac{1}{2}M_{an}\cos(\omega_c-\Omega_n)t$$

式中 $M_{an}=m_n/m_0$ 是对应于基带信号中 n 次谐波分量的调幅度。分析调幅信号的频谱，它是由载波分量和众多上、下边频分量组成。在调制信号中有一个频率分量 Ω_n，在调幅波中就有一对与之对应的上、下边频分量 $\omega_c+\Omega_n$ 和 $\omega_c-\Omega_n$，对应的振幅分别为$\frac{1}{2}m_0M_{an}$，对称地排

列于载频的上下两旁。n 个频率分量就构成对称于载频的上、下两个频带,统称它为边带。高于载频的边带称为上边带,低于载频的边带称为下边带。

图 2-12 表示由许多频率分量组成的调制信号的频谱及由该信号调制的调幅波频谱。可以看到,调幅波每个边带的频谱结构与调制信号相同,只是频谱搬移了一个位置、移动了一个等于载波频率的位置。因此,可以这样理解,调幅的过程实际上是频谱的搬移过程。不论单频调制或复杂信号调制,调幅所实现的是:在时域上实现 $S(t)$ 和 $m(t)$ 的相乘运算,反映在波形上就是将 $m(t)$ 不失真地搬移到高频振荡的振幅上;而在频域上则将 $m(t)$ 的频谱不失真地搬移到 ω_c 的两边。

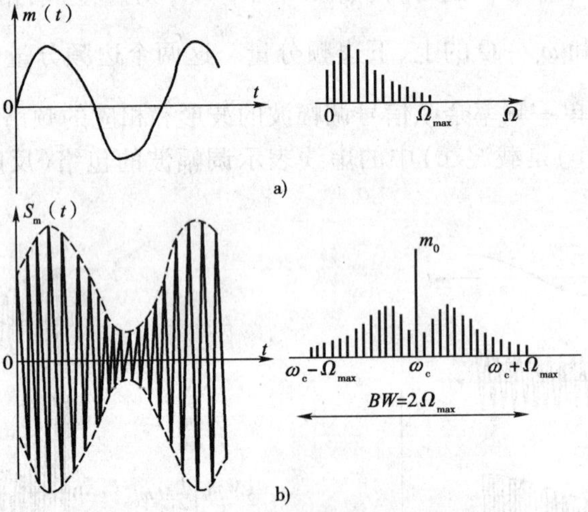

图 2-12　复杂信号调制时的调幅波

a) 调制信号及其频谱;b) 调幅波及其频谱

设调制信号 $m(t)$ 的频谱被限制在 $0\sim\Omega_{max}(2\pi F_{max})$ 之间,由上面分析可知调幅波的频谱宽度或带宽应为

$$BW_{AM}=2F_{max}$$

它是调制信号中最高频率的两倍。

调幅信号中,载波分量本身不携带任何信息。所以,从信息传输角度来说,载波信号所携带的功率是浪费的。上、下两边带的频谱结构(包括相对幅度和相对相移)和调制信号的频谱结构相同,所不同的仅仅是整个频谱搬移了一个位置。只要我们能够把其中的一个边带搬移回原来的频率位置上,就能不失真地恢复出调制信号。这就意味着,调幅波的上、下两个边带都带有信息,并且是相同的。

现在我们来看看载波功率和边带功率的相对关系。将已调信号写成

$$S_m(t)=m_0\cos\omega_c t+m'(t)\cos\omega_c t$$

则载波功率

$$P_c=\frac{1}{2}m_0^2$$

边带功率 P_s 是 $m'(t)\ \cos\omega_c t$ 的均方值,它为 $m'(t)$ 均方值的一半,即

$$P_s=\frac{1}{2}\overline{[m'(t)]^2}$$

总功率 P_t 应是两者之和

$$P_t = P_c + P_s = \frac{1}{2}\{m_0^2 + \overline{[m'(t)]^2}\}$$

边带功率占总功率的百分比为 η，它等于

$$\eta = \frac{P_s}{P_t} = \frac{\overline{[m'(t)]^2}}{\overline{[m'(t)]^2} + m_0^2}$$

我们注意到，对于调幅波，$|m'(t)|_{max} \leqslant m_0$。现设 $m'(t)$ 是正弦信号

$$m'(t) = M_a m_0 \cos \Omega t$$

其中 M_a 为调幅度或幅度调制指数，它必须小于或等于 1。在这种情况下

$$\frac{1}{2}\overline{[m'(t)]^2} = \frac{(M_a m_0)^2}{2}$$

则

$$\eta = \frac{M_a^2}{2 + M_a^2}$$

在 $M_a \leqslant 1$ 的情况下

$$\eta_{max} = \frac{1}{3} \times 100\% = 33\%$$

因此，对于最大调制指数（$M_a = 1$），边带总功率仅占总功率的 33%。在这种情况下，67% 的功率是载波功率。对信息传输来说，这是一种浪费。当 $M_a < 1$ 时，效率低于 33%。从这个观点看，调幅波是很不经济的，发射功率的大部分是浪费在载波上，而携带信息的边带功率只占发射功率的一小部分。

上面我们只是从信息传输的角度来衡量载波作用，但并不是说载波是没有用处的。在接收端的解调中仍然需要载波成分，才能将频谱搬移回原来的位置、恢复调制信号。在后面的分析中可以看到，载波对解调是有用的。

2）双边带调制（DSB）和单边带调制（SSB）的表达式、波形和频谱

从调幅波的频谱结构可知，唯有它的上、下边带分量才反映调制信号的频谱结构。而载波分量仅是起到频谱搬移的作用，本身并不反映调制信号的变化规律。因此，从传输信息的观点来看，占有调幅波信号绝大部分功率的载波分量是无用的。如果在传输前将它抑制掉，那么就可在不影响传输信息的条件下，大大节省发射机的发射功率。这种仅传输两个边带的调制方式称为抑制载波的双边带调制，简称双边带调制（DSB）。

如果输入的基带信号中没有直流分量，即 $m(t) = m'(t)$，或在调制过程中将载波抑制，则得到的已调制信号 $S_m(t)$ 便是无载波分量的双边带调制信号，可以用下面的式子来表示：

$$S_m(t) = K_0 m(t) \cos \omega_c t$$

式中 $K_0\, m(t)$ 是双边带信号的振幅，与调制信号成正比。

不同于 AM 信号包络正比于调制信号，双边带调制波的包络正比于 $|m(t)|$，已不再反映调制信号变化规律。如图 2-13 所示，设 $m(t) = u_\Omega = \cos \Omega t$。它有正、

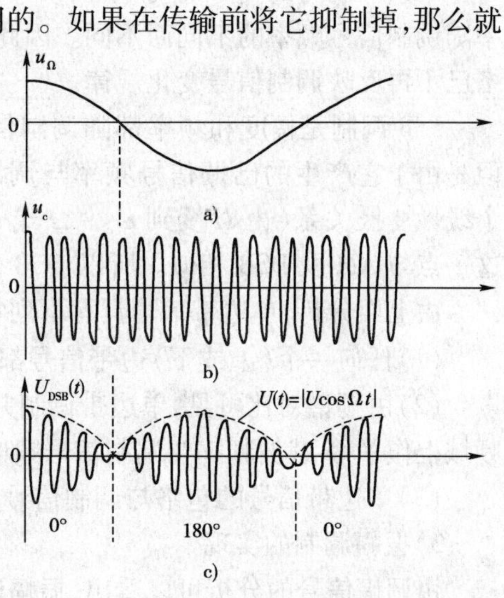

图 2-13　DSB 信号波形

负两个半周,所形成的 DSB 信号的包络是$|\cos\Omega t|$。当调制信号为零时,即 $\cos\Omega t=0$,DSB 波的幅度也为零。DSB 信号高频载波的相位在调制信号 $m(t)$ 正、负半周的零交替处要突变 180°。由图可见,在调制信号正半周内,已调波的相位与原载波同相;在调制信号负半周内,已调波的相位与原载波反相,相差 180°。这就表明,DSB 信号的相位反映了调制信号的极性。所以,DSB 信号是既调幅又调相的信号。但是,它保持着幅度调制波所具有的频谱搬移特性。

进一步观察双边带调制信号的频谱可以发现,上边带和下边带都反映了调制信号的频谱结构。区别仅在于下边带反映的是调制信号频谱的倒置,这种区别对信息传输是无关紧要的。因此,从传输信息的观点来说,还可以进一步将其中的一个边带抑制掉。这种仅传输一个边带(上边带或下边带)的调制方式称为抑制载波的单边带调制,简称单边带调制(SSB)。SSB 除了保持双边带调制节省发射功率的优点外,还将已调制信号的频谱宽度压缩了一半,即

$$BW_{DSB}=2F_{max}$$

$$BW_{SSB}=F_{max}$$

由于上述优点,单边带调制已成为信道特别拥挤的海上短波无线电通信中最主要的一种调制方式。

若设调制信号是单音频信号,由双边带调制信号的表达式可以写出单边带调制信号的表达式为:

$$\begin{aligned}S_{DSB}(t)&=K_0\cos\Omega t\cos\omega_c t\\&=\frac{1}{2}K_0\cos(\omega_c+\Omega)t+\frac{1}{2}K_0\cos(\omega_c-\Omega)t\end{aligned}$$

则上边带调制信号的表达式是

$$S_{USB}=\frac{1}{2}K_0\cos(\omega_c+\Omega)t$$

下边带调制信号的表达式是

$$S_{LSB}=\frac{1}{2}K_0\cos(\omega_c-\Omega)t$$

单频调制时的 SSB 信号(图 2-14)仍是等幅波,但振幅与调制信号的幅度成正比,它的频率随调制信号频率的不同而不同。因此,SSB 信号含有调制信号的特征。但是,SSB 信号的包络已不再反映调制信号变化规律。

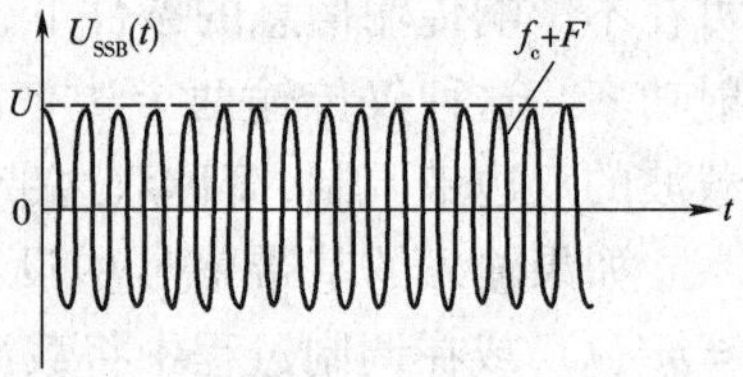

图 2-14 单音频信号调制的 SSB 波形

SSB 调制是幅度和频率都随调制信号改变的调制方式,但是由于它产生的已调信号频率与调制信号频率间只是一个线性变换关系(由 Ω 变到 $\omega_c+\Omega$ 或 $\omega_c-\Omega$ 的线性搬移),这一点与 AM 及 DSB 相似。所以,SSB 仍归于振幅调制。

由上面分析,单边带信号具有下列特性:

(1)任何一个(上或下)边带信号都包含了调制信号的全部信息;

(2)由频谱对比可见,单边带调制并未改变调制信号的频谱结构,只是调制信号的频谱在频域上作平移-载波频率与调制信号频谱相加或相减;

(3)单边带信号的包络与调制信号完全不同。

3)振幅调制的实现

由调幅信号的分析可以看出,振幅调制是用调制信号 $m(t)$ 去控制载波 $S(t)$ 的振幅,使它的振幅随 $m(t)$ 的规律变化。由已调信号的频谱看,就是将调制信号的频谱线性地搬移到载波

频率上去,也就是说振幅调制是载波频率与调制信号频谱相加得到的。调制过程中,调制信号的各频率分量的相对关系不发生变化。

由上面分析可知,实现振幅调制的调制器的输入信号有两个:调制信号 $m(t)$ 和载波信号 $S(t)$,输出信号是已调信号 $S_m(t)$。因此调制器有两个输入端和一个输出端。从输入、输出信号的频率来看,以单频信号作为调制信号时,输入信号的频率有调制信号频率 $F(=\Omega/2\pi)$ 和载波频率 $f_c(=\omega_c/2\pi)$,输出已调信号频率为 f_c、f_c+F、f_c-F(或按 DSB、SSB 分别取三个频率中相应频率),即 AM、DSB 及 SSB 信号都是将调制信号的频谱搬移到载波频率上去,搬移过程中调制信号频谱的结构不发生变化。由已调信号表达式可以看出,AM、DSB 及 SSB 信号都是调制信号与载波信号的乘积,或者说振幅调制的实现是以乘法器为基础。

比较输入信号和输出信号的频率分量,输出信号的频率分量(f_c+F、f_c-F)在输入信号中是没有的,也就是说在调制过程中产生了新的频率分量。由于线性电路是不会产生新的频率分量,因此,要完成振幅调制必须有非线性器件。如图 2-15 所示,其中滤波器被用来滤除与 AM、DSB 及 SSB 信号相应的不必要的频率分量。

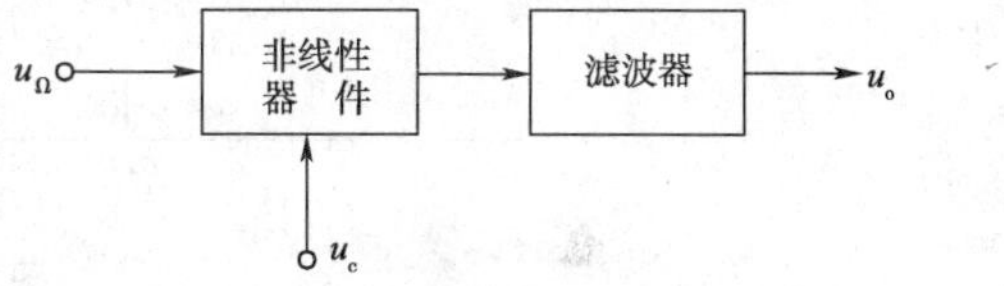

图 2-15 振幅调制电路的组成

振幅调制可以分为高电平调制和低电平调制。高电平调制是将功率放大和调制合二为一,调制后的信号不需要放大就可以直接发送出去,如许多(AM)广播电台的发射机都采用这种调制。低电平调制是将调制和功率放大分开,调制后的已调信号的电平较低,还需要经过功率放大达到一定的发射功率再发送出去。DSB、(海上通信中使用的)SSB 信号均采用这种调制方式。具体的调制电路这里不一一作介绍,可以参阅有关通信电子线路的书籍。

4)振幅调制信号的解调

调制是将调制信号搬移到载波上去,有利于信号的传输。在接收端,需要将调制信号从高频已调信号中恢复出来,以达到传输信息的目的。将调制信号从高频已调信号中恢复出来的过程称为解调,它是调制的逆过程,完成这一功能的部件称为解调器。振幅调制信号的解调实质上也是频谱的搬移,只不过它搬移的方向正好与调制所进行的搬移相反,是从高频端搬移到低频端。它与振幅调制具有相同的搬移性质,即都属于频谱的线性搬移。由于振幅调制与解调都属于频谱的线性搬移,因此解调电路的组成与调制电路相仿,需变化的只是输入、输出信号。

振幅解调的方法可以分为包络检波和同步检波两大类。包络检波是指解调器输出电压与输入已调波的包络成正比的检波方法。由于 AM 信号的包络与调制信号成线性关系,因此包络检波只适应于 AM 波。包络检波原理框图如图 2-16 所示:由非线性器件产生新的频率分量,由低通滤波器选出恢复的调制信号。DSB 和 SSB 信号的包络不同于调制信号,所以不能用包络检波,而必须使用同步检波(解调)。同步解调器有两个输入电压:一个是 DSB 或 SSB 信号,另一个是接收端产生的参考电压(或称为插入载波电压或恢复载波电压)。为了正确地解调,参考电压应与调制端的载波电压同频、同相,即同步,这就是同步检波名称的由来。同步检波的框图、输入和输出信号及频谱如图 2-17 所示。

同步检波分为乘积型和叠加型两种方式。乘积型同步检波是直接把插入载波电压与接收的已调信号相乘,用低通滤波器将低频信号即要恢复的信号提取出来,完成解调,如图 2-18a)所示。乘积型同步检波可用于 AM、DSB、SSB 等信号的解调(在数字通信系统中,乘积型同步检波器是经常使用的一种检波器,用于对 PSK、FSK 的解调)。

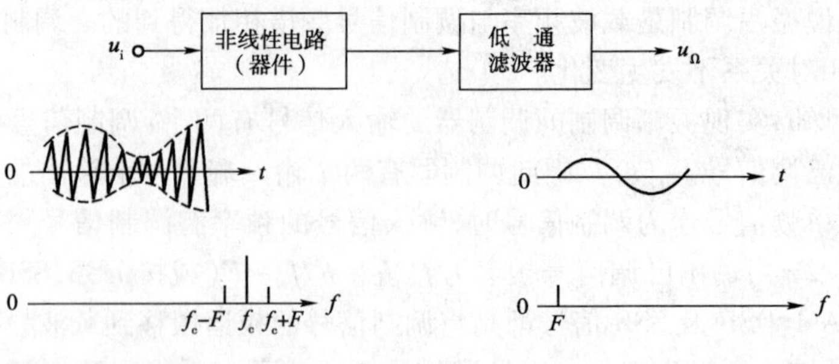

图 2-16　包络检波的原理框图

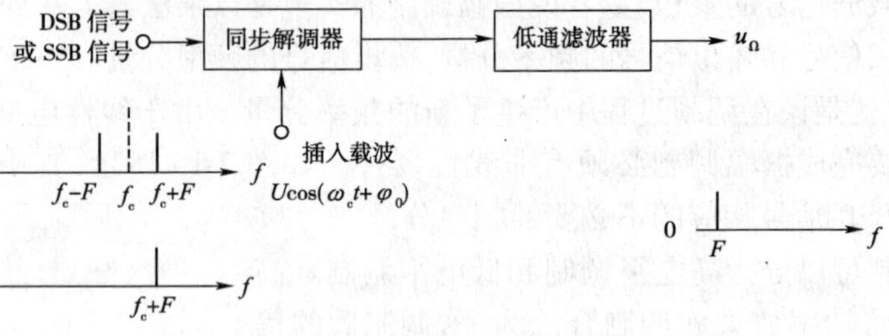

图 2-17　同步解调器的框图

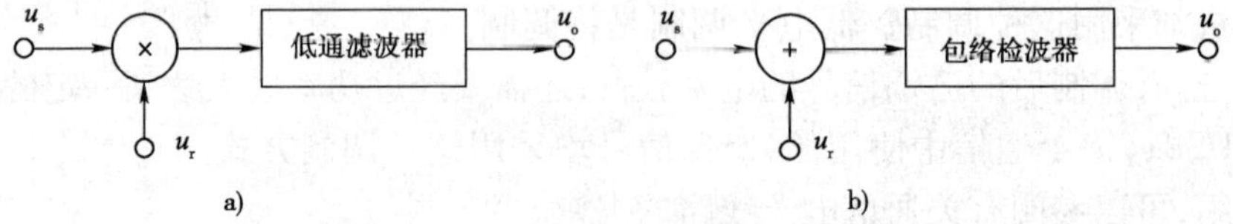

图 2-18　同步检波器

a）乘积型；b）叠加型

以 DSB 信号的解调为例：设已调波电压为

$$u_s = V_{DSB}(t) = V_m\ m(t)\ \cos\omega_c t$$

式中 V_m 为 DSB 信号电压振幅，采用图 2-18a）所示框图模型就可以实现解调。图中 $u_r = V_r(t)$ 是本地引入的参考电压，或插入载波（又称同步电压）。要求它与输入的单边带信号的载波同频同相，即 $V_r(t) = V_{rm}\cos\omega_c t$。同步解调器（乘法器）将它与输入 $V_{DSB}(t)$ 相乘后得到电压

$$\begin{aligned} V_d(t) &= K_0 V_{DSB}(t) V_r(t) \\ &= K_0 V_m V_{rm} m(t) \cos\omega_c t \cos\omega_c t \\ &= \frac{1}{2}K_0 V_m V_{rm} m(t) + \frac{1}{2}K_0 V_m V_{rm} m(t)\cos 2\omega_c t \end{aligned}$$

式中第一项与 $m(t)$ 成正比，是反映调制信号变化规律的有用分量。第二项是载波频率为 $2\omega_c$ 的双两边带调制信号，为无用的寄生分量。通过低通滤波器后，将被滤除，输出调制信号 $u_o = m(t)$。

根据上面的式子，可以画出乘法器输出的频谱，如图 2-19c）所示。为了便于比较，还画出了 $V_{DSB}(t)$ 的频谱，如图 2-19b）所示。比较乘法器前后频谱变换的情况，可以看到，乘法器的作用是将输入的 $V_{DSB}(t)$ 的频谱分别向左、右搬移 ω_c 的位置。

由上述原理看出，为了在接收端能实现恢复调制信号 $m(t)$，解调器必须有一个与已调信号的载波一样的插入载波信号 $V_r(t)$。所谓“一样”，就是要求接收端的插入载波与发送端的载波必须精确地保持同频率、同相位关系（对它们的振幅值是否相同可不作要求），这就是同步解调所需要满足的同步条件。如果同步条件不能得到保证，解调器性能将会受到影响，甚至

会破坏基带信号的恢复。假设收和发载波之间的频率差为 $\Delta\omega$、相位差是 $\Delta\varphi$，即

$$V_r(t)=V_{rm}\cos[(\omega_c+\Delta\omega)t+\Delta\varphi]$$

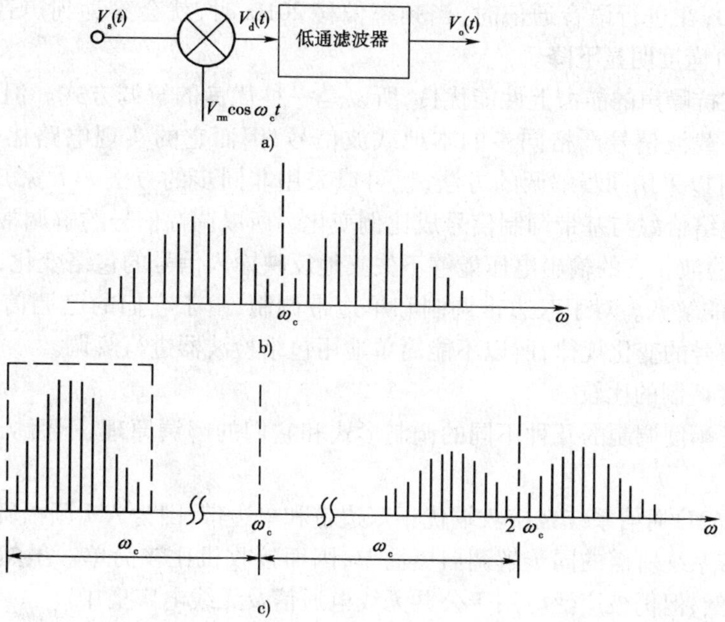

图 2-19　DSB 信号的解调

a)实现模型;b)$V_{DSB}(t)$的频谱;c)$V_d(t)$的频谱

则在解调单边带调制信号时，经低通滤波器后得到的输出电压为

$$V_o(t)=\frac{1}{2}K_0V_mV_{rm}m(t)\cos(\Delta\omega t+\Delta\varphi)$$

上式表明，输出信号并不是所要求的 $m(t)$，而是 $m(t)$ 和另一时间函数 $\cos(\Delta\omega t+\Delta\varphi)$ 的相乘，所以输出信号是失真的。如果 $\Delta\omega$ 和 $\Delta\varphi$ 均为零，即收、发同步，那么

$$V_o(t)=\frac{1}{2}K_0V_mV_{rm}m(t)$$

这正是解调所希望得到的调制信号。

如果不同步，考虑下面两种特殊情况：

(1) $\Delta\omega=0$ 但 $\Delta\varphi\neq0$，即仅只有相位不同步，则输出为

$$V_o(t)=\frac{1}{2}K_0V_mV_{rm}m(t)\cos\Delta\varphi$$

当 $\Delta\varphi$ 为常数时，输出正比于 $m(t)$。当 $\Delta\varphi=0$ 时，输出为最大；当 $\Delta\varphi=\pm\pi/2$ 时，输出为最小(等于零)。相位的不同步使输出随相位误差的余弦成正比地衰减。只要 $\Delta\varphi$ 为常数，输出波形就没有失真，仅有衰减。但在短波通信中，由于电离层随机变化引起传播途径变化，$\Delta\varphi$ 一般随时间随机变化。因此 $\cos\Delta\varphi$ 将随时间随机变化，显然使输出信号失真。

(2) $\Delta\varphi=0$ 但 $\Delta\omega\neq0$

则输出为

$$V_o(t)=\frac{1}{2}K_0V_mV_{rm}m(t)\cos\Delta\omega t$$

显然，输出不是调制信号的受衰减的复制品，而是 $m(t)$ 和一个正弦波 $\cos\Delta\omega t$ 相乘。输出将产

生失真，而且是一种比较严重的失真。对于语音通信来说，相位失真通常并不很严重，因为人耳对于相位失真不灵敏。相位失真可以改变话音的质量，但语音还是可以听清楚。对于频率不同步即 $\Delta\omega \neq 0$，在进行语音通信时，当频率偏移 20Hz 时，就会察觉到声音不自然；而偏移 200Hz 时，语言可懂度明显下降。

同步解调在抗噪声的能力上性能优良，所以是一种优良的解调方式。但它的主要缺点是需要产生与输入载波信号严格同步的本地载波信号，因而它的实现电路比较复杂。而对于 AM 波来讲，它可以采用同步解调的方法，也可以采用非同步的方法。大家知道，调幅信号的特点是载波的包络恰好与基带调制信号成比例变化。所以调幅信号的解调常常采用另一种检波方式，即包络检波。它的输出电压能够不失真地反映输入信号的包络变化，因而仅适用于标准调幅（AM）波的解调。对于双边带调制和单边带调制，由于它们的已调信号的包络已不再反映基带调制信号的变化规律，所以不能简单地用包络检波器进行解调。

5）各种幅度调制的比较

上面讨论了幅度调制的几种不同的调制形式和它们的解调原理，下面从不同角度对它们进行比较：

标准调幅（AM）通信系统在接收端优于双边带和单边带，因为 AM 调幅所需的检波器比起双边带和单边带系统所需的同步解调器更简单，因而接收机比较简单。虽然 AM 发送端的功率浪费大、效率低，但仍被广泛应用于公共无线电通信及无线电广播中。

由于 AM 信号的带宽是载波抑制系统（单边带）的两倍，在短波通信中多径传播引起的频率选择性衰落对 AM 的影响更为严重。由于衰落对频率也很敏感，于是载波和每个边带会受到不同程度的衰落，这就引起失真。它可能使载波比边带衰落更为严重，以至于 AM 不能满足 $m_0 \geqslant m'$（即 $M_a \leqslant 1$）的条件。这样一个波形，当由包络检波进行检波时，将有严重的失真。频率选择性衰落的影响在载波频率高时更严重，因此在高频段应使用抑制载波系统。

其次比较双边带和单边带，单边带较之双边带有如下优点：

（1）单边带信号所需要的带宽是双边带信号所需带宽的一半；

（2）频率选择性衰落效应将扰乱双边带中两个边带之间的相位关系，这使解调失真。在单边带中，因为只有一个边带，就不存在这种可能性。在长距离通信时，选择性衰落效应对双边带比对单边带更为有害。

由于这些原因，所以宁愿用单边带而不是用双边带。因此，单边带系统广泛地用于长距离短波通信中，尤其是对相位失真比较不重要的语音通信。但是单边带信号的产生比双边带信号困难得多。于是在双边带和单边带之间折中一下，产生所谓残留边带传输方式。

2. 角度调制和解调

一个高频正弦信号可以由三个参量来描述：振幅、频率和相位。前面介绍的振幅调制是用高频正弦信号的振幅来携带信息，可以通过调制信号与载波信号的相乘来实现，振幅调制的过程是频谱线性搬移（即平移）的过程。用调制信号去控制高频载波信号的频率或相位也能实现调制：使载波的（瞬时）频率随调制信号 $m(t)$ 作线性变化，而振幅保持不变，称为频率调制，简称调频（FM）；使载波的相位随调制信号 $m(t)$ 作线性变化，而振幅保持不变，称为相位调制，简称调相（PM）。因为频率或相位的变化都可以看成是载波相位角度的变化，故这两种调制统称为角度调制。

在分析角度调制时，由于频率调制和相位调制在本质上没有多大区别。当指出了它们的内在联系之后，只需以其中一种方式进行讨论就可以了。下面选择常用的频率调制方式作为讲述的对象。

1)角度调制信号的表达式

为了理解角度调制的概念,先简单说明正弦波的瞬时相位和瞬时频率的概念是必要的。

任何一个正弦型的时间函数,如果它的振幅是不变的,则可用下式表示:

$$f(t)=A\cos\theta(t)$$

式中,$\theta(t)$称为正弦波的瞬时相位。将$\theta(t)$对时间求导,则所得的$\frac{d\theta(t)}{dt}$被定义为正弦波的瞬时角频率$\omega(t)$,即

$$\omega(t)=\frac{d\theta(t)}{dt}$$

角度调制信号的一般表达式为

$$S_m(t)=S_0\cos[\omega_c t+\varphi(t)]$$

式中,S_0是常量,为载波的振幅;$\omega_c t+\varphi(t)$即为信号的瞬时相位$\theta(t)$,而$\varphi(t)(=\theta(t)-\omega_c t)$称为瞬时相位偏移,它表示相对已调载波瞬时相位的相位偏移;$d[\omega_c t+\varphi(t)]/dt$即为已调载波信号的瞬时频率。而$d\varphi(t)/dt$称为瞬时频率偏移,即相对$\omega_c$的频率偏移。

所谓相位调制,就是瞬时相位偏移随调制信号作线性变化的调制,亦即

$$\varphi(t)=K_p m(t)$$

式中:K_p——比例常数。于是,相位调制信号可表示为

$$S_{pm}(t)=S_0\cos[\omega_c t+K_p m(t)]$$

所谓频率调制,就是瞬时频率偏移随调制信号作线性变化的调制,亦即

$$d\varphi(t)/dt=K_f m(t)$$

式中:K_f——比例常数。则有

$$\varphi(t)=\int K_f m(\tau)d\tau$$

频率调制信号的表达式可以写成

$$S_{fm}(t)=S_0\cos[\omega_c t+\int K_f m(\tau)d\tau]$$

由$S_{pm}(t)$和$S_{fm}(t)$不难看出,如果预先不知道基带信号的形式,仅从表达式是无法分辨FM与PM的。由于频率与相位之间存在着微分与积分的关系,所以FM与PM间是可以互相转换:FM也可以看成是先对调制信号$m(t)$进行积分,然后再对载波进行相位调制——这就是所谓的简接调频;如果先对调制信号微分,然后用微分结果去进行调频,得到的已调波为调相波。

图2-20给出了$m(t)=u\Omega$为单一频率正弦信号时调频信号的波形。

2)调频信号的波形和频谱

为了简化对调频波特性的分析,假设$m(t)=V_m\cos\Omega t$。由于调制信号是单一角频率为Ω的余弦波,故容易得到调频信号的瞬时角频率

$$\omega(t)=\omega_c+K_f V_m\cos\Omega t=\omega_c+\Delta\omega\cos\Omega t$$

式中,K_f为比例常数;$\Delta\omega=K_f V_m$称为最大角频率偏移,它与调制信号的幅度成正比。

瞬时相位角为

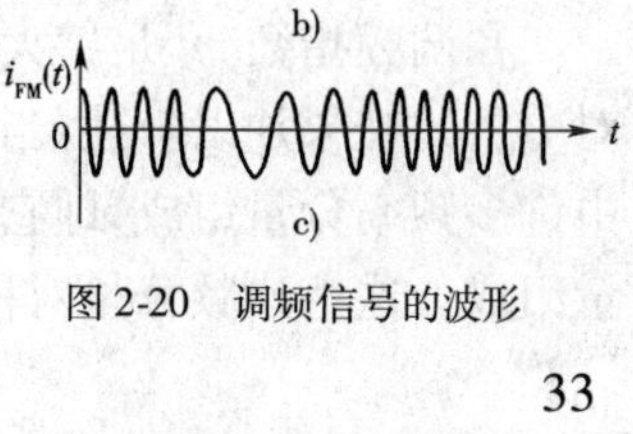

图2-20 调频信号的波形

$$\theta(t)=\int_0^t \omega(\tau)\mathrm{d}\tau=\omega_c t+\frac{\Delta\omega}{\Omega}\sin\Omega t=\omega_c t+m_f\sin\Omega t$$

式中，$m_f=\dfrac{\Delta\omega}{\Omega}$表示载波的最大瞬时相位偏移值，称为调频指数。所以，调频信号表达式为

$$S_{fm}(t)=S_0\cos(\omega_c t+m_f\sin\Omega t)$$

图 2-20 给出了 $m(t)$ 为单一频率正弦信号时调频信号的波形。在波形上，调频信号单位时间内的波形数与调制信号的大小成线性关系，即调制信号的大小反映到调频信号的波形上就是波形的疏密程度。当调制信号大于零时，调频信号的频率大于载波频率，单位时间内的波形数比载波多，调制信号最大时，正好对应调频信号频率的最大值；当调制信号小于零时，调频信号的频率低于载波频率，单位时间内的波形数比载波少，调制信号最小时，正好对应调频信号频率的最小值。调频信号单位时间内波形数的变化，正好反映出调制信号的变化规律。可见，调制信号的信息被寄托在高频载波频率的变化中，调频信号是振幅保持不变的信号。

调制实际上是频谱受到搬移的过程。幅度调制中已调信号的频谱保持原来基带信号频谱的结构不变，称为线性调制。角度调制则是通过改变载波的频率或相位来达到的，虽然也完成了频谱的搬移，但它的已调信号频谱不再保持原来基带信号的频谱结构。也就是说，已调信号频谱与基带信号频谱之间存在着非线性变换关系。所以，角度调制是一种非线性调制。

现在来分析调频波的频谱。从上面分析可以知道，频率调制信号的瞬时频率为 $\omega_c+K_f m(t)$，而 $K_f m(t)$ 是它的瞬时频率偏移。概略地说，瞬时频率偏移 $K_f m(t)$ 这一项将决定调频信号的频谱宽度。这是因为，若 $K_f m(t)=0$，则调频信号就变成了单一频率的载波；若 $|K_f m(t)|$ 略大于零，则调频信号将在 ω_c 附近出现窄的频谱；如若 $|K_f m(t)|$ 较大，则可以预料信号将具有较宽的频谱。因此，调频又可分为窄带调频和宽带调频两种情况。根据上面的分析，频率调制信号的一般表达式可以写成

$$S_{fm}(t)=S_0\cos\left[\omega_c t+k_f\int_0^t m(\tau)\mathrm{d}\tau\right]=S_0\cos[\omega_c t+m_f g(t)]$$

式中
$$m_f g(t)=K_f\int_0^t m(\tau)\mathrm{d}\tau$$

对于窄带调频，$m_f g(t)\ll 1$，近似取

$$\cos[m_f g(t)]\approx 1$$

$$\sin[m_f g(t)]\approx m_f g(t)$$

那么

$$S_{fm}(t)=\cos\omega_c t-m_f g(t)\sin\omega_c t$$

可见窄带调频的频谱与调幅(AM)有完全相同的频谱形式：载频项和以 ω_c 为中心的边带项。只是边带项是由以 $\sin\omega_c t$ 为载频而产生。当调制信号最高频率为 F_{max} 时，则窄带调频的带宽与调幅波一样为 $2F_{max}$。

在调频指数 m_f 足够大，那就是宽带调频的情况。对宽带调频进行分析比较复杂，现在仅对分析的结果加以叙述：当调制信号是单一角频率 Ω(频率为 F)的余弦波时，它的调频信号是由许多频率分量组成，即它的频谱包含有载波 ω_c 与无限多个频率为 $\omega_c\pm n\Omega$ 的谐波(边频)分量组成。这些边频分量对称地分布在载波两边，振幅取决于调频指数 m_f。m_f 变化时，调频信

号的频谱随之发生变化（各频率分量的幅值相对变化），这是调频信号的一大特点。由调频指数的定义：$m_f=\frac{\Delta\omega}{\Omega}$，它既决定于调频信号的最大频偏（它与调制信号的幅度成正比），又决定于调制信号频率。图 2-21 是不同 m_f 时调频信号的频谱，分别对应于：a）改变 Δf_m 而保持 F 不变时的频谱；b）保持 Δf_m 不变而改变 F 时的频谱。在 a）图中，m_f 是靠增加频偏 Δf_m 实现，可以看出随着 Δf_m 增大，调频波中（有影响的）边频分量数目增加，频谱要展宽；在 b）图中，m_f 是靠调制频率减小，虽然有影响的边频分量数目也增加，但频谱并不展宽。

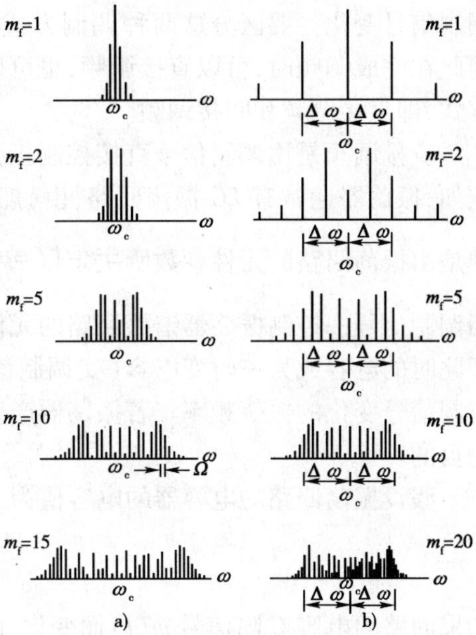

图 2-21　单音频信号调制时 FM 的频谱

a）Ω 为常；b）$\Delta\omega_m$ 为常数

从调频信号的频谱看，调频信号包含了无限多对、对称分布在载波两边的边频分量。当边频数（n）大于调频指数 m_f 时，调频信号的边频分量的振幅将迅速衰减。忽略对信号影响很小的频率分量，调频波实际占据的频带宽度是有限的。分析表明，当 $n>m_f+1$ 时，各次边频的振幅均小于未调制载波振幅的十分之一。因此，如果上、下边频均考虑到 m_f+1 次谐波，而忽略大于 m_f+1 的各次谐波，单音频调制信号的调频波频谱的有效宽度可以用下面的式子进行估算：

$$BW_{FM}=2(m_f+1)\Omega=2(\Delta\omega+\Omega)$$

或

$$BW_{FM}=2(m_f+1)F=2(\Delta f_m+F)$$

式中 Ω 或 F 为单音频调制信号的角频率或频率；$\Delta\omega$ 或 Δf_m 为最大角频率偏移或最大频率偏移。当 $m_f>>1$ 时

$$BW_{FM}\approx 2m_fF=2\Delta f_m$$

因此，对于宽带调频，传输频率调制信号所需的带宽近似为最大频率偏移的 2 倍。

上面讨论了单音频调制信号时的两种调频波的有效频谱宽度。如果调制信号为复杂信号，则调频波的频谱分析就更烦琐。但是，实践表明，复杂信号调制时，调频波占有的有效频谱宽度仍可用单音频频率调制时的公式表示，仅需将其中的 F 用调制信号各频率分量中的最高频率 F_{max} 取代；Δf_m 用调制信号各频率分量所对应的最大频率偏移取代。例如，在调频广播中，按国家标准规定：$(\Delta f_m)_{max}=75\text{kHz}$，$F_{max}=15\text{kHz}$，因此调频系统的带宽为

$$BW_{FM}=2(m_f+1)\ F_{max}=2\left[\frac{(\Delta f_m)_{max}}{F_{max}}+1\right]F_{max}$$

$$=180\text{kHz}$$

调频系统的带宽远远大于调幅系统的带宽。所以调频通信系统的载波一般应选在超短波即甚高频（30～300MHz）或更高的波段，调频广播的频率范围为 88～108MHz。

3）调频的实现

由上面分析知道，频率调制和相位调制统称为角度调制。这是因为在调频的同时必然存在调相，在调相的同时必然存在调频。也就是说在角度调制时，高频载波的频率和相位都要随

调制信号变化。要区分这两种调制方式,是观察其频率还是相位随调制信号规律线性变化。因此在完成调频时,可以直接调频,也可以通过调相的方法完成调频,这就是调频的两种实现方式,即直接调频和间接调频。

直接调频是用调制信号直接控制正弦振荡源,使正弦振荡频率随调制信号规律线性变化。例如,振荡器通常有 LC 振荡回路,由《船舶无线电技术基础》课程的振荡器分析知道,振荡频率是由振荡回路的元件参数所决定$\left(f=\frac{1}{2\pi\sqrt{LC}}\right)$。改变元件的参数,振荡频率就会发生变化。用调制信号去控制振荡器谐振回路的元件(如控制回路的电容 C)参量使它随调制信号变化,即此时的电容成为一时变电容(受调制信号控制)。这样振荡器产生的振荡频率就是一个随调制信号变化的振荡频率。若振荡器产生的振荡频率与调制信号成线性关系,即可达到调频的目的。

假设振荡回路的电容器的电容值为 C_0 时,LC 振荡回路的谐振频率为

$$\omega_c = \frac{1}{\sqrt{LC_0}}$$

如果回路的电容 C 随信号 $m(t)$ 而变化,即

$$C = C_0 + \Delta C = C_0 + Km(t)$$

其中 C_0 对应于信号 $m(t)=0$ 时的静态电容值。假如电容改变量 ΔC 相对于静态电容 C_0 来说很小,即 $\Delta C \ll C_0$,则振荡回路的瞬时谐振频率:

$$\begin{aligned}\omega_c(t) &= \frac{1}{\sqrt{LC}} = \frac{1}{\sqrt{LC_0}}\frac{1}{\sqrt{1+\Delta C/C_0}}\\ &= \omega_c(1-\Delta C/2C_0) = \omega_c\left(1+\frac{Km(t)}{2C_0}\right)\\ &= \omega_c + k_f m(t)\end{aligned}$$

上式表明,振荡器输出的瞬时频率偏移随调制信号 $m(t)$ 成线性变化,实现了调频。

目前广泛应用的软件无线电技术也可以方便地产生调频信号。

根据调频与调相波的内在联系,可以先将调制信号 $m(t)$ 进行积分:$k_f\int m(t)\,dt$,将积分值作为调制信号对载波进行调相,所得到的已调制信号为 $m(t)$ 的调频波:

$$S_{fm}(t) = S_0\cos[\omega_c t + k_p(k_f\int m(t)\,dt)]$$

这种通过调相实现调频的方法称为间接调频。间接调频时,调相器与振荡器是分开的。因此,产生载波信号的振荡器可以采用高稳定的晶体振荡器,这样已调信号的频率稳定度可以由振荡器来保证。因而在一些对信号质量要求较高的应用环境(如海上 VHF 通信)中,大多采用间接调频的方式产生调频信号。

不管是直接调频还是间接调频,一次调制所能完成的频率偏移是有限的,过大的频偏会产生失真(即瞬时频率偏移不能线性地随调制信号变化)。因此,为了达到预定的频率偏移值(例如调频广播的 75kHz),必须采取扩大频偏的措施。一般采用先在较低的载波频率上实现调频,然后再通过倍频和混频的方法得到所需载波频率和线性频偏的调频信号。

所谓倍频器,是将输入频率倍增的非线性装置。例如平方律装置,输入 $e_i(t)$ 和输出 $e_o(t)$ 的关系是

$$e_o(t) = [e_i(t)]^2$$

如果

$$e_i(t)=S_{fm}(t)=S_0\cos[\omega_c t+k_p(k_f\int m(t)\mathrm{d}t)]$$

则

$$\begin{aligned}e_o(t)&=\{S_0\cos[\omega_c t+k_p(k_f\int m(t)\mathrm{d}t)]\}^2\\&=S_0^2\cos^2[\omega_c t+k_p k_f\int m(t)\mathrm{d}t]\\&=\frac{S_0^2}{2}\{1+\cos[2\omega_c t+2k_p k_f\int m(t)\mathrm{d}t]\}\end{aligned}$$

显然,输出信号的载波频率和调制指数都是输入信号相应值的2倍。一般用 n 次方律装置,则载波频率和调制指数也提高了相应 n 倍。

现举例来说明倍频器的作用,如图2-22所示。为了实现载波频率为136MHz、频偏为75kHz的调频,可以先在较低的22.666MHz载波上形成频偏为12.5kHz的已调信号。再经过二次(各为3、2)倍频,载波频率由22.666MHz提高到136MHz,而频偏则由12.5kHz扩大到75kHz。船舶VHF设备调频信号的载波频率、频率偏移通常采用"倍频"的方法,达到发射所需的频率和频偏。

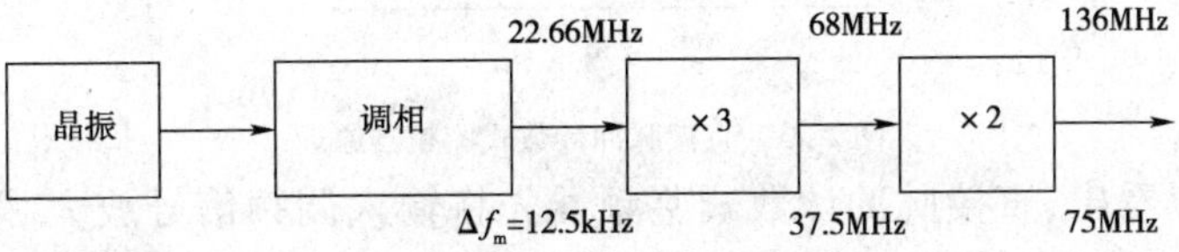

图2-22 使用倍频器扩大调频信号的频率偏移

4)调频信号的解调

调频信号的解调就是从调频信号 $S_{fm}(t)$ 中恢复出原调制信号 $m(t)$ 的过程。调频信号的解调又称为频率检波,或简称鉴频。完成调频信号解调的电路称为频率检波器,或称为鉴频器。在调频信号产生、传输和接收的过程中,不可避免地会引入干扰和噪声,造成调频信号的振幅发生变化。由于调频波的幅度是恒定的,但在实际的传输过程中因电路的频率特性不均匀,造成调频信号的振幅发生变化,通常将这种振幅变化称为调频波的寄生调幅。鉴频器解调这种信号时,寄生调幅就会反映在解调输出电压上,产生解调失真。因此,一般必须在鉴频器前加一限幅器以消除寄生调幅。可见,限幅与鉴频一般是连用的,统称为限幅鉴频器。

从调频信号还原出调制信号的方法很多,概括起来可分为直接鉴频法和间接鉴频法两大类。直接鉴频法,是根据调频信号中调制信号与已调调频信号瞬时频率之间的关系,对调频信号的频率进行检测,直接从调频信号的频率中提取原来调制信号。间接鉴频法,就是对调频信号进行不同的变换或处理,从而间接地恢复出原始调制信号的过程。

下面仅对直接鉴频的原理作简单的介绍。

在调频信号中,由于它的瞬时频率与调制信号成线性关系,即

$$f(t)=f_c+k_f u_\Omega(t)$$

调频信号的瞬时频率变化反映了调制信号 $u_\Omega(t)$ 的变化规律:瞬时频率越大,反映出调制信号电压的值越大;瞬时频率越小,表明调制信号电压的值越小。直接将频率变化的信息转化为一个随频率线性变化的电压,就可以恢复出调制信号。在调频信号中,从波形上看,单位时间的波形数越多,或单位时间内调频信号的零交点数越多,表明调频信号的频率越高,对应的

调制信号电压越大,反之亦然。因此,可以从调制信号的波形中单位时间内的波形数或零交点数直接获得调制信号电压的信息,经过一定的处理获得原始的调制信号电压。直接脉冲计数式鉴频法就是一种典型的直接鉴频方法,它的原理如图 2-23 所示。

直接脉冲计数式鉴频法是先将输入调频信号变换为调频脉冲序列 u_1。由于该脉冲序列含有反映瞬时频率变化的平均分量,因而,将脉冲序列直接计数就可以得到反映瞬时频率变化的解调电压,或者如图 2-23 通过滤波器得到反映瞬时频率变化的解调电压 $u_\Omega(t)$。

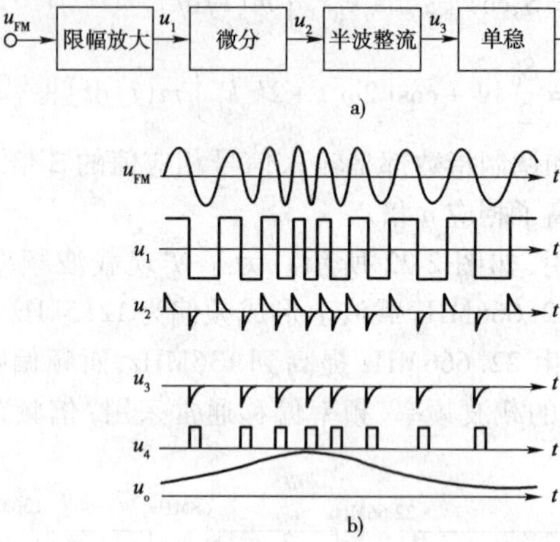

图 2-23　直接脉冲计数式鉴频器原理

从图 2-23 可以看出,直接脉冲计数式鉴频器先将输入调频信号放大和限幅,变成调频方波信号 u_1。然后进行微分,得到一串高度相等、形状相同的微分脉冲序列 u_2。再经过半波整流得到反映调频信号瞬时频率变化的单向微分脉冲序列 u_3。对此单向微分脉冲计数就可以直接得到调频信号的频率。为了提高鉴频的效率,一般都在微分后加单稳态电路。将微分脉冲序列变换成脉宽为 τ 的矩形脉冲序列,然后对该调频脉冲序列直接进行计数或通过低通滤波器得到反映瞬时频率变化的原调制信号输出 $u_\Omega(t)$。

最后,归纳一下调频不同于调幅的特点。

由调频波的时间表达式 $S_{fm}(t)$ 可以知道,调频波是振幅为 S_0(与载波的振幅相同)的等幅波。因此,它的功率等于未调制时的载波功率。可以认为调频波的功率和调制指数 m_f 无关,也是一个常数。而调幅波的振幅不是常数,所以调幅波的总功率是调制指数 M_a 的函数。从功率角度来看,调频器相当于一个功率分配器,调制的过程就是一个功率的分配过程:将载波功率按照一定的规律分配到调频信号的各个频率分量上,它的功率分配与调频指数有关。不同的调频指数,调频信号的频谱结构不同,各频率分量的振幅不同,各频率分量的功率也就不同,但在功率的分配过程中,总的功率不变。

根据前面的分析,增加调制信号的幅度就相当于增加频偏,调频波的带宽也增大了,因而它的边频分量数目也相应地增多了。既然调频波的总功率不变,那么由于调制而增多的边频分量,它们的能量只能是从降低载波能量转化而来。随着调制指数的增大,边频分量也随着增多,这样就有更多的载波能量转化为边带的能量,去承担传递信息的任务。例如,当 $m_f = 2.4$, 5.52 等时,调频波的载波功率几乎全部转化为携带信息的边带功率。可见,调频波的载波和调幅波的载波的作用不同,它不像调幅波那样载波的功率白白浪费掉,调频波的功率利用率要比调幅波高得多。

其次,调频系统的抗干扰性能优于调幅系统。调频波并不是调制信号频谱的简单搬移,即使在单频调制信号的情况下,调频波的边频分量也可以有许多。这些边频分量都参与了信息的携带,而且边频分量的数目随调制指数的增大而增多。正因为调频波有更多的边频分量来携带信息,所以它才有更大的能力来克服信道中遭受的各种干扰。这就是调频抗干扰能力比调幅强的根本原因。在一定的输入信噪比的情况下,增大调频指数,也就是增加传输带宽可以使输出信噪比增大,即改善抗噪声性能。分析表明,调频波所占用的带宽增加1倍,输出信噪比就改善6dB,调频方式的这种以带宽换取信噪比的特性是十分宝贵的。而在调幅方式中,由于它传输带宽是固定的,因而它不能达到带宽与信噪比互换的目的。由此可以得到:在一定的信噪比的情况下,调频系统的性能将比调幅系统优越,而这个优越程度随着传输带宽的增加而提高。

二、数字信号的调制与解调

数字通信系统需要传输的(由信源编码器输出的)原始数字信号,通常采用二进制或多进制的代码形式,称为数字基带信号。在卫星通信、移动通信等场合,数字基带信号(的频谱处在较低的频率)不适合在无线信道中传输。为了适宜在无线信道中传输,提高传输质量,必须把数字基带信号调制在高频载波上,载波信号形式大多采用正弦波。数字调制与模拟调制的基本原理相同,但是数字信号有离散取值的特点。因此数字调制技术有两种方法:①利用模拟调制的方法去实现数字式调制,即把数字调制看成是模拟调制的一个特例,把数字基带信号当作模拟信号的特殊情况处理;②利用数字基带信号离散取值的特点,将它作为“开关”、“键控”载波,从而实现数字调制,这种方法通常称为键控法。如果用数字基带信号去“键控”正弦高频载波的振幅、频率和相位中的某一个,便可获得三种最基本的数字调制方式:振幅键控(ASK)、频率键控(FSK)、相位键控(PSK)。联合控制载波的幅度及相位两个参量,则称为正交幅度调制(QAM)。

数字调制有二进制与$M(>2)$进制之分。二进制数字调制是将每个二进制符号(即0或1)映射为相应的正弦载波信号波形,如:将二进制符号“1”映射为信号波形$s_1(t)$,将二进制符号“0”映射为信号波形$s_2(t)$。如果这两个信号的振幅不同,称为(二进制振幅键控)2ASK;这两个信号的载波频率不同,称为(二进制频率键控)2FSK;这两个信号的载波相位不同,称为(二进制相位键控)2PSK或称BPSK。在M进制数字调制中,将二进制数字序列中每K个比特构成一组,对应于$M(=2^k)$进制符号之一,每个M进制数字符号映射为M个正弦载波信号波形$[s_i(t), i=1,2,\cdots,M]$之一,称为M进制数字调制。如在8PSK(八进制相位键控)中,每三个二进制比特对应于一个八进制符号,每个八进制符号映射为有八个可能的离散相位状态之一的正弦载波信号波形。

下面主要讨论三种二进制正弦型载波调制方式,即2ASK、2FSK和2PSK的工作原理。

1. 二进制振幅键控(2ASK)

二进制振幅键控又名二进制启、闭(或通-断)键控(OOK:On-Off Keying)。它是调制信号为二进制数字脉冲序列$s(t)$对正弦高频载波的调幅,所以又称它是二进制数字调幅;或以二进制数字序列来键控正弦载波的开启与关闭。这种调制方式的出现比模拟调制方式还早,早年海上使用的Morse无线电传通信使用这种调制方式。由于OOK的抗噪声性能不如其他调制方式,所以没有被卫星通信、数字微波通信所采用。但是由于该调制方式实现简单,在光纤通信系统中得到广泛的应用。它是使载波的频率和相位保持不变,载波振幅随$s(t)$取值的不同而不同。通常,在ASK的前面加上阿拉伯数字以表示是用几进制数字信号进行的振幅键控。例如,2ASK表示用二进制数字信号进行的振幅键控。

二进制数字信号只有“1”、“0”两种取值状态，故2ASK信号的载波振幅也只有两种不同的取值状态。对应于码元1(电报通信中的“传号”，即Mark)，2ASK信号是

$$S_{\mathrm{ASK1}}(t)=A\cos\omega_c t \qquad (0\leqslant t\leqslant T_b)$$

对应于码元0(电报通信中的“空号”，即Space)，2ASK信号是

$$S_{\mathrm{ASK0}}(t)=0 \qquad (0\leqslant t\leqslant T_b)$$

式中：A——载波的振幅；

ω_c——载波频率；

T_b——码元的宽度(载波频率f_c远大于数字信号的速率)。

所以，2ASK随时间而变的表达式可以写成

$$S_{\mathrm{ASK}}(t)=\frac{A}{2}[1+S(t)]\cos\omega_c t$$

式中，对应于码元“1”，$S(t)$取值为1；对应于码元“0”，$S(t)$取值为－1。

2ASK波形如图2-24所示。

由$S_{\mathrm{ASK}}(t)$的表达式，可以将二进制振幅键控看成是(模拟信号的)调幅。所以$S_{\mathrm{ASK}}(t)$信号的频谱是数字基带信号$S(t)$频谱搬移到载频ω_c的左右两侧，带宽则是$S(t)$码元速率f_s的两倍，即

$$BW_{\mathrm{2ASK}}=2f_s$$

二进制振幅键控信号的频谱如图2-25所示。

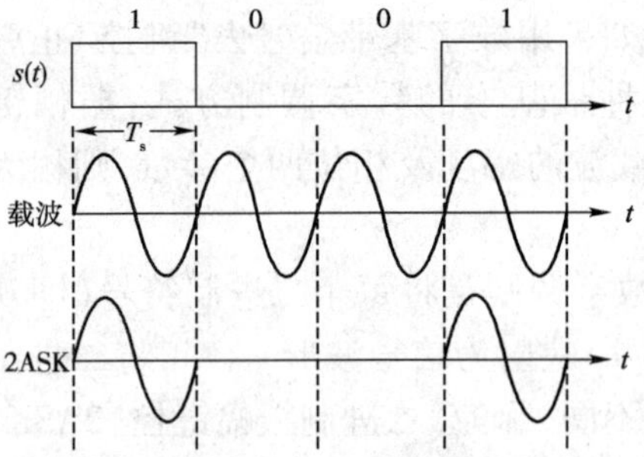

图2-24　2ASK(OOK)信号时间波形

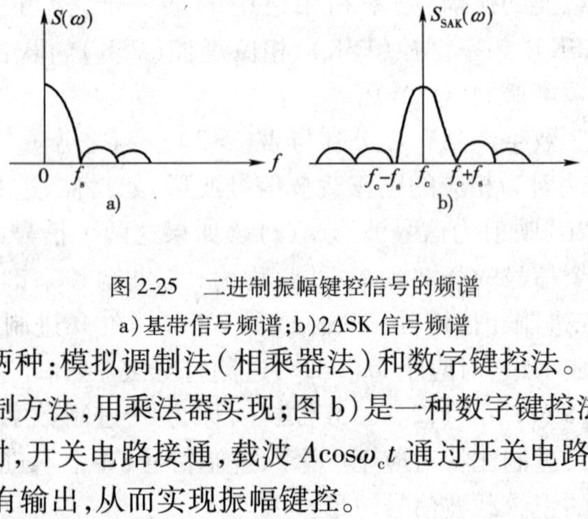

图2-25　二进制振幅键控信号的频谱

a)基带信号频谱；b)2ASK信号频谱

二进制振幅键控信号的产生方法通常有两种：模拟调制法(相乘器法)和数字键控法。如图2-26所示，图a)就是一般的模拟幅度的调制方法，用乘法器实现；图b)是一种数字键控法，其中的开关电路受$s(t)$控制。当码元为“1”时，开关电路接通，载波$A\cos\omega_c t$通过开关电路到达输出端；当码元为“0”时，开关电路断开，没有输出，从而实现振幅键控。

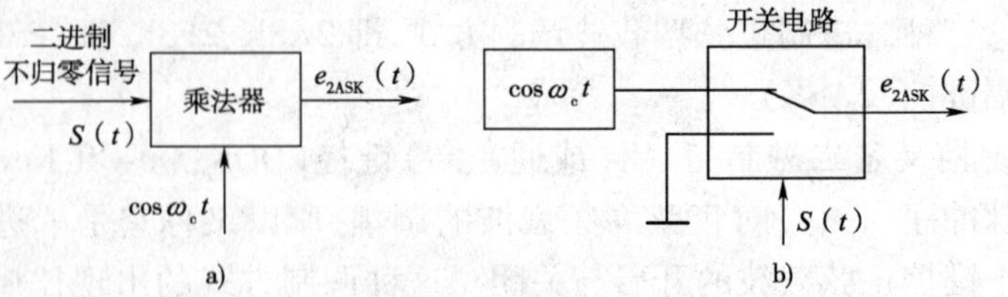

图2-26　2ASK调制的原理框图

a)相乘器法；b)键控法

与AM信号的解调方法一样，实现2ASK解调也有两种基本的方法：根据解调时接收端是否需要提供一个与发送端的载波同频同相的本地载波，将解调分为相干解调与非相干解调两大类。需要提供本地载波的解调，称为相干解调；不需要提供本地载波的解调为非相干解调。

两种方案2ASK解调的原理方框如图2-27所示。与模拟信号解调相比,这里增加了一个“抽样判决”框,这对于数字信号的接收性能是必要的。

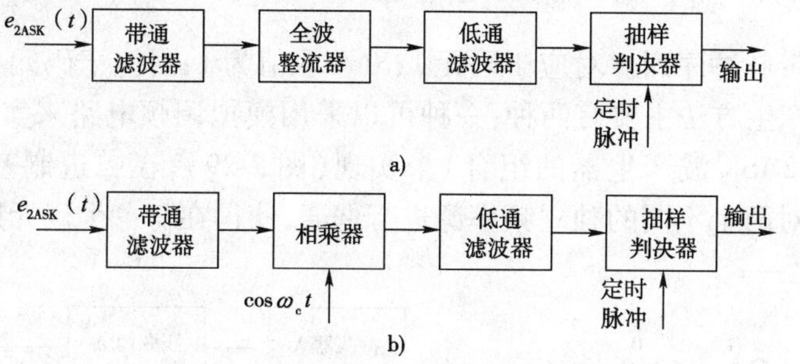

图2-27　2ASK信号解调的原理框图

a)非相干解调方式;b)相干解调方式

非相干解调ASK解调器(图2-27a)的工作过程如下:输入端带通滤波器将输入2ASK信号的频谱限制在传送所必需的频带宽度之内,减少了输入信号的噪声功率,从而提高解调器输入信噪比。低通滤波器不仅是滤掉全波整流输出中的高次谐波分量,而且还进一步减少噪声功率,提高解调器输出信噪比。可见,非相干解调的输出中还混有噪声,还必须进行取样、判决后才能最后确定输出是码元1还是码元0。

相干解调2ASK解调器(图2-27b)的工作原理除用相乘器代替非相干ASK解调器中的全波整流器外,其余部分与非相干2ASK解调器完全相同。相乘器工作时,必须由接收机提供本地载波,才能恢复出数字调制信号$S(t)$。而且,本地载波必须与发送端的载波同频、同相。

设本地载波与发送端载波同频、同相,也为$\cos\omega_c t$。相乘器的输入端信号为:

$$S_{ASK}(t)=\frac{A}{2}[1+S(t)]\cos\omega_c t$$

相乘后的输出信号$S_g(t)$为

$$\begin{aligned}S_g(t)&=\frac{A}{2}[1+S(t)]\cos^2\omega_c t\\&=\frac{1}{4}A[1+S(t)](1+\cos2\omega_c t)\end{aligned}$$

经过低通滤波器后,滤掉高频分量($\cos2\omega_c t$),解调出$\frac{A}{4}[1+S(t)]$,即得到数码脉冲序列。

2. 二进制频率键控(2FSK)

频率键控是利用载波的频率变化来传递数字信息。在2FSK中,载波的频率随二进制基带信号在$\omega_1(f_1)$、$\omega_2(f_2)$两个频率点间变化。它的信号表达式为

码元1时

$$S_{FSK1}(t)=A\cos\omega_1 t$$

码元0时

$$S_{FSK0}(t)=A\cos\omega_2 t$$

典型波形如图2-28所示。

由图可见,2FSK信号波形可以看成是两个2ASK信号的叠加。通常取$\omega_1=\omega_c+\Delta\omega$,$\omega_2=\omega_c-\Delta\omega$($\omega_c$为载波频率;$\Delta\omega$为频偏)。得

$$S_{FSK1}(t)=A\cos(\omega_c+\Delta\omega)t\qquad(0\leqslant t\leqslant T_b)$$
$$S_{FSK0}(t)=A\cos(\omega_c-\Delta\omega)t\qquad(0\leqslant t\leqslant T_b)$$

2FSK 表达式的通式可以写成

$$S_{\mathrm{FSK}}(t)=\frac{A}{2}[1+S(t)]\cos(\omega_{\mathrm{c}}+\Delta\omega)t+\frac{A}{2}[1-S(t)]\cos(\omega_{\mathrm{c}}-\Delta\omega)t$$

式中:$S(t)$——基带脉冲序列。对应于码元 1,$S(t)$取值为 1;对应于码元 0,$S(t)$取值为 -1。

2FSK 信号的产生方法主要有两种:一种可以采用模拟调频电路来实现;另一种可以采用键控法(即用两个 2ASK 波产生器的组合)来实现(图 2-29),在二进制基带数字序列的控制下,通过开关电路对两个不同的独立频率源进行选通,使得在每一个码元期间相加器的输出是 f_1 或 f_2 两个载波之一。

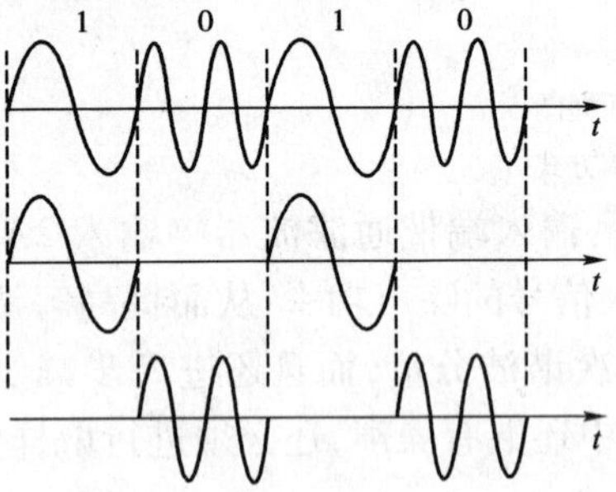

图 2-28　2FSK 的时间波形

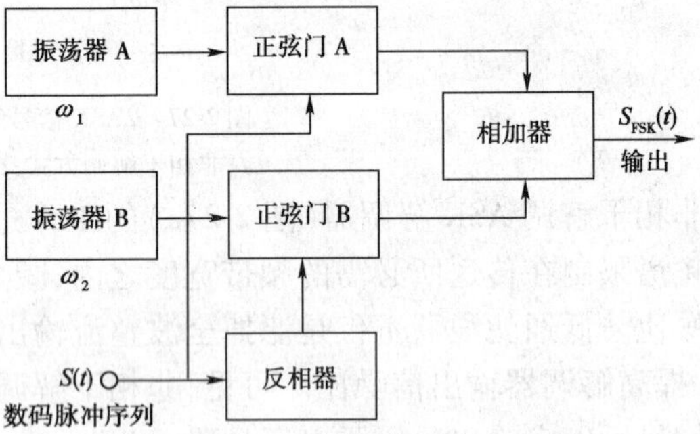

图 2-29　键控法产生 2FSK 信号的原理图

电路工作过程如下:输入码元 1 时,正弦门 A 导通正弦门 B 截止,振荡器 A 产生的振荡 $A\cos\omega_1 t$ 通过正弦门 A 和相加器后输出,得到 $S_{\mathrm{FSK1}}(t)=A\cos\omega_1 t$;输入码元 0 时,正弦门 A 截止,而(通过反相器后使)正弦门 B 导通。振荡器 B 的输出 $A\cos\omega_2 t$ 通过正弦门 B 和相加器后输出,得到 $S_{\mathrm{FSK0}}(t)=A\cos\omega_2 t$。这样,输出就得到随数码脉冲序列 $s(t)$ 的取值不同而频率不同的正弦波——2FSK 波。

同样,可以用两个 2ASK 解调器的组合来构成 2FSK 解调器。2FSK 解调也有相干解调和非相干解调两种电路形式。相干 2FSK 解调器的原理方框图如图 2-30 所示。

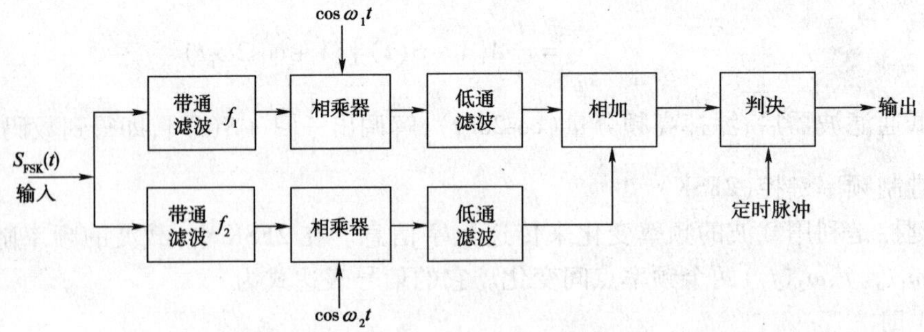

图 2-30　2FSK 相干解调器

由于我们把 2FSK 波看成是两路 ASK 波的叠加,所以它的频谱也可以看成是两种 2ASK 频谱叠加。2FSK 信号的频谱宽度为

$$BW_{\mathrm{2FSK}}=|f_2-f_1|+2f_s$$

式中:f_s——数字基带信号的码元速率。

2FSK 在数字通信中应用较为广泛。国际电信联盟(ITU)建议在数据速率低于 1200bps 时采用 2FSK 体制。2FSK 可以采用非相干接收方式,接收时不必利用信号的相位信息,因此特别适合应用于衰落信道(如海上无线电通信使用的短波无线电信道)的场合。

3. 二进制相位键控(2PSK)

相位键控是利用载波的相位变化来传递数字信息,而载波的振幅和频率保持不变。在2PSK中,通常用载波初始相位0和π分别表示二进制的"1"和"0",即2PSK波的初始相位与数码脉冲序列$S(t)$的取值有着固定的对应关系。因此2PSK信号的时间表达式为

当发送码元"1"时

$$S_{2PSK1}(t)=A\cos\omega_c t \qquad (0\leqslant t\leqslant T_b)$$

当发送码元"0"时

$$S_{2PSK0}(t)=A\cos(\omega_c t+\pi) \qquad (0\leqslant t\leqslant T_b)$$

由于表示两种码元信号的波形相同,极性相反,所以它的时间表达式可以写成

$$S_{2PSK}(t)=AS(t)\cos\omega_c t$$

其中,$S(t)$的取值分别为+1或-1,为一双极性脉冲序列。

当然,也可作相反的规定:传递码元"1"时,载波的初始相位为π;而传递码元"0"时,载波初始相位为0。这种以载波的不同相位直接表示相应二进制数字信号的调制方式,称为绝对相位键控。

2PSK信号的时间波形如图2-31所示。

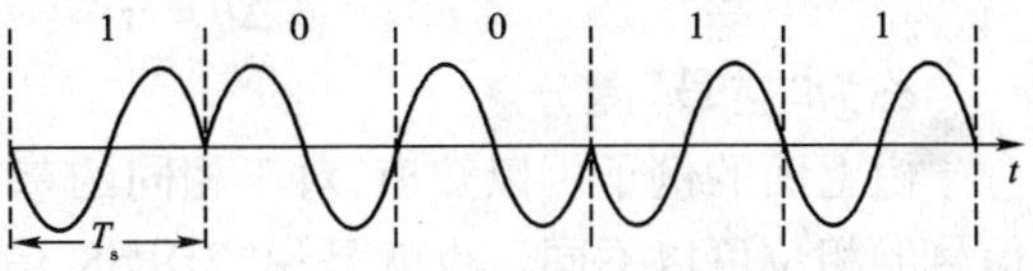

图2-31 2PSK信号的时间波形

2PSK信号的调制原理框图如图2-32所示,也有模拟调制、键控法两种。从2PSK波的时间表达式可以看出,2PSK可视为一双极性脉冲序列$S(t)$对载波的双边带幅度调制。所以,输入的数字调制信号在与载波调制(即相乘)之前,首先进行由单极性到双极性的码型变换。

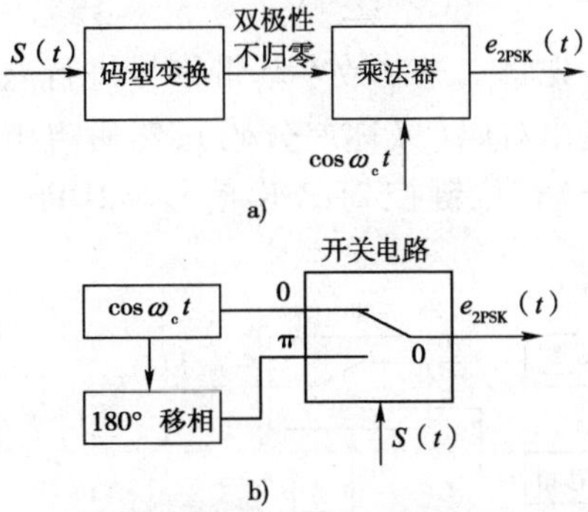

图2-32 2PSK信号的调制原理框图

a)模拟调制方法;b)键控法

由于2PSK可视为一双极性脉冲序列$S(t)$对载波的双边带幅度调制,即载波抑制的双边带信号,因此,它的频谱与2ASK相似,带宽也是数字基带信号带宽的2倍。

2PSK信号的解调通常采用相干解调法,原理框图如图2-33所示。

在相干解调中,接收机提供的本地载波的基准相位与(发射机)2PSK信号的调制载波的基准相位应该相同。如果基准相位发生变化,即(接收时恢复的)本地载波与所需的相干载波可能同相,也可能反相。这种相位关系的不确定性将会造成解调出的数字基带信号与发送的数字基带信号正好相反,即"1"变为"0"、"0"变为"1",判决器输出的数字信号全部出错。这种现象称为2PSK方式的"倒π"或"反相工作"。考虑到实际通信过程参考基准相位的随机跳变是可能的,而且不易被发现。这样,采用2PSK方式就会在接收端发生错误的解调。因此,实际上很少采用2PSK方式,而是采用一种所谓的二进制相对(差分)相位键控(2DPSK)方式。

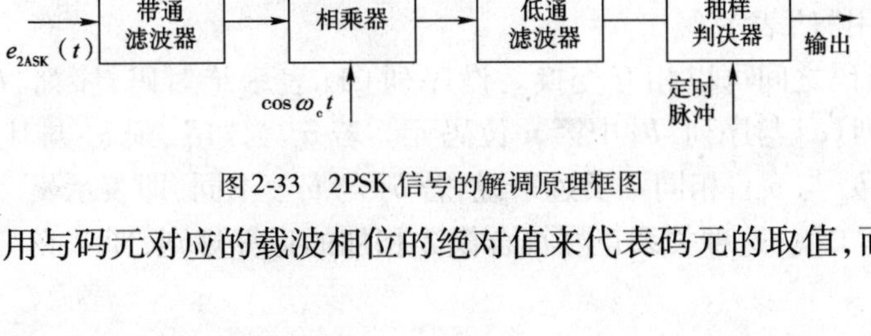

图2-33 2PSK信号的解调原理框图

2DPSK不是利用与码元对应的载波相位的绝对值来代表码元的取值,而是利用前后相邻

码元的载波相位相对的变化来传递数字信息，所以称为相对相位键控。假设 $\Delta\theta$ 为当前码元与前一码元的载波相位差，可定义数字信息与 $\Delta\theta$ 之间的关系为

$$\Delta\theta=\pi \quad \text{表示(当前)数字信息“1”}$$
$$\Delta\theta=0 \quad \text{表示(当前)数字信息“0”}$$

称为“传号”差分。于是可以将一组二进制数字信息与其对应的 2DPSK 信号的载波相位关系表示成：

二进制数字信息：		1	1	0	1	0	0	1	1	0
2DPSK 信号相位：	（初始载波相位为 0 时）	π	0	0	π	π	π	0	π	π
或	（初始载波相位为 π 时）	0	π	π	0	0	0	π	0	0

在这种规定下的 2DPSK 波形序列如图 2-34 所示。

当然，数字信息与 $\Delta\theta$ 之间的关系也可以定义为：

$$\Delta\theta=0 \quad \text{表示数字信息“1”}$$
$$\Delta\theta=\pi \quad \text{表示数字信息“0”}$$

称为“空号”差分。

由上面的例子可以知道，对于相同的基带数字序列，由于初始相位（0 或 π）不同，2DPSK 信号的相位可以不同。也就是说，2DPSK 信号的相位并不直接代表数字信息，而是前后码元载波的相对相位差才唯一决定数字信息。这说明解调 2DPSK 信号时，并不依赖于载波的基准相位。只要前后码元载波的相对相位关系不破坏，通过鉴别这个相位关系就可以正确恢复出传递的数字信息。这样就避免了 2PSK 中由于载波基准相位的跳变而造成的数字信息的错误恢复。

2DPSK 信号的产生方法可以通过观察图 2-34 得到启示：先将二进制数字基带信号进行差分编码，即把表示数字信息的“0”、“1”序列的绝对码变换成相对码（又称差分码），然后再由相对码对载波进行（绝对）2PSK，从而产生二进制相对（差分）相位键控 2DPSK 信号。2DPSK 调制原理方框图如图 2-35 所示。

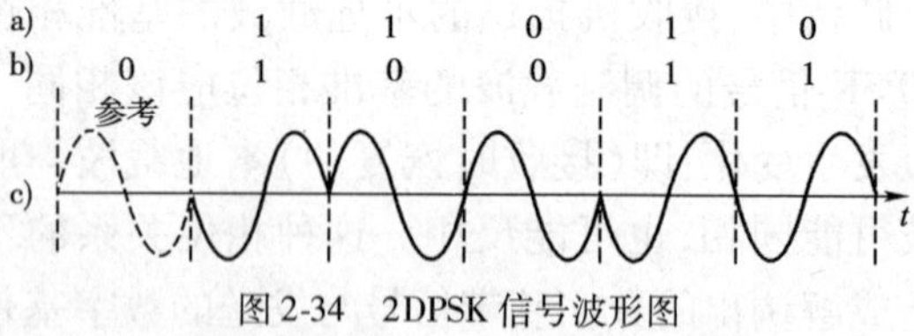

图 2-34　2DPSK 信号波形图

a）绝对码；b）相对码；c）2DPSK

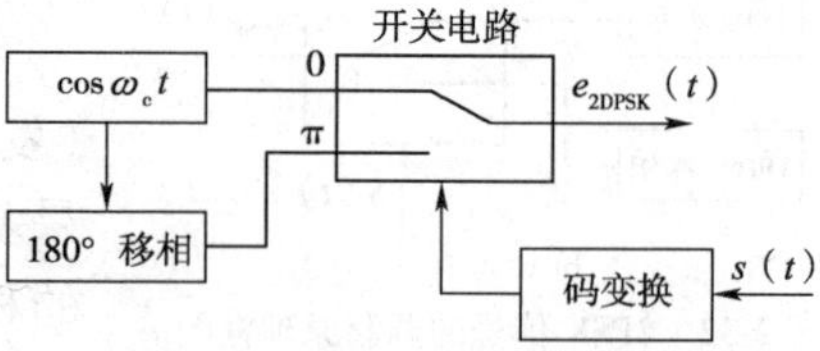

图 2-35　2DPSK 信号调制原理图

对绝对码和差分码说明如下：

表示原始数字基带信号（“0”、“1”）的数字序列，码元本身的取值就是数字信息，称为绝对码。所谓相对码或差分码，就是码元的取值仅表示前后码元所携带的数字信息的差别。以二进制数字信号为例，可以规定：当前后码元所表示的数字信息相同，用“0”表示；而前后码元的数字信息相反，用“1”表示。

绝对码与相对码之间可以相互变换。设序列 $\{a\}$ 表示绝对码，序列 $\{b\}$ 表示相对码。a_n 与 b_n 分别表示序列 $\{a\}$ 与序列 $\{b\}$ 中第 n 位码元。若 a_n 为“1”，则 b_n 与其前一位码元 b_{n-1} 不同；若 a_n 为“0”则 b_n 与 b_{n-1} 相同。反过来说，若 b_n 与 b_{n-1} 不同，即表示 a_n 为“1”；若 b_n 与 b_{n-1} 相同，即表示 a_n 为“0”。这种关系正好符合模 2 相加的运算规则，即

$$b_n = a_n \oplus b_{n-1}$$

称为差分编码，即把绝对码变换为相对码。或者

$$a_n = b_n \oplus b_{n-1}$$

称为差分译码，或码反变换。

2DPSK 信号的解调方法之一是相干解调加码反变换法。它的原理是：对 2DPSK 信号进行相干解调，恢复出相对码；再经码反变换，变换为绝对码，从而恢复出原始的二进制数字信息。在解调过程中，由于载波的基准相位的影响，使得解调出的相对码也可能是"1"和"0"倒置，但经过差分译码得到的绝对码不会发生任何倒置的现象，从而解决了载波基准相位带来的问题。2DPSK 的相干解调器原理框图如图 2-36 所示。

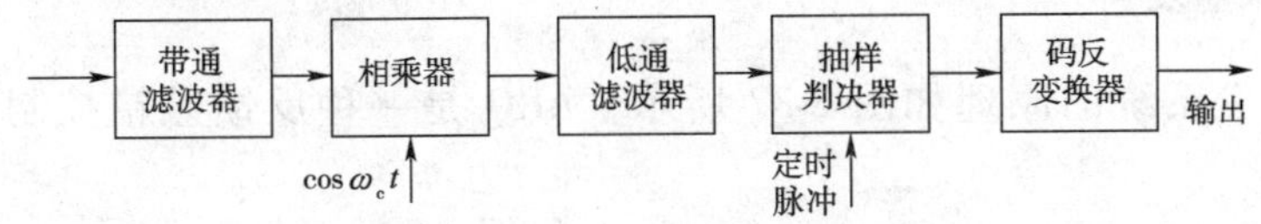

图 2-36　2DPSK 相干解调器的原理框图

从上面讨论的 2DPSK 信号可以知道，2DPSK 可以与 2PSK 具有相同形式的表达式。所不同的是 2PSK 中的基带信号 $S(t)$ 对应的是绝对码序列，而 2DPSK 中的基带信号 $S(t)$ 对应的是（码变换后的）相对码序列。因此，2DPSK 信号和 2PSK 信号的频谱相同，信号带宽为

$$BW_{2DPSK} = BW_{2PSK} = 2f_s$$

与 2ASK 相同，是码元速率的 2 倍。

4. 二进制数字调制的性能比较

衡量一个数字通信系统的性能，主要是有效性和可靠性，体现在数字调制的误码率、频带利用率等。理论分析表明：

（1）对同一调制方式，采用相干解调方式的误码率低于采用非相干解调方式的误码率；若采用相同的解调方式，（在信噪比一定的条件下）2PSK 系统的误码率比 2FSK 小，而 2FSK 系统的误码率低于 2ASK 系统。所以抗噪声能力或误码率方面，2PSK 性能最好，2FSK 次之，2ASK 最差。

（2）当信号码元宽度为 T_s 时，2ASK 和 2PSK 系统的频带宽度约为 $2/T_s$，即

$$BW_{2ASK} = BW_{2PSK} = 2f_s = 2/T_s$$

2FSK 系统的频带宽度约为

$$BW_{2FSK} = |f_2 - f_1| + 2f_s = |f_2 - f_1| + 2/T_s$$

因此，在码元速率相同的条件下，从频带宽度或频带利用率上看，2FSK 系统的频带利用率最低。

目前用得最多的数字调制方式是（相干）2DPSK 和（非相干的）2FSK。（相干）2DPSK 主要用于高速数据传输，如海上无线电通信中广泛使用的卫星通信。（非相干的）2FSK 则用于中、低速数据的传输，特别是在衰落信道中传输数据时它有着广泛的应用。如（非相干的）2FSK 被广泛用于海上的中、短波电传（报文）通信。

第四节　数字通信的差错控制

在数字通信中，由于受到各种噪声、干扰等因素的影响，信号在信道中传输时产生差错

(接收的码元与发送码元之间存在差异),从而降低信号传输的质量。在这种情况下,就有必要对传输信号进行差错控制。差错控制的核心是差错控制编码(前面提到的信源和信道编码),它的基本思想是在基带数字信号序列中加入一些人为的多余码元,这些多余码元不包含任何通信信息,但与数字信号序列中的信息码元有着某种制约关系,而这种关系在接收端有助于发现或纠正信息序列中出现的错误(即误码),从而起到降低误码率的作用。

数字通信中常用的差错控制方式有两种:自动请求重发(ARQ,Auto ReQuest retransmission)和前向纠错(FEC,Forward Error Correct)。在实际应用中,这两种方式既可以单独使用,也可以结合起来使用。

一、自动请求重发

自动请求重发系统的原理如图 2-37 所示。ARQ 是一种反馈差错控制方式,具有双向信道。

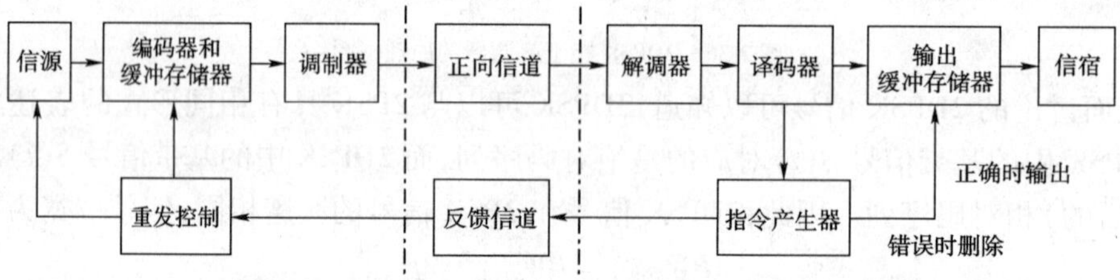

图 2-37　自动请求重发系统

ARQ 的工作过程:发送端将输入的信息码在编码器中进行分组编码,然后一组一组地对发送的码字进行判断。如果没有错误,则在(接收端的)指令产生器的控制下将码字发送给接收端,同时将该码字存入缓冲存储器。接收端译码器对接收的码字进行译码和检测,将译码后得到的码字寄存到缓冲存储器,同时指令产生器经反馈信道送回确认(ACK)信息。如果译码器没有检测出错码,指令产生器指令存储器输出存储的码字(到信宿),同时经反馈信道送回的是肯定的(ACK)。发送端的重发控制收到肯定(ACK)后,将继续发送后面的码字并以后面的码字更新缓冲存储器中的内容。如果(接收端)译码器检测出错误,指令产生器将指令删除存储的码字,同时经反馈信道送回否定确认(NAK)。发送端的重发控制收到 NAK 后,重发控制控制缓冲存储器将码字再重发一次。上述过程不断重复,直到信息码字发完。

ARQ 主要用于数据通信,根据重发方式又可以分为:停止与等待 ARQ、连续 ARQ 及选择重发 ARQ 三种形式。

1. 停止与等待 ARQ(SW-ARQ)

SW-ARQ 是一种最简单的 ARQ 方式,它是指数据传输系统的发送端发送一个信息码组后即停止发送、等待接收端的确认应答。如果接收到的是 ACK,表明该信息码组已被正确接收,发送端可以发送下一个信息码组。如果接收到的是 NAK,表明该组接收中有错,发送端要重新传送该组信息码。重传一直要到发送端收到 ACK 时为止。不难看出,这种方式对于每个传输的信息码组都要有一个等待应答的过程,当信息码组进行长距离传输时,传输效率将会很低。

2. 连续 ARQ

发送端发射一个信息码组后,不等待接收端的确认应答而继续发送下一个信息码组。在信息码组发送的过程中,发送端同时监视反馈信道上接收端所发出的应答信号。当发送端接收到一个 NAK 信号,或者是等待一定时间未接收到应答信号时,立即停止发送下一个信息码组,并重发从有错的信息码组起到停发前的一个信息码组为止的全部信息码组。由于连续 ARQ 采用了连续传送信息码组的方式,因此在长距离传输时,效率要高于 SW-ARQ 方式。

3. 选择重发 ARQ(SR-ARQ)

SR-ARQ 方式工作时,所有的信息码组连续发送。与连续 ARQ 方式不同,当发送端接收到接收端反馈回来的 NAK 信号时,只重传与 NAK 相应的信息码组。

由于卫星信号的传播存在延时,单程就要 0.27s 左右。如果接收站收到信号经检验发现有错,发回 NAK 信号,发射站接收到信号后重发,接收站再一次接收,这样三个单程将延时 0.81s。显然,这对实时的数字语音通信,采用 ARQ 方式是不合适的,但对非实时的数据传输来说问题不大。虽然由于发应答信号或重发有错信号要占用信道、花费时间,但为了保证数据传输的高度可靠,仍需要 ARQ 技术。ARQ 方式是海上无线电通信中使用的一种差错控制方式。

二、前向纠错(FEC)

FEC 方式是一种不需要反馈通道的差错控制方式,FEC 的信源和或信道编码必须选用检纠错码。这样,在接收端不仅能检错,而且能自动纠错。FEC 不仅用于数据通信,也用于(卫星的)实时数字话音通信。

不同的编码,有不同的检、纠错能力。有的编码只能检错,不能纠错,而有的编码不仅能检错,还能纠错。一般说来,信源码中加入的多余码元越多,检、纠错能力越强,但编码效率随之降低。下面主要对分组码、非分组卷积码的基本概念作简单说明。

1. 差错控制编码的几个基本概念

1)分组码

将信息码元分成每 k 个比特一组,每组加入 r 个比特的监督码元(又称监督位或附加数据比特),构成码长为 $n(=k+r)$ 的编码组,称为分组码(n,k)或(n,k)码。分组码大多具有如图 2-38 所示的结构。

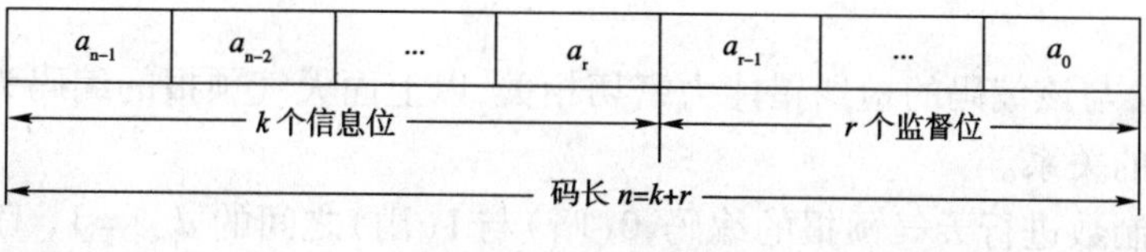

图 2-38 分组码的结构

2)许用码组与禁用码组

下面,举例说明检纠错编码的基本原理:对天气的两种状况(晴、雨)进行预报的通信。

只需用一位二进制数进行天气预报的编码,即信源编码使用:

0　晴

1　雨

但这种码没有检纠错能力,因为传输过程中“0”错成“1”或“1”错成“0”,接收端对天气预报的理解就会出错,即造成天气预报通信的失败。

如果用两位二进制数进行天气预报的编码,两位二进制数共有 2^2 个码组,选择下面两个码组作为天气预报的编码:

00　晴

11　雨

称上述两个码组为许用码组，这种编码在接收端可以检出一个码元的错误。例如00(晴)在传输到接收端时成为10或01，由于这两种码组在信源编码中并未被采用——称为禁用码组，所以很容易判断接收到的是一个错误的码组，但却无法纠正错误。

再增加一位，用三位二进制数进行天气预报的编码。三位二进制数共有2^3个即8个码组，只使用下面两个码组作为天气预报的编码：

000　　晴

111　　雨

与上面相同，假如000(晴)在传输到接收端时错了一位，成为100或010或001。由于这三个码组在信源编码中并未被采用，是禁用码组，所以很容易判断接收到的是一个错误的码组。而且100或010或001这三个误码与许用码组000最接近，与另一许用码组111相差较远。根据误码小的概率大于误码多的概率的规律，可以判定正确码组是000。只要把误码100或010或001中的1改为0，即可得到纠正。同样可以分析，如果111(雨)在传输中错了一位，也可以得到纠正。这样，信源编码具有了纠错的能力。

上面例子说明，由于信源编码中增加了码元，使得信源码具有了检错功能。要使信源码既能检错又能纠错，还需要增加更多的码元数。

一个(n,k)码，总的码组数应为2^n个，其中的信息码组即许用码组有2^k个，其余的2^n-2^k个则为不传送和不使用的禁用码。通常，将k与n之比称为编码效率或编码速率，表示为$R=k/n=k/(k+r)$。

3)码重与码距

在分组编码后，每个码组中码元为"1"的数目称为码的重量，简称码重。把两个码组中对应位取值不同的位数称为码组的距离，简称码距。码距又称汉明(Hamming)距离，通常用d来表示。例如上面用两位二进制数进行天气预报编码：00(晴)与11(雨)之间的码距$d=2$；用三位二进制数进行天气预报编码：000(晴)与111(雨)之间的码距$d=3$。对于任意一种编码，其中各码组之间的距离不一定都相等，这时将其中最小的距离称为这种编码的最小码距，用字母d_{min}来表示。

最小码距d_{min}与该编码的检纠错能力密切相关，以上面天气预报的编码为例来说明d_{min}与编码检纠错能力的关系。

用一位二进制数进行天气预报的编码，0(晴)与1(雨)之间的$d_{min}=1$，编码没有检纠错能力。增加一位监督位，即用两位二进制数进行编码，$d_{min}=2$。上面分析表明，它具有了检错的能力，但没有纠错能力。如果用e表示编码的检错能力，用t表示纠错能力，那么在$d_{min}=2$的情况下，码组的$e=1$、$t=0$。再增加一位监督位进行编码，$d_{min}=3$。进行同样的分析，可以得到码组的$e=2$、$t=1$。

通过上面的例子，可以得到分组编码最小码距与检纠错能力之间具有以下关系：

(1)要检测一个码组内的e个误码，要求最小码距为：$d_{min}=e+1$；

(2)要纠正一个码组内的t个误码，要求最小码距为：$d_{min}=2t+1$；

(3)要纠正一个码组内的t个误码，同时检测$e(e\geqslant t)$个误码，要求最小码距为：$d_{min}\geqslant t+e+1$。

图2-39给出了码距与检纠错能力之间的关系示意图。

2. 卷积码

前面讨论的分组码(n,k)由n个码元构成一个码组，码组的监督码元($r=n-k$个)仅监督本码组中的k个信息位，与前后码组无关。卷积码则是另一种类型的编码，编码时在一段规

定时间内产生 n 个码元，其中 $n-k$ 个监督或校验码元不仅与本组的 k 个信息位有关，而且还取决于与前 m 段规定时间内的或前 m 组的信息位（mk 个），称参数 m 为卷积码的约束长度。

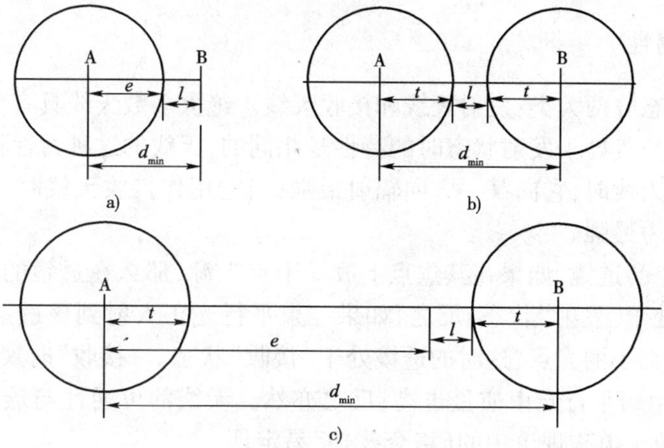

图 2-39　码距与检纠错能力的关系

卷积码一般用（n,k,m）来表示，其中 k 为输入的码元数或信息码元，n 为输出码元数，而 m 则为码的约束长度。典型卷积码 k 的取值较小，为 1 ~ 4 位，但约束长度 m 取较大值（$m<10$），以取得既简单又高性能的卷积编码。

卷积码的译码可以采用最大似然译码，它的原理可以解释为：当接收到长度为 L 的一个二进制码序列 y，将 y 与可能发送的 2^L 个不同二进制码序列分别比较它们之间的汉明距离，选择出与 y 的汉明距离最小的那个序列作为最佳译码结果。显然，译码过程的计算量随 L 增加而增大，实际中难以实现。广泛采用的维特比（Viterbi）算法使得最大似然译码实用化（更详细的说明请参看相关的通信原理书籍）。

卷积码与分组码相比，具有更强的纠错能力，在卫星的数字话音和数据通信中得到广泛的使用。

第五节　天　　线

在以电磁波的辐射方式传输信息的无线电通信系统中，天线是无线电通信设备的一个重要组成部分，它的性能对通信质量有很大的影响。如果配用适当的天线，可以使通信效果大为提高。

天线是辐射或接收电磁波的装置，所以有发射天线与接收天线之分。所谓发射天线，是指将发射机送来的高频已调制信号的电流能量转化为电磁波的能量，并向预定的方向辐射出去的天线；接收天线则是指将空间一定方向来的电磁波能量拦截下来，转换为高频电流能量，并传送到接收机中去的天线。不管是发射天线，还是接收天线，它们都是能量转换的工具，发射与接收天线能量的转换是一个互逆的过程。海上无线电通信设备中使用的天线的种类繁多，型式也大不相同，按型式可分为线状天线和面式天线。

线状天线就是由金属导线构成的天线，一般来说，长、中、短及超短波天线均属线状天线。面状天线，如微波天线的大部分、喇叭天线、抛物面天线等均属面状天线。此外，还可以按工作波段将天线划分为：长波天线、中波天线、短波天线、超短波天线及微波天线等。

不管天线的型式多么不同、种类多么复杂，它们都是能量的转换工具，都具有共同的特性，例如天线的方向特性、极化、阻抗、频带等等。本节将对天线的基本特性和船舶无线电通信设备常用天线作简单的介绍。

一、天线的互易性

天线按工作状态分两大类:发射天线和接收天线。绝大多数天线具有可逆性,即天线用作接收天线时的特性与其处于发射状态时的特性是相同的,天线的这种特性称为天线的互易性。例如天线当作发射天线时,它向某一方向辐射最强;当它用作接收天线时,也一定对这个方向来的电磁波感应能力最强。

大家知道,一个凸透镜,如果在其焦点上放一个点光源,那么在透镜的另一侧就形成平行光束,这时的透镜处于"发射"状态;反之,如果一束平行光正入射到该透镜的一侧,那么另一侧的焦点上就出现细小的光点,这时的透镜处于"接收"状态。"接收"时聚焦性能好的透镜若用于"发射",则产生的平行光束质量也高;反之亦然。天线的可逆性与透镜的可逆性并无本质不同,其机理都源于电磁理论中的(洛仑兹)互易定理。

二、天线特性

1. 天线的方向性

天线的方向性直接反映天线辐射电磁场的场强、功率在空间的分布,是天线最重要的特性参数。

天线的辐射电磁场场强的大小与所观察的方向有关。也就是说在天线周围空间里,距离相同而方向不同的观察点的场强,它的大小是不同的,即辐射场在空间的分布是不均匀的。天线辐射场的大小随方向而改变的这种特性就叫做天线的方向性。天线方向性的数学表示,也就是以天线为中心、距天线 r 远的球面各点上的场强与空间坐标之间的函数关系,称为方向函数。如场强方向函数 $F(\theta,\varphi)$(θ 为俯仰角,φ 为方位角)。方向函数的图像就是天线的方向图。在实际应用中,如无线电广播,需要在同一平面内呈均匀辐射的天线——称为全向天线;在卫星通信中,则希望天线将它的能量集中地向一定的(卫星)方向辐射,尽量减小在其他方向的能量辐射——有向或定向天线。就是说,天线具有方向性。天线的方向性与天线的形状、长度和工作波长有关,可以用天线方向性图来表示。对于天线的方向图,规定了一些参数。

图 2-40 是以极坐标表示的一种天线的方向图,有许多波瓣组成。把天线辐射最强方向(θ_{max})即主向所在的波瓣称为主瓣,显然它界定了天线辐射最强的空间区域。主瓣以外的其余波瓣统称为旁瓣或副瓣。

主向向两侧辐射场强下降为主向值的 0.707 的方向界定的夹角定义为主瓣宽度,即主瓣半功率点之间的夹角,记做 $2\theta_{0.5}$。天线方向图的主瓣宽度 $2\theta_{0.5}$ 定量地反映了天线主向上辐射场集束的程度。

主向两侧主瓣零辐射方向间的夹角 $2\theta_0$,称为主瓣张角。

天线方向图的主向可以不止一个,主瓣也就不止一个。

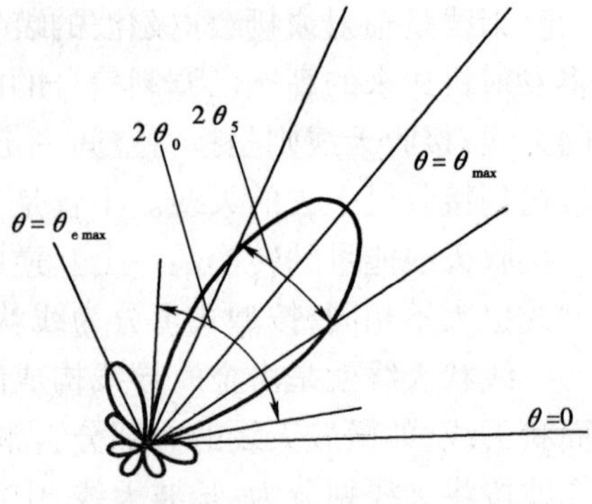

图 2-40 天线方向图的参数定义

船舶上使用的 VHF 设备、MF/HF SSB(中/高频单边带)设备的天线属于线状天线,是垂直(地面)安装的直立

(螺旋导线、导线)天线,它的方向图如2-41所示。由图可见,天线在它的延伸即垂直地面的方向上不辐射电磁波,而沿地面的各方向辐射是均匀的,而且最强。

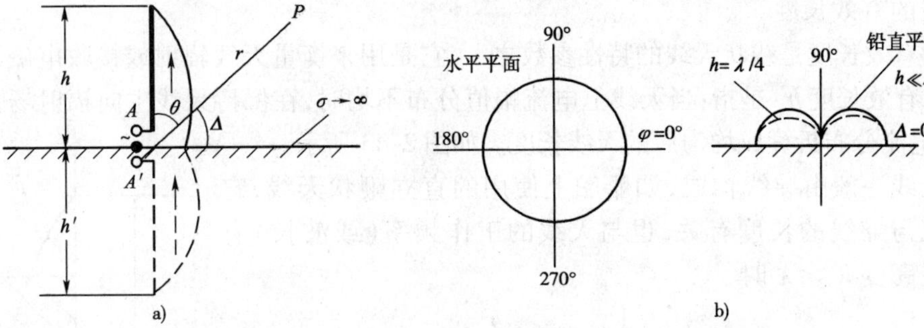

图2-41　直立天线的方向图

2. 天线的极化

(天线)辐射波的极化是指在给定方向上辐射波电场的矢量方向,通常定义辐射场主向的电场矢量方向为辐射波的极化方向。

若辐射波的电场矢量端点随时间变化的轨迹为直线,称为线极化。以地面为参照系,线极化可分为垂直极化和水平极化,如图2-42a)的垂直线极化、b)的水平线极化所示。辐射波的极化除了线极化外,还有圆极化和椭圆极化,即辐射波电场矢量端点随时间变化的轨迹分别为圆和椭圆。按电场矢量的旋向与波的传播方向符合右手、左手螺旋规则,圆极化和椭圆极化又分为右旋圆、椭圆极化和左旋圆、椭圆极化。如图2-42c)的左旋圆极化、d)的右旋圆极化、e)的左旋椭圆极化及f)的右旋椭圆极化(图2-42中,波的传播方向是朝读者而来)。

天线的极化是天线发射时所辐射的波的极化。一个天线所辐射的波的极化往往是随方向变化的,通常,依据主瓣最大辐射方向的极化来描述该天线的极化。

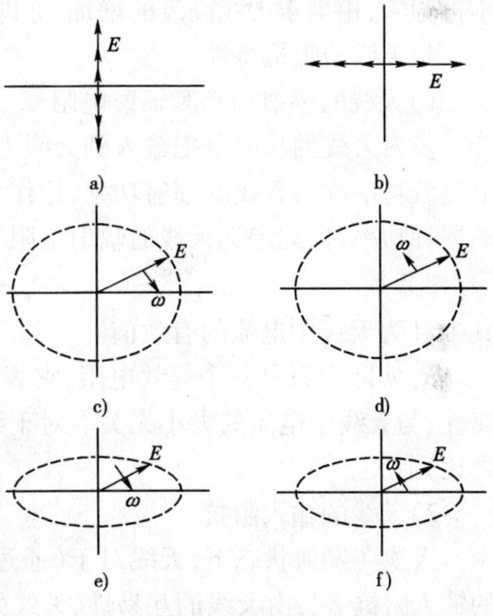

图2-42　辐射波的各种极化

天线的互易性不仅确保天线的辐射和接收的方向图是相同的,也包括极化属性在内。一个发射天线和一个接收天线,如果它们的极化一样,称它们之间是极化匹配;反之,则称极化失配。例如,一个右旋圆极化接收天线和一个右旋圆极化波是极化匹配的。好比螺钉和螺母:圆极化发射天线好比是螺丝,圆极化接收天线是螺母,只有旋向一致,螺钉才能进入到螺母——发射信号才能被接收天线接收。

极化匹配是使天线处于最佳接收的条件之一。以一长直金属导体作为接收天线、置于电磁波之中为例。由电磁场理论可知,只有与天线表面长度方向相切的电场分量才能在天线上产生感应电动势及感生电流。那么,"极化匹配"就是使全部或大部分天线导线的方向与电磁波电场方向平行,使天线导体上的自由电子受到的电场力最大,亦即天线上感应电动势最大。当然,由天线的方向性可知,接收天线的最大接收方向是否对准来波方向也是使天线处于最佳接收的条件之一。

船舶常用的直立(垂直地面)天线产生垂直极化波、水平架设天线产生水平极化波,而抛物面天线则产生圆极化波。

3. 天线的有效长度

天线的有效长度是线状天线的特性参数之一,它是用来衡量天线辐射或接收电磁波能量效果的参量。有效长度 h_e 是指:当天线上电流幅值分布不均时,在保持天线主向辐射场强不变的条件下,把电流分布折算成均匀后的天线长度。如图 2-43 所示。

线状天线一般由导线构成,如船舶上使用的直立鞭状天线,它的性能不仅与导线的长度有关,也与天线的工作频率(或波长)有关。当天线高度 $h \ll \lambda$ 时,

$$h_e \approx \frac{1}{2}h$$

直立天线的高度,因天线工作于长、中波段时波长很长,难以满足 h 与波长 λ 相当。用于甚高频的鞭状天线,为了使天线小巧、便携,也远小于工作波长。这样,h_e 更小,天线的性能下降、效率很低。增加 h_e、改善性能的常用办法是给天线"加顶"——为鞭状天线的顶端加金属球、金属圆盘;T 型或倒 L 天线水平部分的一根或多根金属线。加顶使天线顶端电流不再为零,相当于天线高度的增加,亦即天线有效长度的增加。

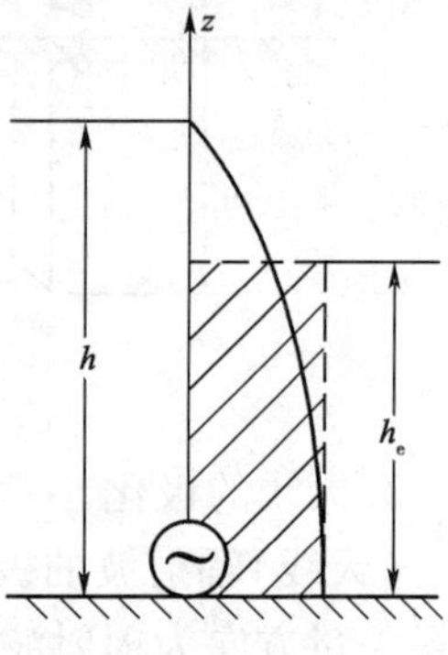

图 2-43　直立天线的有效长度

4. 天线的阻抗特性

1)天线的辐射功率和辐射电阻

发射天线的功能是把输入到天线上的功率有效地向空间辐射电磁波,把天线辐射出去的电磁波功率称为天线的辐射功率,记作 P_r。可以把天线的辐射功率等效为在一个电阻元件上的损耗功率,据此定义天线的辐射电阻 R_r 为

$$P_r = R_r I^2 \quad 即\ R_r = P_r / I^2$$

其中,I 为天线中电流的有效值。

R_r 实际上只是一个等效电阻,它表明天线向空间辐射电磁波的能力,是天线自身具有的属性,与天线中电流的大小无关。对于线状天线,R_r 与天线电长度(天线长度 h 与工作波长入之比)有关。

2)天线的输入阻抗

天线在发射状态下,天线对于(通过它与发射机相连的)馈线是一个负载阻抗,称为天线的输入阻抗 Z_{in};由天线的互易性,天线处于接收状态下,(根据物理意义)把 Z_{in} 改称为天线的输出阻抗。测量天线输入阻抗的目的在于工作时能使天线与传输线匹配,以便获得最大能量。另外,一副天线不可能仅工作在一个频率上,也就是说天线要在一定频带内工作,输入阻抗也随频率而改变。

天线通过馈线与发射机、接收机相连,它们的最佳连接是使天线输入阻抗为纯电阻,且等于馈线的特性阻抗——即天线与馈线相匹配。处于匹配时,天线将获得最大能量,馈线终端没有功率反射,馈线上没有驻波,且天线输入阻抗随工作频率的变化一般也比较平缓。然而,一根天线要在一定工作频率范围内都与馈线保持最佳匹配状态是很困难的。因此,发射天线都采用(自动)天线调谐器(通过由电感、电容阵列组成的匹配网络)来消除天线输入阻抗中的电抗分量,并使天线与馈线匹配。为便于天线与发射机、接收机之间的匹配,线状天线的电长度一般为 1/4,如垂直天线的高度选为 1/4 工作波长。

5. 天线的工作频带宽度

天线的特性,特别是方向图、输入阻抗与天线的工作频率有关。当天线的工作频率改变时,天线的特性将会发生变化,这就要看变化的程度是否在容许的范围。把天线的特性保持在规定技术要求范围之内的频带宽度定义为天线的工作频带宽度,简称带宽。

三、天线阵列

在天线的诸多特性中,天线的方向性是第一位的,因为不同用途的无线电通信系统要求不同的辐射场分布。靠改变天线的尺寸、天线上电流的分布,对天线方向性的调节是非常有限的。如果利用不同位置辐射源(天线)的辐射场在空间的叠加,从而使空间某些方向和区域的辐射场增强,另外的空间区域和方向上的辐射场削弱。这就是说,可以用多个天线(单元)组成一个天线系统,实现对天线辐射方向性的调节和控制,获得所需要的方向图。

把若干相同类型的天线,按一定的规律排列所组成的天线系统统称为天线阵列(简称天线阵)。构成天线阵列的目的是实现对天线方向性的调控,增强天线的方向性或得到既定的方向性(例如让卫星天线的主波束覆盖某区域)。

构成天线阵的单元天线称为阵元,阵元可以是各种形式的线天线或面天线。实际上使用的大多是所谓的相似阵,即构成天线阵的所有阵元的类型、结构、尺寸、取向都是相同的,实质是阵元的方向图是相同的。

阵元总数为 N 的天线阵,称为 N 元阵;各阵元中心连成的轨迹决定了阵的形状,常见的有直线阵、圆环阵、平面阵等;若相邻阵元间的距离(即阵元间距)为常数,馈入各阵元的电流振幅相等、相位呈线性变化,称为均匀阵,例如均匀直线阵、均匀圆环阵、均匀平面阵等。

四、常见船用天线

船舶无线电通信设备的工作波长从中波到微波,因此船上使用各种不同型式的天线,常见的有:

1. 中波垂直天线

中长波无线电波主要为表面波传播,为此,必须垂直架设以形成垂直极化波。由于中长波波长较长,垂直架设天线的高度与波长相比较小,所以天线效率低,因而常采用加顶或加感的方式来提高天线的效率,如图 2-44 所示。

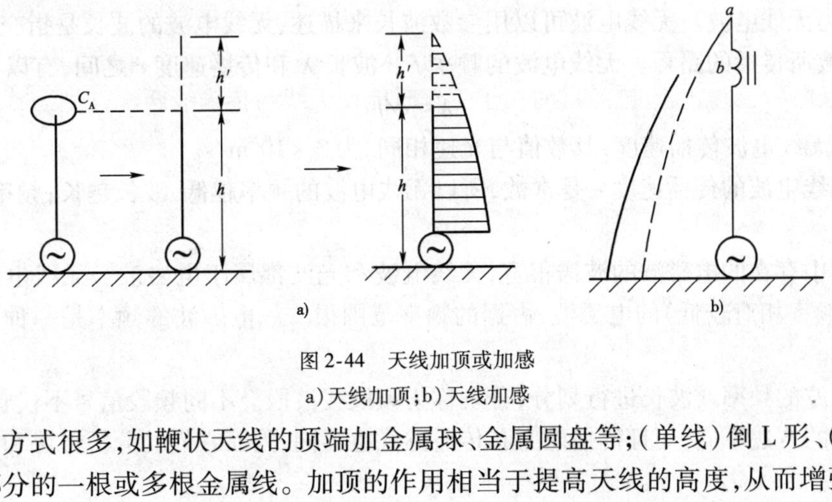

图 2-44　天线加顶或加感

a)天线加顶;b)天线加感

加顶的方式很多,如鞭状天线的顶端加金属球、金属圆盘等;(单线)倒 L 形、(单线)T 形天线水平部分的一根或多根金属线。加顶的作用相当于提高天线的高度,从而增强天线的辐射能力。

在天线任一点处断开串入量值合适的电感,可以抵消天线阻抗中的容性电抗或其中一部分使天线上电流增大,增加天线的辐射(经验表明,天线加感点的位置选在天线中间位置为好)。

2. 鞭状天线

鞭状天线也是垂直天线的一种。短波、超短波通信中广泛使用垂直鞭状天线。由于工作频率提高,所以可以不用加顶。船上使用的中、短波的鞭状天线一般为 5 ~ 12m,甚高频鞭状天线为 1m 左右。鞭状天线外观是直管,其内部绕有螺旋状铜线,以增加天线的有效长度。

垂直天线产生垂直极化波,电波沿着地表传播。随着天线工作频率的增高,到了短波段,当电波以地面波传播时,衰减会越来越严重,以致不能传播多远就消失。所以在通信距离较短时尚可采用地面波传播,一般都是靠离地球表面 300km 左右的电离层反射来实现远距离通信,即天波传播。因此,要求电波以一定仰角射向电离层,通信距离近时,仰角要大;通信距离远时,仰角要小。内部绕有螺旋状铜线的鞭状天线,在结构尺寸选择合适的情况下,它的辐射主向与螺旋轴线成斜射角度——圆锥辐射模式,即能产生向上仰的方向性图。

3. 抛物面天线

船舶上使用的卫星通信设备还采用形如碗状的抛物面天线,图 2-45给出了它的示意图。

抛物面天线是口径天线中的一种,在结构上,抛物面天线由两部分组成。一部分是将经馈线送来的高频电磁能量转换为向空间辐射的电磁波能量,称为馈源。一般来说,它是弱方向性天线,可以是喇叭、螺旋线等。组成抛物面天线的另一部分是反射面,称为聚焦系统。它的作用是利用无线电波的光学特性,将馈源辐射的电磁波集束后成为所需要的强方向性波束,如使卫星通信设备天线波束的主向对准卫星。

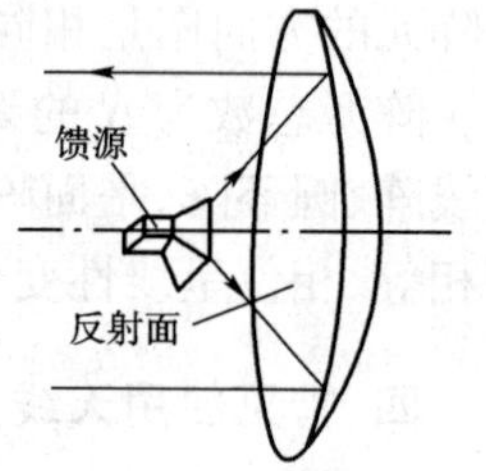

图 2-45　抛物面天线示意图

第六节　无线电波的传播特性

交变电信号产生的交变电磁场可以向外界辐射传播,这种传播具有波的性质,这就是电磁波,通常称为无线电波。无线电波可以用参数波长来描述,无线电波的波长是指交变电磁场变化一次,电波所传播的路程。无线电波的频率 f、波长 λ 和传播速度 c 之间,有以下关系:

$$\lambda = c/f$$

式中:c——无线电波传播速度,其数值与光速相同,为 3×10^8 m/s。

由于无线电波的传播速度 c 是常数,所以无线电波的频率越低,波长越长;频率越高,波长越短。

自然界中存在的电磁波的波谱很宽,无线电波和光波都属于电磁波。无线电波是一种波长比较长(频率相对较低)的电磁波,占据的频率范围很广。电磁波的频率是一种不可再生的重要资源。

对电磁波的频率或波长进行划分,分别称为频段或波段。不同频段信号不仅它们的产生、放大和接收的方法不同,而且传播能力和传播方式也不同,因而它们的分析方法和应用范围也不同。

表 2-1 列出了无线电波的频（波）段划分、主要传播方式和用途等，表中关于频段、传播方式和用途的划分是相对而言的，相邻频段之间没有绝对的分界线。

无线电波的频（波）段划分 表 2-1

波段名称		波长范围	频率范围	频段名称	主要传播方式和用途
长波（LW）		$10^3 \sim 10^4$m	30～300kHz	低频（LF）	地波；远距离通信
中波（MW）		$10^2 \sim 10^3$m	300kHz～3MHz	中频（MF）	地波、天波；广播、（海上）通信、导航
短波（SW）		10～100m	3～30MHz	高频（HF）	天波、地波；广播、（海上）通信
超短波（VSW）		1～10m	30～300MHz	甚高频（VHF）	直线传播；（海上）通信、电视广播、调频广播、雷达
微波	分米波（USW）	10～100cm	300～3GHz	特高频（UHF）	直线传播；通信、中继与（海上）卫星通信、（海上）导航、雷达、电视广播
	厘米波（SSW）	1～10cm	3～30GHz	超高频（SHF）	直线传播；中继和卫星通信、（X 波段）雷达
	毫米波（ESW）	1～10mm	30～300GHz	极高频（EHF）	直线传播；微波通信、雷达

表 2-1 中的“高频”也是一个相对的概念，它指的是短波频段。它的频率范围为 3～30MHz（是海上单边带通信使用的主要频段），这只是“高频”的狭义解释。而广义的“高频”，指的是射频（RF，Radio Frequency），它的频率范围非常宽。

无线电波的传播特性指的是无线电信号的传播方式、传播距离、传播特点等。无线电信号的传播特性主要根据它所处的频段或波段来区分。

电磁波从发射天线辐射出去后，不仅电波的能量会扩散衰减，接收机只能收到其中极小的一部分，而且在传播过程中电磁波的能量会被地面、建筑物或高空的电离层吸收或反射，或者在大气层中产生折射或散射等现象。形成直射（视距）传播、地波（绕射）传播、天波的折射和反射传播及散射传播等（图 2-46），从而使到达接收机时的电磁波强度大大衰减。在移动（如船舶）无线电通信中，还会由于多径的原因而产生快衰落。

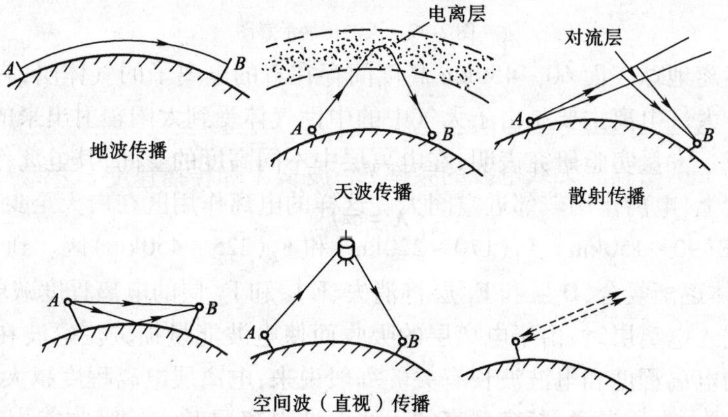

图 2-46 电磁波传播方式

决定传播方式和传播特点的关键因素是电磁波信号的频率。

一、地波传播

地波传播是指无线电波沿地球表面传播，又称绕射传播或地表面波传播，见图 2-46。

由于地球表面呈球形,因此地波实际上是靠绕射传播的。如果地表面有小山或建筑物,只要无线电波的波长大于或接近于这些障碍物的几何尺寸,就能顺利过绕过障碍物。而且波长越大于障碍物的几何尺寸绕射作用就越强。另外,由于地球是一个巨大的导体,无线电波在地表面上传播时,它在地内要产主感应电流而不断被地面电阻所吸收损耗。因此,地波沿地面传播时会受到衰减。波长越短,这种衰减越大。这是因为波长越短,无线电波的频率越高,它所产生的感应电流由于趋肤效应更趋于地表面流动,地面电阻增大,因而损耗增大。显然,地的导电性能越好,地波损耗将会越小。

可见,地波传播主要应用于中、低频(或中、长波)信号的传播,如海上的 MF(中频)的单边带通信。短波段及其以上各波段的无线电波一方面由于很难绕过地球曲面,另一方面由于衰减大,基本上是不靠地波传播的。

地波传播距离比较近,一般在几百公里。如果在导电率较高的海面或湿土上传播,因衰减小,距离可达千公里以上。由于土壤的电性能参数、地形和地物随季节、时间的变化一般不大,也不受气候条件的影响,因而地波传播相对比较稳定可靠。

二、天波传播

无线电波射向天空,靠电离层(ionosphere)不断折射而返回地面的传播方式称为天波传播。经电离层(如 E、F 层)反射一次的叫单跳传播(如 1E、1F)、反射两次的叫双跳传播(如 2F),其余类推。单跳传播最大距离可达 4000km。图 2-47 给出的为单、双跳传播。天波传播的特性主要取决于电离层。

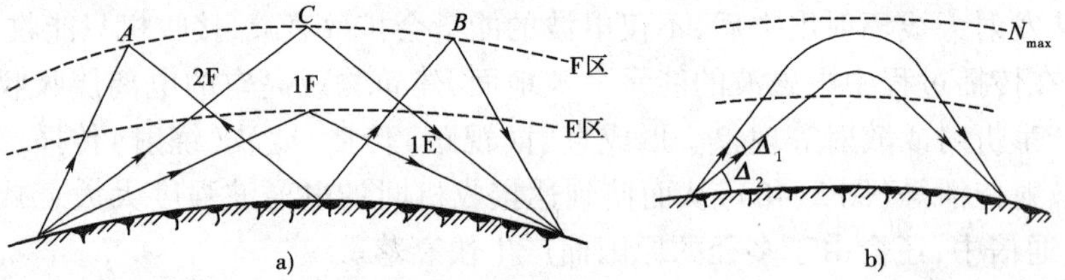

图 2-47　天波传播示意图

电离层是指离地球表面 60 ~ 450km 高度间存在着的电离了的气体层,它包含有大量的自由电子和离子。大气电离主要是由于大气中的中性气体受到太阳辐射出来的紫外线和带电微粒的作用所造成。大量实验研究表明,在电离层中不同高度的空间,其电离作用是不同的。而且在某几个高度上,电离作用较邻近空间大。这样的电离作用区在白天至少有 4 个,分别称为 D(60 ~ 90km)、E(90 ~ 150km)、F_1(170 ~ 220km)和 F_2(225 ~ 450km)区。到了晚上,太阳光不照射,电离的气体逐渐复合,D 层和 F_1 层将消失、E 层和 F_2 层的电离程度减弱,高度也降低。

无线电波进入电离层时,由于电离层的吸收而使电波能量损失。电波在电离层中的能量损失与电离层的电离程度和电波波长有关。一般说来,电离层电离程度越大,无线电波波长越长,耗损能量也越大。或者说,频率越高的无线电波电离层对它的吸收能力越弱,也就是频率越高的无线电波穿透(电离层的)能力越强。因此,频率太高的信号会穿过电离层而进入到外层空间。

另一方面,电离层也是一层介质,对射向它的无线电波会产生反射和折射作用。入射角越大,越易反射;入射角越小,越易折射。电波在电离层的折射是指电波进入电离层后,它的行进路线会逐渐弯曲。电波因受到弯曲,有时在未穿过电离层之前就调转了方向而返回地面。由于(无线电波)这种不断折射而返回地面的结果,有时被称为电离层“反射”。但有时因折射不大,路线的弯曲不够,结果电波还是穿过电离层射向宇宙空间,再也不返回地面。一般说来,电波频率越高,折射越小,直到不能返回地面。通常把能被电离层反射回地面的电波的最高频率称为最高可用频率(MUF,Maximun Usable Frequency)。最高可用频率与电离层电离程度以及电波射向电离层的仰角有关。仰角越小,电波越不容易穿过电离层,最高可用频率越高。最高可用频率一般在50MHz以内。因此,超短波及其以上各波段电波由于射向电离层后不能返回地面,就不能靠天波传播。

由于电波从发射点到接收点的传播并非只经过一条路径,往往是既有地波又有天波。而且天波也因反射的电离层不同和反射的次数不同,传播的路径也不同。因此,到达接收地的电波场强是各条路径来的电波的矢量和。这就是所谓的多径效应。由于传播路径长短不同,故到接收点的时间延迟和相位不同,我们把两条路径时延数值之差称多径时差。由于电离层是变化的,而且又不是理想平整的反射面,因此很容易产生漫射现象。接收点接收到的信号是许多漫射波的相互叠加。因各漫射波的传播路径不同,且随电离层反射高度而变动,故各条路径来的信号不能保持固定的相位差,使叠加后信号的幅度产生变化,这种现象称为衰落。这种现象同时也会使接收点的接收信号产生波形的失真。

电离层的主要电离源是太阳的紫外线和带电微粒辐射,这些情况的任何改变都要影响电离层,从而影响天波的传播。由于太阳照射的情况昼夜24小时都不一样,不同季节和年份也不同,所以电离层高度和密度是随时间(年、季、月、天、小时,甚至更小单位)而变化的。不同地点上空的电离层状况也是不同的。所以利用天波传播进行通信,选择无线电波工作频率是很重要的。最佳工作频率的确定不仅与年、月、日、时有关,而且与通信距离有关。工作频率选择对海上无线电通信是十分重要的。

由于电离层离地面较高,所以天波传播的最大优点是通信距离远。中短波广播收音机在晚上能收听到许多远方电台的道理就在于此。如果利用电离层与地面的多次反射,电波传播距离还可大大增大。

天波传播的最大缺点是不稳定。原因在于电离层的高度和电离程度受季节、时间、地理位置的影响较大,所以造成传播的不稳定。

天波传播的另一个缺点是存在通信静区,如图2-48所示,也就是存在着实际上不能进行无线电通信的区域。在发射天线是无方向性的情况下,静区是围绕发射天线的某一环形区域。在这个区域内几乎接收不到信号,而在离开发射机很近或相当远的距离上反而能接收到信号。

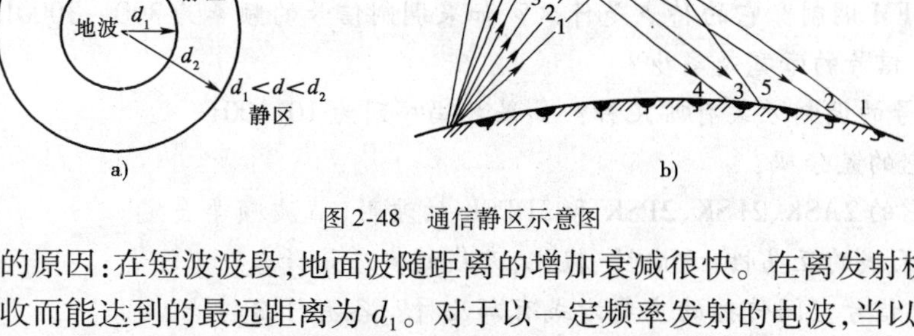

图2-48　通信静区示意图

产生静区的原因:在短波波段,地面波随距离的增加衰减很快。在离发射机不远处,地波因受到强烈吸收而能达到的最远距离为 d_1。对于以一定频率发射的电波,当以一定的入射角向电离层投射时,将按图示的轨迹从电离层反射下来。随着入射角的减小,反射波到达地面处也愈来愈靠近发射点。进一步减小入射角,电波将穿透电离层(如6、7轨迹所示),天波传播

(电离层)反射到地面有一个最小距离 d_2。静区就是内半径为 d_1、外半径为 d_2 的环形区域。

每一频率都有它对应的静区范围,频率越低,静区范围将缩小;由于天波传播情况有季节、昼夜等变化,因而静区的大小随时间也有变化。

三、直射(空间波)传播

无线电波具有光波那样的直线传播特性,无线电波的这种直(视)线传播方式称为空间波传播。由于地球近似于球体,空间波的传播不会超过视线的距离,所以空间波传播又称视距传播。它表示收和发两端点(天线)处在直视范围内,能互相"看得见"。以这一传播方式工作的是微波和超短波,如海上 VHF 通信。当收发天线都架设在地面上,由于地面球形弯曲的阻挡作用,视距传播的距离一般只有几十公里。为了加大传播的距离,收、发天线架设越高越好,但一般传播距离不超过 100 多公里。为了解决无线电信号远距离传输的要求,常采用"接力"的办法,即每隔一定距离(约 40 ~ 50km)设置一个中继站。它接收上一站来的信号,经处理后又转发到下一站,或由卫星对无线电信号进行"接力",使通信距离大大增加。

综上所述,无线电波的传播特性不仅与大地结构和高空电离层状态有关,而且也与它的频率或波长有关。虽然从天线辐射出去的无线电波往往是以多种方式(地波、天波、空间波)传播的,但总是以某一种传播方式为主:长波信号以地波绕射为主;中波和短波信号可以以地波和天波两种方式传播,不过前者以地波传播为主,后者以天波传播为主;超短波以上频段的信号大多以直射方式进行传播。可以这样说,无线电波的主要传播方式是波段划分的主要依据。

思考题与习题

1. 以无线电广播或电视广播为例,说明通信系统模型中信源等各部分所包含的具体内容。

2. 信源编码和信道编码的功能是什么?

3. 什么是基带信号? 试说明它的频谱特性;矩形脉冲波形的频谱宽度如何确定? 为多少?

4. 如果调制信号为 500Hz 的音频、载波的频率为 990kHz,试画出 AM 波形示意图和它的频谱图;若以 300 ~ 3400Hz 的话音信号对 990kHz 载波进行 AM 调制,已调信号的带宽是多少?

5. 调制信号的频率为 300 ~ 3000Hz(频谱图如下所示)、载波为 f_c,试画出调制信号对载波的 AM、DSB 和 SSB 的频谱。

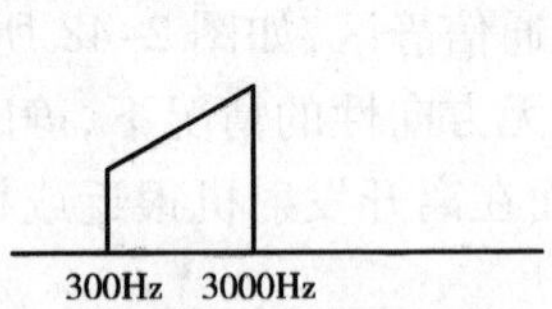

6. 为什么 DSB、SSB 的解调不能用包络检波器而必须用同步或相干解调?

7. 什么是 FM 调制? 它的特点是什么? 如果调制信号的频率为 300 ~ 3000Hz、最大频偏为 8kHz,那么 FM 信号的带宽是多少?

8. 数字信号的调制方式有哪几种? 如果数码序列为 1011001,

(1)写出它的差分码;

(2)画出它的 2ASK、2FSK、2PSK 和 2DPSK 的波形(载波频率自定)。

9. 什么是天线的互易性、方向性、极化,天线的实质是什么?

10. 无线电信号空间传播的主要方式有哪几种? 各有什么特点?

11. 试解释天波电离层传播的多径效应和衰落现象、通信静区或盲区。

12. 随机信道的特点是什么? 解释短波通信中传送数字信号速率不能太高的原因。

13. 何谓单工、半双工通信方式?

14. 某数字通信系统每秒传输 1200 码元,如果传输的码元

(1)为二进制码元时,该通信系统的码元速率、信息速率各是多少?

(2)为十六进制码元,该通信系统的码元速率、信息速率又各是多少?

15. 某码字的集合为

0000000　1000111　0101011　0011101　1101100　1011010　0110110　1110001

试求:

(1)该码字集合的最小汉明距离;

(2)确定该码字集合的检错和纠错能力。

16. 试述数字通信系统通常采用的差错控制方式;何谓 ARQ? 它有哪几种形式?

第三章　国际移动卫星通信系统

第一节　卫星通信基础知识

卫星通信，是指设置在地球上（地面、水面或低层大气中）的两个或多个无线电通信站之间利用人造地球卫星作中继站转发或反射无线电波进行的通信。与其他通信方式相比较，卫星通信具有覆盖面广、通信容量大、通信距离远、不受地理条件限制、（通信）性能稳定可靠等优点。卫星通信可以作为陆地通信的扩展、延伸和补充，是解决航海和航空用户、缺乏地面通信设施的偏远地区用户通信需要的最佳选择之一。卫星通信自它诞生之日起便得到了迅猛发展，成为当今通信领域中最为重要的一种通信方式。

一、卫星通信系统的组成及工作过程

目前的卫星通信系统因为传输的业务不同，它们的组成也不完全相同。一般来说，卫星通信系统主要由空间段和地面段两大部分组成，如图 3-1 所示。

1. 卫星通信系统的组成

1）空间段

空间段主要以通信卫星为主体，由一颗或若干颗主用（又称工作）卫星和备用卫星组成。通信卫星主要是对接收的信号起中继放大和转发作用，它是靠卫星上通信装置中的转发器（微波受信机、发信机）和天线来完成。一个卫星的通信装置可以包括一个或多个转发器，每个转发器能接收和转发多个地球站的信号。一般来说，卫星转发器的数目越多，卫星的通信容量就越大。

通信卫星的一个重要组成部分是天线。卫星天线的主要功能之一是提供一定形状的下行和上行天线波束，在工作波段上发射和接收信号。按照天线波束覆盖区的大小，可以将天线分为点波束天线、区域波束天线和全球波束天线（参看图 3-2）。

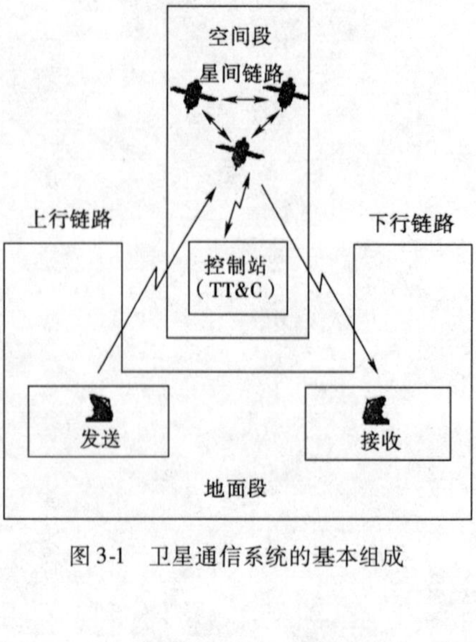

图 3-1　卫星通信系统的基本组成

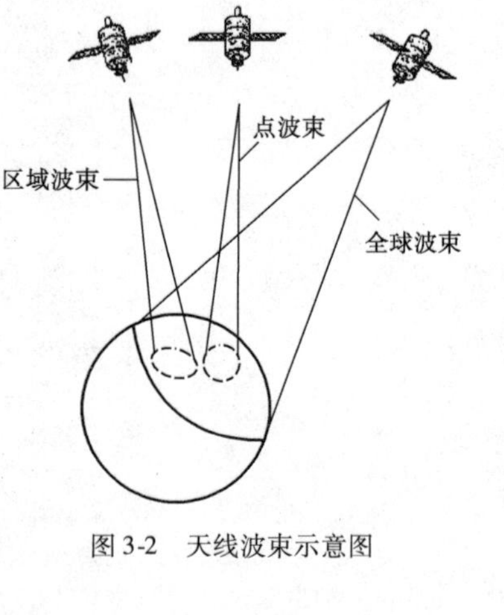

图 3-2　天线波束示意图

点波束天线(发射的信号在地球表面)的覆盖区域面积较小,一般为圆形。波束(的半功率)宽度只有几度或更小。

区域波束天线的波束形状可以通过天线系统中的波束成形网络进行控制,所以,它的覆盖区域是地面上一个大的通信区域,如一个国家或地区。

全球波束(的半功率)宽度约为17.4°,恰好覆盖卫星对地球的整个"视区",全球波束在地球表面上的覆盖面积约占整个地球表面积的42.4%。

2)地面段

地面段包括用于卫星控制和监测的地面设施,即卫星控制中心(SCC,Satellite Control Center),跟踪、遥测和指令站(TT&C,Tracking,Telemetry and Command)以及地球站。地球站通常通过地面(电信)网络或直接连接到用户的终端设备,地球站的主要功能是将待传送的信号发射到卫星,以及接收来自卫星的信号。

在图3-1所示的卫星通信系统中,上行链路指的是从发送地球站到卫星之间的无线电链路;下行链路是指从卫星到接收地球站之间的无线电链路。如果空中有多个通信卫星,则从一个卫星到另一个卫星之间还存在着星间链路,利用电磁波或光波将多个卫星直接连接起来。

2. 卫星通信系统的工作过程

在一个卫星通信系统中(如海上使用的INMARSAT系统),地面用户发出的基带信号经过地面(电信)通信网络传送到地球站。在地球站,对基带信号进行处理、调制,再将已调射频(RF,Radio Frequency)信号由上行链路发送到卫星。卫星作为空中的一个中继站接收所有用上行频率发来的RF信号,然后进行放大和频率变换(变频),用下行频率(由下行链路)发送到(接收)地球站。接收地球站对接收的信号进行处理,解调出基带信号再通过地面通信网络传递给用户。为了增大卫星接收与发射信号之间的隔离度,避免二者相互干扰,上行频率和下行频率是不同的,而且保持足够大的间隔。

二、卫星运行轨道

卫星围绕地球运动的轨迹称为卫星运行轨道。不同用途的卫星都要一个共同的特点,即它们轨道位置都在通过地球重心的一个平面内,卫星运动所在的轨道面称为轨道平面。

按卫星轨道的高度、形状、倾角、运转周期等的不同,把卫星轨道分为不同的类型。

1. 按卫星轨道高度

根据卫星运行轨道距离地球表面的高度,通常可以将卫星轨道分为四类,图3-3给出了这几种卫星轨道的大概情况。

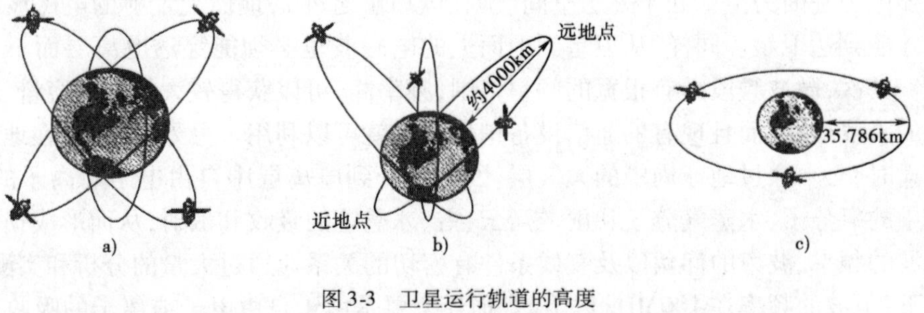

图3-3　卫星运行轨道的高度

(1)低轨道(LEO,Low Earth Orbit):距离地球表面700~1500km;

(2)中轨道(MEO,Medium Earth Orbit):距离地球表面10000km左右;

(3)高椭圆轨道(HEO,Highly Earth Orbit):距离地球表面的最近点为1000~21000km,最远点为39500~50600km;

(4)同步轨道或静止轨道(GEO,Geostationary Earth Orbit):距离地球表面35786km。

2. 按卫星轨道形状

按照卫星轨道的形状,可以将卫星轨道划分为圆形轨道和椭圆形轨道两类。

3. 按卫星轨道平面倾角

卫星轨道平面与地球赤道平面的夹角,称为卫星轨道平面的倾角。按照卫星轨道平面倾角大小的不同,通常把卫星轨道分为三类,如图3-4所示。

(1)赤道轨道:是指轨道面与赤道面重合,INMARSAT同步(或静止)卫星的轨道就位于赤道平面内,故又称为静止轨道;

(2)倾斜轨道:是指轨道面与赤道面成一个(小于90°)夹角,倾斜于赤道面。在倾斜轨道上运行的卫星是非静止卫星,如GPS卫星;

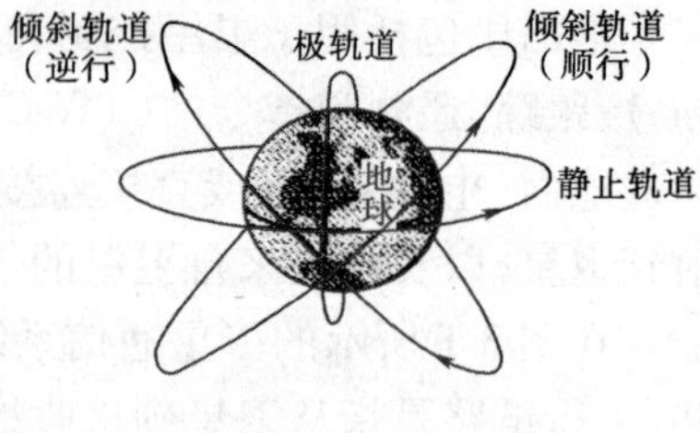

图3-4 倾角不同的卫星轨道

(3)极轨道:是指轨道面与赤道面成90°夹角,轨道面穿过地球的南、北两极。在极轨道上运行的卫星也是非静止卫星,这种卫星不能对地球表面上任一点的相对位置保持固定不变,但它的特点就是卫星运行时经过地球的南、北两极。GMDSS利用极轨道卫星系统的这一特点,实现船舶对MRCC的全球报警。

三、卫星通信使用的频率

在卫星通信中,工作频段的选择是个十分重要的问题,它将直接影响到整个卫星通信系统(通信容量——信道能够传输的最大平均信息量、质量、可靠性等)性能,卫星转发器和地球站的发射功率、天线口径的大小以及设备的复杂程度和成本的高低等。一般说来,在选择卫星通信的工作频段时,主要考虑以下因素:

(1)工作频段的电磁波应能穿透电离层;

(2)电波传播中系统引入的外部噪声要小;

(3)电波传输损耗及其他损耗要小;

(4)与其他地面无线系统(如微波中继通信系统、雷达系统等)之间的相互干扰要尽量小;

(5)能充分利用现有技术设备,并便于与现有通信设备配合使用等。

鉴于对上述因素的考虑,卫星通信的频率范围应选择在微波频段300MHz~300GHz。其中一个重要原因是因为卫星处于外层空间(即在电离层之外),地面上发射的电磁波必须能穿透电离层才能到达卫星。同样,从卫星到地面上的电磁波也必须能穿透电离层而不会被电离层所反射。其次,微波频段具有很宽的频率范围,频率高,可以获得较大的通信容量、高的天线增益和小的天线尺寸,而且现有的通信设备稍加改造就可以利用。另外,当电波在地球站与卫星之间传播时,必须穿过地球周围的大气层,因此要受到电离层中自由电子和离子的吸收,受到对流层中的氧分子、水蒸气分子和雨、雾、云、雪、冰雹等的吸收和散射,从而形成损耗。这种损耗与电波的频率、波束的仰角以及气候条件有密切的关系。通过大量的分析和实测,在晴朗天气条件下:电波的频率在100MHz以下时,损耗主要是由于自由电子或离子的吸收作用。这种吸收作用在电波频率越低时将越严重,而频率高于300MHz时,吸收作用可以忽略;水蒸气分子在21GHz左右吸收出现一个大的损耗峰,氮没有大的损耗峰,二氧化碳的损耗峰在

300GHz;当地球站所处位置使天线波束仰角越大,无线电波通过大气层的路径越短,则吸收作用越小。当电波频率低于10GHz、波束仰角大于5°时,吸收的影响基本上可以忽略。但当天线的仰角小于5°时,不仅大气吸收损耗很大,而且噪声亦很大,而使通信无法正常进行。由此可见,在300MHz～10GHz频段,大气损耗最小,故称此频段为“无线电窗口”。无论从电波对电离层的穿透,还是减小电波传播损耗考虑,卫星通信的工作频段应该考虑选在“窗口”附近。

从外界噪声影响来考虑,当频率降低到100MHz以下时,宇宙噪声会迅速增加,所以最低频率不能低于0.1GHz。通常在1GHz以上,宇宙噪声和人为噪声对通信影响较小。而大气噪声,其中包括氧气、水蒸气、雨、云、雾噪声等对10GHz以上频段的通信影响较大。因此从降低系统噪声角度来考虑,卫星通信工作频段最好选在1～10GHz。

由以上分析,卫星通信的工作频段最好选在1～10GHz。其中,最理想的频率在6/4GHz附近。该频段带宽较宽,便于利用成熟的通信技术。而且由于工作频率较高,天线尺寸相对较小。INMARSAT通信系统使用的频率:固定线路(地面站与卫星间的线路)为C波段的6/4GHz频段,上行为6GHz,下行为4GHz;而船站与卫星间的移动业务线路,则采用L波段的1.6/1.5GHz频段,上行为1.6GHz,下行为1.5GHz。

随着卫星通信业务量的急剧增加,1～10GHz频段的使用已显得过于拥挤。所以,必须开发更高的频段。国际上大多数建议采用的宽带卫星通信系统,已运行在Ka频段(26～40GHz)。Ka频段的成功开发后,不少技术先进的国家正向更高的频段(即Q、V频段中,频率为36～51.4GHz)发展。

四、卫星通信的多址连接方式

在卫星通信中,同一卫星覆盖区内的多个地球站通过共用的卫星,同时建立各自的信道,实现各地球站相互间的通信,这种工作方式称为卫星通信的多址连接或多站通信。卫星通信的多址连接方式要解决的基本问题是如何识别、区分各个地球站发出的信号(即地球站的“地址”),使多个信号源共享同一颗卫星。

实现多址连接的技术基础是信号分割,也就是在发送端进行恰当的信号设计,使卫星通信系统中各地球站所发出的信号各有差别;而各地球站接收端则具有信号的识别能力,能从混合的信号中形状出本站所需的信号。

无线电信号之间最基本的差别在于它们各自的参量,参量包括:信号的射频频率、信号出现的时间以及所处的空间。在卫星通信中,信号的分割和识别可以利用信号的任一参量来实现。

目前实用的多址连接方式主要有频分多址连接(FDMA,Frequency Division Multiple Access)、时分多址连接(TDMA,Time Division Multiple Access)、码分多址连接(CDMA,Code Division Multiple Access)及空分多址连接(SDMA,Space Division Multiple Access)等。

1.频分多址(FDMA)方式

频分多址连接方式指的是:在多个地球站共用同一卫星转发器的卫星通信系统中,将卫星转发器可以使用的频率范围(BW_{SAT},称卫星带宽)分割成若干个互不重叠的部分(即信道),分配给地球站使用。各地球站信号的差别,就在于它们的射频频率。以此来区分地球站“地址”的方式,称为频分多址连接方式。

FDMA是卫星通信系统中普遍采用的一种多址连接方式,图3-5给出了FDMA连接方式的示意图。假设有A、B、C三个地球站,卫星转发器的带宽$BW_{SAT}=68MHz$,上行频带为5930

~5908MHz,下行频带为 3705 ~ 3773MHz。将频带 5930 ~ 5950MHz 分配给 A 地球站,作为 A 地球站的发射频带;5954 ~ 5974MHz 分配给 B 地球站,作为 B 地球站的发射频带;5978 ~ 5998MHz 则分配给 C 地球站,作为 C 地球站的发射频带。

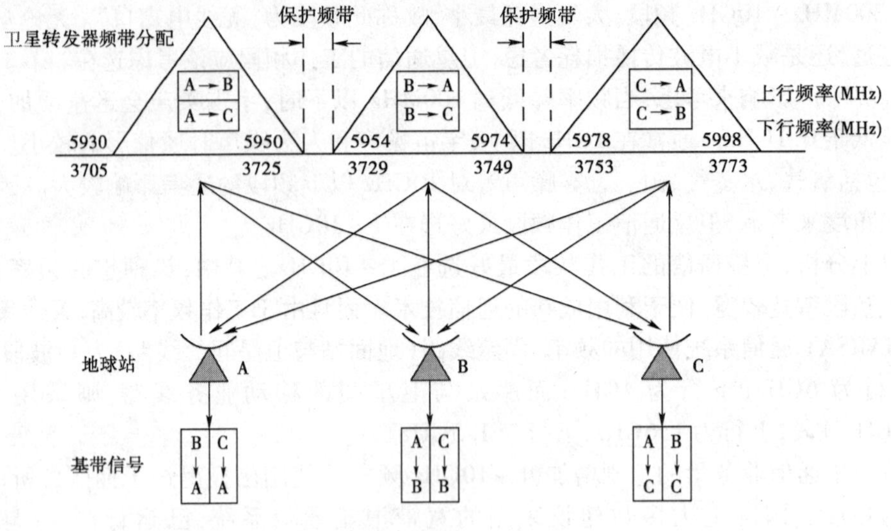

图 3-5　FDMA 示意图

在三个地球站共用的卫星转发器上,(A、B、C)各站使用互不相同的载波频率,各站发射的信号频谱彼此不重叠。因此各站在接收时,可以根据载波频率的不同来区分和识别地球站。例如,当地球站 A 收到 3729 ~ 3749MHz 频带内的信号时,就能识别是 B 地球站发来的信号;而收到 3753 ~ 3773MHz 内信号时,就能知道是地球站 C 发来的信号。

SCPC/FDMMA 方式是一种比较好的卫星通信体制,适用于地球站多,而各站业务量较小的情况(如海上的 INMARSAT 卫星通信)。其中,单路单载波(SCPC,Single Circuit Per Carrier)或每载波单路是指:在一个载波频率(即一个卫星通信信道)上,只传送一路(话音或数据)信号,信号按 FDMA 方式发送到卫星转发器。

采用这种方式的卫星通信系统可以使用"话音激活"(或称为"话音开关")技术,即:不通话时,自动停止载波的发射,有话音时才发射(有话音调制的)载波。这样,不仅可以节省卫星(对载波转发)的功率,而且还可以增加卫星通信的容量(约 2.5 ~4 倍),减小干扰。

INMARSAT 每个卫星覆盖区内有许多船站,但通信业务量小。所以 INMARSAT 的话音通信和传真通信,船到岸、岸到船都采用 SCPC/FDMA 方式,即每一个话音类信号使用一个载波,各站发射的信号以频分多址方式利用同一卫星的转发器频带,进行相互间的通信。

2. 时分多址(TDMA)方式

时分多址方式是一种按特定的或不同的时隙(时间间隔)来区分各地球站站址的多址连接方式。在这种方式下,分配给各地球站使用的不再是某一载波频率,而是一个特定的时隙(即很短的一段时间间隔),如图 3-6 所示。

在 TDMA 方式中,共用同一卫星转发器的各地球站使用相同频率的载波,在指定的时隙内向卫星发射(本站)信号。这些信号通过卫星转发器时,在时间上是严格依次排列、互不重叠。TDMA 方式的工作示意如图 3-7 所示。

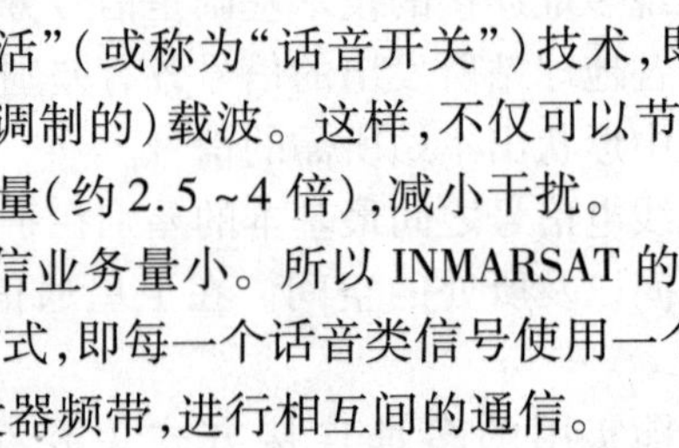

图 3-6　TDMA 中各用户(地球站)占用同一信道的不同时隙

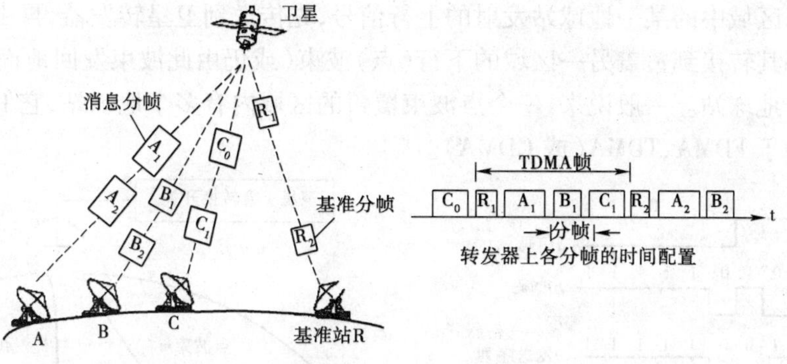

图 3-7 TDMA 方式的示意图

图中除了 A、B、C 三个地球站以外，还有一个基准站 R。基准站的基本任务是为 TDMA 系统中各地球站提供一个共同的定时标准，各地球站以该标准时间为基准，保证各站发射的信号进入转发器时在规定的时隙内而又不互相重叠干扰。在实际卫星通信系统中，基准站通常由某一地球站兼任（在 INMARSAT 系统，以地面站的发射的 TDM 帧作为定时标准）。基准站 R 相继两次发射基准信号的时间间隔叫做一个 TDMA 帧，一个 TDMA 帧由一个基准分帧（R_i）、若干个消息分帧（C_i）组成，每个分帧占用一个时隙。一个消息分帧对应一个地球站的发射，这样，一个地球站发射的信号可由该站的消息分帧在一帧中的位置来确定。

3. 码分多址（CDMA）方式

在码分多址方式中，分别给地球站一个特殊的地址码，使各地球站可以共用同一载波频率，同时占用全部时隙向卫星转发器发射信号。即各地球站的发射在时间上和频率上可以相互重叠，如图 3-8 所示。在接收端，只有与发射地址码相符合的接收机才能从相互重叠信号中检出发往自己的信号。

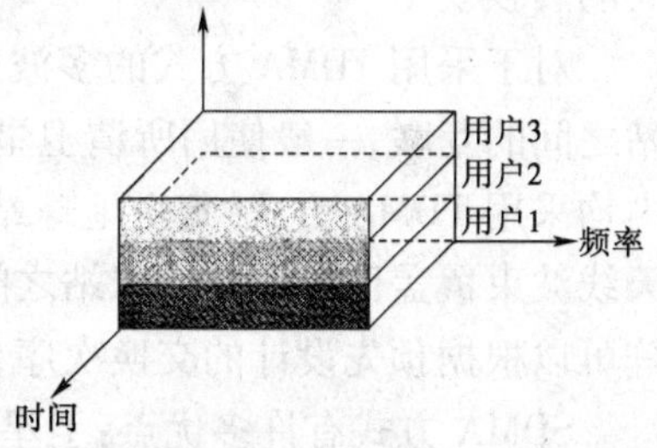

图 3-8 在 CDMA 中以用户以不同的地址码（同时、同频）占用信道

CDMA 方式中区分不同地址地球站信号的方法是利用“码序列”作为地址码。在发送端将地址码与待传输的二进制基带数字信号进行调制（“模 2 加”），形成的信号再对载波进行 2PSK 调制。由于地址码的码元宽度很小，约是基带信号码元宽度的 $1/m$（m 为正整数），这样就使得 2PSK 信号的频谱（因“模 2 加”）被展宽——称为扩频信号。这样的调制，又称为扩频调制。2PSK 扩频信号经卫星传输后，到达接收端。接收端将以本地产生的已知地址码为参考，对接收到的所有（地球站发来的）信号进行鉴别。从中将地址码与本地地址码完全一致的扩频信号“还原”（解扩）而被选出，与本地地址码不同的其他地球站的扩频信号将被滤除。滤波后进入 2PSK 解调器，恢复原数字基带信号。

在图 3-9 给出了 CDMA 系统的原理框图和各对应点的码形，图中的“信码”是待传输的数字基带信号、PN（伪随机）码就是地址码、2PSK 定义为数字“1”对应的载波相位为 π（“0”对应的载波相位为 0）。

4. 空分多址（SDMA）方式

空分多址方式是根据各地球站所处的空间区域不同，对地球站的站址进行区分。空分多址方式的基本特性是卫星天线有多个点波束（又称窄波束），它们分别指向地球的不同区域，利用波束（对地球的）覆盖区域的差异，对地球站进行区分，如图 3-10 所示。

位于某一区域中的某一地球站发射的上行信号,先传送到卫星转发器,再由转发器上的波束转换开关将其转接到覆盖另一区域的下行(点)波束(或仍由此波束发回地面),从而传送到该区域的某个地球站。一般说来,一个点波束覆盖的区域内有多个地球站,它们之间的站址识别还要再借助于 FDMA、TDMA(或 CDMA)。

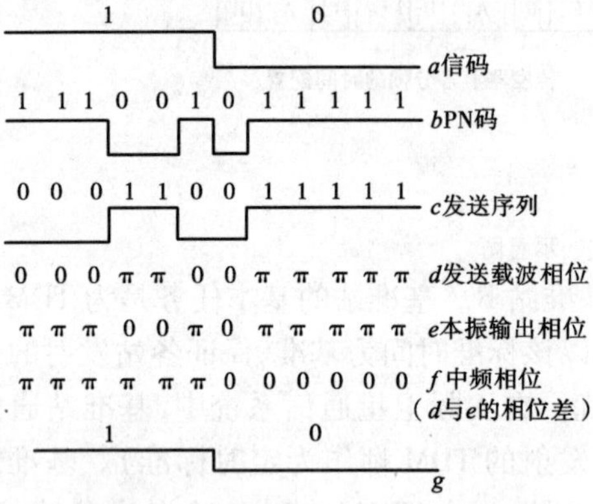

图 3-9 CDMA 系统的原理框图和对应点的码形

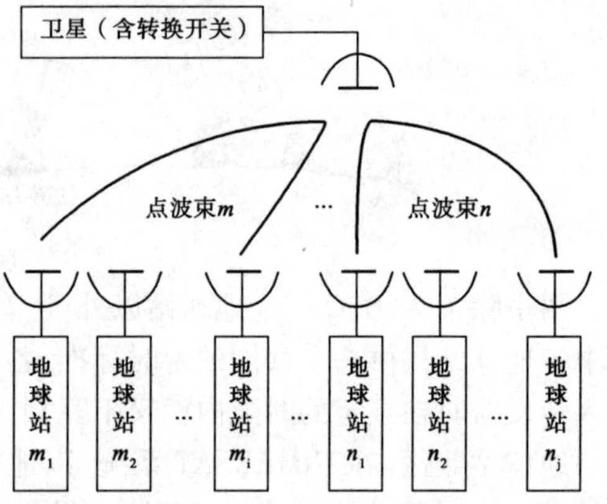

图 3-10 SDMA 方式示意图

对于采用 FDMA 方式的多波束卫星通信系统,要实现分别位于不同波束覆盖区域内地球站之间的互联,一般使用所谓卫星交换 FDMA(SS-FDMA)。在 SS-FDMA 系统中,每个波束内均采用 FDMA 方式,各波束使用相同的频带即空分频率复用。对于需要与其他波束内地球站进行通信的某个地球站,它使用的发射载波频率与需要去的下行波束之间有(特定的)对应关系,转发器的转换开关将根据这种对应关系来实现不同波束内 FDMA 载波之间的转换。

对于采用 TDMA 方式的多波束卫星通信系统,要实现分别位于不同波束覆盖区域内地球站之间的互联,一般使用所谓卫星交换 TDMA(SS-TDMA)。在 SS-TDMA 系统中,每个波束内均采用 TDMA 方式,每个地球站在时分基础上即在指定的时隙进行发送。为了在各个不同天线波束覆盖区域内的地球站之间进行通信,卫星转发器内设置了一个交换矩阵。该交换矩阵可以根据预先设计的交换次序,如各天线波束之间的通信繁忙程度进行高速切换。

SDMA 方式有许多优点:卫星天线的增益高;卫星功率可以得到合理有效的利用;卫星对其他通信系统的干扰将会减小,对地球站的技术要求也会降低;由于不同区域地球站所发信号在空间互不重叠,即使所发信号在同一时间用相同的频率,它们也不会相互干扰,因而可以实现频率的重复使用,这将使系统的通信容量可以得到成倍的增加。SDMA 的上述优点,使得它在卫星通信中得到了广泛的使用。要实现 SDMA,卫星应使用多波束天线。由于波束之间需要转换,正像图 3-10 表示的那样。转换开关使卫星如同一台空中的电话交换机,地球站之间可以像自动电话系统那样方便地进行(多址)通信。

五、卫星通信存在的主要问题

卫星通信与其他通信方式相比,有许多不可比拟的优势,如覆盖面广、通信容量大、通信距离远、不受地理条件限制、(通信)性能稳定可靠等优点,但在某些方面存在着一些不足。

1. 通信时延较长

对于地球同步卫星而言,由于卫星离地面的距离为 35786km,地球站发送的信号经过卫星转发返回到地面，传输时延达到 270ms。如果要再转接到另一颗卫星的话，时延将会更长。中、低轨道卫星的传输时延会小一些，但也有 100ms 左右。

2. 卫星通信线路容易受外部条件影响

由于卫星通信的电波要通过大气层，所以它的通信链路容易受外部条件如通信信号间的干扰，大气层微粒（雨滴等）的散射、吸收，电离层散烁，太阳噪声以及宇宙噪声的影响。

3. 存在日凌和星蚀中断

每年春分（3 月 20 日或 21 日）或者秋分（9 月 23 日或 24 日）前后数日，太阳、地球和卫星三者将运行到一条直线上，且卫星运行到太阳和地球站之间时，这时地球站的（抛物面）接收天线不仅对准卫星，也正好对着太阳，如图 3-11a）所示。地球站在接收卫星下行信号的同时，也会接收大量的（频谱很宽的）太阳噪声，造成对卫星信号的干扰，从而使接收的信噪比大大下降，严重时甚至使信号被太阳噪声淹没，信号完全中断。随着卫星、太阳和地球运动到不在一条直线上，卫星通信信号才渐渐恢复正常。把这种现象称为卫星通信的日凌。

当卫星、地球和太阳三者处于同一直线，且卫星进入地球的阴影区时，会出现星蚀现象，如图 3-11b）所示。在星蚀期间，卫星的太阳能电池无法使用，只能靠自带的蓄电池供电。

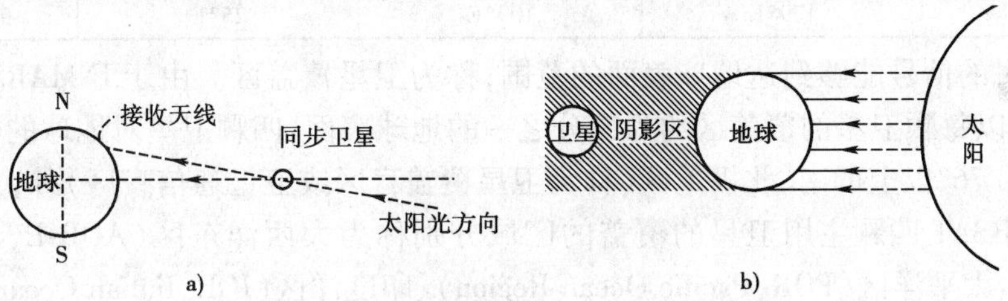

图 3-11　卫星通信的日凌现象（北半球）和星蚀现象（北半球）示意图

a）日凌现象；b）星蚀现象

第二节　INMARSAT 通信系统综述

国际海事卫星组织（International Maritime Satellite Organization）简称 INMARSAT，是 1979 年 7 月 16 日成立的、经营全球范围内卫星通信的政府间商业性合作的国际组织。该组织拥有 86 个签约成员国，我国是最早成员国之一，也是 INMARSAT 亚太地区的地区理事。

INMARSAT 通过卫星为航行在世界各地的船舶、陆地移动车辆和个人以及天空飞行的飞机提供全球通信服务。INMARSAT 是世界上第一个，也是目前唯一的提供全球海、陆、空移动卫星通信的国际组织。鉴于 INMARSAT 已扩展为提供全球的海、陆、空全方位移动卫星通信业务，在 1994 年改名为国际移动卫星通信系统（习惯上仍然称为 INMARSAT），INMARSAT 于 1997 年实现私有化成为一个有限公司。目前，INMARSAT 被 170 多个国家和地区用于海、陆、空通信服务，使用的终端即移动地球站数近 30 万个。

一、INMARSAT 通信系统的组成

如图 3-12 所示，INMARSAT 通信系统由三部分组成。

1. 空间段

INMARSAT 空间段由运行在赤道平面上空约 35786km 的同步轨道或静止轨道上的四颗 INMARSAT 工作（也称主用）卫星和一些备用卫星组成，由于它们运行的速度为

11070km/h,周期是 23h56m,正好与地球的自转速度和周期相同,所以卫星相对于地球是"静止"的或同步的。也就是说,从地球上任何位置去看它时,就像是静止不动的一样。目前的四颗主用卫星中,一颗是 INMARSAT 第三代(I-3)卫星、三颗第四代(I-4)卫星,原来的第 2、3 代卫星则置于备用状态。四颗工作卫星分别位于西经 15.5°(I-3)、西经 54°(I-4)、东经 178°(I-4)和东经 64°(I-4)。表 3-1 给出了 INMARSAT 卫星的位置。

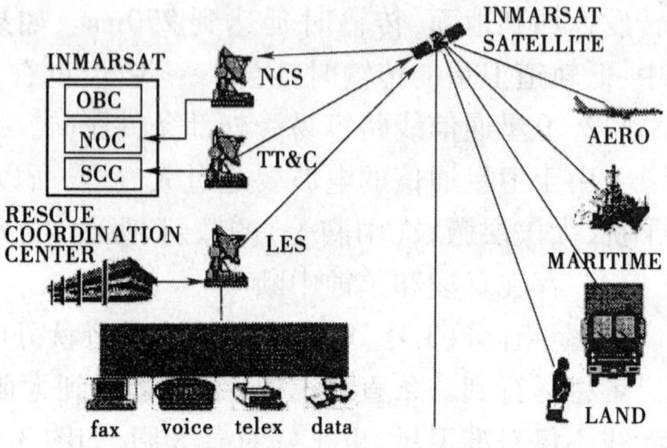

图 3-12 INMARSAT 通信系统组成

INMARSAT 卫星位置 表 3-1

	太平洋区	印度洋区	大西洋东区	大西洋西区
工作卫星	178°E(I-4)	64°E(I-4)	15.5°W(I-3)	54°W(I-4)
备用卫星	179°E	109°E	25°E	98°W、142°W

卫星发射的信号能够到达地球表面的范围,称为卫星覆盖区。由于 INMARSAT 卫星提供全球波束,所以每颗卫星的覆盖区约为三分之一的地球表面,四颗卫星对地球的覆盖达南北纬 76°,除南北纬 76°以上的南、北极地区(称为卫星覆盖盲区或卫星通信盲区)外,几乎实现全球覆盖。INMARSAT 四颗主用卫星的覆盖的区域分别称为大西洋东区(AOR-E,Atlantic Ocean Region-East)、太平洋区(POR,Pacific Ocean Region)、印度洋区(IOR,Indian Ocean Region)以及大西洋西区(AOR-W,Atlantic Ocean Region-West),两颗及以上卫星共同的覆盖区则称为卫星的重叠覆盖区。INMARSAT 卫星的覆盖区如图 3-13 所示。

由于卫星覆盖区是固定的,ITU 为每个卫星覆盖区分配有固定的电话、电传和数据通信的业务码,如表 3-2 所示。

INMARSAT 卫星覆盖区的通信业务码 表 3-2

卫星覆盖区	AOR-E	POR	IOR	AOR-W
电传码	581	582	583	584
电话(传真)码*	871	872	873	874
数据码	1111	1112	1113	1114

注:"870"是卫星覆盖区电话、传真的自动识别码或称通用卫星洋区码,电话、传真通信时用"870"可以代替 871 ~ 874,系统将自动识别被叫船站所在的卫星覆盖洋区。

INMARSAT 卫星除提供全球波束外,还提供区域(或宽)点波束和窄点波束。点波束的使用扩大了卫星通信的容量,提供更高质量的通信服务,卫星通信资源也得到更有效的利用。INMARSAT 移动地球站在提供点波束区域,可以通过对点波束的选择,获取最好信号质量的点波束信道。

INMARSAT-3 提供 1 个全球波束和 7 个宽点波束,功率和带宽取决于通信业务的需要由波束动态实时确定。第四代卫星则是目前全球体积和重量最大、通信容量最大、最先进的商用卫星,提供一个全球波束、19 个宽(区域)点波束、228 个窄点波束。三颗卫星覆盖南北纬 78°之间的地球表面。卫星的太阳能翼展达 45m,卫星重达 6t,通信容量是第三代卫星的 16 倍,转发器的功率达到 14kW,更高的卫星功率意味着更小的卫星终端设备。信道间隔 200kHz,信道可以组合使用,满足 432kbps 移动高清晰视频直播通信的需求。

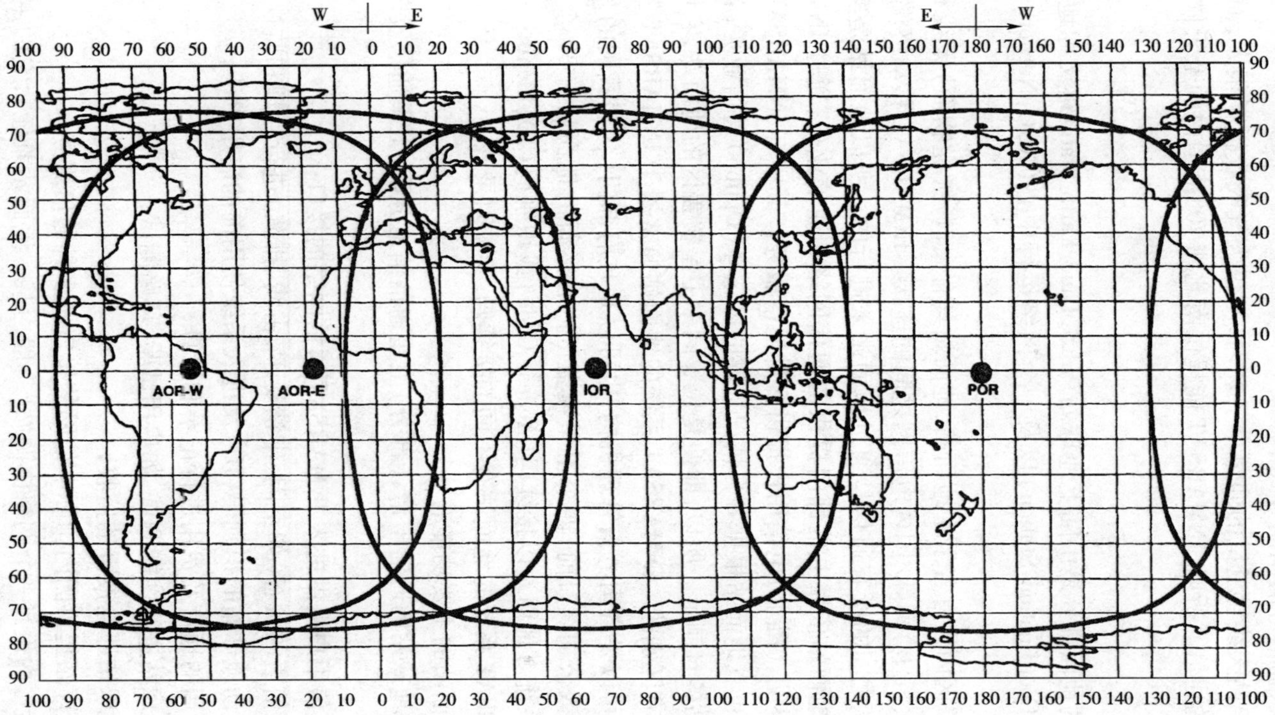

图 3-13　INMARSAT 卫星覆盖区

INMARSAT 卫星对无线电信号起中继站的作用,依靠卫星上通信装置的天线和转发器来完成。卫星的通信天线收、发共用,天线的最大辐射方向始终指向地球。来自地球站(地面站或移动地球站)的上行信号经由卫星天线被转发器所接收,经放大、频率变换以下行信号频率经天线发回地球。对无线电信号而言,转发器的主要作用是实现上行到下行或下行到上行信号载波的频率变换,而信号的调制方式不变。

当地面站或船站天线对卫星的仰角小于5°时,不仅大气吸收损耗很大,而且噪声亦很大,而不能保证正常的通信。所以,INMARSAT 能提供南北纬70°范围内的全天候、可靠的高质量卫星通信。

2. 地面段

INMARSAT 的地面部分是由陆上地球站(LES, Land Earth Station)又称地面站、网络协调站(NCS, Network Coordination Station)以及一个网络运行中心(NOC, Network Operations Center)组成。

每个卫星覆盖区内设有若干个地面站,地面站具有大口径(抛物面)天线和大功率收发信设备,提供卫星与(陆上)国际/国内电信网之间的连接。INMARSAT 移动终端与陆上用户、移动终端与移动终端之间的所有通信是通过地面站来进行的。所以地面站是实现卫星通信的(出入)"接口"。地面站依靠电信部门提供的通信网络和通信业务,通过 INMARSAT 卫星为 INMARSAT 移动终端、(陆上)电信用户提供多种通信服务。其中有 INMARSAT 规定必须提供的基本通信业务,也有地面站根据各自情况提供的可选择(Option)通信业务,各种通信业务的收费标准由地面站各自制定。所以,即使是位于同一卫星覆盖区的地面站,它们所提供的通信业务、收费标准是有区别的。INMARSAT 系统的地面站通常属于 INMARSAT 签字者所拥有并进行管理,签字者可以是各国电信管理机构,也可以是政府部门(代表我国的是交通部船舶通信导航公司)或私人公司。目前,四个卫星覆盖区内在运行的地面站有 39 个,分别属于不同 INMARSAT 通信系统。地面站以接续码(Access Code)或识别码(ID, Identity Digits)来区分或称呼,不同 INMARSAT 系统的地面站有不同的接续码,参见附录 A。

具体来说,地面站的主要功能有:

(1)响应移动地球站的通信申请、(部分)卫星通信信道分配、卫星通信及陆上通信线路建立和拆除;

(2)为陆上电信用户提供进入 INMARSAT 通信网络的接口;

(3)对所拥有信道的状态(如空闲、申请受理、占线、排队)进行管理和监视;

(4)受理新移动地球站的识别码(ID)及进入系统使用前的启用申请;

(5)对用户使用的通信及费用进行记录和计算;

(6)对移动地球站进行性能测试,如启用试验、环路测试;

(7)对移动地球站遇险报警的监收;

(8)为移动地球站提供国内国际电信网的接口及多种通信服务。

每个卫星覆盖区内设有一个网络协调站(一般由某一地面站兼任),它的主要任务是协调、控制本卫星覆盖区(地面站与移动地球站)的通信情况,特别是对(SCPC)通信信道的分配和管理、移动地球站遇险报警及最高通信等级(P3 - Distress)通信的监控和管理。它还与本卫星覆盖区内的地面站、其他卫星覆盖区的网络协调站建立通信联系,完成系统信息的传递。NCS 连续发送公共 TDM 载波信号,供 INMARSAT 移动终端获取系统和通信的信息,使天线跟踪卫星、保持天线对卫星的指向。INMARSAT 各个通信系统都有各自的网络协调站,如表 3-3 所示。

INMARSAT 的网络协调站 表3-3

卫星覆盖区	INMARSAT-F	INMARSAT-C	INMARSAT－B、M
AOR-E	Goonhilly(英国)	Goonhilly(英国)	Southbury(美国)
POR	Yamaguchi(日本)	Sentosa(新加坡)	Santa Paula(美国)
IOR	Yamaguchi(日本)	Thermopylae(希腊)	Thermopylae(希腊)
AOR-W	Goonhilly(英国)	Goonhilly(英国)	Southbury(美国)

NOC 或运行控制中心(OCC,Operation Control Center)是 INMARSAT 系统的核心,它位于英国伦敦的 INMARSAT 总部,整个系统只有一个,它与四个卫星覆盖区内的 NCS 建立通信连接,可以实现对整个 INMARSAT 通信网络的通信业务和所有功能的监视、管理、协调和控制。

卫星控制中心(SCC,Satellite Control Center)负责对 INMARSAT 卫星的监控,通过对来自卫星测控站(TT&C)数据的接收、处理,对卫星进行控制和管理。卫星测控站直接与卫星保持联系,负责对卫星工作状态的监测,为 SCC 提供卫星的各种参数,并根据 SCC 的指示对卫星的状态、运行进行相应的调整。INMARSAT 在全球设有四个卫星测控站,分别位于加拿大(2 个)、意大利和北京。

3. 移动地球站

移动地球站(MES,Mobile Earth Station)是 INMARSAT 的用户设备,不同的 INMARSAT 系统使用不同的 MES,船舶上使用的 MES 又称为船舶地球站(SES,Ship Earth Station),简称船站。MES 具有(向卫星)发射和接收(来自卫星)信号的功能,通过它所配置的终端设备(如电话机、传真机、电传机及计算机等)可以实现所需的(电话、传真、电传及数据等)通信。

MES 必须得到 INMARSAT 的型号认可,符合 INMARSAT 制定的技术规范要求。MES 有水上移动终端和陆上移动终端之分,其中水上移动终端又称作船站。船站具有海上遇险报警的功能,而陆上移动终端则不允许发送遇险报警。船站可以通过选择的卫星和地面站与航行的船舶、陆上(国内/国际)用户进行通信。各种 INMARSAT 通信系统使用的船站,其体积、重量以及能提供的通信业务有很大的差异。

二、INMARSAT 通信系统使用的频段

INMARSAT 通信系统的工作过程随系统以及通信业务不同而有很大的差异,为了简单清楚而又便于理解掌握,以船站和陆上用户之间的通信为例来说明通信的工作过程和路由。

船站和陆上用户之间的卫星通信线路应包括船站、上行线(路)、卫星、下行线(路)、地面站、国内/国际电信线路和陆上用户,如图 3-14 所示。

图 3-14 船站/陆上用户的卫星通信路由

陆上用户与海上某船站通信时,陆上用户的信号经国内/国际电信线路送到地面站。信号在地面站经过处理,对频率为 f_1 的载波进行调制,已调信号经功率放大后,送到双工器由天线向空间发射无线电波。无线电波经过大气层和宇宙空间即上行线(路),受到很大衰减并引入一定的噪声,最后到达 INMARSAT 卫星。由卫星转发器接收到的频率为 f_1 的上行信号经处理,再变换为载波频率为 f_2 的信号,经功率放大由卫星天线发射。频率为 f_2 的下行信号,经宇宙空间、大气层即下行线(路),由船站天线接收,完成单向的通信过程。船站向陆上用户传送信号与上述过程相仿,只是上行信号的载波频率是 f_3,而相应的下行信号的载波频率是 f_4。

船站与船站的通信路由必须经过地面站,而不是船站经过卫星直接与另一船站进行通信。例如,进行通信的两个船站位于同一卫星覆盖区内:一个船站的发射信号经卫星转发到(选择的)地面站,地面站再将该信号上行到卫星,再由卫星转发该另一船站。

由上一节分析知道,卫星通信的工作频段最好选在 1~10GHz,而最理想的频率在 6/4GHz 附近。该频段带宽较宽,便于利用成熟的通信技术,而且由于工作频率较高,天线尺寸较小。INMARSAT 通信系统使用的频率:固定线路(地面站与卫星间的线路)为 C 波段的 6/4GHz 频段,上行线频率为 6GHz,下行线频率则为 4GHz;船站与卫星间的移动业务线路,则采用 L 波段的 1.6/1.5GHz 频段,上行线频率为 1.6GHz,下行线频率为 1.5GHz。从频率变换角度来说,卫星转发器实现了 C/L 波段的转换。

三、INMARSAT 通信的多路复用和多址连接技术

为了提高卫星信道的利用率,INMARSAT 通信使用多路复用和多址连接技术。多路复用是指地面站将多个用户的数字基带信号按时间先后的顺序排列,利用卫星的一个信道传输给多个移动地球站的技术。而同一卫星覆盖区内的多个移动地球站,通过卫星的同一信道与同一个地面站实现通信,则称为 INMARSAT 卫星通信的多址连接或多站通信技术。

INMARSAT 地面站传输用户数字信号(如电传)时,大多采用 TDM 技术。使用 TDM 时,地面站让多个用户的信号在时间上交替着去占用同一载波频率(即信道)进行信号传输。每路信号占用信道的时间段称为时隙(Slot),而“交替”的周期则称为(TDM)帧。也就是说,时分多路复用方式的通信是以 TDM 帧长为周期,每个 TDM 帧划分为若干个时隙,每个时隙传输一个用户的信号。由于各用户信号的传输在时间上是错开的,各移动地球站在相同的频率上,在指定时隙内进行接收,就能实现 TDM 通信。

多个移动地球站与同一地面站进行通信时,如何保证各移动地球站发射的信号通过同一卫星转发器转发而又不相互干扰,而地面站又能方便地把它们区分开来,是保证多站通信的关键。这要求各站发射的信号之间必须有显著的差别,以保证地面站能准确地从卫星转发下来的信号中取出发给本站的各移动站信号。INMARSAT 通信系统采用频分多址连接(FDMA)、时分多址连接(TDMA)及空分多址连接(SDMA)来实现多站通信。

INMARSAT 每个卫星覆盖区内有许多船站,但通信业务量小。所以 INMARSAT 的话音通信、传真通信及数据通信,船到岸、岸到船大多采用 SCPC/FDMA 方式,即每一个话音类信号使用一个载波,各站发射信号的载波频率各不相同,即可以用频率来区分“站址”——频分多址方式,使用同一卫星的转发器频带,进行相互间的通信。

INMARSAT 的 TDMA 是多个移动地球站经同一卫星与同一地面站进行数字信号通信时所采用的一种多址技术。它的基本原理是用时隙的不同,来区分移动地球站的站址。在 TDMA 方式通信时,各移动地球站使用相同的载波频率,在规定的时隙内发射信号。这些射频信

号通过卫星转发器时,在时间上是严格依次排列、互不重叠的。正如上一节所讨论的,各移动地球站以相同的载波频率在每个 TDMA 帧的指定时隙内进行发射,而地面站则以时隙号来区分各移动地球站,实现对信号的接收并分离。采用 TDMA 技术,大大提高了卫星频率资源的利用率。在 INMARSAT,移动地球站的 TDMA 帧是由地面站的 TDM 发射进行定时。

INMARSAT 的电传通信采用 TDM/TDMA 方式。由陆上线路送来的多路信号在地面站形成时分多路复用信号,按所需送往的船站的不同,分别占用 TDM 帧内的不同时隙。对于船站来说,则在地面站 TDM 帧内相应的时隙接收发给自己的信号。当船站给陆上电传用户传送报文时,它只在 TDMA 帧相应的时隙向卫星发送信号。由于各船站发送信号的时隙不同,地面站很容易从接收的整个 TDMA 帧信号中,按时隙将各船站的信号区分开来。

由于 INMARSAT(第三、四代)卫星除全球波束外,还提供多个相互隔离的区域:宽点波束和窄点波束。这些点波束的覆盖区域不同,所以位于不同波束覆盖区内的船站可以使用相同的频率,地面站以船站所处点波束区域的不同,对它们进行站址的区分,即船站与地面站的通信可以采用 SDMA 多址方式来实现频率的复用。如果一个点波束区域内有多个船站,地面站对这些船站站址的区分还可以再使用 TDMA 或其他多址方式。SDMA 的使用,使卫星频率资源的利用率得到提高,也就是通信容量得到进一步增大。

四、INMARSAT 的信道分配和管理

卫星通信中,和多址连接方式密切相关的还有一个信道分配问题。卫星通信中的“信道”一词的含义,在 FDMA 方式是指地面站或船站占用卫星转发器的频率。例如,卫星转发器的带宽是 36MHz,把它分为 800 个频段(每段 45kHz),每个频段或频率称为一个信道。在 TDMA 方式,信道是指船站所占用的时隙。由于卫星转发器可以使用的信道数量是有限的,而移动地球站的数量却非常大,如何提高信道的利用率显得格外的重要。信道利用率的高低在很大程度上取决于信道的分配方式,目前最常用的信道的预分配方式和按需分配方式两种。

1. 信道的预分配方式

1)信道的固定预分配方式(PAMA 或 PA)

若信道(频率或时隙)是事先分配给各地球站,在使用过程中信道的归属是固定不变的,各地球站只能使用属于自己的信道,不能占用其他信道。这种信道分配方式,称为固定预分配方式。如图 3-15a)所示,若有 A、B、C 三个地球站,共有 8 个信道。A、B 之间业务量大,分配 4 个信道。A、C 间和 B、C 间业务量小,各分配 2 个信道。一旦作了这样的分配,在以后的通信中信道的归属就固定不变了,不得互相侵占。但是,各站实际的通信业务量总是不断变化的。当 B、C 间或 A、C 间业务量增加时,它们的信道就会不够用,于是会发生业务损失(即由于“占线”而使有的用户不能进行通信)。反之,若 A、B 间业务量变小,它们的多余信道就会闲置浪费,降低了信道利用率。预分配方式的优点是建立通信连接时控制简单,而最大缺点是不能随业务的变化进行信道使用的调整,因而信道利用率低。

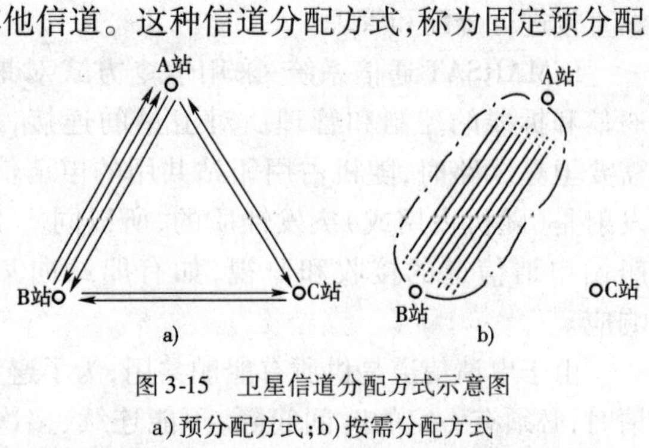

图 3-15　卫星信道分配方式示意图
a)预分配方式;b)按需分配方式

2)信道的按时预分配(TPA)方式

按时预分配方式是先要对系统内各地球站之间的业务量随“时差”或随其他因素在一天

内的变动规律进行调查和统计,然后根据各地球站业务量的变化规律,可预先约定作几次地球站之间信道的重新分配。这种方式的信道利用率显然要比固定预分配方式要高,但从每个时刻来看,这种方式也是属于固定预分配的。

2. 信道的按需分配(DAMA)方式

信道分配实质上是在地球站需要的信道数与其业务量之间所作的平衡,预分配方式的缺点就在于它是“一次平衡”。因此而提出的信道按需分配方式或按申请分配方式,如图 3-15b)所示的那样,所有卫星信道归地球站所公有,信道的分配是根据地球站提出使用的申请和当时其他地球站通信业务量的情况而临时指定的。例如,船站 A 要与陆上用户(或船站)B 进行通信时,A 站首先向地面站提出要求与用户 B 进行通信的申请。地面站(或网络协调站)根据信道“忙—闲表”中处于“闲”的信道分配给 A 站和用户 B 使用,通信结束后,信道又重属公有。信道按需分配方式下,船站对信道的使用分申请、分配、通信及(通信结束)拆线四段。显然,由于信道统一调度,从而有可能实现信道与通信业务量之间的动态适配,使信道浪费和业务损失大为减少,信道利用率显著提高。同预分配方式相比,按需分配方式的优点是信道利用率高。按需分配方式其实是信道复用技术的一种补充。

INMARSAT 通信系统中,每种通信系统都使用大量的船站,各船站对通信线路的需要一般都是分散的,且业务量较小。因此,船站对信道的使用,除申请信道是固定预分配给所有船站使用外,其他信道的使用,如话音类信道、电传信道等都采用按需分配的方式。地面站至少有一个预分配的 TDM 信道,而 NCS 则有多个预分配的 TDM 信道。因此,INMARSAT 对信道的分配采用预分配与按需分配相结合的方式。

3. 信道的管理

INMARSAT 通信系统在一个卫星覆盖区内有多个地面站和许多(随机出、入卫星覆盖区的)船站,它们共用同一个卫星转发器信道。所以在它们之间必须进行信道使用、分配上的协调、管理和控制。信道分配的管理采用集中和分散相结合的控制方式。所谓集中管理就是指每一个卫星覆盖区内,对船站、地面站使用信道的分配是由该覆盖区的网络协调站来执行,网络协调站直接给船站分配信道或转发地面站给船站的信道分配信息。INMARSAT 对信道的分配控制也采用分散控制方式,即船站对某些信道(如 TDMA 信道)的使用是由船站选用的地面站直接进行分配和管理。

INMARSAT 通信系统,采用信令方式对地面站、船站所需的卫星线路进行申请、分配、通信和拆线的控制和管理。对卫星的连接,船到岸方向和岸到船方向是不同的。当船站需要卫星线路时,随机占用船站共用的申请信道(预分配给各船站使用)。由于申请信道的发射是(随机占用或)突发性质的,所以同一卫星覆盖区内的所有地面站(包括 NCS)保持对船站申请信道的接收和监视,如有船站向某地面站进行申请呼叫,该地面站即予以自动响应。

由于申请信道是供所有船舶共用,为了避免、减少船站同时占用该信道,船站进行再次申请时,必须有一定的时间间隔,不能连续、多次发起申请。每个 INMARSAT 通信系统的地面站,都有预分配的 TDM 信道,用来对船站进行电传和低速数据通信。网络协调站使用的信道中,称作公共 TDM 信道或公共 TDM 载波用来发布(MES 的)通信通告、信道分配、播发 INMARSAT 系统信息等。所以,NCS 所在卫星覆盖区内的所有船站必须连续保持对 NCS 的公共 TDM 信道载波的值守(接收),如有发给本船站的通信通告、分配信息,将自动响应,执行相应的流程和通信。

五、INMARSAT 提供的通信业务

INMARSAT 作为满足 GMDSS 要求的通信系统，为海上通信提供的主要通信业务有：

(1)遇险报警；

(2)遇险、紧急、安全和日常优先等级的电话、电传通信；

(3)传真通信；

(4)海上安全信息的播发；

(5)(基本涵盖陆上所需的各类)数据通信。

由于 INMARSAT 的通信必须经由地面站及与地面站相连的国内/国际电信网，所以通信业务的实现取决于所选用的地面站。作为 INMARSAT 地面站，除提供必须提供的(GMDSS 要求的)基本通信业务外，还提供 OPTION 业务或增值业务，如短信息服务(SMS，Short Message Service)等。

提供优先等级的遇险报警、遇险和安全的电话、报文通信是 INMARSAT 不同于世界上其他卫星通信系统的特点，这也是 GMDSS 选用 INMARSAT 的主要理由之一。所以，作为 INMARSAT 的地面站，都提供优先等级的遇险报警、遇险和安全的电话、报文通信。

使用 INMARSAT 船站可以进行各种遇险、安全通信，避免发生海上事故，应对各种可能出现的紧急情况以及获得及时的救助。

无论气象条件或大气层条件如何，也不管船舶离开救助部门多远，INMARSAT 卫星通信技术都可以确保遇险安全通信能够畅通无阻地到达有关救助部门。INMARSAT 的地面站和网络协调站使用专线或优先等级自动拨号线路同陆上救助协调中心(RCC)直接相连接，确保船站的遇险报警能够以最优先等级方式、直接且正确无误地传送到有关救助机构。救助协调中心装有能够组织搜救行动的专用设施，通过专用设施同其他救助机构进行联系以便采取协调行动。世界各地的救助协调中心都通过国际电信网络互相连接。救助协调中心也可以装备 INMARSAT 船站，需要时可以通过 INMARSAT 卫星同其他救助协调中心以及出事地点附近海域的船舶进行通信联系，确保遇险船舶能及时得到所需的帮助。

使用船站可以向救助协调中心发送两种类型的遇险通信：遇险报警和遇险优先等级报文。

遇险报警含有非常有限的有关船舶(识别码)、船位和遇险性质的信息，表 3-4 列出了(时间允许情况下)遇险报警应当包含的内容。

其中，有些信息(如船位、航向、航速)可以从导航设备或传感器自动获取，而有些信息则需人工输入。

遇险优先等级报文应该详细说明船舶的紧急情况和所需要的援助。

地面站接收到船站发送的遇险报警、遇险优先等级报文，将直接转往与地面站有连线的救助协调中心。5min 内，RCC 经地面站发给船站遇险报警的收妥通知。MES 如若在 5min 内没有接收到 RCC(经 LES)的遇险报警收妥通知，则应重发遇险报警。

六、INMARSAT 开放的通信系统

INMARSAT 的最早应用是 1982 年投入商业使用的 INMARSAT-A 系统(已于 2007 年 12 月 31 日关闭)。为了适应全球移动通信(特别是 GMDSS)的需要，借助卫星、通信和计算机技术的发展，INMARSAT 相继开发了 INMARSAT-C 系统(1990 年投入使用)、INMARSAT-M 系统、INMARSAT-B、INMARSAT-D、INMARSAT-E 系统(已于 2006 年 12 月关闭)、INMARSAT-F 系统以及 INMARSAT BGAN(Broadband Global Area Network)。

遇险报警内容 表3-4

需要的信息	说明
船站识别码	由船站自动输入
地面站识别码	最好选择船舶所在洋区中离船最近的地面站(但是,您也可以选择船舶所在洋区中的其他地面站,只要这些地面站能够接通可以为您提供帮助的救助协调中心,例如,可以使用除英语以外的其他语言进行通信的救助协调中心)
船位(纬度N/S,经度E/W)、上一次更新船位的日期和时间(UTC)	由人工输入或由船站自动输入 由人工或由其他导航设备自动输入
遇险性质	输入下列任何一种选择 未指明遇险性质(undesigned distress) 起火/爆炸(fire,explosion) 进水(flooding) 碰撞(collision) 搁浅(grounding) 倾斜(listing,endanger of capsizing) 下沉(sinking) 失控与漂流(disabled and adrift) 弃船(abandoning ship) 遭遇海盗(piracy) 需要援助(require assistance)
航向(0°~359°)	由人工输入或由其他导航设备自动输入
航速(kn)	由人工输入或由其他导航设备自动输入

INMARSAT-A是INMARSAT推出的第一个卫星通信系统,它提供船(舶)对岸(陆上用户)和岸对船的双向(模拟)电话、传真、电传、电子邮件和高速(56kbps、64kbps)数据通信业务。由于INMARSAT-A的话音采用FM调制的模拟通信,存在占用较宽的频带(30kHz)、卫星的频带资源得不到有效使用、系统的话路容量小、通信费用难以下降等缺点,再加上不具有GMDSS所要求的遇险报警及MSI播发功能,作为INMARSAT-A的补充,INMARSAT开发了INMARSAT-C通信系统。

1990年投入使用的INMARSAT-C通信系统不仅具有INMARSAT-A所不具有的GMDSS遇险报警及MSI播发功能,提供的低速(600bps)数据通信,通信费用低廉,而且使船舶使用的MES设备的体积大大减小、重量减轻,适宜于各种大小的船舶使用。INMARSAT-C得到国际海事组织(IMO)的认可,成为GMDSS的组成部分。为了满足日益增长的小型船舶对通信的需求,2002年推出了Mini-C,它主要用于车、船等的定位、跟踪、短信服务以及船舶安全报警系统(SSAS,Ship Security Alert System)(2006年12月已有两种产品被认可满足GMDSS的要求)。

INMARSAT-M(1992年投入使用)作为对INMARSAT-C系统不具有的电话和传真通信的

补充,提供全球数字电话、传真和(低速)数据通信业务。该系统由于采用了卫星数字通信技术,比较充分地利用了卫星的频带资源,使通信费用大幅度下降(空间段费用仅为A系统的1/3),而且终端设备比A系统的体积更小、重量更轻。Inmarsat Mini-M(又称INMARSAT-Phone)是在Inmarsat-M的基础上于1996年底推向市场的全新概念卫星电话终端,它体积小、重量轻、携带方便、使用灵活,在许多船舶上安装了Mini-M的终端设备。2002年推出的INMARSAT-M4(M4, Multi-Media Mini-M)又称全球局域网(RGAN, Regional Global Area Network),是在Mini-M基础上加入了高速数据通信的功能。从而在提供语音通信服务的同时,满足多媒体移动通信业务的需求。

INMARSAT-B作为INMARSAT-A的理想替代,是首个提供海上数字通信业务的INMARSAT系统,与INMARSAT-M几乎同时开发,于1993年投入使用。INMARSAT-B由于采用先进的卫星数字通信技术,提供与A系统完全相同,但比A系统更高质量和更低通信费用的电话、传真、电传和数据通信,使用的终端设备的体积和重量与A系统的相仿,适宜于大型船舶使用。目前,INMARSAT-B仍为海上通信提供重要服务。

INMARSAT-D是INMARSAT推出的全球卫星短信息服务系统,即移动卫星寻呼机。它支持中心办公室与偏远地区的使用者、无人监控设备、传感器之间的通信,传输多达128个字符的字母和数字混编短信息。新近推出的D^+使用更小的终端设备(内含GPS),提供双向数据通信,既可接收短信息,也可以发送短数据报告和应答,是实现数据采集、船舶位置监控、船舶安全报警的最好选择之一。

为了适应GMDSS的需要INMARSAT开发的INMARSAT-E/E^+系统,利用L波段的遇险频率(1644.3~1644.5MHz和1645.6~1645.8MHz),开发了L波段的卫星紧急无线电示位标,作为船对岸遇险报警的专用装置。L波段的卫星紧急无线电示位标能不中断地接续到INMARSAT-E的遇险报警网络,实现船对岸的遇险报警。受到用户数量制约等原因,INMARSAT-E已于2006年12月被关闭。

INMARSAT移动卫星通信业务在海上、陆上取得成功的同时,积极研究、推广它的航空业务。Inmarsat-Aero为航行在世界各地的飞机提供双向话音和数据服务,包括高质量话音、传真、高和低速数据通信。不仅提供个人通信更主要用于空中交管,对飞机的过境航行实现综合监控和管理。高增益的Aero-H、低增益的Aero-L以及新推出的Aero-I终端设备,为航空界所推崇。

为了满足海上高速数据通信的需求,INMARSAT-F于2002年正式投入使用。除提供全球话音通信,还提供更高速度的传真、速度达128kbps的数据通信业务。提供INMARSAT移动综合业务数字网(ISDN)业务、INMARSAT移动分组数据交换(IMPDS, Inmarsat Mobile Packet Data Service)业务,即全数字化、涵盖语音和数据的各种通信服务。INMARSAT第四代卫星提供的宽带全球区域网(BGAN, Broadband Global Area Network)是基于IP和GPRS技术的移动宽带数据通信业务,2003年正式投入运营,2005年7月完成亚太区覆盖、2007年实现全球覆盖,将提供新型的海上、航空宽带业务。使用先进的双信道接收,可以满足432kbps移动高清晰视频直播通信的需求。

七、INMARSAT船站的启用试验

INMARSAT船站进入INMARSAT系统使用之前,必须进行启用试验。主要目的是:

(1)技术方面:确保船站正常的工作。船站在提供可靠通信的同时,不影响INMARSAT系

统或其他船站的工作;

(2)法律方面:确保船站的工作符合船站登记国和 INMARSAT 的法律规定(列于启用试验申请表);

(3)财务方面:确保对使用 INMARSAT 系统的船站的收费作出合适的安排。

新安装的船站必须填写船站启用申请表(Maritime Commissioning Application Form For an Inmarsat Ship Earth Station),送交 INMARSAT 成员国主管机构(National Routing Organization, RO)。一周后,将得到批准船站启用试验的通知。内容包括:

(1)船站的识别码(由 INMARSAT 分配);

(2)启用试验日期;

(3)对船站进行启用试验的地面站和使用卫星的经度。

船站的启用试验,一般由船站的生产厂商完成。船站启用试验成功以后,船站将始终可以进入 INMARSAT 系统使用,不受任何限制。但在船站或者它的状态发生变化时,视变化的情况,需采取相应的措施和限制。

更换船站型号或安装时,船站拥有人应该告知 INMARSAT 成员国主管机构,等待它的安排。主管机构将通知船站所需要做的新的测试、日期和地面站。船站在指定时间与指定地面站进行测试。

船站工作不正常,对系统、其他用户引起干扰,检测到这种干扰的地面站将要求 INMARSAT 对该船站实施技术清除(technical barring),停止船站的通信直到船站完全修复。技术清除的内容取决于船站对系统干扰的性质。如果船站的故障对日常等级通信造成干扰,船站将被禁止通过所有地面站进行日常等级的通信(发送和接收),但仍然允许船站进行遇险通信。如果船站的故障引起随意的遇险呼叫,船站将被禁止进行遇险通信,同时也将被禁止通过所有地面站进行日常通信。船站严重违反签约的协议,如未能如期支付通信费用等,某些地面站将要求 INMARSAT 禁止船站使用这些地面站进行通信。INMARSAT 将通知其他所有地面站有关禁止某船站进行通信的情况,所有地面站将各自作出决定是否允许该船站使用自己的地面站进行通信。临时中止船站的工作,例如在船站检修期间。中止工作期间,INMARSAT 不允许船站通过任何地面站使用 INMARSAT 系统。当 INMARSAT 确认船站工作正常时,INMARSAT 将取消对船站的中止工作,船站重新得到许可进入系统工作。

船站工作状态发生重大变化,例如更换船站型号、改变船站登记国(也称"换旗"),或者船站安装到另一艘船舶上使用。出现这种情况时,INMARSAT 系统将把船站从系统中清除出去。船站被清除出 INMARSAT 系统以后,船站将无法使用 INMARSAT 系统进行日常通信(但仍然可以进行遇险通信),直到船站完成各种手续以后,船站才能重新启用。

船站工作不正常,对系统引起干扰。如果某一地面站检测到某船站对系统引起干扰,地面站将通知网络控制中心,网络控制中心将通知所有地面站中止这一船站进入 INMARSAT 系统,并等待进一步通知。同时,检测到干扰的地面站也将有关情况通知 INMARSAT 启用试验部门。启用试验部门将干扰情况和对船站中止工作的情况通知船站操作人员、持证人员和本国执行机构。启用试验部门也同时通知船站操作人员或持证人员在规定的时间内修复船站。如果船站在这段时间内不能修复,INMARSAT 系统将清除这一船站。

船站工作不正常,但没有对系统造成干扰。启用试验部门收到船站工作不正常(例如某一地面站检测到船站信号电平很差)的情况报告后,将转达给船站操作人员、持证人员和本国执行机构。启用试验部门也同时通知船站操作人员在规定的时间内修复船站,如果船站在规定的时间内不能修复，INMARSAT 系统将中止船站的工作或清除船站。

船站违反 INMARSAT 的其他规定，船站拥有人必须查明问题并以书面形式报告主管执行机构。执行机构将通知启用试验部门，启用试验部门将船站具体违反规定的情况通知船站操作人员、持证人员和执行机构，并要求船站在规定的时间内予以改正。如果船站在规定时间内未能予以改正，INMARSAT 将根据违反规定的情况对船站作出中止或清除出系统的决定。

船站违反账务结算规定出现争议，如船站没有按照规定交付地面站通信费用，因此引起与账务结算机构之间的争议。在这种情况下，账务结算机构将通过本国执行机构提出申请，在争议解决之前，禁止船站经有关地面站进行通信。其他地面站也将得到禁止该船站通信的通知，各地面站将各自决定是否也禁止该船站经自己的地面站进行通信。

上述各种情况中，如果船站已被 INMARSAT 系统清除，则必须重新填写一份启用试验申请表，申请重新进入 INMARSAT 系统。

八、INMARSAT SES 的基本技术参数

1. 频率范围

频率范围是指 SES 接收频率、发射频率的范围。SES 按一定的频率间隔将收、发频率划分为若干频率对——信道，并给予编号，每个信道的发射频率高于接收频率 101.5MHz。SES 在 LES、NCS 信令的控制下能自动调谐到任一收发频率对上工作。

2. 有效全向辐射功率

卫星通信中，常用有效全向辐射功率（EIRP 或 e. i. r. p，Effective Isotropically Radiated Power）来表示 SES 的发射能力。它是发射机发出的功率 P_T 与天线增益 G_T 的乘积，即

$$\text{EIRP} = P_T \cdot G_T \quad (\text{W})$$

实用上，常以分贝（dB）值表示 EIRP，即

$$\text{EIRP(dBW)} = P_T(\text{dBW}) + G_T(\text{dBW})$$

式中：dBW 是以 1W 作为零分贝计的分贝数；EIRP 表示天线实际辐射的功率，它的值等于发射机输出功率（dBW）+ 天线增益（dB）- 馈线损耗（dB）。EIRP 表示了 SES 发送功率和天线增益的总体效果，数值越大表明 SES 的发射能力越强。

SES 天线（除 INMARSAT-C SES 外）为高增益天线，不是全向同性天线，在各个方向上的辐射是不相等的。EIRP 的物理意义是：为保持同一接收点的接收电平不变，用全向同性天线代替原天线时所对应馈入的等效功率。

3. SES 输入端的载噪比

卫星通信中，信号在传输过程中会产生各种损耗，并受到各种噪声的干扰。载波功率与噪声功率之比简称为载噪比，INMARSAT SES 的载噪比用（C/N_0）表示。式中 N_0 表示接收机输入端的单位频带宽度（Hz）的等效噪声，输入载噪比是决定 INMARSAT 通信线路性能最基本的参数之一。

设卫星转发器的有效全向辐射功率为 EIRP_S、下行线路的损耗为 L_D、SES 接收天线增益为 G_R、SES 接收机输入端的等效噪声温度为 T，那么 SES 输入端载噪比的分贝表示可以用下式计算：

$$[C/N_0] = [\text{EIRP}_S] - L_D + [G_R/T] + 228.6$$

单位为 dBHz。

G_R/T 是 SES 的接收天线增益与输入端的等效噪声温度之比，称为 SES 性能指标或品质

因素。

九、INMARSAT MES 天线

天线是船站的重要组成部分，是射频信号的输入和输出通道，也是决定 INMARSAT 通信质量的主要设备之一。船站天线系统的主要功能是实现能量的转换：将发射机送来的射频信号转换成定向（对准卫星）辐射的电磁波；收集卫星发来的电磁波转换成射频信号，送到接收设备。船站的天线系统都是收、发共用一副天线。

除 INMARSAT-C MES 使用全向天线外，其他 MES 都采用有较好方向性的抛物面天线。

1. 天线的基本性能要求

1）高的定向增益

天线增益是决定 INMARSAT 船站性能的关键参数之一，天线具有高的定向增益，也就是天线必须将信号的能量聚焦成为一个窄的波束，使接收来自卫星天线或发向卫星天线的信号有足够的下行或上行载波功率。此外，天线辐射方向图的旁瓣电平必须很低，以减小来自其他信号源的干扰，也使射向（进入）其他卫星系统的干扰达到最小。

计算天线增益的公式为

$$G_{\lambda}=\left(\frac{\pi D}{\lambda}\right)^{2}\eta_{A}$$

式中：D 是天线口面的直径（m）；λ 是天线工作的波长（m）；η_A 是天线的效率。

采用抛物面天线，要求船站天线增益（带天线罩时，相对于无方向性天线）不低于 21.1dBi。

2）频带宽

由于船站的工作频率范围比较宽（如 INMARSAT-M MES 的发射频率为 1626.5～1646.5MHz，接收频率为 1525.0～1545.0MHz），因此要求船站天线在所要求频率范围内工作时，应满足高增益、低噪声和（收发信机）匹配良好等要求。

3）高的天线指向性

通常，要求天线对卫星的指向精度在它（半功率点）波束宽度的 1/10 之内。抛物面天线的半功率点波束宽度可以按下式计算：

$$\theta_{1/2}=\left(\frac{70\lambda}{D}\right)^{\circ}$$

使用较大口径（D 为 0.8～1.2m）的抛物面天线、对于 $\lambda=0.2$m（1.5GHz）的工作波长，按上式计算天线的指向精度不能超过 0.14°，即要求相当准确地对准卫星。这样，对天线机械精度要求是比较高的。

4）旋转性好

由于天线要相当准确地对准卫星，而船舶的位置又在不断地改变，这就要求天线的仰角和方位角能在以卫星为中心的较大范围内转动。考虑天线的测量和在强台风袭击时对天线的保护，天线还能锁定在天顶位置。因此，船站采用全向可控天线。

5）补偿能力

船站在实际工作时，会遇到船舶的各种航行状态：横摇、纵摇、航向变化、左右前后移动、上下起伏等，都会使天线偏离对卫星的指向，造成通信中断。为了避免这种情况的发生，要求船舶在表 3-5 所列的极端航行状态下，船站的天线始终能稳定地指向卫星，也就是船站天线波束

的稳定。要解决波束的稳定,则要求船站天线系统具有补偿船舶各种运动的能力。

船舶航行状态 表 3-5

航行状态	横摇	纵摇	偏航	纵荡	横荡	升沉	转向速度	航速
幅度	±30°	±10°	±8°	±0.2g	±0.2g	±0.5g	6°/s	30kn
周期(s)	8	6	50					

2. 天线类型

INMARSAT MES(除 INMARSAT-C MES 外)天线大多采用反射面型的定向天线。实用反射面天线有很多,船站天线大多使用抛物面天线(参看图 2-45),图 3-16 是它的示意图。

抛物面天线是一种面型天线,利用轴对称的旋转抛物面作为天线的主反射面(抛物型反射面可以增加天线的增益),将馈源(馈送能量的源)置于抛物面的焦点 F 上。发射时,馈源辐射的电磁波照射在抛物面上,不管该电磁波来自什么方向,经抛物面反射后都以平行于抛物面轴的方向向空间辐射出去。因此,辐射时抛物面对信号起到定向的作用。

接收时,卫星转发下来的信号从各方面照射到抛物面上,经抛物面反射后聚集到放在焦点位置的馈源上,由馈源收集后将它转换成射频信号经馈线送到接收机。

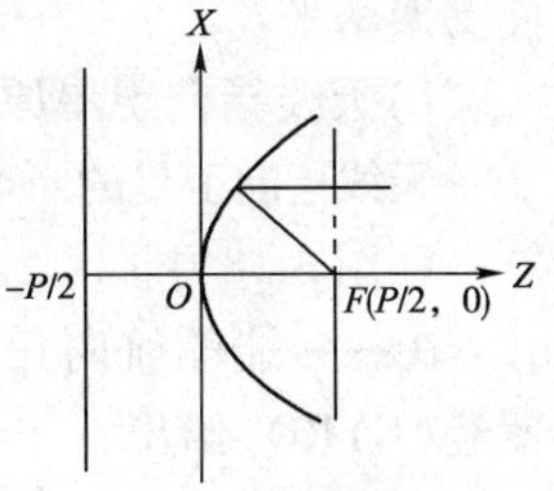

图 3-16 抛物面天线

3. 天线座架

INMARSAT 船站天线具有补偿船舶各种运动的能力,即天线波束的稳定一般通过两个独立的系统完成。一个是使天线座架在船舶各种摇摆状态下始终稳定在水平——天线平台系统;另一个是天线跟踪控制系统,使船舶在航行时天线稳定指向卫星。

天线平台、即使天线座架稳定水平有两种类型:一类是无源稳定,又称飞轮或重力稳定;另一类是有源稳定。

1)无源稳定

无源稳定的基本原理是将天线安装在 X 轴和 Y 轴所决定平面上,平面的下面(Z 轴方向)带有数公斤重、高速旋转(如 1500~4000r/min)的飞轮。利用旋转飞轮的陀螺效应(旋转方向指向地心而且不变),使 X-Y 轴所构成的平面不受船舶摇摆的影响,形成一个稳定的天线平台。天线相当于架设在陆地上一样——安装在一个水平基准稳定的平台上,不受船舶摇摆的影响。而天线波束指向的调整与跟踪,则是通过对天线支架的方位(AZ,Azimuth)轴和俯仰(EL,Elevation)轴的控制来完成。

2)有源稳定

有源稳定是指由传感器检测船舶的摇摆,通过伺服系统控制使天线平台始终处于水平状态。天线座架的 X 轴平行于船舶的横摇轴、Y 轴平行于船舶的纵摇轴,在 X、Y 轴方向各放置倾斜角传感器。船舶摇摆时,对应的传感器由于被倾斜而输出电压(流)信号。该信号经过天线控制单元处理送到 X 轴和 Y 轴直流马达,马达带动 X、Y 轴转动,使它们返回原来的位置、保持 X-Y 平面即天线座架的水平状态。天线指向的控制,仍由方位—俯仰轴的控制来实现。这种方式中,天线平台稳定与天线(对卫星的)跟踪是相互独立的,调试相对比较方便。INMARSAT 船站天线波束的稳定大多采用有源稳定。

4. 天线跟踪控制系统

船站天线对卫星的跟踪控制是指船舶航行时,控制天线稳定指向卫星。天线对卫星的跟踪控制有手动和自动两种模式。手动模式是通过计算、查图或表,得到相应的数据,由操作人员指令输入数据驱动天线；自动模式是指船站根据接收到的卫星信号的强弱，驱动跟踪系统使天线自动地对准卫星。

天线的指向控制通过三轴：方位（AZ，Azimuth）、俯仰（EL，Elevation）和十字俯仰（C-EL，Cross Elevation）轴，即 A 轴、E 轴和 C 轴来实现，如图 3-17 所示。A 轴的控制能使天线 0° ~360° 旋转指向任一方位，而 E 轴的控制能使天线在俯仰方向旋转到 5° ~90° 任何一个位置，C 轴则使支架水平。

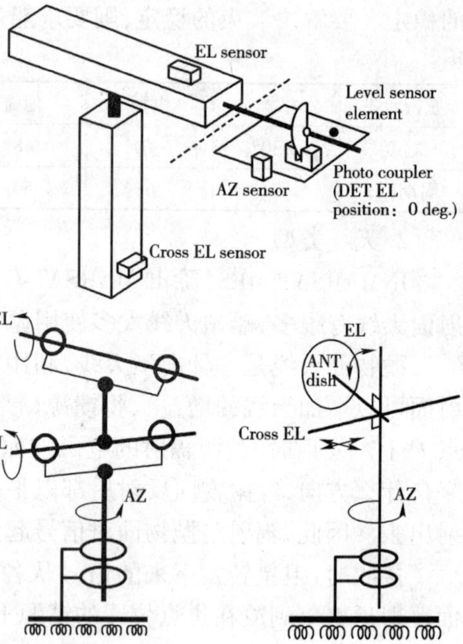

图 3-17　天线支架和它的三轴方式

1）天线指向卫星原理

天线指向卫星的原理可以由图 3-18 来说明。

在图 3-18 中：

θ_h——船舶航向角（Heading），一般由陀螺罗经（GYRO）给出；

θ_a——船站天线的方位角（Bearing），天线波束轴线相对于船首线（顺时针）转动的角度；

θ_{ns}——卫星方位角（Satellite azimuth），正北向 N 到卫星（在地球上投影与天线连线）的角度。

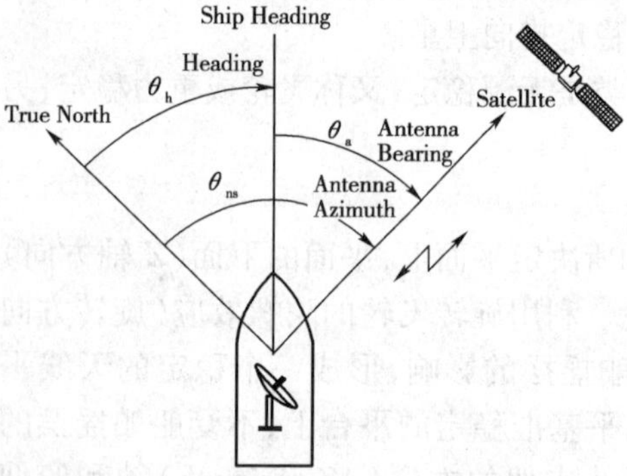

图 3-18　天线指向卫星的原理

船舶在航行中，随着船位和航向的变化，船站天线的方位角和仰角相对于卫星的方位角和仰角也随着而变。为使船站天线保持对卫星的指向，天线的方位角和仰角应作相应的改变，天线的方位角应满足：

$$\theta_{ns} - (\theta_a + \theta_h) = 0$$

而天线的仰角应与卫星仰角相一致。

下面分两种情况来说明，参看图 3-19。

（1）船舶航行时，航向不变。船舶航向不变，由 A 点向 B 点航行，如图 3-19a）所示。船舶在 A 点时，假设天线指向卫星，那么 $\theta_{ns} - (\theta_h + \theta_a) = 0$；船舶航行到 B 点时，由于航向角 θ_h 不变，而卫星方位角变为 $\theta_{ns}' = \theta_{ns} + \Delta\theta$ 使得 $\theta_{ns}' - (\theta_h + \theta_a) = \Delta\theta$。由于船站距离卫星很远，在很短的一段时间内（如步进跟踪时间），由船位变化所产生的卫星方位角变化 $\Delta\theta$ 是很小的，而且是缓慢的。对天线 AZ 轴的控制采用天线的自动跟踪模式，在 $\Delta\theta$ 的作用下转动 AZ 轴，θ_a 增加 $\Delta\theta$ 变为 θ_a'，使天线保持对卫星的指向（船舶由 A 航行到 B 时，卫星仰角发生了变化，在天线自动跟踪模式下对天线的 EL 轴进行控制，使天线仰角与卫星仰角相一致）。

（2）船位不变、航向改变。船舶在原地转向，如图 3-19b）所示。如果船舶航向为 A 时，天线指向卫星，$\theta_{ns} - (\theta_h + \theta_a) = 0$，航向变到 B 时，θ_h 变为 θ_h'，$\theta_h' - \theta_h = \Delta\theta$。由于船位没有改变，卫星方位角 θ_{ns} 也不变（卫星仰角也不变），而使 $\theta_{ns} - (\theta_h' + \theta_a) = \Delta\theta$。为了使天线指向卫星，天线的方位轴必须朝相反方向转动，使 θ_a 减少 $\Delta\theta$。使天线方位轴转动的信号 $\Delta\theta$，这时由船舶的陀螺罗经提供。

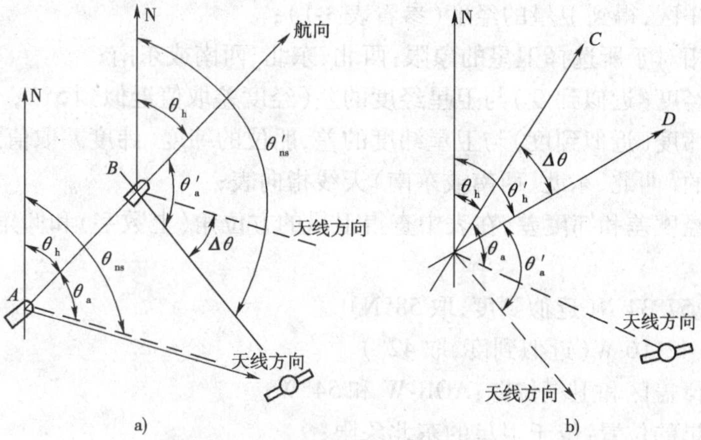

图 3-19　船舶航行时,天线方位角的变化

a)船位改变,航向不变;b)航向改变,船位不变

2)卫星方位角和仰角

由上面的分析可以得到:卫星方位角和仰角只与船舶的位置有关,而与船舶的航向无关。为了使用的方便,专门设计了图/表(见附录 C/B),供卫星方位角和仰角的查取。

船站开启时,初始卫星方位角 θ_{ns} 和卫星仰角一般可以由船位通过查图或表(参见 AZ 和 EL 的查取)得到,然后由电传机指令或船站的(通信电子单元)面板输入到天线跟踪系统的 AZ 和 EL 的寄存器中储存;航向角 θ_h 则由(与电子单元相连接的)船舶陀螺罗经提供;天线方位角 θ_a 则由装在 AZ 轴上的角度传感器(测角电位器)提供。随着船舶的船位和航向的变化,θ_{ns}、θ_h 都将变化。天线跟踪系统控制天线 AZ 轴和 EL 轴,使 θ_a 和天线的仰角作相应的改变,并满足上面所叙述的等式关系,那么船站天线将能对准卫星。

船站的天线一旦对准卫星,天线的 AZ 和 EL 轴将由自动跟踪系统控制,保持天线波束稳定地对卫星的指向。对天线方位角和仰角的初始设定,或手动控制天线,都需要求取卫星的方位角和仰角。卫星的方位角和仰角可以根据船位,用查图法或查表法来求取。

(1)查图法。附录 C 给出了四个卫星覆盖区的卫星仰角和方位角图,根据导航仪(GPS)给出的船位可以方便地由图得到(近似的)相对船位的卫星仰角和方位角值。

方法如下:

根据通信需要和船位,确定卫星覆盖洋区;

由卫星洋区,选择相应的仰角和方位角图;

在选择的图上,找到船舶所处的位置。与船位相对应的辐射状线的读数就是卫星的方位角,相对应的同心圆的读数则是卫星的仰角即船站天线的仰角。

举例:设船位是 57°34′N 42°16′W,选择 AOR-W 进行通信。那么在 AOR-W 的仰角和方位角图上,读取的卫星仰角和方位角:

方位角(约)192°;

仰角(约)25°。

(2)查表法。利用附录 B 给出的天线指向表,根据船位和所选择的卫星,通过查表可以得到较精确的卫星仰角和方位角的数值。

方法如下:

①确定船舶的位置;

②选择卫星洋区,得到卫星的经度(参看表3-1);
③确定船舶相对于所选择卫星的象限:西北、东北、西南或东南;
④计算船位经度(近似到度)与卫星经度的差(经度差取值近似到5°);
⑤计算船位纬度(近似到度)与卫星纬度的差,船位的纬度(纬度差取值近似到5°);
⑥选取相应的(西北、东北、西南或东南)天线指向表;
⑦由计算的经度差和纬度差,在表中查得卫星的方位角(上数字)和仰角(下数字)。
举例:

例 3-1 船位57°34′N(近似到度,取58°N)
42°16′W(近似到度,取42°)

选择的卫星覆盖区和卫星位置:AOR-W 和 54°W;
船舶相对卫星的位置:位于卫星的东北象限;
船舶与卫星之间的经度差 54° - 42° = 12°近似到5°,取10°;
船舶纬度 57°34′N,近似到5°,取60°;
查附录表 B-1,得到:卫星方位角为192°;
卫星仰角为21°。

例 3-2 船位19°38′S(近似到度,取20°S)
157°19′W(近似到度,取157°W)

选择的卫星覆盖区和卫星位置:POR 和 178°E;
船舶相对卫星的位置:位于卫星的东南象限;
船舶与卫星之间的经度差(180° - 178°) + (180° - 157°) = 25°近似到5°,取25°;
船舶纬度 19°38′S,近似到5°取20°;
查附录表 B-3,得到:卫星方位角为303°
卫星仰角为53°。

注意:当卫星和船舶不是处在同一(东/西)半球时,它们之间的经度差计算要特别给予注意,例如:船舶的经度是10°E,卫星的经度是15°W,它们之间的经度差是:10°(E) + 15°(W)即25°。

3)天线的自动跟踪模式

船站天线的自动跟踪模式大多采用步进(又称极值)跟踪。由于船站天线有尖锐的方向性,天线对准卫星时,船站接收卫星信号的电平值应为最大。步进跟踪的工作原理是以船站接收的卫星信号电平是否达到"最大值"为判别的依据来提取天线相对卫星的方位角和仰角的误差信号,驱动马达使天线指向卫星。如图3-20所示,当天线对准卫星时,天线偏离卫星指向的方位角差 ΔAZ、仰角差 ΔEL 为0°时,船站接收的卫星信号电平为最大(位于 D 点)。当天线偏离卫星时,随着偏离卫星的方向角和仰角的增加,船站对卫星信号的接收电平将有明显的下降。步进跟踪是按一定的时间间隔使天线的方位轴/仰角轴以一微小角度为步长作阶跃的转动,取适当的积分时间来判断信号接收电平的增或减。当信号接收电平增加时,天线的方位轴/仰角轴沿同一方向再作一个步长的转动;若接收电平被判是减小时,则沿反方向转动。不断重复以上的过程,将使天线对卫星信号的接收电平达到"最大值",自动跟踪模式则认为天线波束已指向卫星。

如图3-20所示,假设在天线的方位角差和仰角差为某一数值时,船站天线对卫星信号的接收电平为 A。若转动 AZ/EL 轴一个步进,接收电平为 B。把转动前后两个接收电平 A

和 B 进行比较,显然接收电平是减小了,说明天线的转动方向不正确,于是天线向相反方向转动一个步进。当天线步进转到使接收电平为 C 时,接收电平是增加了,天线将继续朝原方向转动接收电平到 D 点。从 C 点到 D 点接收电平仍是增加的,天线将仍向原方向步进到 E。由于 E 的电平小于 D 的电平,天线将反方向步进,重新回到 D。由于噪声的影响,天线指向很可能在 C、D、E 三点来回变动。其中接收电平为 D 时,天线正对卫星方向。

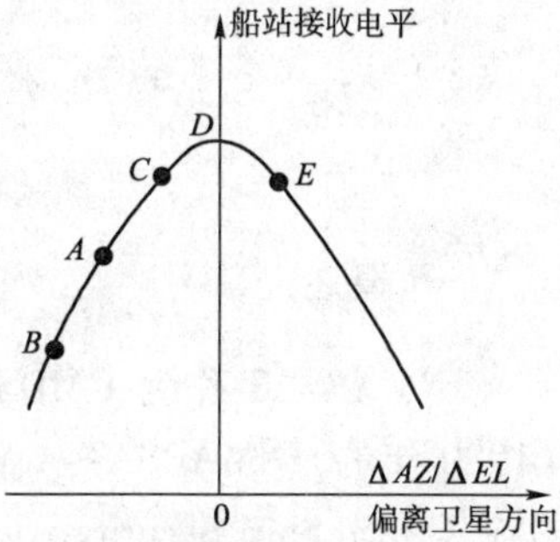

图 3-20 步进跟踪原理

船位变化时,天线的方位角和仰角都需要步进跟踪,所以天线的自动跟踪是方位角步进和仰角步进依次重复交替进行。天线对卫星的跟踪必须是连续的,即使在通信结束处于空闲状态,也不应中断天线对卫星的跟踪,否则天线将失去对卫星的自动跟踪。INMARSAT 系统 NCS 的公共 TDM 载波是连续广播的,它作为船站天线对卫星的自动跟踪信号。由于步进跟踪状态下天线指向是在最大接收电平附近来回跳动,天线对卫星的指向精度可用天线增益的平均下降来衡量,平均下降小则天线指向精度高。为了提高天线对卫星的指向精度,选择小的步进角是比较有利的。因为选择大的步进角 $\Delta\theta$,天线步进一步所引起的接收电平变化加大,而使天线增益下降量变化加大,指向精度下降。但 $\Delta\theta$ 过小,会使相邻的两步接收电平差值变小,噪声的影响将使天线的步进方向产生错误。通常,基本步进角 $\Delta\theta$ 取 $0.5°$。船站天线步进跟踪时间长,天线步进速度慢,不利于天线对卫星的实时跟踪。而在天线对卫星初始指向或天线更换对另一颗卫星指向时,则需要较长的步进跟踪时间,才能达到所需的接收电平状态。步进跟踪时间一般选数秒到 100s 之间,如 JRC 某型号船站的步进跟踪时间为 30s。

步进跟踪的缺点是天线波束不能停留在完全对准卫星的方向上,而是在该方向周围不断地摆动,因而跟踪精度不是很高。但由于设备简单,价格低廉,比较适宜 INMARSAT 船站使用。

图 3-21 给出了船站天线的伺服跟踪系统的原理图。船摇信号由天线支座内的水平传感器输出,通过伺服控制单元使天线保持稳定(水平)。将陀螺罗经(GYRO)提供的船舶航向信号及 GPS 定位信号输入到伺服控制单元,通过 A、E、C 轴伺服驱动,控制天线作相应的转动。在天线稳定的基础上,跟踪的误差(和或差)信号经跟踪接收机得到天线波束轴误差角信号,该误差角信号送到相应的(A、E、C 轴)伺服控制环路,控制天线作相应的运动,从而使天线波束指向卫星。

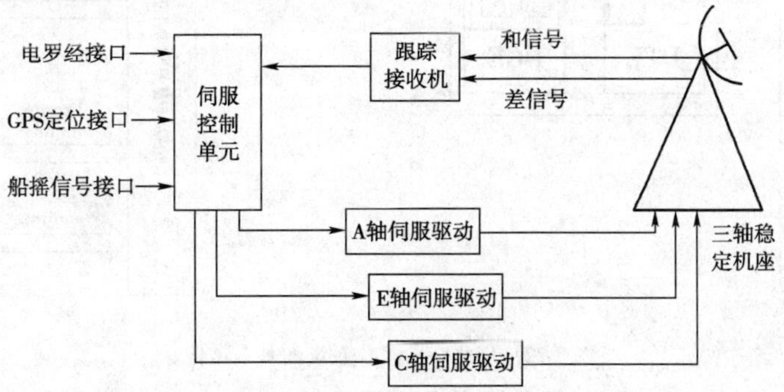

图 3-21 船站天线伺服跟踪系统

第三节 INMARSAT-C 和 mini-C

一、概述

INMARSAT 作为 GMDSS 的主要组成部分，为了更好地推进 GMDSS 在全球的实施，继(1980 年的)INMARSAT-A 后开发了 INMARSAT-C 系统，并于 1990 年正式投入运行；为了全球实施 SSAS(Ship Security Alert System)的需要，适时推出 mini C。INMARSAT-C 和 mini-C 系统使用数字通信技术，任何利用数字技术编码的信息，不论是键盘输入的电文，还是其他设备读出的数据或者是其他数字形式的信息，都可以通过系统进行传输。系统提供价格低廉的全球通信业务，包括双向储存—转发(Two-way Store and Forward)报文业务、遇险报警和遇险通信、EGC(Enhanced Group Calling)广播、数据报告、询呼(polling)以及监控和数据采集(SCADA，Supervisory Control and Data Acquisition)。由于 INMARSAT-C MES 体积小、重量轻、价格低，满足大部分 GMDSS 的通信需求，适宜在各类大小船舶上安装；而 mini-C 的 MES 功耗更低、又满足 SSAS 的要求，是小型船舶安装的最理想选择。目前，INMARSAT-C 和 mini-C 的 MES 是船舶上安装使用最为广泛的 INMARSAT 设备之一。

以下，将 INMARSAT-C 和 mini-C 以 INMARSAT-C 来叙述。

1. INMARSAT-C 系统的基本组成

INMARSAT-C 系统与其他 INMARSAT 系统一样，由空间段的 INMARSAT 卫星、地面部分的网络控制中心、网络协调站和地面站，以及移动用户 INMARSAT-C MES 组成。它的基本结构如图 3-22 所示。

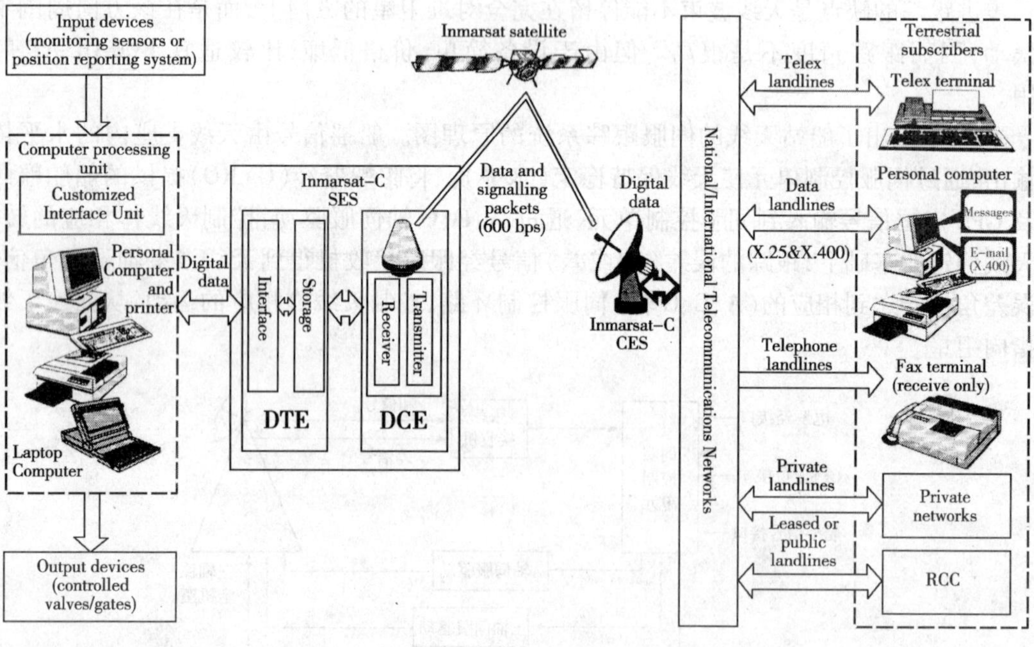

图 3-22 INMARSAT-C 系统的基本结构

空间段卫星与其他 INMARSAT 系统共用，因此 INMARSAT-C 也有四个卫星覆盖洋区：大西洋东区(AOR-E)、大西洋西区(AOR-W)、太平洋区(POR)和印度洋区(IOR)。

地面站(LES)起着连接卫星和陆上国内/国际电信网的作用,MES 与 MES、MES 与陆上用户之间的通信通过 LES 来实现。附录 A 给出了 INMARSAT-C 各卫星洋区的地面站及它们三位十进制数字的 ID 码。所有运行的 INMARSAT-C 地面站都必须提供的业务有:双向储存—转发报文、遇险报警和遇险优先等级报文通信,以及增强群呼(EGC)安全通信网的海上安全信息播发。地面站也可以提供一些选择业务,如传真、数据报告、EGC 的船队通信网等(将在后面介绍)。新地面站的运行、地面站业务的变更等,INMARSAT-C 系统将通过网络协调站(的公共 TDM 信道)在 INMARSAT-C 系统信息中通知,由 INMARSAT-C 的 MES 接收、存储并显示。

INMARSAT-C 在每个卫星覆盖洋区都设有网络协调站(NCS),它们是:

AOR-E	(英国)	Goonhilly	ID 为 144(信道号 12580);
AOR-W	(英国)	Goonhilly	ID 为 044(信道号 11080);
POR	(新加坡)	Sentosa	ID 为 244(信道号 12580);
IOR	(希腊)	Thermopylae	ID 为 344(信道号 10840)。

NCS 对本洋区的通信进行监控,网络协调站的主要功能是:

(1)存储、更新和交换 INMARSAT-C MES 的资料:网络协调站的 INMARSAT-C MES 运行状态数据库内存有所有登记(log-in)进入系统的 MES 的资料。在 MES 登记状态发生改变时,数据库内容将更新。网络协调站与其他网络协调站、INMARSAT-C 网络运行中心及地面站交换信息,使系统的各个组成部分持有船站和其他移动终端的数据。

(2)对 INMARSAT-C MES 进行系统网络更新广播:网络运行中心通过网络协调站为某个卫星覆盖洋区中所有的或者部分选定的船站发送 INMARSAT-C 系统有关的系统报文。

(3)对地面站发来的 EGC 信息进行编队,按优先等级的先后由 NCS 在公共 TDM 信道发送给本卫星覆盖洋区内的船站。

位于英国伦敦 INMARSAT 总部的网络运行中心(NOC)通过全球通信网络与四个网络协调站相连接,进行信息交换。网络运行中心对整个网络的通信业务进行监视、协调和控制。

INMARSAT-C MES 可以分为船用终端(习惯上称作船站或 SES)和陆地移动终端(MES)两大类。船站具有遇险报警功能,而陆上终端则不允许发送遇险报警。各种型号船站的操作性能有一些差别,可以使用的业务也各不相同。INMARSAT-C 终端的生产必须得到 INMARSAT 的型号认可,性能也必须符合 INMARSAT 指定的技术规范要求。进入系统进行通信之前终端必须经过启用试验:一种性能鉴定试验(PVT,Performance Verification Test 或 Link Test),确保终端工作正常,同时不影响 INMARSAT-C 系统及其他终端的工作。

2. INMARSAT-C 系统的基本通信业务

INMARSAT-C 系统的通信业务主要是通过 LES 来实现,C 系统的基本通信业务就是指所有 LES 必须提供的通信业务,主要有:

1)优先等级的遇险报警、遇险报文通信

船舶进行遇险报警时,可能会有下面两种情况:

(1)遇险报警时,船站根本没有选择任何地面站;

(2)使用船站遥控或面板遇险按钮发送遇险报警时,船站已经退出(logout)了卫星洋区登记。

这两种情况下,遇险报警将通过 MES 所在卫星洋区的网络协调站传送到某救助机构,这样可能需要较长时间才能将遇险报警送到。网络协调站除了将遇险报警送到救助机构外,对退出卫星洋区登记的船站强制自动地进行洋区登记，以便确保船站和地面站之间能够使用正常的非遇险程序进行通信。

2）储存—转发（Store and Forward）报文业务

由于 INMARSAT-C 地面站对 INMARSAT-C MES 的报文通信采用储存—转发方式，所以它是一种非实时通信、即有数分钟的延时。为此 INMARSAT-C 地面站提供收妥确认（Confirmation），对报文投递成功或失败会给予确认。所谓"储存—转发"，就是地面站对来自船站或陆上用户的报文先进行储存，再送往报文的目的地。INMARSAT-C 可以提供多种储存—转发报文业务，如：

（1）电报（Telex）业务。船站经过选择的 LES 可以与任何连接国内/国际电传通信网的电传用户进行双向报文通信。

（2）传真（Telefax）业务。船站经过选择的 LES 可以与连接国内/国际电话线路的传真机用户进行双向报文通信。

（3）E-mail 和短信（SMS，Short Message Service）业务。船站经过选择的 LES 可以与 Internet 的 E-mail 用户进行双向报文通信、移动手机的 SMS 通信。

（4）船至船报文通信业务。船站可以选择位于同一卫星覆盖洋区的地面站与在 INMARSAT 覆盖区内的各种型号的船站（包括自己）进行报文通信。

3）海上安全信息（MSI）播发

INMARSAT-C 系统具有 EGC 功能，由 NCS 通过 EGC 的安全网（SafetyNET，Safety Network）播发船舶航行所需的海上安全信息（MSI），所有具有 EGC 接收功能的船站都可以免费接收播发的 MSI。

二、INMARSAT-C 通信的基本原理

1. INMARSAT-C 通信使用的编码和差错控制

1）编码

INMARSAT-C 报文通信的信源编码使用 2 号国际电报字母（ITA.2）即 Telex 码，或 5 号国际电报字母（ITA.5）即美国标准信息交换码（ASCⅡ），数据通信则采用二进制八位数据码。信道编码则采用编码效率为 1/2、约束长度为 7 的（2，1，7）卷积码。调制方式为 2DPSK，传输速率为 600b/s。

（1）ITA.2。ITA.2 码是一种使用五位码表示（英文）字母、数字和符号的编码，故称为 5bit 码，也称电传（Telex）码，参看表 3-6。

ITA.2　码　　表 3-6

No.	FIGURES	LETTERS	No.	FIGURES	LETTERS
1	–	A	10	BELL*	J
2	?	B	11	(	K
3	:	C	12	)	L
4	✤*	D	13	.	M
5	3	E	14	,	N
6	□*	F	15	9	O
7	▬*	G	16	0	P
8	⊠*	H	17	1	Q
9	8	I	18	4	R

续上表

No.	FIGURES	LETTERS	No.	FIGURES	LETTERS
19	′	s	26	+	Z
20	5	T	27	CARRIAGE RETURN	
21	7	U	28	LINE FEED	
22	=	V	29	LETTERS	
23	2	W	30	FIGURES	
24	/	X	31	SPACE	
25	6	Y	32	BLANK	

使用 ITA.2 的字符（即字母、数字和符号）只有大写功能，即所有使用小写字母发送的电文在目的地收到时全以大写字母出现；ITA.2 码没有如@、$、% 等特殊字符；地面站对不能转换为 ITA.2 的码，则以"？"给出。

（2）ITA.5。ITA.5 码是一种 7bit 码，每一个字符有七个码元组成，共有 2^7 即 128 种编码，如表 3-7 所示。ITA.5 的字母具有大写和小写功能，也有所需的（ITA.2 码所没有的）特殊符号。

ASCII　码　　表 3-7

Space	(	0	8	@	H	P	X	`	h	p	x
!	)	1	9	A	I	Q	Y	a	j	q	y
"	*	2	:	B	J	R	Z	b	j	r	z
#	+	3	;	C	K	S	[	C	k	S	{
$	,	4	<	D	L	T	\	d	|	t	|
%	–	5	=	E	M	U	]	e	m	u	}
&	.	6	>	F	N	V	–	f	n	v	~
'	/	7	?	G	O	W	–	g	o	w	

INMARSAT-C 的地面站都具有接收 ITA.5 编写的报文的功能，而 ITA.2 码和 8bit 码功能则是地面站的选择（Option）业务。使用 MES 编写报文时，若报文中有特殊字符（如$），应该用 ITA.5 码编写报文。由于 INMARSAT-C 的通信费用以 1/4kb 为计费单位，即取决于报文的比特数。所以，同一报文使用 ITA.2 码时，所需通信时间短、通信费用省（约是使用 ITA.5 码的 2/3）。

INMARSAT-C 对信源码进行（2,1,7）的卷积编码，由于卷积码对随机的、一定位数的误码具有检错和纠错的能力，但对卫星通信中存在的突发性——成串、成片的多个误码却无能为力，为此 INMARSAT-C 采用交织技术——一种具有纠正突发性错误的纠错技术。

交织技术的原理是改变传输比特的顺序，将突发性错码分散到几个码字中，而不是集中在一个码字内。下面以分组码交织为例来说明交织技术的原理，如图 3-23 所示。

图 3-23a）表示的是待传输比特流的一部分，以 b_1 ~ b_{24} 进行标记。这些比特流按图 3-23b）所示的位置排列在移位寄存器中，再将加入对每列（不对行）比特流进行检纠错编码

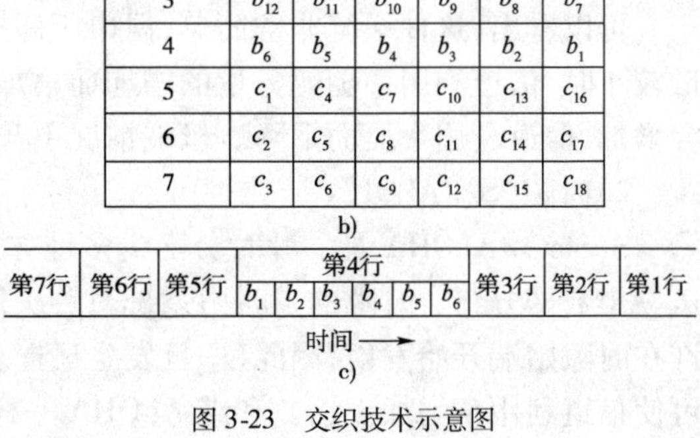

图 3-23　交织技术示意图

的比特 $c_1 \sim c_{18}$ 填入最后三行。编码比特被逐行读出，如图 3-23c）所示。如果图中第四行给出的比特流中由于突发错误而改变了 b_5、b_4 和 b_3，那么这些错误将被分散在第二列到第四列中。由于对列进行了编码，完全可以纠正列中的单个误码。因此，交织编码对突发错码有较强的纠错能力。

为了保证数据传输的高度可靠，INMARSAT-C 将 FEC 和 ARQ 两种差错控制方式结合起来使用。即除采用具有较强检纠错能力的卷积编码和交织技术实现 FEC 方式的差错控制外，还使用选择—重发 ARQ 方式（参看本节的 INMARSAT-C 报文通信的工作过程）。

2. INMARSAT-C 的多址通信方式

INMARSAT-C MES 通过卫星发往地面站的报文通信采用随机（争用）的 TDMA 方式，它是 ALOHA（Additive Links On-line HAWAII）信道所用的多址连接方式。

由于数据可以非实时传输，所以可以把完整的数据分成若干个数据分组（Package），ALOHA 是一种数据分组通信方式。ALOHA 是为交互计算机数据传输而设计的一种按需分配时分多址（TDMA）方式。1968 年开始研究，最初由夏威夷大学应用于地面网络。1973 年第一次用于卫星通信系统。

ALOHA 系统所采用的多址方式实质上是一种无规则的时分多址，或叫随机多址方式。它可以分成下列几种基本方式：

1）纯（P）/ALOHA

P（Pure）/ALOHA 是一种完全随机（既没有预约也没有分配）的时分多址方式。每个地球站都有一个发射控制单元，它将数据分成若干段，每段加上报头和报尾，构成一个数据分组，每次以分组的形式发射数据。数据组的格式如图 3-24 所示，报头中包含收、发方的地址和其他控制比特，数据段后为检错码（校验比特）。

载波恢复	定时恢复	发射地址	接收地址	信	息	检验比特

图 3-24　数据组格式

在纯 ALOHA 系统中，任何站只要有数据要发射，随时可以发射。所有接收站都能接收到该发射数据，但只有与报头中收方地址一致的接收站才检测出该发射数据中的数据。收方接收的数据经检验没有错误，则发一应答信号，否则不给应答。发射方发射数据后等待一段时间（等于电波往返传播时间，卫星通信约为 0.27s），如果该站在这段时间内收到对方的应答信号，就认为发射成功。否则，如果由于用户间发射的信号发生碰撞（部分或全部重叠）或因信道噪声产生误码，接收端不能正确接收、发端将收不到接收方的应答信号，则该站必须重发。但为了避免连续碰撞，各站应该经过随机的延迟后分散重发。如果几次（如 2～3 次）重发均失败，发射方就应该放弃重发。图 3-25 给出了 P-ALOHA 方式发生碰撞和重发情况。

可以看出，这种系统非常简单，但由于碰撞与信道空闲时间多，故信道利用率低。当业务量较小时，信道利用率随业务量的增加而增加。但到一定程度后，业务量再增加，由于碰撞机会增加，信道利用率反而下降。极端情况下甚至无法正常通信。

2）时隙（S）/ALOHA

S（Slot）/ALOHA 是一种时分随机多址方式。它是将信道分成许多时隙，每个时隙正好传送一个数据分组。时隙的定时由系统时钟决定，各站控制单元必须与此时钟同步。各站只允许在时隙始端开始发射，因此，一旦发生碰撞就是完全重叠。分析表明由于这一简单的改进，可使信道利用率增加一倍。和纯 ALOHA 一样，发生碰撞后，各站仍是经过随机时延后分散重发。S/ALOHA 同样存在不稳定性问题。图 3-26 给出了 S-ALOHA 方式发生碰撞和重发情况。

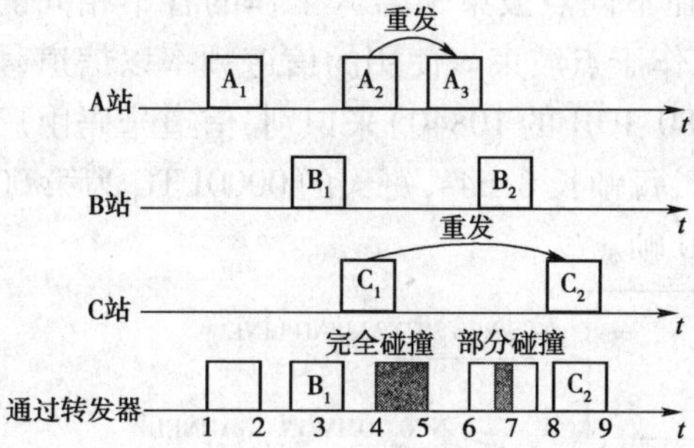

图 3-25　P-ALOHA 方式发生碰撞和重发情况

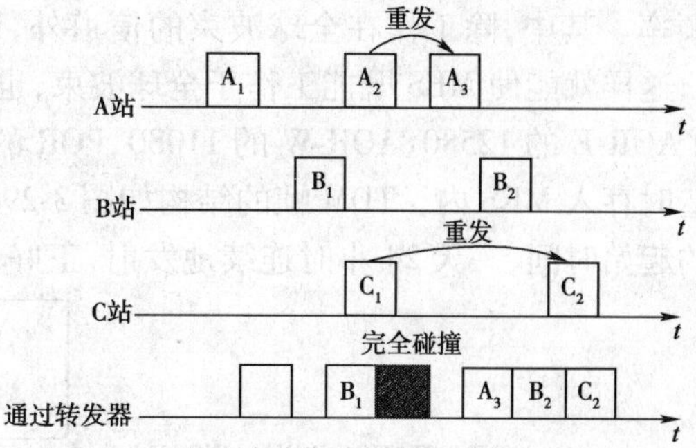

图 3-26　S-ALOHA 方式发生碰撞和重发情况

如果各站发送的信息重要性不同,可以设立优先等级。对高优先级的用户,在发射前 270ms(电波往返传播时间)先发一"通知"信号,等级低的用户收到"通知"后就不去争用该时隙。

3)预约(R)/ALOHA

为了解决长、短报文传输的兼容问题,还提出了 R(Reserved)/ALOHA 方式。即各站要发长报文时,为了避免分成许多数据分组传输造成时延过长。它可以申请预约,并分配到一段时隙(连续数个时隙),让其一次发射一批数据。对于短报文则利用非预约的 S/ALOHA 方式传输。

这既解决了长报文的传输时延问题,又保留了 S/ALOHA 传输短报文信道利用率高的优点。

R/ALOHA 的具体方案很多,这里只简单介绍一个例子,如图 3-27 所示。在这一方案中每帧的时隙数少于站数($N>M$)。预约的意思是在一个时隙中成功的传输作为对下一个帧中相应时隙的预约。通过对那个时隙位置的重复使用,一个站可以传送一个长数据流。想要传送较多分组的站监听目前帧上的时隙。任何一个空闲的或产生碰撞的时隙,在下一个帧中,就可以采用 S/ALOHA 去争用它。

图 3-27　预约协议的帧格式

INMARSAT-C 采用 S/ALOHA、R/ALOHA 数据分组方式。

3. INMARSAT-C 使用的信道

INMARSAT-C 地面站或网络协调站工作在 C 波段的 6/4GHz,船站工作在 L 波段的 1.6/1.5GHz。船站的发射频带为 1626.5 ~ 1646.5MHz,接收频带为 1530 ~ 1545MHz。频道以 5kHz 为间隔,并给予信道编号,如 POR NCS 使用的信道号为 12580。INMARSAT-C 以单工方式工作,收、发信道不成对使用。INMARSAT-C 系统的信道结构如图 3-28 所示,需要说明的是 NCS、LES、MES 之间的通信信道都需经过卫星(图中没有画出)。下面从使用角度来说明 INMARSAT-C 系统信道的构成和主要功能。

1)NCSC(NCS 的公共 TDM 信道)

INMARSAT-C NCS(和 LES)使用的通信信道是基于时分多路复用(TDM)技术。系统中的每一个网络协调站在 TDM 信道连续广播,每个 NCS 可以使用多个各不相同的公共 TDM 信道或频率。其中,除工作在全球波束的信道外,还有在不同点波束覆盖区工作的各不相同的信道。这样就能使 MES 既能工作于全球波束,也能工作于点波束。使用的信道频率以信道号码(如 AOR-E 的 12580、AOR-W 的 11080、POR 的 12580、IOR 的 10840)来识别,信道号码由厂家制造时存入 MES 内。TDM 帧的结构如图 3-29 所示,每帧长 8.64s,每天的 0000UTC 为第 0000 帧的起始时间,一天 24 小时连续地发射,正好 10000 帧。

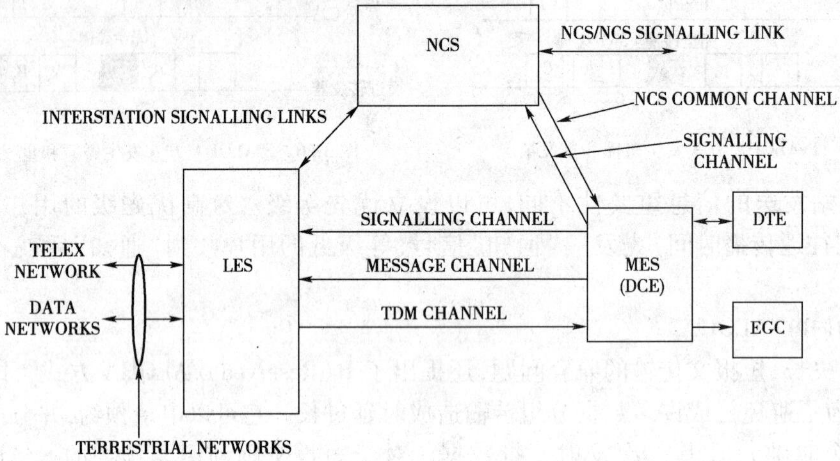

图 3-28　INMARSAT-C 系统信道结构

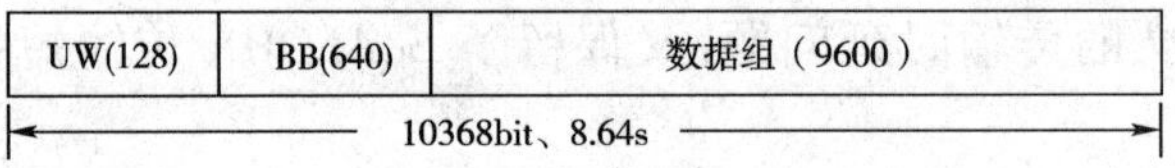

图 3-29　TDM 信道的帧结构

TDM 帧中 UW(独特字)称同步码,起帧的同步作用。每帧的布告板(BB,Bulletin Board)和数据组含 639bytes。下面对 BB、数据组作一说明:

(1)布告板(BB,Bulletin Board)。“布告板”主要含有本卫星覆盖洋区内各地面站工作状态的信息,包括:地面站总数及每个地面站的说明(LES ID、工作状态、开放的业务和使用的 TDM 频率等)。MES 空闲时保持对 NCS 公共 TDM 信道的连续接收,由 BB 获得通信所需的地面站信息并存储在 MES。

(2)数据组。数据组提供多种信息,体现了 NCS 的功能。使用 MES 进行通信时,由该信道的数据组获得的信息有:

①LES 对 MES 通信的通告。

②收妥确认(Confirmation)通知。转发地面站对报文传送的确认信息,包括投递成功或无法投递通知(NDN,Non-delivery Notification)(有些地面站对确认通知业务是收费的)。

③login 和 logout 的确认。MES 开机后自动将接收机调谐在该卫星洋区的 NCSC 信道,称为船站同步在 NCS 公共信道、或守听在 NCS 公共信道,或船站处于空闲状态。MES 在进入 INMARSAT-C 系统、进行通信之前必须进行卫星洋区的登记——login(入网、注册或登记),使本 MES 信息存入 NCS 的 INMARSAT-C 终端运行状态数据库内。每个 LES 都将得到 NCS 的 MES 运行状态信息的复制,因为 LES 在与 MES 通信前需核查 NCS 终端运行状态数据库内该 MES 的信息,LES 只向已成功 login 的 MES 提供通信服务。

MES 申请退出卫星洋区登记——logout(脱网、注销、退出)时,MES 所处卫星洋区的网络协调站将更新它的INMARSAT-C终端运行状态数据库,并置该MES于logout状态,并通过网络协调中心将这一信息通知所有卫星洋区的其他网络协调站以及所有地面站。它们将这一信息储存起来,直至船站再次进行卫星洋区的登记。这样各个卫星洋区的任何一个地面站都不会受理发给该MES的报文。

①EGC信息。

②对船站遇险报警的确认。

③询呼(Polling)。

2)LES的TDM信道

每一个地面站至少有一个TDM信道(即频率),LES TDM信道的结构与NCS的TDM信道相同,携带通信所需的信令、给MES的报文等。

(1)布告板。BB给出本地面站ID、信令信道(Signalling Channel)(最多可有4个)使用的频率,每个信令信道(28个时隙)的使用状态(可用、碰撞即禁用、备用)标志。

(2)数据组。数据组给出的信息可以是:对船站通信申请的认可、分配信息(频率和时隙)、发送报文的确认信息(如错误的数据包号)、(MES发完报文或数据后的)拆线通知以及对MES遇险报警的确认、发送(给船站)的报文(每数据组最多能传960bit,多于960bit时则需分组)等。

3)MES使用的信道

(1)MES→网络协调站信令信道。船站信令信道使用TDMA方式,它的帧长与(NCS的)TDM帧一样,也是8.64s,它以S/ALOHA方式工作。通过信令信道船站用来完成:发送数据(如船位)报告、发送遇险报警、login和logout的申请、性能测试(PVT,Performance Verification Test)申请等。

(2)MES→地面站信令信道。船站→地面站信令信道的结构、帧长同船站→网络协调站信令信道一样,同样以S/ALOHA方式工作。通过信令信道,船站用来完成:对地面站发送报文或数据的确认(如错误的要求重发的数据包号)、发送报文的申请、对LES分配和拆线的响应、发送遇险报警、发送数据报告等。提供了利用信令信道,无需使用MES报文信道就能发送数据报告的一种有效途径。

(3)MES→地面站的报文信道(Message Channel)。MES报文信道采用帧结构,使用的频率及时隙由地面站直接分配,对时隙的使用采用"预约"即R/ALOHA数据分组方式。LES给等待发射的MES分配一个发送起始时间,MES从起始时间开始在报文信道一次连续发完。报文以每组127个字节(byte)分组,每帧可以容纳1~5组。如果某些组地面站接收有错误,船站将重发这些组,直到地面站正确接收为止。

4)NCS/LES站间的信令信道(ISL,Interstation Signalling Link)

ISL是NCS与(本卫星覆盖洋区内所有)LES间的通信链路,通过ISL来交换系统和船站的信息:

(1)LES→NCS的信令信道。传递的信息有:(如果MES报文发送时提出Conformation的要求,)对MES报文发送到用户的确认;MES的遇险报警,以便NCS进行遇险转发即"岸对船报警";EGC信息;(与本LES通信的)MES的工作状态,包括"忙"、"空闲",使NCS更新MES数据库;通知网络协调站MES的PVT结果。

(2)NCS→LES的信令信道。传递的信息有:(将询呼得到的)数据报告(转发给LES,再由LES发往提出询呼的用户);(向其他LES)转发遇险报警,以便协调搜救工作并决定"第一

RCC”;对 LES 的 TDM 信道的动态分配;指定某 LES 对 MES 的 PVT 性能测试等。在确定的报文信道上向地面站发送报文。

5)NCS/NCS 信令链路

NCS/NCS 信令链路是 NCS 之间的通信链路,通过它实现在不同洋区工作的 MES 之间的数据交换。

三、INMARSAT-C 报文通信的工作过程

INMARSAT-C 采用分组通信的 R/ALOHA 方式,以提高信道利用率和减少碰撞。报文通信所采用的技术是储存—转发(Store and Forward)技术,即报文通信的工作过程实际上是 MES 与 LES 存储设备之间的通信。

船至陆上用户的报文发送可以看成由三个完全独立的信息传输过程构成:

第一是(MES 端)DTE 与 DCE 之间;第二个是 MES 经过卫星与 LES 之间;第三个是 LES 经过陆上电信网与用户之间。

先使用船站终端(DTE)准备报文,然后报文(在 DCE)被分成若干数据包(Package)的形式,通过 INMARSAT 卫星发至地面站。地面站接收到任何有错误的数据包,它将通知船站重发这些数据包。这种过程将不断重复,直至地面站收到完整的正确无误的报文。地面站对报文稍作储存,然后通过陆上电信网将报文发往目的地。由于 INMARSAT-C 系统提供的是存储—转发方式的通信,不是实时通信,因而有短暂延迟。船站到陆上用户或陆上用户到船站的报文,自报文发送时起到目的地完整无误地收到延迟时间约为 3 ~ 6min。船站至船站的报文,延迟时间可能会更长一些,约 5 ~ 20min。

通信发起方不同,报文通信的工作过程也不同,下面分别予以说明。

1. 船站到地面站报文发送的流程

图 3-30 给出了 MES 经过卫星与 LES 之间进行报文通信的流程:

(1)船站空闲时,调谐在 NCS 的公共 TDM 信道。船站发送报文时,首先从 NCS TDM 帧的布告板 BB 得到所选择的地面站的 TDM 信道(频率)。

(2)船站接收机调谐到这个地面站的 TDM 信道:船站接收信号电平下落,然后又回复到正常的工作电平。这个过程表明了船站接收机由调谐在 NCS 的公共 TDM 信道到调谐在地面站的 TDM 信道。也可以从船站的当前状态显示屏上信道选择的变化,说明调谐的变化。由地面站的 TDM 帧的布告板,得到船站使用的信令信道。

(3)船站发射机调谐到(地面站的)信令信道,发射分配申请。

(4)地面站接收到船站发射的分配申请,在自己的 TDM 信道给船站发送信道分配数据。

(5)船站接收机接收到地面站的信道分配,从中得到船站发送报文使用的报文信道和 TDMA 帧的时隙。

(6)地面站给船站发射信道分配后,通过 ISL 给 NCS 发送“船站忙”的数据包,通知 NCS 这个船站正在进行报文发送。

(7)NCS 更新数据库,将该船站置于通信状态,不允许其他任何报文发送给该船站,直到船站再一次处于空闲状态。

(8)船站发射机在报文信道的分配的时隙,将报文以“包(数组)”形式经卫星发送到地面站。

(9) 地面站检查所接收“包”的错误。如果有错,地面站发送一个确认信息,指出有错的“包”。

(10)船站重发这些有错的“包”。重复以上程序,即 ARQ,直到地面站无差错地收到所有的数据“包”,存入地面站。

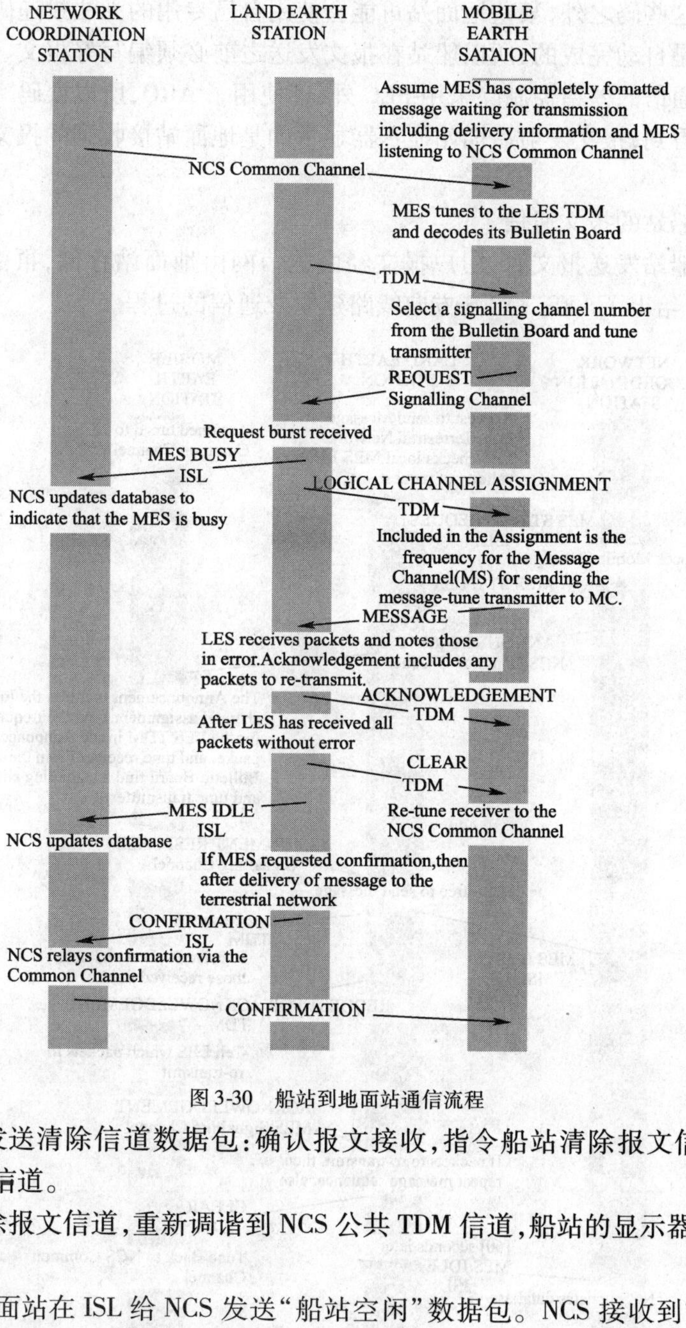

图 3-30　船站到地面站通信流程

(11)地面站发送清除信道数据包:确认报文接收,指令船站清除报文信道、重新调谐到 NCS 的公共 TDM 信道。

(12)船站清除报文信道,重新调谐到 NCS 公共 TDM 信道,船站的显示器显示地面站所接收的报文。

(13)同时,地面站在 ISL 给 NCS 发送“船站空闲”数据包。NCS 接收到“船站空闲”数据包后,更新数据库,将船站重新置于“空闲”状态。

(14)同时,地面站经过陆上电信网,给目的地用户传送报文。如果报文传送成功,船站操作员要求传送确认(Confirmation),地面站提供此项业务,那么,地面站将发送报文传送确认信息。由于这时船站不再调谐在地面站的 TDM,而是调谐在 NCS 的公共 TDM 信道,所以地面站经由 ISL 给 NCS 发送传送确认,再由 NCS 在公共 TDM 信道发送给船站。

如果由于某种原因(例如,目的地号码错误),地面站没有成功地传送报文,地面站将在

ISL 给 NCS 发送无法投递通知(NDN,Non-delivery Notification),同样由 NCS 在公共 TDM 信道,将 NDN 发送给船站。INMARSAT-C 地面站使用的 NDN 码请参阅本书后面 INMARSAT 常规通信的内容。除了这些码之外,某些地面站可能会使用自己专用的无法投递码。

以上的流程是自动完成的,所以船站在报文发送之前必须编写好报文、目的地地址并选择好地面站。报文通信的差错控制除采用 FEC 外,还使用了 ARQ,所以误码率低、通信可靠。从流程的说明可以看到,报文发射后船站显示器显示的是地面站接收到的报文,即船站到地面站的通信成功完成。

2. 地面站到船站的报文通信

陆上用户给船站发送报文时,用户报文经由电信网由地面站存储,再由 LES 经卫星发送到 MES。图 3-31 给出了 LES→MES 方向线路建立及通信的过程。

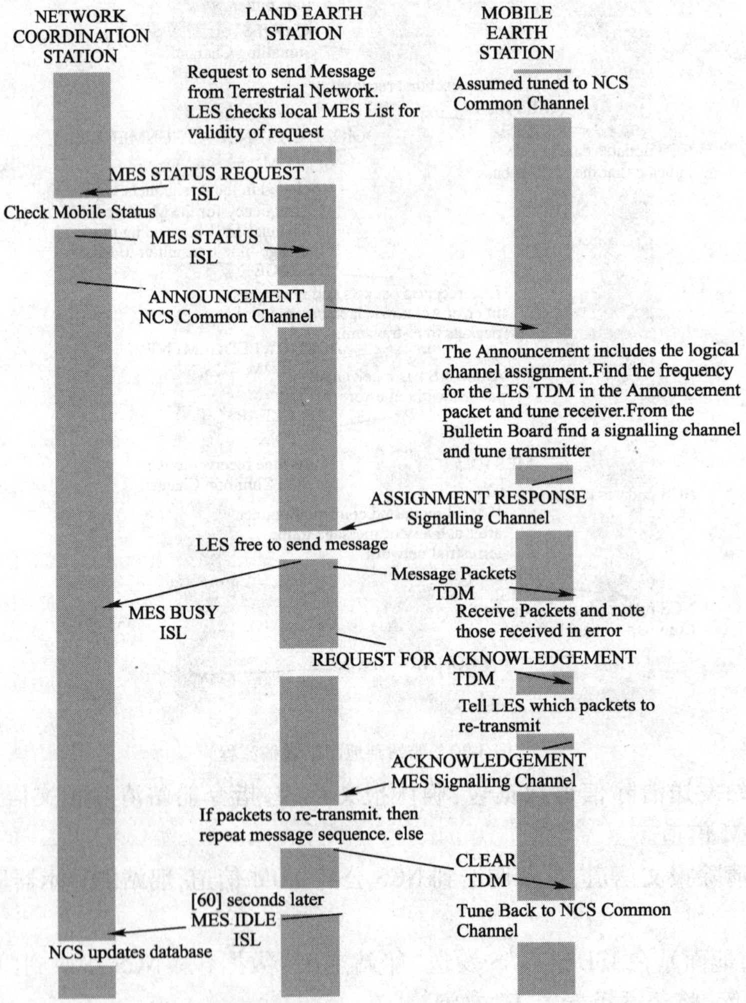

图 3-31　地面站到船站方向的通信

四、INMARSAT-C EGC 通信

INMARSAT-C 系统提供 EGC 通信,它的基本概念如图 3-32 所示,EGC 信息提供部门通过地面站和网络协调站为具有 EGC 接收功能的船站播发有关信息。INMARSAT-C 的 EGC 通

信，包括播发海上安全信息的安全通信（SafetyNET）、播发商业信息的船队通信（FleetNET）及INMARSAT EGC 系统信息。

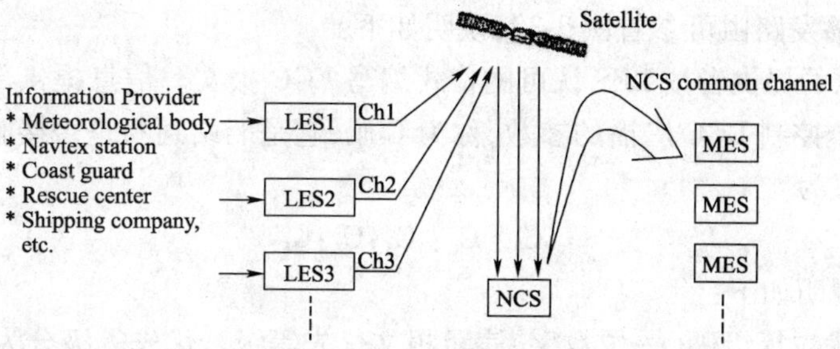

图 3-32 EGC 的基本概念

SafetyNET 是开放、免费的，所有具有 EGC 接收功能的船站都可以接收到通过 SafetyNET 播发的海上安全信息。国际海事组织（IMO）已经接受 EGC 安全网的海上安全信息业务为全球海上遇险和安全系统的一个组成部分。GMDSS 将 518kHz NAVTEX 业务（参阅第八章）与 INMARSAT-C EGC 系统的安全网业务相结合，为航行的船舶提供可靠的航行警告、天气预报和其他紧急信息。

FleetNET 则是闭合、收费的，使用单位必须在有关的船队通信网信息提供机构进行登记。信息提供机构与地面站一起作出安排为船站输入（下载）EGC 网络识别码（ENID），船站将 ENID 贮存在贮存器内。信息提供机构将为贮存这种网络识别码船站发送专门为它们提供的报文。而只有经过登记、取得 ENID 的船舶，才能接收 FleetNET 播发的报文。

INMARSAT-C 的 EGC 通信具有灵活的地址选择，如图 3-33 所示。

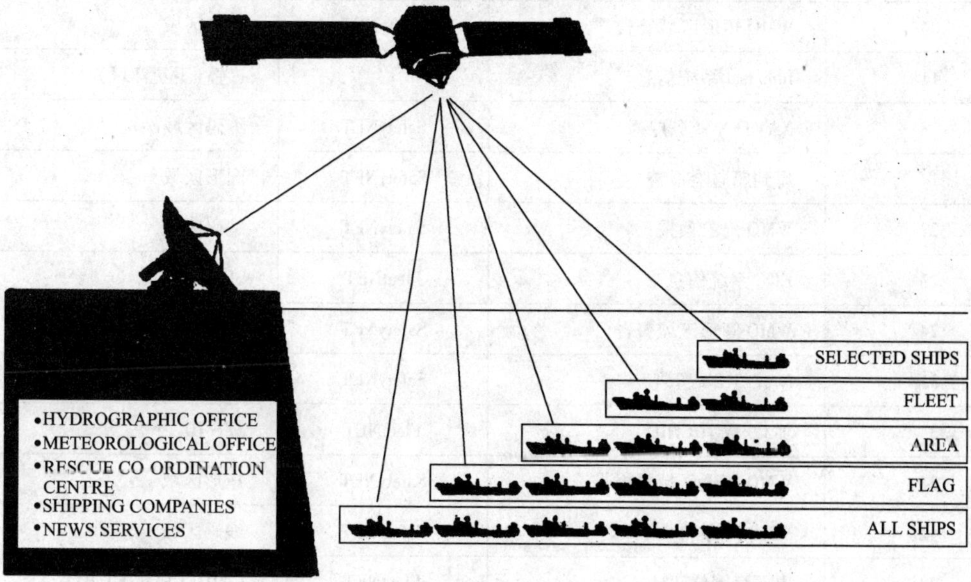

图 3-33 EGC 通信的地址选择

通信对象可以是：

（1）某一船舶；

（2）某一船队船舶（使用 EGC 网识别码——ENID）；

（3）位于某区域（如某个 NAVAREA 海区、以经纬度划分的矩形区域、以某点为中心的环形区域等）内船舶；

(4)(位于某卫星覆盖洋区内的)所有船舶(一般广播 INMARSAT 系统信息)。

1. EGC 报文的播发路由

EGC 报文的播发路由可参看图 3-32,说明如下:

(1)EGC 信息的提供者按 LES 认可的格式编写 EGC 报文。信息提供部门给出的 EGC 报文的报头含有 5 个控制 EGC 广播的参数,称为 C 码,它是船站判断是否接收该 EGC 报文的重要标志。C 码格式为

$$C_1: C_2: C_3: C_4: C_5$$

C 码的含义说明如下:

①C_1。报文优先等级码(一位数字)表示报文优先等级。优先等级分为常规(Routine)/安全(Safety/Securite)/紧急(Urgent/PAN PAN)/遇险(Distress/MAYDAY)。

②C_2。EGC 业务码(2 位数字),C_2 所表示的 EGC 业务如表 3-8 所示。

③C_3。地址码(最多 12 位数字),指明 EGC 报文的有效地址,即报文发往的地理区域。如卫星覆盖区、NAVAREA 海区、矩形海区或环形海区;而船队通信网报文则需给出 EGC 网通信识别码 ENID。由表 3-8 可以知道,不同的 EGC 业务它的地址是不同的。这样,EGC 系统可以利用地理区域的寻址技术(不同 C_3 码)将报文发送到指定区域内的 MES。

EGC 业务码 表 3-8

业务码	业务名称	归类	地址
00	全呼		广播(卫星洋区)
02	群呼	FleetNET	CNID(CloseNET ID)
04	WMO 矩形区域警告	SafetyNET	矩形区域
11	Inmarsat 系统信息		广播(卫星洋区)
13	NAVTEX 业务广播	SafetyNET	编码区域
14	岸到船遇险报警	SafetyNET	圆形区域
22	WMO 气象预报	SafetyNET	编码区域
23	EGC 系统信息	FleetNET	SES ID
24	WMO 圆形区域警告	SafetyNET	圆形区域
31	NAVAREA 警告	SafetyNET	编码区域
33	加载/取消 CNID	FleetNET	SES ID
34	WMO 矩形区域预报	SafetyNET	矩形区域
42	WMO 气象警告	SafetyNET	编码区域
72	电子海图修正	FleetNET	CNID(CloseNET ID)
73	给定海区的电子海图修正	SafetyNET	(待定)

④C_4。重复码(2 位数字),表示报文播发的重复率:要求报文以有限的次数重复或要求报文以一定的时间间隔一直重复到注册的信息提供者提出取消为止。

⑤C_5。显示码(2 位数字),表示报文中字符使用的代码 ITA.2 或 ITA.5。目前大多报文使用 ITA.5 码。

(2)信息提供者可利用相应的陆地或卫星业务、电传或分组交换网将 EGC 报文发送给指定的地面站。

(3)LES 在 ISL 上,将收到的报文发给(本卫星覆盖洋区的)NCS。

(4)NCS 在它的公共 TDM 信道上广播该报文。

(5)虽然卫星覆盖洋区内的所有船站保持对 NCS 公共 TDM 信道的收听,但只有报文指定区域内的船舶或信息提供部门指定 ENID 的船舶的 EGC 接收机才能接收相关的报文。

2. EGC 的 MSI

EGC 安全通信网业务是由指定的信息提供部门播发岸至船海上安全信息,指定的信息提供部门包括发布航行警告和电子海图更改数据的水文信息提供部门、发布气象警告和气象预报的国家气象部门、发布岸至船遇险报警和紧急信息的救助协调中心或发布北大西洋冰况报告的国际冰况监测机构等。

EGC 安全通信网播发的海上安全信息的主要内容有:

(1)为位于经选择的方形海区内的船舶播发的紧急电报和航行警告;

(2)沿海航行警报:航行警告、气象警报、冰况报告、搜救信息、气象预报、引航业务、台卡定位系统信息、罗兰定位系统信息、奥米加定位系统信息、卫星定位系统信息、其他电子导航信息或其他航行警报;

(3)为位于经选择的环形海区内的船舶播发的岸到船遇险报警;

(4)为固定区域播发的搜救协调信息;

(5)为位于经选择的环形海区内的船舶播发的紧急电报以及气象和航行警报;

(6)为航行海区(NAVAREA)和气象海区播发的气象警报,以及气象预报;

(7)为位于经选择的方形海区内的船舶播发的搜救协调信息;

(8)为位于经选择的环形海区内的船舶播发的搜救协调信息;

(9)海图更正信息。

对于海上安全信息的播发,国际海事组织作了如表 3-9 的安排(表中罗马数字Ⅰ~ⅩⅢ表示 NAVAREA 的编号,参看第八章)。

国际安全业务 MSI 广播的安排　　表 3-9

NAVAREA/METAREA	航行警告	气象预报和警告	搜救信息	定时播发的卫星洋区
I(英国)	√	√	√	AOR-E
II(法国)	√	√	√	AOR-E
III(西班牙/希腊)	√	√	√	AOR-E/(IOR MET)
IV(美国)	√	√	√	AOR-W
V(巴西)	√	√	√	AOR-E
VI(阿根廷)	√	√	√	AOR-W
VII(南非)	√	√	√	AOR-E IOR
VIII(印度/毛里求斯)	√	√	√	IOR
IX(巴基斯坦)	√	√	√	IOR
X(澳大利亚)	√	√	√	IOR POR
XI(中国/日本)	√	√	√	IOR POR
XII(美国)	√	√	√	POR AOR-W
XIII(俄罗斯)	√	√	√	POR

在一个以上 INMARSAT 卫星覆盖洋区所覆盖的航行区或气象区域(NAVAREA/METAREA),定时播发的航行警告和气象预报之类的海上安全信息只能经一个指定的卫星洋区进行播发(参看表 3-9)。

对于一个以上 INMARSAT 卫星覆盖洋区的航行区或气象区域,不定时播发的大风警报、遇险报警转发之类的海上安全信息将经所有覆盖这一区域的 INMARSAT 卫星进行播发。

需要指出的是,虽然全球各地的 INMARSAT-C 地面站都提供 EGC 安全通信网的播发,但是在某些地区,提供海上安全信息的信息提供部门尚未与地面站达成必要的协议。因此,船站在某些航行区和气象区域无法接收到海上安全信息,或者船站登记在某一卫星覆盖洋区时所接收到的海上安全信息数量比另一洋区少。

3. EGC 的 FleetNET

FleetNET 业务的信息提供部门主要是政府机构、商业新闻分布机构、船舶运输公司、渔业水产公司或其他运输公司。经核准的信息提供部门应在提供船队通信网业务的地面站登记并取得资格,这样就可以为一些选定的船站提供各种信息。只有在信息提供部门进行登记并取得 EGC 网识别码(ENID)的船站才能接收到信息。在船队网络登记的船站可以是属于同一船队,或者是某个商业服务机构的登记用户,用户也可以在几家船队通信网信息提供机构进行登记。船站 EGC 网络通信识别码的输入或取消是信息提供部门通过地面站、NCS,由船站在 NCS 的公共 TDM 信道接收后储存或取消储存,船站操作员无法改变或输入储存的 ENID。船队通信网 EGC 报文使用 ASCⅡ字符格式或者八位两进制数据编码。因此可以以英文形式,也可以使用其他语言进行播发。

船队通信网播发的信息主要包括:

(1)船队或船公司播发的信息;

(2)商业气象服务;

(3)新闻报道;

(4)市场信息;

(5)政府机构为本国注册的所有船舶播发的信息。

4. EGC 的 INMARSAT-C 系统信息

EGC 也提供 INMARSAT-C 系统信息,如新投入运行的地面站、系统变更的通告等。

五、INMARSAT-C MES

1. INMARSAT-C 船站的分类

按照是否具有 EGC 功能,INMARSAT-C 船站可以分成 4 类,如图 3-34 所示。

1)第 0 类船站

第 0 类船站即标准的 EGC 接收设备(现在船上很少使用它又分成两种):第一种,单独作 EGC 报文接收设备使用;第二种,作为附加的 EGC 接收机与其他 INMARSAT 船站相连接,共用相连接的船站天线,使 INMARSAT 船站增加 EGC 功能。

EGC 接收机能存贮 20 个 NCS 信道,其中 4 个(即目前使用的)信道(分别是 AOR-E 的 12580、AOR-W 的 11080、POR 的 12580、IOR 的 10840)则应存贮在 ROM 中。

2)第 1 类船站

第 1 类船站只能够进行船到岸(LES)、(LES)岸到船的报文/数据通信,但不能接收 EGC 报文。

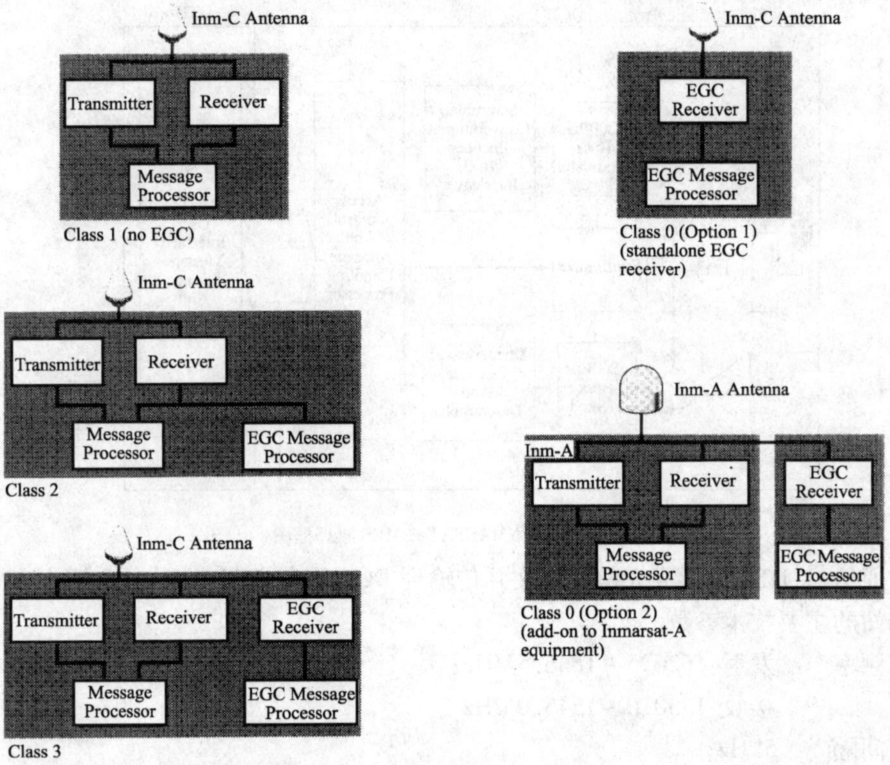

图 3-34　各类 INMARSAT-C MES

3）第 2 类船站

第 2 类船站能够进行两种方式的工作，工作方式可以由操作员选择。第一种工作方式是进行船到岸、岸到船的报文/数据通信，空闲状态（没有进行报文/数据通信）时能够进行 EGC 报文的接收；第二种工作方式是只工作在 EGC 模式，而不能进行报文/数据通信。大多数船舶安装此类船站。

4）第 3 类船站

第 3 类船站具有两个独立的接收机：其中，一个接收机用来进行双向的报文/数据的传输，而另一个接收机进行 EGC 报文的接收。所以这类船站同时可以进行两种方式的工作，即在进行 INMARSAT-C 通信的同时进行 EGC 报文的接收。

第 2、3 类船站有的还具有 SSAS（Ship Security Alarm System）功能。

2. INMARSAT-C MES 的组成

如图 3-35 所示，INMARSAT-C 船站由 DCE 和 DTE 组成。简单地说，DTE 是船站与操作员、船站与输入/输出装置之间的接口，而 DCE 则是船站与卫星线路之间的接口。

DCE 由天线、发射机和接收机组成，收发机能各自调谐到系统使用的不同信道频率。可以调谐到存储器内贮存的信道频率，也可以响应系统的信令调谐到指定的信道频率。DCE 可以看成是一种卫星调制解调器（工作原理类似连接计算机和电话通信网的调制解调器），通过天线与卫星相连接。INMARSAT-C MES 天线大多采用四螺旋天线（罩内以 90°间隔放置的四根螺旋导线而得名），高约 15cm，与机内 GPS 共用。由于它是全方向天线，因此没有复杂的天线跟踪系统。所以，即使船舶在风浪中摇摆、转向，只要与选择的卫星保持在“视距”内，且没有障碍物遮挡，船站就可以通过卫星进行通信。

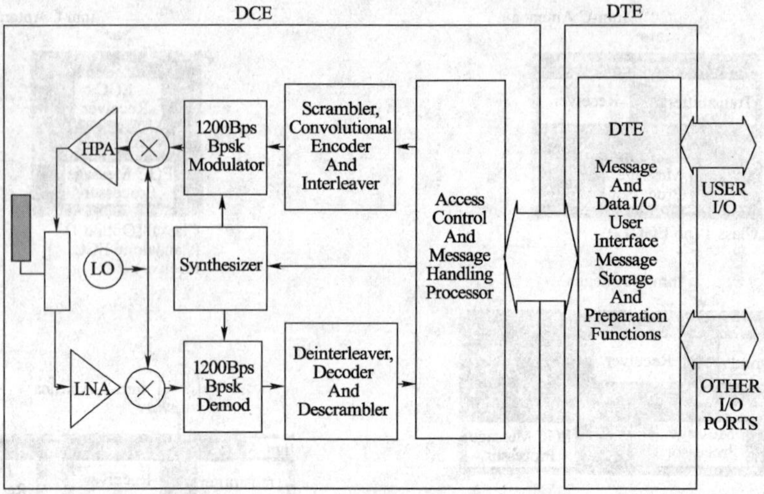

图 3-35　INMARSAT-C MES 原理框图

报文通信时，DTE 里形成完整的报文并传输到 DCE 储存、DTE 显示由 DCE 接收的报文。

3. 船站的主要技术参数

工作频率	发射：1626.5 ~ 1646.5MHz；
	接收：1530.0 ~ 1545.0MHz
信道间隔	5kHz；
G/T	好于 −23dB/k（俯仰角 5°时）
调制	BPSK，600bps；
EIRP	7 ~ 16dBW（俯仰角 5°时）
天线增益	无方向（水平）
	≥1.3dBi（俯仰角 5°时）
电源	12 ~ 24VDC，60W（TX）、10W（RX）

4. INMARSAT-C MES 的使用

1）INMARSAT-C MES 的启用试验

INMARSAT-C 船站在进入 INMARSAT-C 系统使用之前必须进行启用试验。

（1）INMARSAT-C 船站的识别码（IMN）。INMARSAT-C 船站的识别码由九位十进制数字组成，由本国（INMARSAT）执行机构分配指定。其格式为：

$$T\ MID\_C\ X_1X_2X_3\ Z_1Z_2$$

其中：

T 表示 INMARSAT 类别，INMARSAT-C 的取值是 T = 4；

MID_C 是 3 位水上识别国家或地区码（我国为 412）；

$X_1X_2X_3$ 是船舶识别；

Z_1Z_2 为 10 ~ 99 之间的任何数。

INMARSAT-C 系统使用 FRLP（Forward/Return Linked Pair），由 INMARSAT 提供给船站的制造厂，并编程存入船站的存储器。FRLP 是由一对称作 Forward ID（Forward Radio Path Identity）和 Return ID（Return Radio Path Identity）的识别码组成，当船站进行通信时 NCS/LES 用它来对船站进行识别。INMARSAT-C 使用的另一个号码是厂家的产品序号（Serial Number），产

品序号和相应的 FRLP 配对存在 INMARSAT 的启用船站信息库。

(2)INMARSAT-C 船站的启用试验。启用试验是一种性能鉴定测试(PVT:Performance Verification Test),也称作链路测试(Link Test),以保证船站工作正常,不会对系统或其他船站的工作产生干扰。

INMARSAT-C 船站的启用试验不一定需要有专门技术经历的人员来做,船站的操作员就可以进行启用试验。进行 PVT 之前,操作人员应该确保船站天线在各个方向没有受阻;操作人员应该选择船舶目前所在的洋区(如果船舶处于几个卫星重叠覆盖的区域,可以选择其中的任何一个卫星洋区);

按照船站的操作说明进行性能鉴定试验:船站所在卫星洋区的网络协调站将通过本洋区某个 INMARSAT-C 地面站从事船站的 PVT。PVT 是在地面站的控制下自动进行的,主要内容是:

接收地面站发来的报文(Forward Attempt);

给地面站发送一份报文(Return Attempt);

发送遇险报警试验(Alarm Test)。

在 PVT 期间,船站操作人员应该按照地面站的要求(由显示器显示的提示)进行有关的操作。当地面站要求发送遇险报警试验时,操作人员必须在 2min 内按下遇险报警按钮发送报警,或者不作任何操作,2min 后由船站自动发送一份遇险报警试验。需要注意的是:如果操作人员在得到地面站指令后 2min 内没有进行人工发送遇险报警,因此而由船站自动发送遇险报警,在这种情况下,操作人员绝不允许再进行人工发送遇险报警。如果在船站自动发送遇险报警以后,操作人员错误地再次进行人工发送,在这种情况下,INMARSAT 系统将作为真正的遇险报警进行处理。

性能鉴定试验成功后,地面站将给船站发送一份 PVT 成功的确认报告,报告将存入船站以备(如 PSC 检查时)调用。由于启用试验成功的信息通知整个 INMARSAT-C 系统需要一段时间,所以在得到许可使用 INMARSAT-C 系统之后的第一个小时内,船站只能通过从事性能鉴定试验的地面站进行通信。一小时以后,船站便可以通过任何地面站进行通信。

按照船站的操作说明启动性能鉴定试验如果在几分钟内没有如期进行,操作人员应重新操作进行性能鉴定试验。操作人员最多可以重复三次性能鉴定试验,如果重复三次仍然没有成功,操作人员应该停止启动性能鉴定试验。因为船站可能存在故障,INMARSAT-C 系统将自动禁止船站进入系统工作,确保系统和其他船站免受干扰。

船站启用试验成功后,船站将始终可以进入 INMARSAT-C 系统,不受任何限制,除非船站的工作状态发生重大变化。

船站使用中除非有必要,否则无须再进行启用试验。因为启用试验可能需要比较长的时间,而且在 PVT 期间船站不能进行其他操作,这样将会影响船站的正常使用。

2)MES 的 login 和 logout

船站在进行报文/数据通信之前,首先必须进行卫星洋区的登记,即 login。

(1)MES 的卫星洋区登记(login)。船站可以自动选择最强信号的 NCS 公共信道进行卫星洋区的登记,也可以以人工方式在选定的卫星洋区/网络协调站进行登记。船站将在显示器上显示卫星洋区登记成功、所登记的卫星洋区和接收到的 NCS 公共信道的信号强度。

①船舶位于卫星的重叠覆盖区时,选择登记的卫星洋区。对于两颗以上卫星所重叠覆盖

的洋区，只要船站天线没有受阻，船站可以在任何一个卫星洋区进行登记。选择某一卫星洋区进行登记，应该作以下考虑：

选择登记的卫星洋区应使陆上的通信对象能同船站进行通信：由于一些国家的电信机构同各卫星洋区的INMARSAT-C地面站之间尚未达成路由安排协议，在这些国家，如果船站登记在某个卫星洋区，陆上的通信对象将能与船站进行通信；但若船站登记在另一洋区，那么通信对象将可能无法与船站进行联系。在这种情况下，由于洋区选择有余地，所以船站应当在通信对象能够与船站进行通信的洋区进行登记。

选择的地面站应能提供所需要的通信业务：对洋区的选择决定了船站所能选择使用的地面站。对地面站的选择应考虑地面站提供的通信业务（地面站的许多通信业务是Option业务）和收费情况。当船站在洋区登记后，船站将自动接收（NCS TDM信道广播的）INMARSAT-C系统信息。所在洋区已经运行的地面站情况，包括提供的主要业务由船站接收后储存，所以可以通过船站的操作，显示所在洋区目前工作的地面站。

选择登记洋区还应考虑定时播发的海上安全信息的接收：在一个以上INMARSAT重叠覆盖的（NAVAREA）海区或气象区域，定时发送的航行警告和气象预报之类的海上安全信息只能经由一个指定的洋区进行播发（参看表3-9）。所以要接收定时向这一海区或气象区域播发的海上安全信息，船站必须登记在这一指定的洋区。例如，NAVAREA海区I，是AOR-W、AOR-E和IOR三个重叠覆盖洋区。目前，这一海区的定时播发的海上安全信息只能经AOR-E接收。如果船站登记在AOR-W或IOR、船舶位于海区I时，船站将接收不到发往这一海区的定时播发的海上安全信息。当然，船站可以接收到覆盖这一海区的所有卫星洋区网络协调站不定时播发的海上安全信息。

②以自动扫描（SCAN）方式进行卫星洋区的登记。船站具有自动扫描进行卫星洋区登记的功能。通过自动或人工方式启动这一功能后，船站将通过扫描所有卫星洋区或一选择的卫星洋区进行登记。这一功能的主要特点有：

船站自动扫描每个卫星洋区的标准时间为2min，在这期间，船站不能进行报文的接收和发送；

船舶驶离所登记的卫星洋区时，船站将不调谐在任何NCS公共信道上。自动扫描功能将等待10min，然后开始对所有卫星洋区进行扫描；

自动扫描寻找到一个比船站目前登记的卫星洋区NCS公共TDM信道信号更强的NCS公共信道时，船站自动退出当前的登记洋区，并登记在信号较强的卫星洋区；

应当使船站始终保持在卫星洋区登记的状态，这样，船站可以随时进行报文的接收、发送。当船舶从登记的卫星洋区驶入另一个卫星洋区时，船站必须在新的卫星洋区进行登记。当船舶驶往一个卫星洋区的边缘时，船站显示器上显示的信号强度将会逐渐减弱。如果信号强度仍然保持在规定的最低限度之上，船站可以继续保持登记在这一卫星洋区。然而在信号强度降到低于最低限度时，船站将不能够通过该卫星洋区的卫星进行通信，船站必须在一个信号较强的另一个卫星洋区进行登记（船站在另一卫星洋区进行登记后，INMARSAT-C系统自动将船站退出原先登记的卫星洋区，所以不需要再进行退出原先卫星洋区登记的操作）。

（2）关闭MES电源之前应该先退出卫星洋区登记（logout）。如果船站关闭电源之前没有退出洋区登记，INMARSAT-C系统数据库仍然将这一船站记录为处于卫星洋区登记状态。如果陆上用户有报文给该船站，选定的地面站将投递这份报文。地面站投递报文的方式有二种：一种是在某一确定的时间内如果报文无法投递，地面站将停止发送这份报文；另一种是经过一定次数的试投,如果报文仍然无法投递,地面站将停止发送这份报文。不管以哪一种方式投递,地面站将会向陆上发报用户发去一份无法投递通知,发报用户将会被要求按照电报占用线路的时间支付费用。所以,为了避免丢失重要的电报和不必要的费用损失,关闭船站电源之前应该先退出洋区登记(有些船站具有关机之后自动退出洋区登记的功能)。

六、INMARSAT-C 的通信业务及使用

INMARSAT-C 的通信业务的实现主要取决于地面站、船站。INMARSAT-C 是一种非常灵活的通信系统,可以在通信双方的终端上连接各种设备。如图 3-22 所示的那样,INMARSAT-C 可以进入几乎是所有的公共网,如电话网(PSTN)、电传(Telex)网和数据网(Internet、X. 25、X. 400 等)。只要地面站有接口与这些公共网相连接,船站就可以与网内的用户进行通信。INMARSAT-C 设计为传输短报文,传输速率为 600b/s。

船站可以连接的外部输入/输出设备有:

(1)键盘、显示器、打印机和(带硬盘/软盘驱动器的)计算机。计算机可以用于报文的编辑/储存,或使用专用软件进行特殊通信(例如,将数据编辑成数据报告的格式发送给数据报告中心);

(2)GPS、GLONASS 等导航设备,用于定时发送船位报告;

(3)与输入设备(例如,传感器)相连接,用于监视船舶主机、货物以及环境等状况;

(4)与输出控制设备(遥控远距离的灯塔、钻井平台等)电子开关、继电器或电磁阀等相连接。

这样,船站可以通过与它相连接的外部设备,进行多种业务的通信。

地面站可以连接多种与国内/国际电信网络相连接的终端设备,例如:

(1)连接国际电传网络的电传设备;

(2)连接国际数据通信网络(PSDN 的 X. 25 和 X. 400)的计算机。PSDN 是分组交换数据网络(Packet Switched Data Network)的一种简称;X. 25 是用于 PSDN 的一种通信标准,用于与 PSDN 相连接的设备之间的数据交换;X. 400 是使用国内/国际 PSDN 的世界电子邮件(E-mail)业务的一种报文处理标准,用于用户之间报文和电子文件的交换;

(3)连接国内/国际电话线路(PSTN:Public Switched Telephone Network 公共交换电话网)的(Internet)计算机、传真设备;

(4)连接私人通信网络(例如租用线路)的专用设备(例如数据处理系统);

(5)通过专用线路(租用线路或公众线路)直接连接救助协调中心。这样,地面站将船站发出的遇险报警/报文以最高的优先等级直接传送给 RCC,确保对船舶遇险的及时处理。

1. 遇险报警/遇险等级报文通信

INMARSAT-C 系统以遇险报警和遇险等级报文通信两种不同方式处理遇险通信。

1)遇险报警

船站发起的遇险报警是船对岸的报警,所以是船站经(所在卫星洋区的)卫星、地面站给(与地面站相连的)MRCC 的报警。报警信息以数据包形式由(MES)信令信道到 LES,并由 RCC 经 LES(5min 内)给 MES 以确认。船站可以通过两种不同的操作完成遇险报警:

(1)按(DCE 面板上的)"Distress"按钮(一般持续 5s),就能将(遇险报警报文产生器自动生成的)报警信息发往 MRCC。报警信息包括 MES ID、遇险性质(设备默认的是 Undesigned distress)、航速、航向、船位和时间(如果 MES 接有 GPS)。

(2)进入遇险报警编辑界面,输入和设定报警内容后再启动报警的发射。

2)遇险等级报文通信

遇险等级报文通信的发送既可以由 MES 到 LES/RCC,也可以由 LES/RCC 到 MES。通信流程与常规报文相同,由 MES 发起的遇险等级报文通信也采用存储前向传输方式,通信等级应选择“Distress”,目的地地址设备将自动选择 RCC。

2. 双向存储—前向传输(Store and Forward)报文通信

1)概述

(1)可以与船站进行双向存储—前向报文通信的用户可以是:

①连接国际电传线路的电传用户;

②连接国际电话线路的传真用户;

③连接国际电传、电话线和数据传输线(X.25)的计算机用户;

④连接国际电话线(Internet、移动手机)用户、电话线/数据传送线(X.400)用户;

⑤连接私人通信网络(例如租用线路)的专用设备(例如数据处理系统);

⑥其他 INMARSAT 船站(如 B、M 或 C 船站等)。

(2)船站将报文发送给上述用户,即进行船至岸的通信,必须符合以下条件:

①船站必须具有想使用的业务功能(即与之相连接的相应输入/输出外部设备),并进行卫星洋区的登记(login);

②所选用的地面站提供想使用的通信业务功能。

2)一般使用操作程序

使用船站,通过国际电传、电话或数据通信网给陆上用户或另一个 INMARSAT 终端发送报文,一般操作程序如下:

(1)准备报文。报文可以使用船站软件的报文编辑功能进行编辑,或对原有报文进行修改。

在向电传机用户发送报文时,船站所编辑的电文每行字符数在换行之前最多不要超过 69 个(船站报文编辑每行字符的数量一般可以由操作员设置)。如果每行字符超过 69 个,有些用户电传机将会发生故障,或者中止接收报文。出现这种故障情况时,电传机将不会给转发报文的地面站发出“报文收妥”通知。这样,地面站就会重复发送报文,但是地面站仍然不会收到电传机传来的报文收妥的通知。在每次传送失败后,地面站便会向船站发出一份“NDN”。地面站将根据自己的规定进行数次试投,最终将放弃投递这份报文。

报文字符格式(即码)的选用,取决于地面站提供的通信业务功能和报文中使用的字符。对 ASCⅡ码格式的报文,所有地面站都具有接收功能,而接收 Telex 码格式报文或八位二进制码格式数据报文,则属于地面站的选择功能。报文中使用的字符如有特殊符号(如$、@ 等),则应使用 ASCⅡ即 ITA.5 或 7bit 码。

报文的长度将受到船站的限制,同时也受到所选择地面站的限制。所以,应检查报文的长度。

报文的报头部分,应包括船站的识别码以及船站目前所登记的卫星洋区等信息,以方便陆上用户与船站进行通信。如果通信对象无法确定对方船站登记在哪一卫星洋区,只能估计船站可能所处的卫星洋区,在估计有误时,地面站将会通知(通信对象)“报文无法投递”。通信对象只有再试用向其他卫星洋区进行发送,虽然某些地面站具有不通知发报人就自动试投另一卫星洋区的功能,但是会延迟报文投递的时间。

E-mail 报文的报头(或前缀)部分应含有:TO(目的地的 E-mail 地址)、CC(抄送的 E-mail 地址)及主题(Subject),而且有严格的(不同地面站有不同的)格式要求。部分开放 E-mail 业务地面站对报文报头的要求如表 3-10 所示。

部分开放 E-mail 业务面站对报文报头的要求 表 3-10

国家(地区)	地面站识别码				转发方式	接入代码	报文前缀(举例)
	大西洋西	大西洋东	太平洋	印度洋			
法国	021	121	221	321	Special	67	TO + yxz@ 163. com
新加坡			210	328	Special	65	TO + yxz@ sina. com
荷兰 12 台	012	112	212	312	Special	28	TO:yxz@ sina. com
北京	021	121	211	311	Special	66	TO:yxz@ hotmail. com
日本	003	103	203	303	Special	28	TO:yxz@ hotmail. com
挪威	004	104	204	304	Special	28	TO:yxz@ 163. com
澳大利亚	022	122	222	322	Special	28	TO:yxz@ 163. com

将所准备电文以文件形式存入软盘,以便打印、调用。

(2)选择软件的发送方式或菜单。

(3)输入目的地地址。

(4)选择本卫星洋区的一个地面站。

(5)选择通信等级。

(6)根据需要,可以选择电报投递到目的地以后给予投递确认通知(是地面站的选择功能,这种业务可能收费)。

(7)选择报文发送时间(立即或定时)。

(8)经仔细检查所有内容正确无误后,输入发送报文的指令(如 send)。

(9)船站自动发送报文直至发送完毕。几分钟内(或后),地面站将发回一份确认通知:报文已成功地被地面站接收。

(10)通常情况下 5 ~ 10min,船站将收到地面站发来的电报投递到目的地的投递确认通知。地面站通信繁忙时,虽然报文在发出后的几分钟内可能已经投递到用户,但地面站可能需要较长时间(例如,1h)才给船站发回报文投递确认通知。一般在报文发出 10min 之内,如果船站没有收到地面站"无法投递通知"(NDN),可以认为报文已经投递到目的地。

2)目的地地址

完整的目的地即用户地址应包括用户的业务类型、号码(和应答码)及字符使用的码三个部分,下面给出的几种不同类型目的地地址的组成。

(1)国际电传用户。

用户的业务类型为 Telex;

连接国际电传通信网的电传用户号码组成格式为:

国家电传码		电传用户的电传号码

(国家电传编码请参阅附录。)

例如中国电传码为 85,本国电传用户号码为 33057 应答码是 33057 COSCO CN。完整的电传目的地地址可按以下格式输入船站:

名称	国际直拨号	应答码
(可以选择)	8533057	33057 COSCO CN

字符码选择 ITA.2 或 5bit。

(2)国际传真用户。选择的地面站如提供传真投递业务,船站就可以向连接国际电话线路的 G3 类传真机用户发送报文:

用户的业务类型为 FAX;

传真机国际直拨号码组成格式为:

国家电话码	区域码	传真机号码

(国家电话编码请参阅附录。)

例如中国的电话码为 86,上海的地区码是 21,传真机终端使用的本国电话号码为 56142389。完整的传真用户地址可以按以下格式输入船站:

用户名	国际直拨号	应答码
(选择)	862156142389	(向传真机终端发送报文时不使用应答码)

字符码选择 ASCⅡ或 ITA.5 或 7bit。

(3)INMARSAT MES 用户。如果选择使用的地面站提供船到船(也称作移动终端到移动终端)的通信业务,INMARSAT-C MES 可以将报文发送给同类(包括自己、陆上 MES)或不同类的 INMARSAT MES(包括陆上 MES)。

船站到船站报文通信的路由安排,可以有下面 4 种:

①船站经地面站与位于同一卫星洋区的船站进行通信时,地面站接收来自某 INMARSAT-C 船站的报文,再由同一地面站发给位于同一卫星洋区内的另一个(可以是 INMARSAT-B、C 或 M 型)船站。

②位于同一卫星洋区的船站经过不同地面站进行船到船的报文通信时,某 INMARSAT-C 船站给地面站发送给另一个(可以是 B、C 或 M 型)船站的报文,地面站接收到报文后通过国际电信线路将报文传送给位于同一卫星洋区的另一个地面站,另一个地面站通过 INMARSAT-C 系统将报文发送给所需的船站。

③不同卫星洋区的船站经过同一地面站进行船到船的通信时,选择使用的地面站必须具有提供二个卫星洋区服务的能力。地面站收到船站发来的报文后,通过自己的设备转发给另一卫星洋区的(B、C 或 M 型等)船站。

④不同卫星洋区的船站经过不同地面站进行船到船的通信时,地面站接收船站发来的报文,经陆上线路转发给另一卫星洋区的地面站,该地面站通过 INMARSAT-C 系统将报文发送给另一船站(B、C 或 M 型船站)。

INMARSAT MES 用户的地址:

用户业务类型为 Mobile;

按 MES 接收设备的不同,当由 INMARSAT-C 或 B MES 的电传机接收时,MES 号码组成格式为:

电传卫星洋区码		移动终端识别号

四个卫星洋区的电传通信码分别为:

大西洋东区(AOR-E)	581
太平洋区(POR)	582
印度洋区(IOR)	583
大西洋西区(AOR-W)	584

例如：一台 INMARSAT-B MES 的识别码为 341210910，工作在大西洋东区。那么，该船站完整的国际直拨号为：

名称	国际直拨号	应答码
（可以选择）	581341210910	（可以选择）

对于 INMARSAT-B、M 船站，只要 B、M 船站带有传真机，INMARSAT-C 船站可以给该船站的传真机发送报文。INMARSAT-B、M 船站（传真机）的国际直拨号组成格式为：

电话卫星洋区码		移动终端识别号

四个卫星洋区的电话通信码分别为：

大西洋东区（AOR-E）	871
太平洋区（POR）	872
印度洋区（IOR）	873
大西洋西区（AOR-W）	874

例如：一台 INMARSAT-M 船站的识别号为 657111111，工作在太平洋区。那么完整的国际直拨号为：

名称	国际直拨号	应答码
（可以选择）	872657111111	（向传真机或计算机终端发送报文不使用应答码）

根据目的地船站的接收设备和发送的报文，选择适当的格式（Telex、ASCⅡ或 Data）。

（4）E-mail 用户、移动手机用户。大多 INMARSAT-C 地面站提供 E-mail 业务、（移动手机的）短信（SMS，Short Message Service）服务：

①用户的业务类型为 Special（或 E-mail）；

②输入到 Special 的号码，对 E-mail、SMS 一般为地面站设有的专用接续码（SAC，Special Access Code），如北京地面站的 555；

③选择格式为 ASCⅡ。

（5）国际电话线路计算机用户。船站向使用调制解调器连接国际电话线路的计算机发送报文，也可以与电子邮件业务计算机进行通信：

用户的业务类型为 PSTN；

电话线路计算机用户直拨号码组成格式与国际传真用户相同，由国家电话码、区域码和计算机用户的电话码组成，在向计算机终端发送报文时不使用应答码；

根据发送的是报文或二进制编码数据，选择格式为 ASCⅡ或 Data（即 8bit）。

（6）国际数据线路计算机用户。船站向连接国际数据通信线路（也称 X. 25 通信网）的计算机发送电文或数据报文，也可与连接国际数据通信线路的电子邮件业务计算机进行通信。

用户业务类型为 PSDN 或者 X. 25；

连接国际数据通信线路的计算机的国际直拨号码也称 X. 25 编址，或者称网络用户地址（NUA，Network User Address），或者称数据通信网识别码（DNIC：Data Network Identity Code）。例如数据通信网（X. 25）的计算机的国际直拨号是：

2345　　1234567890

完整的计算机目的地号码可按以下格式输入船站：

名称	国际数据通信直拨号码	应答码
（可以选择）	23451234567890	（向计算机发送报文时不使用应答码）

根据发送的是报文或二进制编码数据,选择格式为 ASCⅡ或 Data(即 8bit)。

3. 安全通信网的海上安全信息的接收

EGC 安全通信网业务由指定的信息提供部门在 NCS 公共信道上播发的岸到船海上安全信息。船站如具有 EGC 接收功能,就可以接收 EGC 通信网播发的海上安全信息。

INMARSAT-C 船站可以根据需要,对 EGC 报文的接收进行预先的设置:对船位所在 Navarea,即当前(Current)航行/气象区 MSI 的接收不需要设置;而需要设置的是另外(Additional)的 Navarea 及(如果有的话)该 Navarea 的子区域(又称 Coast Warning Area 或 Navtex Area)和 MSI 报文的类别。

MSI 报文的 C 参数,是船站判断对 MSI 接收的主要依据,特别是船站的位置信息。如果船站没有与 GPS 或其他定位设备相连接,使用人员应当定时(如 4 小时)更新船位,使位置信息处于有效状态。一旦位置信息处于无效,船站无法对 MSI 报文的 C3(地址)码作判断,船站将接收所有高于日常通信等级的海上安全信息(其中许多可能是船站不需要或不打算接收的 MSI)。当船站的船位处于有效状态时,将按 EGC 的设置进行 MSI 报文的接收。

船舶上安装使用的大多是 INMARSAT-C 第 2 类船站,具有 EGC 报文接收功能。EGC 报文的接收是由船站选择的工作方式决定,可供选择的工作方式有:

1)合用方式

船站接收机可以接收 INMARSAT-C 报文或 EGC 报文。由于船站接收正常的 INMARSAT-C 报文时,接收机调谐在地面站分配的报文信道,所以在这期间无法接收在 NCS 公共信道上播发的 EGC 报文。一旦完成 INMARSAT-C 报文的接收,接收机将自动调谐到 NCS 公共信道上,随时可以接收 EGC 报文。

2)只 EGC(EGC only)方式

船站选择 EGC only 方式时,将只能接收 EGC 报文而不能进行 INMARSAT-C 报文的接收和发送。一般打算在某一特定的时间内确保接收到 EGC 报文、同时不希望被 INMARSAT-C 报文通信所中断,可以选用只 EGC 接收方式。在只 EGC 接收方式,船站处在 logout 状态,INMARSAT-C 系统不会给船站发送报文。

4. 数据报告、询呼及监控和数据采集

INMARSAT-C 系统提供二种类型的闭合通信网(Closed Network):一种是数据报告闭合通信网,另一种是 EGC 船队通信网的闭合通信网。这两种通信网都需要进行不同的登记注册手续。对于数据网,使用单位(如船东或船公司)必须向有关机构进行登记。数据报告闭合网络操作中心通过公众通信网将预先编制好的船站数据网络识别码(DNID)、小组成员码(GDNID)和船站信息发送给地面站,地面站将这些信息转发给 NCS,NCS 在公共 TDM 信道上发送给船站,并由船站下载、贮存用于数据报告、询呼以及有关的监控和数据采集(SCADA)。船站给操作中心发送数据报告时,地面站先对数据进行贮存,然后操作中心从地面站获取数据报告。

1)数据报告

INMARSAT-C 系统的数据报告业务可以使船站通过 INMARSAT 卫星系统和 INMARSAT-C 地面站以简短数据报告的形式将仪器采集或人工输入的少量数据发送给某个操作中心。数据报告充分利用了 INMARSAT-C 系统的优点,既节省时间,又降低费用。与储存—转发方式发送数据相比,这种方式更为便宜。

船舶发送数据报告是为了满足各种需要。船公司通常要求公司所属的船舶定期(每天一次或两次)发送船位信息和其他数据;远距离跟踪识别系统(LRTI,Long Range Tracking Identity)要求船舶在进入指定海域航行时,必须定时报告船舶位置;航行管理部门也需要得到船舶发回的各种类型的数据报告,为编辑航行警告、气象警告或气象预报提供信息,为遇险的船舶提供帮助、防止发生海上污染事故等。因此,各国政府根据有关国际公约制定了船舶向陆地当局发送报告的规定,国际海事组织和世界气象组织对船舶报告采用了统一标准,越来越多的大小船舶开始使用船舶报告系统。船舶报告系统的使用,将提高航运管理的效率,并且进一步提高船舶海上航行的安全。

(1)数据报告优点。同传统的无线电传送数据报告方式、INMARSAT-C 的储存—转发方式相比,INMARSAT-C 系统的数据报告具有许多优点,其中包括:

①数据报告使用的数字技术适用于连接导航设备或用于数据采集的监测传感器;

②数据报告中的数据使用标准格式,采用数据编码和数据压缩技术,因此数据采集和发送十分迅速;

③数据报告可以按预先编程确定的时间间隔自动发送,也可以人工发送;

④与常规无线电发送技术相比,INMARSAT-C 系统采用了独特的编址技术,从而确保数据的高度保密性;

⑤操作中心可以使用 INMARSAT-C 船站询呼功能控制终端进行工作:发送数据报告,或者执行规定的监控和数据采集任务。

(2)数据来源。数据报告中的数据,它的来源可以是:

①操作人员可以使用人工方式(在合适软件支持下)将数据输入船站;

②船站通过适当的接口,向导航定位仪(如 GPS、Glonass 等),或者传感器(如压力传感器、温度传感器、气象记录仪器等)自动提取。

(3)数据报告种类。INMARSAT-C 系统提供下列各种不同类型的数据报告:

①无保留数据报告(U)。这种报告可以由操作人员以人工方式随时发送,或者在监测仪器控制下自动发送。无保留数据报告只能使用三个数据块,最多可以发送 32 字节的数据。

②编程无保留数据报告(P)。船站可以通过编程在一个预先确定的时间发送数据报告。这种编程可以由船站操作人员人工输入,也可以由操作中心发送一个询呼控制指令予以完成。

③保留(预先规定的)数据报告(R)。这种类型的报告首先由操作中心发送一个询呼指令对船站进行预先编程,规定发送时间与报告程序。典型的保留数据报告可以是在一个预先选择的特定时间向操作中心发送的船位报告。预先规定的数据报告只能使用四个数据块,最多可以发送 44 字节的数据。

④宏编码报文(MEMS)。为了在一份 32 字节无保留数据报告或 44 字节预先规定的数据报告中包含尽可能多的信息,采用了二进制码技术和宏编码报文。宏编码报文使用独特的二进制码来代表预先确定的数据或报文,宏编码报文可以根据用户要求进行编制。例如,一个宏编码可以用来表示"下个港口需要加油"之类的技术术语。

INMARSAT 标准船位报告使用的宏编码是七位二进制码。用户也可以根据需要,使用一个以上的宏编码进行组合来编制数据报告。

(4)船舶报告的种类。INMARSAT-C 系统可以使用的典型船舶报告有:

①航行计划;

②船位报告;船公司船位报告;

③偏航报告;

④抵港报告;

⑤离港报告；

⑥气象数据报告；

⑦捕鱼量报告。

INMARSAT-C 船位报告中使用的数据格式也可以用于美国、澳大利亚和日本的船位报告系统。其他比船位报告长的报告，例如危险物品报告、易燃品报告、海上污染报告等则可以使用宏编码的三个数据块格式（即无保留数据报告）。用户也可以根据特殊的要求编制报告。

（5）数据报告的发送。船站准备好数据报告后（报告中必须包括事先输入给船站的闭合网络识别信息：数据网络识别码和船站成员号码），该报告通过卫星发送给选用的地面站，地面站将报告储存在适当的闭合网络识别文件中。然后，地面站按事先设定的时间或在文件满了以后通过公众通信网络将数据网络识别文件发送给操作中心。另外，操作中心在需要时也可以获取这些文件或发送类似的文件。

2）询呼（polling）

询呼业务可以使操作中心向经选择的船站发送询呼或控制指令，指示船站执行某些事先确定的任务。如图 3-36 所示，发回数据报告，或操作受控系统中的设备。

（1）系统支持三种方式的询呼：

①单独询呼（individual polling）。操作中心准备一个询呼指令，它应该包括被询呼船站的数据网络识别码和船站成员号码。必要时，询呼指令也可以包括一份简短电文。操作中心通过公众通信网将询呼指令发送给地面站，再由地面站转发给 NCS，通过 NCS 的公共 TDM 信道播发给成员号码表中的每一个船站。当船站完成卫星洋区登记、守听在卫星洋区 NCS 的公共 TDM 信道，并处于空闲状态时，接收询呼指令。在船站忙于通信时，NCS 将根据船站数据库的显示，将询呼指令先作短暂储存。等船站数据库显示船站“空闲”时，NCS 再将询呼指令发送给船站。这样，可以确保每个船站都能接收到询呼指令。每个船站接收到询呼指令后作出相应的动作，发回一份数据报告，或执行监控与数据采集。

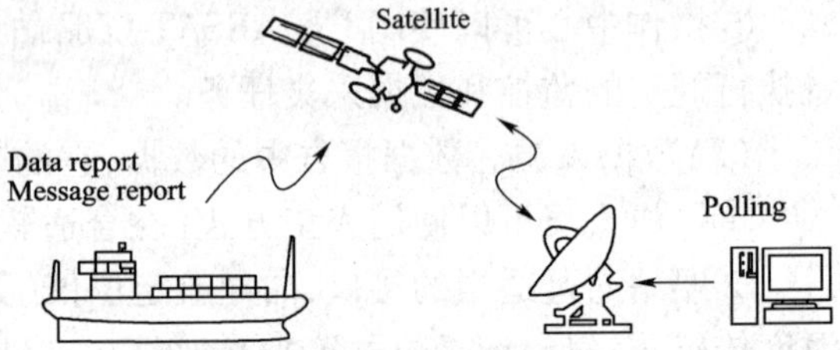

图 3-36　INMARSAT-C 的询呼

②群或组询呼（group polling）。操作中心准备一个询呼指令，指令中含有数据网络识别码，但是不标明具体船站。通过公众通信网，操作中心将询呼指令发送给某个地面站，再由该地面站转发给该卫星洋区的网络协调站。网络协调站在公共 TDM 频道中播发该询呼指令。所有属于这个数据网络识别组中的船站只要它们正在守听 NCS 公共 TDM 信道，并处于空闲状态时，都可以接收到 NCS 播发的这条询呼指令。为了避免许多船站在同一时间给予收妥确认而造成系统出现拥挤，NCS 在播发询呼指令时加入了一个随意间隔号码，以便船站在不同的时间随意发回它们的收妥通知。但是，如果在播发报文时，某些船站并没有守听在 NCS 公共 TDM 信道，或者正忙于进行通信，那么船站不能接收到询呼指令，也不能按指令要求做出相应的响应。对于群询呼，NCS 将不再为这些船站进行询呼指令的重播（操作中心另有要求除外）。

③区域询呼（area polling）。这类询呼类似于群询呼，操作中心向地面站发送的询呼指令含有数据网络识别组的详细情况以及接收这一指令的地理区域信息，但不明确标明被询呼的各个船站。当网络协调站在公共 TDM 信道上播发询呼指令时，只有那些指令确定的地理区域内，且属于指令指定的数据网络识别码的船站才能接收到 NCS 播发的询呼指令，当然船站还必须处于空闲状态。若船站此时正忙于通信，那么就不能接收到询呼指令，也不能根据询呼指

令的要求作出相应的响应。对于区域询呼,除操作中心有要求外,NCS 将不再为这些正忙于通信的船站重新播发询呼指令。

(2)典型的询呼控制指令。操作中心使用的典型询呼指令有:

①立刻发送数据报告。这种控制指令可以有下列两种形式:一种是指令将要发送的报告的数据结构,另一种则是指令将要执行的任务。船站在规定的时间开始发送报告,然后按规定的间隔时间定期发送,直到船站接收到停止发送的指令为止。

②接收报文。操作中心可以在询呼指令中包含一份简短的报文(最大为 256 字节或字符,这些字节或字符可以根据船站软件的需要进行编码),或者一份简明电文。

③修改工作参数。操作中心可以通过 INMARSAT 系统为终端输入一个新的工作参数。例如,指示终端监视不同的传感器。

④操作控制设备。操作中心可以通过船站向一个控制设备的接口发送一个控制指令,控制设备的工作。

3)监控和数据采集(SCADA)

数据报告和询呼业务相结合而形成的监控和数据采集是 INMARSAT-C 系统数据报告和询呼业务的一种典型应用。SCADA 在海上的应用有监控灯塔的工作情况、监控船舶运行状态和性能、监控输油管道或天然气管道中的流量等,也可以根据需要构成不同的控制系统。监控和数据采集是在数据报告和询呼的基础上发展起来的。INMARSAT-C 船站通过适当的接口和传感器相连接,对船舶设备(例如主机)进行监测,并向陆上操作中心发送有关监测的数据报告。操作中心对数据进行分析以后,向船站发回相应的询呼指令以便对船舶设备进行控制。

第四节　INMARSAT-B 系统

一、概述

INMARSAT-B 是 INMARSAT 推出的第一个全球数字话音和数据卫星通信系统,它作为 INMARSAT-A 的替代系统,于 1994 年投入使用。INMARSAT-B 的数字化设计能够更好地利用卫星的功率和频率资源,在保证通信的高质量和高可靠性的同时,降低了通信的费用。INMARSAT-B 的 MES 广泛用于豪华客船、海上钻井平台以及受 GMDSS 规范约束的远洋运输船舶。

1. INMARSAT-B 系统的组成

INMARSAT-B 系统的基本组成同其他 INMARSAT 系统相同(即由空间的卫星、地面的网络协调站和地面站及移动地球站组成),除空间段的 INMARSAT 卫星与其他 INMARSAT 系统共用外,有自己的 NCS、LES 及 MES。LES 的名称、接续码(即 ID)等,请参见附录 A。

1)网络协调站

网络协调站提供:

(1)以 6kbps 信道速率发射信令信息,包括 SCPC 数字电话、G3 传真及 9.6kbps 数据通信的信道分配;

(2)给船站提供系统状态信息的布告板(Bulletin Board)发送;

(3)对船站发起的信道速率为 24kbps 的信令信息的接收;

(4)与本卫星覆盖洋区内地面站之间的站间信令的发射和接收;

(5)若备用(Back-up)地面站没有响应船站发起的遇险呼叫,NCS 将给予响应;

(6)本卫星覆盖洋区通信的监视；

(7)存有船站"忙"、"闲"状态、通信信道分配记录。

2)地面站

INMARSAT地面站至少提供：

(1)(16kbps话音编码速率、24kbps信道速率的)双工电话通信业务；

(2)(6kbps信道速率发射、24kbps信道速率接收的)双工电传通信业务；

(3)以6kbps信道速率发射包括电传信道分配的信令信息；

(4)对船站24kbps信道速率发射的申请信息的接收；

(5)对船站电话、电传遇险呼叫通信的优先建立；

(6)与本卫星洋区NCS之间的站间信令发射和接收；

(7)对遇险呼叫船站天线方位角、仰角的记录。

有些地面站还提供G3传真业务、9.6kbps数据通信业务以及(本卫星洋区)NCS故障时的独立(stand-alone)地面站的能力。

3)船站

INMARSAT-B船站分为第一类船站和第二类船站两类，第二类船站只能进行电话、传真通信，而第一类船站则能进行电话、传真和电传通信。

第二类船站至少能：

(1)接收(6kbps)和发射(24kbps)信令信息；

(2)(16kbps语音、24kbps信道速率的)双工数字电话；

(3)INMARSAT-B业务通告(即单工电话)的接收；

(4)自动遇险测试；

(5)(电话)遇险等级呼叫。

除第二类船站的功能外，第一类船站至少还具有：

(1)接收(6kbps)和发射(24kbps)双工电传；

(2)带有遇险报文产生器(DMG, Distress Message Generator)。

2. INMARSAT-B提供的基本通信业务

INMARSAT-B卫星通信系统提供数字(单工、双工)电话；(速率为50波特的)单工(岸到船群呼)、双工电传；G3传真(facsimile)、9.6kbps和高速(56kbps/64kbps)数据通信业务。

3. INMARSAT-B MES的工作频率

INMARSAT-B MES的工作频率：接收(RX)为1525～1545MHz；发射(TX)为1626.5～1646.5 MHz。

MES使用的信道编号和相应的频率由表3-11给出：信道间隔为10kHz，信道编号为4的整数倍，同一信道的发射频率高于接收频率101.5MHz。

INMARSAT-B MES的信道号和频率 表3-11

信道编号(十六进制数)	接收频率(MHz)	发射频率(MHz)
1770_H	1525.000	1626.500
1774_H	1525.010	1626.510
……	……	……
$36B0_H$	1545.000	1646.500

二、INMARSAT-B 信道

INMARSAT-B 系统的物理信道构成由图 3-37 给出(图中省略了卫星,但 NCS、CES 以及 SES 间的所有信道都是经过卫星的,)下面对其中的一些信道说明如下:

1. INMARSAT-B NCS 使用的信道

1)NCSC(网络协调站公共 TDM 信道)

NCSC 以 TDM 方式、连续(发射)工作,全称为网络协调站公共(Common)TDM 信道。SES 在空闲时对 NCSC 保持连续的值守,以保持天线对卫星的自动跟踪、接收 INMARSAT-B 系统的通信通告及布告板(BB)信息等。NCSC 布告板为 MES 提供所在卫星洋区当前的网络状态信息、信令信道频率、点波束频率、可用的点波束、各 LES 的容量、工作和备用卫星的位置、MES 计算两次申请随机间隔时间的参考基数(R)以及 MES 两次点波束选择进程间的时间间隔等。

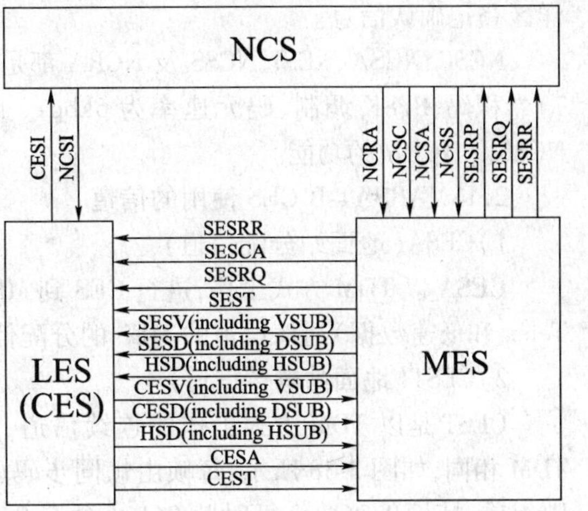

图 3-37 INMARSAT-B 使用的信道

为了能使船站在 NCSC 受到干扰时能连续正常工作,INMARSAT-B 采用双 NCSC 工作。两个 NCSC 分别称为 NCS(0)(主要 NCSC 信道)和 NCSC(1)(替代 NCSC 信道),各卫星覆盖洋区使用各不相同的 NCSC。每一卫星洋区的任一时间仅有一个 NCSC 信道在工作(发射),两个 NCSC 信道的使用没有等级。INMARSAT-B SES 一旦检测到(例如)NCSC(0)不工作,自动将接收机调谐到 NCSC(1),不需要人工干预。所以在 SES 使用时,不需要对"NCS TDM Freq No"作初始设定。

NCSC 的调制采用 BPSK、速率 6kbps,帧格式如图 3-38 所示。一个 TDM 时隙(图中 Slot 0 ~Slot7 共 8 个)可以携带 96bits 信令信息或 telex 报文。

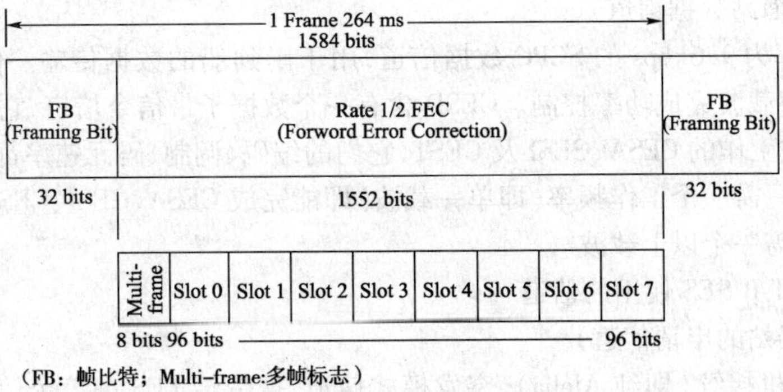

图 3-38 NCSC 信道格式

2)NCSA(网络协调站分配信道)

NCSA 以 TDM 方式工作,进行 NCS 到 MES 的连续发射。主要携带给申请 SCPC(如话音、G3 FAX 及数据)通信信道的 MES 的分配信息。

3)NSCI(网络协调站间信令信道)

NSCI 也是 TDM 连续信道,进行 NCS 到(本卫星洋区内的)LES 的发射,携带信令信息。

4)NCSS(NCS 点波束信道)

以 TDM 方式工作，每个点波束使用一个频率。用于 NCS 到 SES 的发射，使船站能对卫星点波束进行识别。

5）NCSRA（NCS 登记确认信道）

以 TDM 方式工作，每卫星覆盖洋区有一个这样的信道，由 NCS 或指定的 CES 给 SES 发送洋区登记确认信息。

NCSC、NCSA、NCSI、NCSS 及 NCRA 都是连续的 TDM 信道，采用前向纠错（FEC）的（1/2，7）卷积码、BPSK 调制、码元速率为 6kbps。除 NCSS，NCS 只需一个频率、实现 NCSC、NCSA、NCSI 及 NCRA 的功能。

2. INMARSAT-B CES 使用的信道

1）CESA（地面站分配信道）

CESA 以 TDM 方式工作，进行 CES 到 MES 的连续发射。主要携带给申请 TDM/TDMA（如 Telex 和低速数据）通信信道的 MES 的分配信息、呼叫失败信息。

2）CEST（地面站电传信道）

CEST 是以 TDM 方式工作的连续信道，携带给 MES 的 Telex 报文。它的帧格式与 NCS TDM 相同，如图 3-38 所示：每帧由帧同步码（FB，Framing Bit）32bit、多帧标志（8bit）和 8 个时隙组成，帧长 0.264s。每时隙 96bit，含有 8 个子时隙（sub-slots）、每子时隙 12bit（含对一个 MES 的两个 ITA.2 字符）。CES 最大能同时处理 8 solts × 8 sub-slots = 64 个 MES 的电传通信。CEST 的调制采用 BPSK，速率 6kbps。

3）CESI（地面站站间信道）

CESI 为 TDM 连续信道，用于地面站到 NCS 的信令信息的传输。

4）CESV（地面站话音信道）

CESV 是一个 SCPC 数字话音信道，它支持 16kbps 语音编码速率，用于 LES 到 MES 的语音传输。信道使用是由分配、拆线信令控制，由载波完成对发送功率的控制。CESV 含有一个话音子带信令信道，支持话音带数据。

5）CESD（地面站数据信道）

CESD 是速率为 9.6kbps 的 SCPC 数据信道，用于岸到船的数据传输。信道使用受分配、拆线信令控制，由载波完成功率控制。CESD 含有一个数据子带信令信道，它支持 G3 传真。

以 TDM 方式工作的 CESA、CESI 及 CEST，它们的编码、调制、码元速率都与 NCS 的信道相同。地面站一般只需一个工作频率（即单一载波）即能完成 CESA、CESI、CEST 信道功能，业务量大的地面站则需一个以上载波。

3. INMARSAT-B SES 使用的信道

1）SESRQ（船站的申请信道）

SESRQ 是随机接续（即纯 Aloha）、突发模式信道，携带给 LES 的信令信息（96bits），特别是船站发起通信呼叫时的申请信息，格式如图 3-39 所示。

SESRQ 主要用于通信申请，以获得通信信道的分配和通信线路的建立。船站可以使用的 SESRQ 信道每洋区两个（最多可达到 16 个）、由 NCSC（布告版）给出。

为了提高系统对船站申请发送成功接收的概率，船站日常、安全、紧急等级通信的申请若第一次（初始）发送不成功（即船站没有接收到信道分配的信息），船站经随机延时后，在另一（随机选择的）SESRQ 信道自动进行第二次（重复）申请发送；对于遇险等级的申请发送，不管初始申请发送是否成功，立即自动进行重复申请的发送。

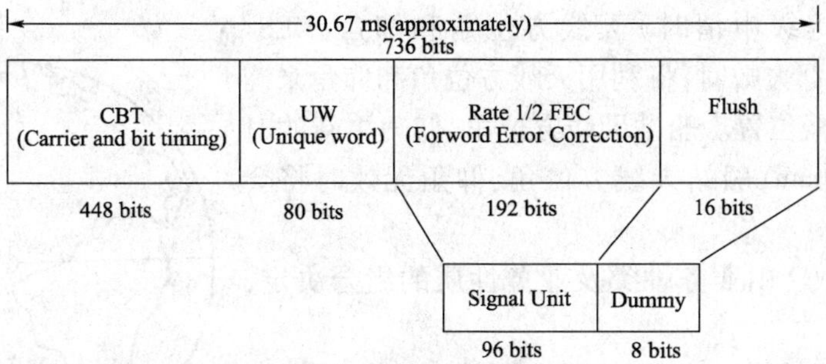

(CBT:载波和比特定时；UW：独特字；Flush:嵌入比特；Dummy：空）

图 3-39　SESRQ 信道格式

初始申请与重复申请之间随机延时的时间为：

$(3500+10D)$ms（日常、安全、紧急等级电话通信的申请）；

$(2000+10D)$ms（日常、安全、紧急等级电传通信的申请）；

$(1000+10D)$ms（遇险等级电话、电传通信的申请）。

其中 D 为 0 ~ 63（含 63）的随机正整数，由 NCS 布告版给出。

根据系统的设计，规定了“最小申请启动间隔”时间，即允许操作员启动两次申请的最小时间间隔，其值为

$$R+16(\mathrm{s})$$

其中参考基数 R 的值，根据来自 NCSC 的布告版信息，由船站随机选取。遇险等级申请的最小时间间隔取 $R=0$，即 16s。

SESRQ 发送的（96bits）申请信息包括：

（1）SES ID。每台 Inmarsat-B SES 都有第一位数字为 3 的 9 位十进制数字组成的识别码，与之相对应的是一对唯一的，称为前向识别（Forward ID）和返回识别（Return ID）的识别码。这一对识别码由 INMARSAT 分配，是一对 6 位十六进制数字（000000_H ~ $FFFFFF_H$）。Forward ID 用于船站对 NCS 或 CES 发送的识别，而 Return ID 则是 NCS 或 CES 对船站发送的识别。这对识别码不能由操作员或维修人员修改，也不能被显示或打印。

船站还有另一类识别码，称作群前向识别码（Group Forward ID），用于船站对 INMARSAT 系统岸发起的单工通信的接收（将在下面的“区域通信”里说明）。

（2）CES ID。操作员选择某一地面站时输入的 3 位十进制数字称作地面站的接续码，而通信时用于对地面站识别的是一个与该接续码相对应的 2 位十六进制数字——称作地面站识别码，即 CES ID。对某一地面站而言，它的 CES ID 是全球唯一的，而它的接续码仅要求在某一洋区是唯一的，即同一接续码可以用于其他卫星覆盖洋区——同一地面站在四个洋区的接续码都是相同的。

（3）通信等级。日常、安全、紧急、遇险。

（4）业务种类。电话、电传、传真及（9.6kbps 或 64kbps）数据，由船站终端设备的配置而定。

（5）业务性质。双工或带 IC 卡双工。

（6）陆地网络识别。用来识别通信呼叫进入的陆地通信网络，缺省设置为 00_H。

（7）天线参数。船站（日常、安全、紧急通信申请时）天线仰角范围和方位角范围：以天线位置为参考点、一定的天线仰角范围（如图 3-40 的 20°）与方位角范围（图 3-40 的 43°）构成的一个“伪矩形”，如图 3-40 所示。

船站(遇险等级申请时)天线方位角和仰角:CES/RCC 在其他手段都失败时,将利用天线方位角和仰角来确定遇险船舶的大概位置。船站天线方位角、仰角更新的时间间隔不超过 30min;船站天线方位角、仰角无效时将会有报警提示。

(8)信道参数。由业务种类及业务性质的组合决定,无需实际输入。

(9)点波束 ID。INMARSAT-B 设计的卫星点波束以 1~63的数字来编号,最多可以达到63 个,称作点波束 ID,全球波束的编号为0。

为了便于船站对点波束的选择,INMARSAT-B 将卫星的点波束分为"绿"波束、"红"波束。使用绿波束优于红波束,而使用红波束则优于全球波束。

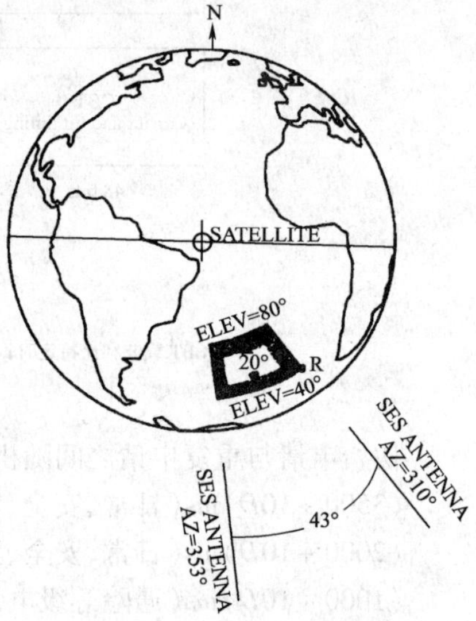

图 3-40 天线仰角、方位角构成的伪矩形

操作人员可以操作船站进行点波束的选择,船站能在15min 内通过对 NCSS(网络协调站点波束信道)的扫描完成对多达 63 个点波束的选择处理,以选取提供最好信号质量的点波束信道。NCSS 布告板给出的界限号(boundary number)是选择点波束的依据:点波束 ID 低于界限号为绿波束,高于界限号的则为红波束。

(10)遇险测试/遇险发射。INMARSAT-B 允许船站操作人员作电话、电传遇险等级的测试(这类测试只能与提供遇险测试的地面站进行)。

上述申请信息中,CES ID、通信等级、陆地网络识别、业务种类、业务性质、遇险测试/发射可以由操作员选择输入。船站的缺省设置为:日常(等级)、16kbps 电话(业务种类)、双工(业务性质)、00_H(陆地网络识别)、遇险发射(遇险测试/发射)。

2)SESCA(船站呼叫确认信道)

SESCA 也是随机接续(即纯 Aloha)、突发模式信道,携带给 LES 的信令信息,特别是船站对地面站发起的单工通信呼叫的确认信息。

3)SESRR(船站卫星洋区登记信道)

SESRR 也是随机接续(即纯 Aloha)、突发模式信道,携带给 NCS 的信令信息,特别是对地面站发起的电话通信呼叫所需的船站卫星洋区登记信息。

船站自动在 SESRR 信道经卫星通知 NCS 或 CES 当前所处的卫星洋区,即天线当前所指向的卫星,称作船站的卫星洋区登记。NCS 则在 NCRA(网络协调站卫星洋区登记确认信道)给船站以登记确认。"卫星洋区登记"使陆上用户即使不知道船站所在的卫星洋区,也能(使用卫星洋区电话通用码"870")经地面站发起对船站的通信呼叫,并到达船站所在的卫星洋区。

4)SESRP(船站应答信道)

SESRP 是突发模式的 TDMA 信道,携带给 NCS 的信令信息,特别是对岸发起呼叫需要的应答、下载 SES 群识别信息的确认。

5)SEST(船站电传信道)

SEST 是船站的 TDMA 电传信道,携带发往 CES 的 Telex 字符。

6)SESV(船站话音信道)

用于 SES 到 CES 的数字话音的传输。

7)SESD(船站数据信道)

是 SCPC 数字数据信道,支持 9.6kbps 的信息速率。

SESRQ、SESCA、SESRR 及 SESRP 均采用 FEC(1/2,7)卷积码、O-QPSK 调制、码元速率为 24kbps。

4. INMARSAT-B 信道格式

1)INMARSAT-B 信道的发射特性

INMARSAT-B 信道的发射特性列于表 3-12。

INMARSAT-B 信道发射特性 表 3-12

信道类型		信道速率	调制	FEC 编码效率	接续方式	信道间隔
前向(岸到船方向)						
NCS TDM	NCSC	6kbps	BPSK	1/2	TDM	10kHz
	NCSA					
	NCSI					
CES TDM	CESA	6kbps	BPSK	1/2	TDM	10kHz
	CEST					
	CESI					
CESV	CESV	24kbps	O-QPSK	3/4	SCPC	20kHz
	VSUB					
CESD (MSD)	CESD	24kbps	O-QPSK	1/2	SCPC	20kHz
	DSUB					
HSD	HSD	132kbps	O-QPSK	1/2	SCPC	100 kHz
	HSUB					
返回(船到岸方向)						
SESRQ		24kbps	O-QPSK	1/2	Aloha	20kHz
SESCA		24kbps	O-QPSK	1/2	Aloha	20kHz
SESRR		24kbps	O-QPSK	1/2	Aloha	20kHz
SESRP		24kbps	O-QPSK	1/2	TDMA	20kHz
SES TDMA		24kbps	O-QPSK	1/2	TDMA	20kHz
SESV	SESV	24kbps	O-QPSK	3/4	SCPC	20kHz
	VSUB					
SESD (MSD)	SESD	24kbps	O-QPSK	1/2	SCPC	20kHz
	DSUB					
HSD	HSD	132kbps	O-QPSK	1/2	SCPC	100kHz

注:SCPC:Single Channel Per Carrier;

BPSK:Binary Phase Shift Keying;

O-QPSK:Offset Quadrant Phase Shift Keying;

TDMA:Time Division Multiplex Accesses;

Aloha:Random Access protocol. The MES can send an access request to LES at any time, regardless of time frame in NCS TDM channel.

2）偏移四相移相键控（O-QPSK）

四进制移相键控（QPSK）调制是利用载波的四种不同相位来表征输入的四进制数字信息。由于输入的是二进制数字序列，因此需要把二进制数据变换为四进制数据。可以把二进制数字序列中每两个比特分成一组，共有四种组合：00、01、10、11，其中每一组称为双比特码元。这种二—四进制变换，在发送端可以由串/并变换电路来完成，而在接收端则由并/串变换电路来实现反变换。使正弦载波的四个离散相位状态分别与四个双比特码元中的一个相对应，就可以实现 QPSK 调制。

QPSK 调制信号表达式写成

$$S_i(t)=A\cos(\omega_c t+\theta_i)\qquad i=1,2,3,4$$

或

$$S_i(t)=A(\cos\theta_i\cos\omega_c t-\sin\theta_i\sin\omega_c t)$$

一般取 $\theta_i=(2i-1)\dfrac{\pi}{4}$，则 θ_i 为$\dfrac{\pi}{4}$（对应 00）、$\dfrac{3\pi}{4}$（对应 01）、$\dfrac{5\pi}{4}$（对应 11）、$\dfrac{7\pi}{4}$（对应 10），因此

$$\cos\theta_i=\pm\frac{\sqrt{2}}{2};\sin\theta_i=\pm\frac{\sqrt{2}}{2}$$

由于 $\cos\omega_c t$ 与 $\sin\omega_c t$ 相位相差 90°，相互正交，故称余弦项为同相（I）信号，而正弦项为正交（Q）信号。

将 $S_i(t)$写成

$$S_i(t)=\frac{\sqrt{2}}{2}A[I(t)\cos\omega_c t-Q(t)\sin\omega_c t]\qquad (I(t)=\pm1,Q(t)=\pm1)$$

根据上式，可以得到图 3-41 所示的 QPSK 信号的正交调制框图。

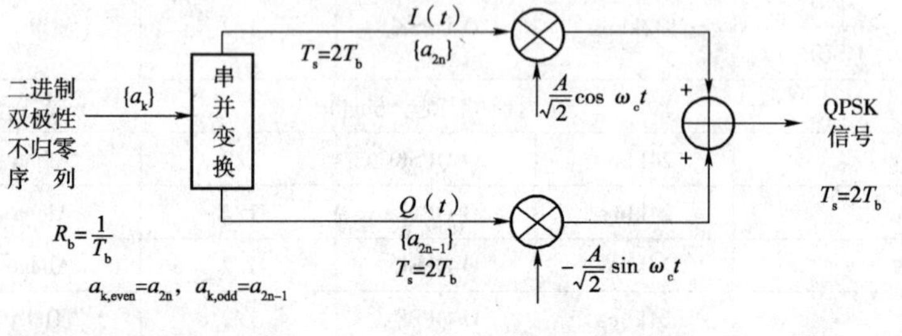

图 3-41　产生 QPSK 信号的正交调制原理图

从图 3-41 可以看出，输入的信息速率为 R_b（码元宽度 T_b）的二进制序列$\{a_n\}$（它的取值为 +1 或 -1），串/并变换后分成奇偶两路，奇数路二进制数据进入 Q 信道、偶数路二进制数据进入 I 信道。每路信号为码元速率减半（$R_b/2$）、码元宽度为 $2T_b$ 的二进制序列，即基带信号 $I(t)$及 $Q(t)$。这两路信号的码元在时间上是对齐的，分别称为同相支路、正交支路。将它们分别对正交载波 $\cos\omega_c t$ 及 $-\sin\omega_c t$ 进行 2PSK 调制，再将这两支路的 2PSK 信号相加即可得到 QPSK 信号。

图 3-42 给出了 QPSK 中的串并变换、$I(t)$及 $Q(t)$基带波形图举例。

对于速率为 R_b 的二进制序列，采用 2PSK 方式传输时信号带宽约为 $2R_b$（参看第二章第三节）。由于四进制码元速率为 $R_b/2$，因此用 QPSK 方式传输信号带宽约为 R_b。显然，QPSK 传输对信道带宽的利用率要比 2PSK 方式提高近一倍。

为了避免 QPSK 解调时，恢复载波的（180°）相位模糊，实用上也（与 2DPSK 一样）采用差

分四相移相键控(DQPSK)。DQPSK 与 QPSK 的不同之处在于:串并变换后的 $I(t)$ 及 $Q(t)$ 先进行差分编码,再 DQPSK。

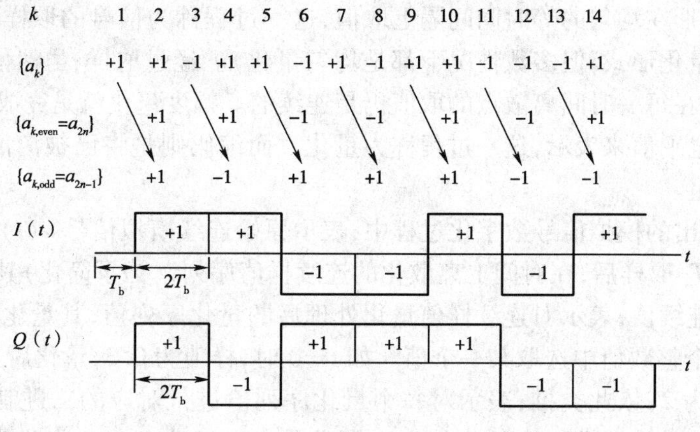

图 3-42　QPSK 的串并变换及 $I(t)$、$Q(t)$ 波形

O-QPSK 是 DQPSK 的一种改进形式,称作偏移 QPSK。O-QPSK 与普通 DQPSK 相同的地方是它们的信号都分成同相分量和正交分量,信号带宽也是 R_b。但是 DQPSK 的 I、Q 两路数据信号的码元在时间上是对齐的,而 O-QPSK 把 Q 信号与 I 信号的码元在时间上要偏移一个比特间隔。在实际信道中,O-QPSK 信号的频谱特性优于 DQPSK,因而可以减小对邻近信道的干扰。

三、INMARSAT-B 通信

1. 接续控制和信令

INMARSAT-B 信道分配采用集中控制与分散控制相结合的方法:由 NCS 对使用 SCPC 信道的通信业务(电话、传真和数据)进行信道分配、管理和控制;对使用 TDM/TDMA 信道的通信业务(Telex),则由各地面站进行分配和管理。

MES 发起的 SCPC 通信(申请)呼叫:MES 的申请呼叫被所选择的 LES 接收后,LES 将经由 CESI 向 NCS 提出信道申请。NCS 将分配点波束信道或全球波束信道,然后 NCS 将分别在 NCSI 和 NSCA 给 LES 和 MES 发送信道分配信息。

MES 发起的 TDM/TDMA 通信(即 Telex 通信)的申请呼叫,由所选择的 LES 接收,并直接分配。然后 LES 分别在 CESA 和 CESI 信道给 MES 和 NCS 发送分配信息。

如果 MES 位于卫星的点波束覆盖区域(MES 申请或应答中提供它所位于的点波束区域的信息),且有合适频率可用,NCS 或 LES 将分配点波束信道;如果 MES 没有位于点波束覆盖区域,或虽然 MES 位于点波束区域但没有适合可用的点波束频率,NCS 或 LES 将分配全球波束信道。然而,所有信令信道均使用全球波束。

2. INMARSAT-B 的电话通信

1)话音编码

常见的电话、传真、电视等信号都是连续的模拟信号,为了传输、处理、存储与交换的方便,提高通信质量,需要将模拟信号转换成数字信号。对话音信号实现这种变换,称为话(或语)音编码。INMARSAT-B 的电话通信采用波形编码,它是一种话音编码技术,目的在于尽可能精确地再现原来的话音波形。波形编码的典型方式是脉冲编码调制(PCM)、自适应差分脉冲编码调制(ADPCM,Adaptive Predictive DPCM)等。

从原理上来看,话音信号数字化要经过三个基本步骤:取样、量化与编码。话音信号是一个在幅度和时间上连续变化的模拟信号,对它进行波形编码,就必须将时间上连续的信号进行时间量化,即对波形在均匀的等时间间隔上取值,这一过程称为信号的取样(虽然时间量化也可以采用非均匀量化形式,但多数情况下都是均匀量化)。经过取样,虽然使语音信号的时间轴被离散,但波形在每一时间离散点的取值仍是连续的。幅度量化就是完成对取值的离散化,即取值用有限个电平值来表示,这一过程称为量化。而编码则是将已被离散化的数值编成对应 0、1 序列的码组。

在图 3-43 给出的模拟信号数字化过程中,表示原始连续模拟信号 $x(t)$;表示对原始模拟信号按均匀间隔 T_s 取样后,在时间上离散化的连续样值序列,(为了简化)其取值是 0 ~ 7 电平区间内的某一个连续值;表示对连续样值量化处理后的量化序列值,其量化值是按照"四舍五入"在 0 ~ 7 的 8 个整数值中选取某一个值。如 $t=0$ 时,样值为 0.3,量化后是 0;$t=1$ 时,样值 1.9,量化后取值为 2,依此类推;表示对每个量化序列值进行对应的二进制编码。由于 0 ~ 7 的 8 个值可以采用 3 位二进制编码来表示,如量化值 0 可以编成 000、量化值 2 编成 010 等。

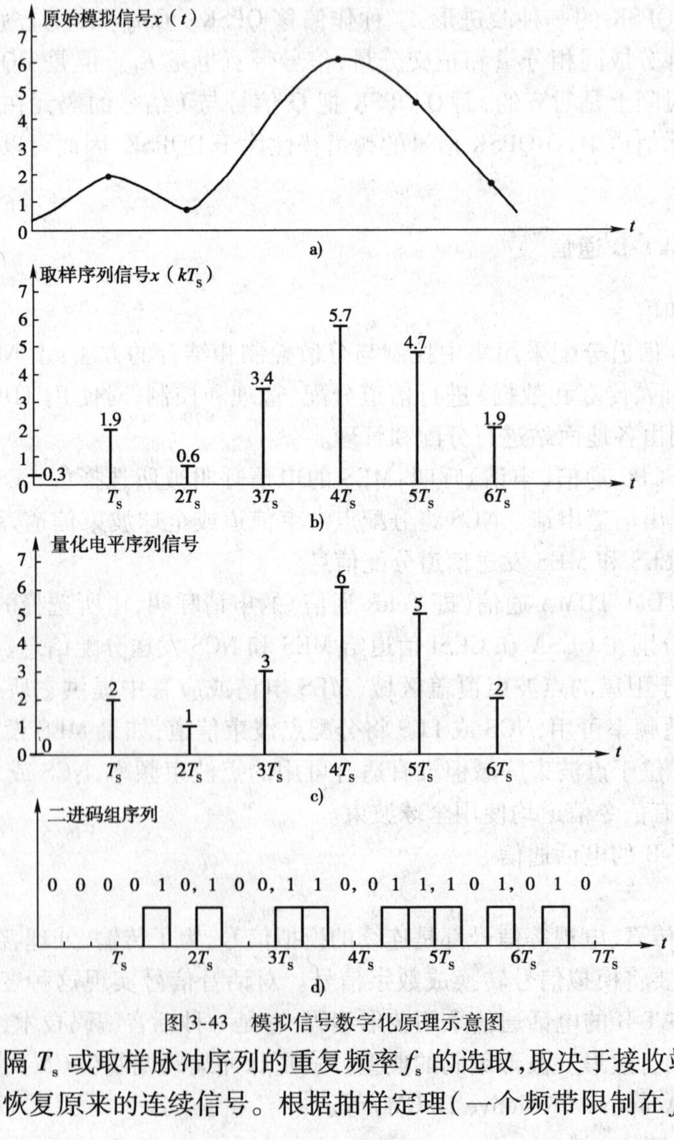

图 3-43　模拟信号数字化原理示意图

取样的时间间隔 T_s 或取样脉冲序列的重复频率 f_s 的选取,取决于接收端是否能根据收到的离散的样值序列恢复原来的连续信号。根据抽样定理(一个频带限制在 $f_L \sim f_H$ 内时间上连

续信号 $m(t)$,如果以$\frac{1}{2f_s}$时间间隔对它进行等间隔取样,则 $m(t)$将被得到的取样值完全确定),对于 300 ~ 3400Hz 的语音信号,只要取样频率大于语音最高频率的两倍,即 6.8kHz,就能由离散的取样序列准确恢复出原来的语音信号。国际上对于 300 ~ 3400Hz 的语音信号,取样速率取 8kHz;对每个取样值用八位二进制代码表示,这样每路标准数字话音的比特率为 $8000 \times 8 = 64$kbps。

上述模拟信号的数字化过程是按照逐个样点进行取值、量化与编码的,将这类过程和方法称为脉冲编码调制(PCM,Pulse Code Modulation)。它是当前最常用的模拟语音数字化的编码方法。

INMARSAT-B 用于语音通信的信道间隔为 20kHz,所以必须对 64kbps 的 PCM 话音信号进行数码率的压缩,使数字话音的比特率为 16kbps。

差分脉冲编码调制(DPCM)技术根据这样一种概念:从某一方向开始的波形有可能以已知的方向继续一个短时间。也就是话音波形的各个取样值之间存在统计关联,这种可预测性使得没有必要对整个波形进行量化,而是根据波形的统计特性采用预测算法,只量化预测误差信号。由于量化器的输入是话音的取样值与该样值的预测值之差(图 3-44),故称为差分脉冲编码调制。

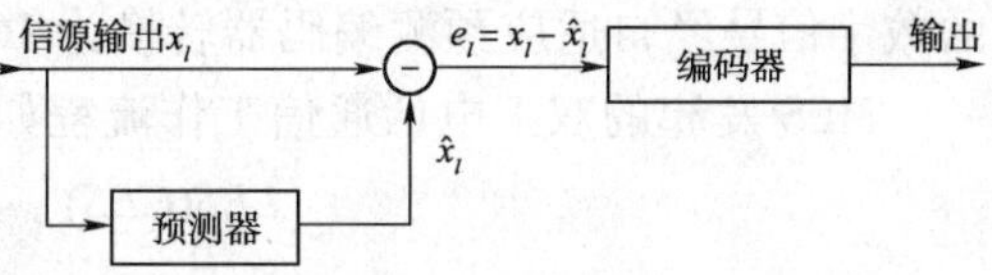

图 3-44 预测编码原理

自适应差分脉冲编码调制(ADPCM)是在差分脉冲编码调制的基础上发展起来的。它们之间的主要区别在于 ADPCM 量化器、预测器都采用"自适应"方式,即量化器、预测器的参数能根据输入信号的统计特性自适应于最佳或接近于最佳参数状态。

采用预测算法,预测误差信号的动态范围要比原话音的取样值小,所以对误差值作量化所需的量化比特数就能减少,从而达到压缩编码的目的。在 64kbps 编码中,取样频率为 8kHz,每取样值为 8bit;但在 DPCM,取样速率仍为 8kHz,对预测误差信号的量化被降低到 4 比特,话音比特率被压缩到 $8000 \times 4 = 32$kbps。

从 PCM 的每个取样值 8 比特降低到 DPCM 的 4 比特,是利用(自适应)预测、(自适应)量化的组合。从每样值 4 比特再降低到 2 比特,使话音比特率降为 16 kbps,就需要波形编码的高质量与利用话音特性的声源编码(将话音信息用特定的声源模型表示:发送端根据输入话音提取模型参数并进行编码,用传输模型参数代替传送以波形为基础的话音编码,并重新混合出具有一定可懂度的话音的声码器)的高效压缩性相结合才能实现(在 16 ~ 8kbps 范围内,甚至 4kbps 达到良好的话音质量)。

2)双工电话通信的工作流程

为了提高效率、减少通信线路连接延时,INMARSAT-B 对话音通信的接续采用 SCPC/FDMA(每载波单路/频分多路复用接续)。INMARSAT-B 的所有话音信道频率由 NCS(只有在 NCS 故障时,才分散由具有"独立(stand-alone)"能力的地面站)管理并进行按需分配。为了提高对卫星功率的利用,CES 话音信道(CESV)使用话音激活载波开关,即只有当话音发往 MES 时载波才接入,也就是说不对着话筒说话就没有载波信号。使用话音激活载波开关的另一作用是使 MES 能区分(陆上用户)说话的停顿与信道的中断(每当说话停顿超过 15s,LES 将发射"空"信号);而 SESV 信道的发射功率(EIRP)由(NCSA 的分配)信令控制,分为 25dBW、29dBW 及 33dBW 三档。

话音信道（CESV、SESV）均采用 O-QPSK 调制、FEC（3/4，7）卷积码、码元速率为 24kbps。它的格式如图 3-45 所示。

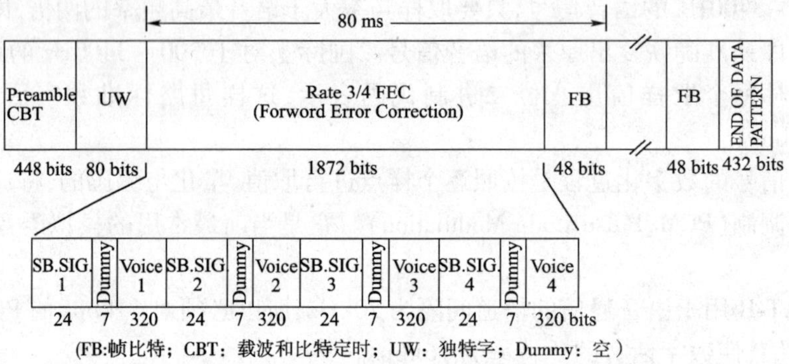

图 3-45　话音信道格式

话音信道的帧长为 80ms，分为四段（共 1404 bits），每段 351bits（24 bits 信令 +7 bits“空”+320 bits 话音）经 3/4 FEC 编码为 1872 bits。

话音编码器将模拟输入信号经采样频率为 8kbps 的 64kbps PCM 转换为数字信号，64kbps 的数字信号经自适应预测编码器转换为 16kbps 数字信号。

MES 发起的双工电话通信工作流程如图 3-46 所示（图中卫星没有画出），说明如下：

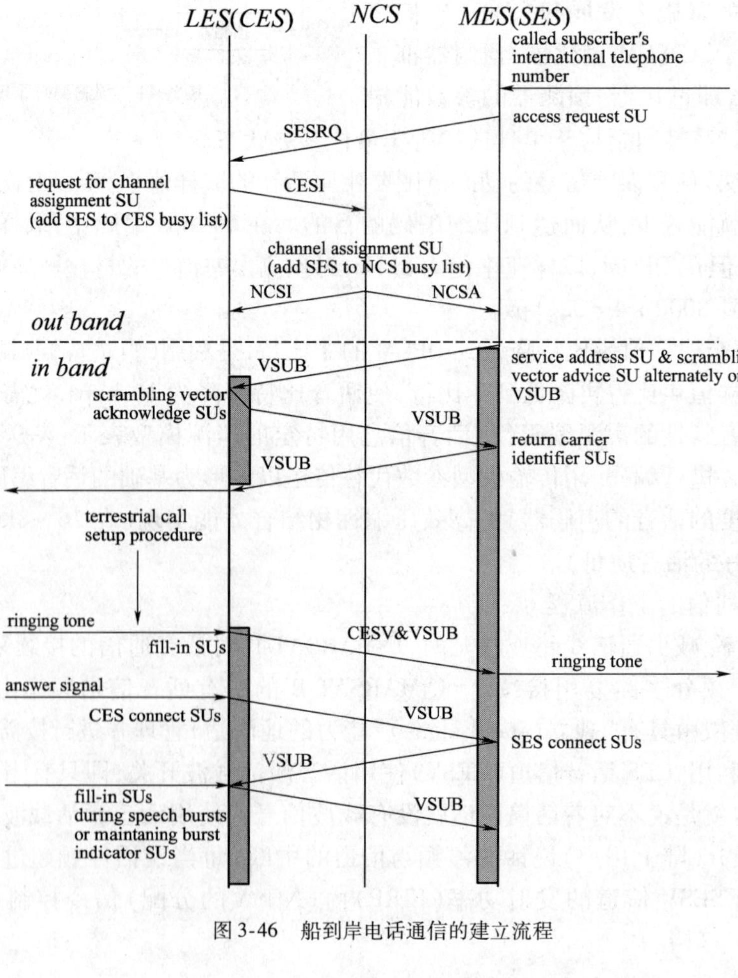

图 3-46　船到岸电话通信的建立流程

(1)(MES端)提起话筒、听到拨号音、拨用户号码后,MES经由SESRQ给选择的LES发送电话通信申请信息(包括天线仰角、方位角范围及点波束信息);

(2)LES经由CESI信道向NCS申请信道,同时将该MES加入LES的“忙”列表中;

(3)NCS通过NCSA、NCSI分别向MES和LES分配电话通信信道,同时将该MES加入到NCS的“忙”列表中;

(4)MES经由SESV的子带(VSUB)信令向LES交替发送用户号码、加密矢量(scramble vector):加密矢量的缺省值为110 1001 0101 1001,“加密”的目的之一是限制数字信号中的连“0”、连“1”的长度;发射端的“加密”是将待发射的数字信号与加密矢量的模2相加,而接收端的“解密”则是将接收的经加密的数字序列与加密矢量的模2相加、恢复出原数字序列;

(5)LES经由CES的VSUB给MES以加密矢量的确认;

(6)MES经由SESV的VSUB给LES以载波识别,LES接收后通过陆上电信网建立与用户的通信线路;

(7)用户接通的铃声经由LES发给MES;

(8)用户摘机的铃声经由LES发给MES,表明MES与用户之间的电话通信线路建立。

从上面船到岸电话通信建立流程的说明可以看到,MES与目的地用户的电话通信线路的建立,可以分成两段:

第一段:MES经卫星与处于同一卫星覆盖洋区、自己选择的CES建立通信信道,一般约需要12s时间。在这段时间里,MES向选择的地面站申请,由所在卫星洋区的NCS分配SCPC信道;

第二段:LES经过国内/国际电话网与目的地用户建立通信线路,一般约需15s。

整个电话通信计费时间,自目的地用户提起话筒开始到任何一方放下话筒拆线为止。

3. INMARSAT-B的电传通信

INMARSAT-B电传通信的通信方式是(LES的)TDM/(MES的)TDMA(LES的TDM请参看图3-38和CEST的内容,),下面对MES的TDMA进行说明。

MES的TDMA(Telex)信道使用O-QPSK调制、速率为24kbps,帧长为9个(CES)TDM,即$9 \times 0.264 = 2.376s$。用于ITA.2的电传发射,一个TDMA帧含有32个时隙,每时隙为一个MES的(突发,即)电传信道(SEST)。每个电传信道由报头(由448比特的载波和比特定时80比特的独特字组成)、17个ITA.2电传字符(每字符6比特)、6字符十六进制MES的发射识别码和(16 bits的)嵌入比特(完成1/2 FEC编码,这样LES就能对接收的“突发”进行解码)组成,如图3-47所示。

MES发起的双工电传(TDMA/TDM)通信的工作流程如图3-48、3-49所示(图中卫星没有画出)。

图3-48给出了MES发起的电传通信线路建立的流程,说明如下:

(1)MES经由SESRQ向选择的LES发送电传通信申请;

(2)LES经由CESA、CESI分别给MES、NCS发送信道分配,同时将该MES加入到CES的“忙”表中;

(3)LES在CEST信道向该MES发送(由“space”空号转为)“mark”传号;

(4)MES接收到传号后,经由分配的SEST信道向LES发送(由“space”空号转为)“mark”传号;

(5)LES在CEST信道向MES发送日期、时间、LES名、ID及WRU(who are you),MES接收并显示;

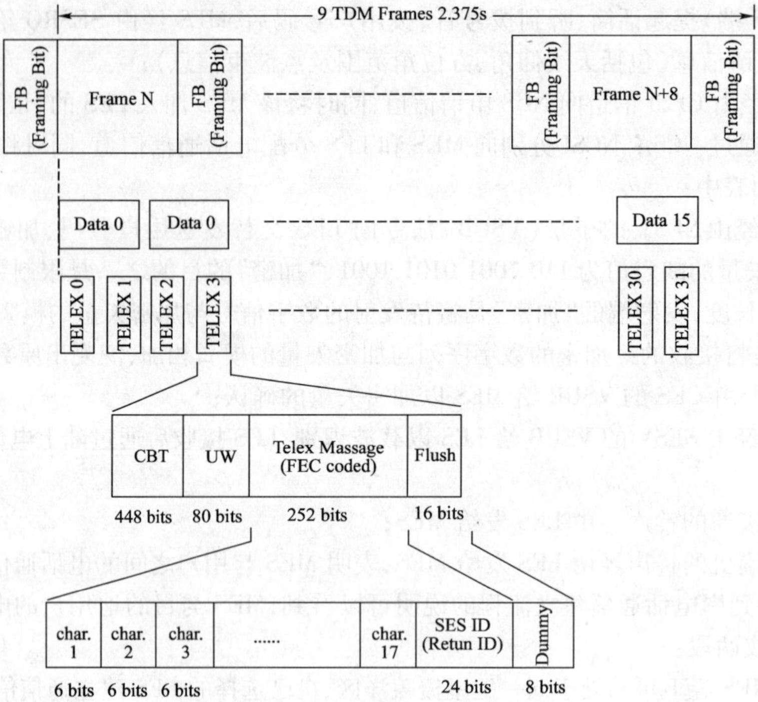

(FB:帧比特；CBT：载波和比特定时；UW：独特字；Flush：嵌入比特；Dummy：空）

图 3-47 MES 的 TDM 帧格式

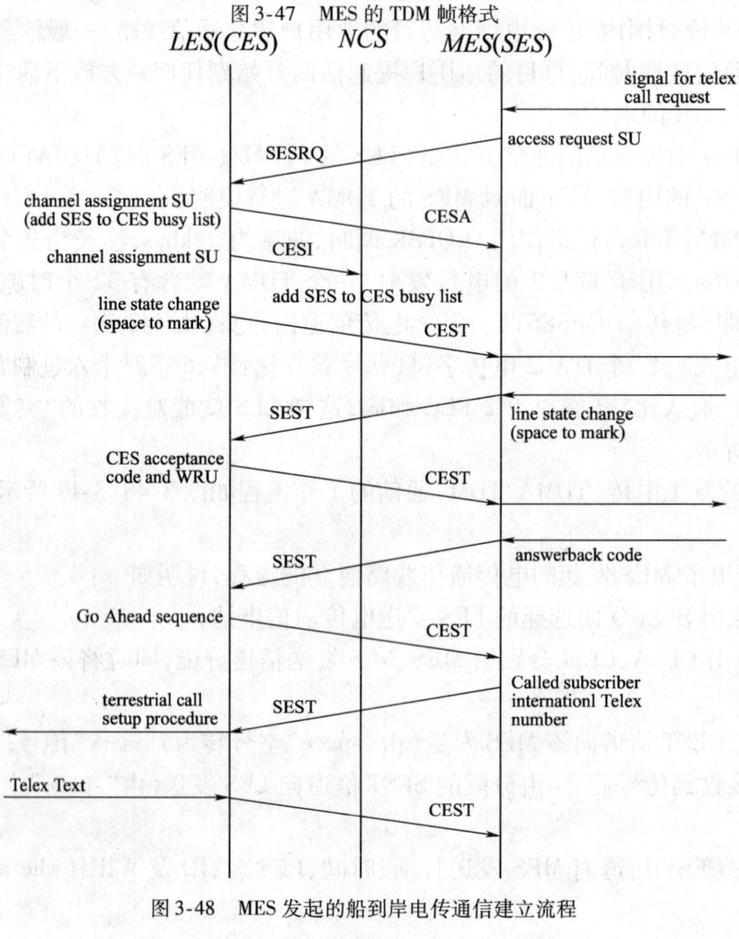

图 3-48 MES 发起的船到岸电传通信建立流程

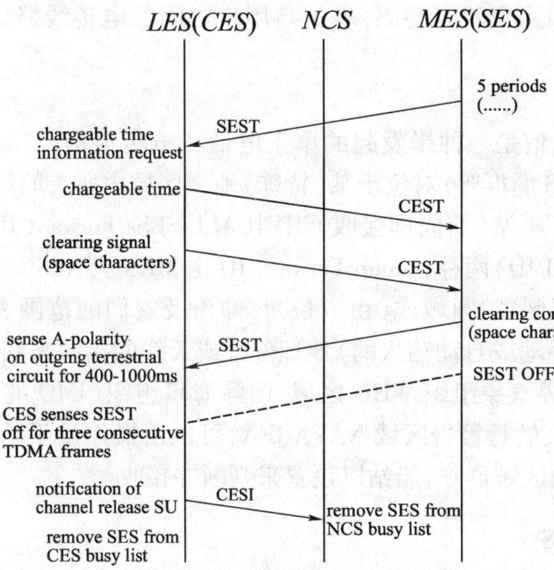

图 3-49　MES 发起的电传线路的拆除

(6)MES 在 SEST 给该 LES 以应答码；

(7)LES 给 MES 发送 GA + ,MES 接收并显示——表示 MES 经卫星与 LES 之间的电传线路成功建立；

(8)MES 向 LES 发送用户的国际电传号码；

(9)LES 经由国际/国内电传线路与用户建立电传连接,并将用户的电传应答码通过 CEST 信道传给 MES,MES 接收并显示——表示 MES 经卫星、地面站和国际/国内电传线路与用户电传线路建立,并开始通信的计时计费；

(10)MES 在 SEST,经由卫星、地面站、国际/国内电传线路给用户发送报文。

图 3-49 给出了由 MES 发起的电传线路的拆除,说明如下：

(1)MES 报文发送结束,操作员键入“.....”5 个点、经由 SEST 信道向 LES 申请通告计费时间；

(2)LES 经由 CEST 通知 MES 本次通信计费的信息；

(3)LES 在 CEST 信道给 MES 发送拆线(即发送空号)；

(4)MES 给 LES 发送拆线确认(即在 SEST 信道发送空号)；

(5)检测陆上电传线路的 A 极性 400 ~ 1000ms；

(6)LES 检测 SEST 信道关闭 3 个连续 TDMA 帧；

(7)LES 经由 CESI 通知 NCS 信道拆除,并将 MES 从忙表中移除,NCS 将 MES 从忙表中移除。

按照上面所述,船站与陆上电传用户通信线路的建立,一般分为两个独立的阶段：

第一段:MES 经卫星与处于同一卫星覆盖洋区的 LES 建立电传的卫星线路,一般约需要 12s 时间。这段时间里,MES 向选择的 LES 申请电传的 TDMA 信道,并获得 LES 直接分配的电传信道;完成与 LES 之间的电传通信 Handshaking(3 和 4),显示并打印日期、时间、地面站 1D 和本船站应答码等。“GA +”的显示标志 MES 经过卫星与选择的 LES 成功地建立了电传线路。如果在大约 10s 时间内,MES 没有收到来自地面站的任何信息,必须重新发射申请。

第二段:LES 经过国内/国际电传网与最终目的地(如陆上用户)建立通信线路,约需 15s

左右时间。MES 显示被呼叫用户的应答码,表示与用户之间的电传线路成功建立,同时开始电传通信的计时计费。

4. 区域通信

INMARSAT-B 的区域通信是一种岸发起的单工电话或电传通信,可以分为两类:以 MES 群呼识别对一个或多个 MES 的群呼;对位于某(特殊)地理区域内所有船站的区域群呼。

船站的群呼识别有所有船站(前向即接收)识别(ALL-SESs Forward ID)、船站群呼(前向即接收)识别(Group Forward ID)两种,Group Forward ID 由 MES 从 NCSC 下载。

对以经纬度表示的矩形区域、圆域或(由方位角/仰角及它们的范围表示的)伪矩形区域的区域群呼,船站以本船(手动或自动输入的)地理位置或天线的指向来判断、接收。

对于特殊地理区域:世界气象组织 WHO 区域、国际海事组织(IMO 的)SAR 区域、国际航联组织(ICAO 的)SAR 区域、航行警告区域 NAVAREA,可以由操作员手动输入对船站进行设置。对这些特殊地理区域的区域群呼,船站以设置来判断并接收。

四、INMARSAT-B MES

1. 组成

INMARSAT-B MES 由安装在甲板上面的甲板上设备(ADE:Above Deck Equipment)和安装在室内的甲板下设备(BDE:Below Deck Equipment)两大部分组成,它们之间通过同轴电缆相连接。

下面以日本古野公司的 INMARSAT-B FELCOM 82 为例,说明 INMARSAT-B MES 的电路组成及工作原理。船上实际安装的古野 INMARSAT-B FELCOM 82 的构成如图 3-50 所示。

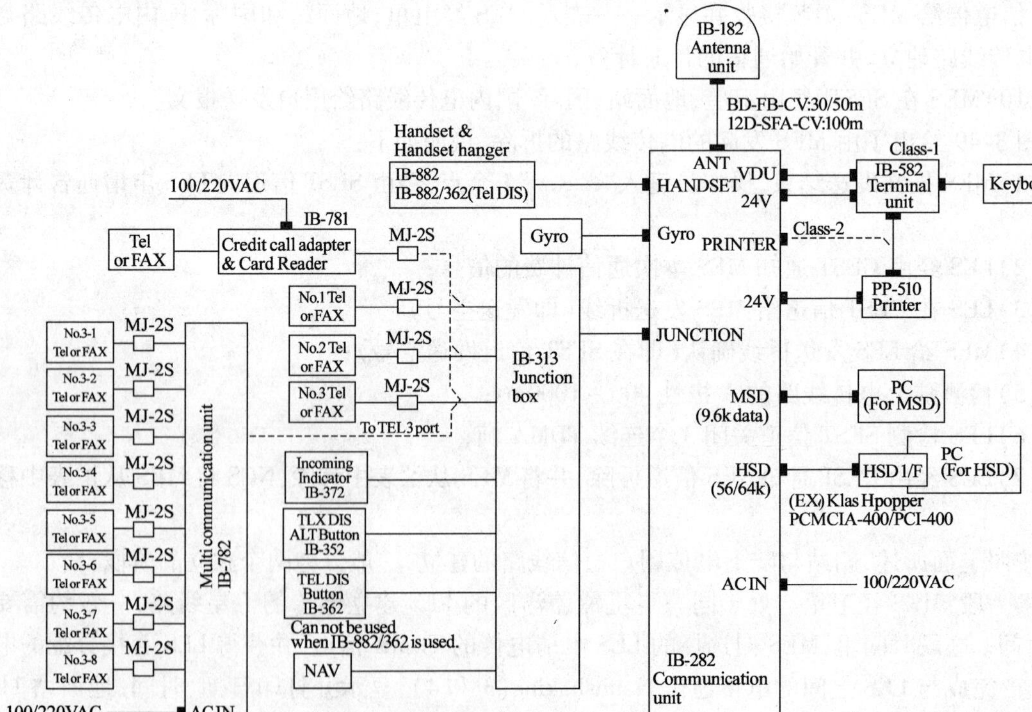

图 3-50　FELCOM 82 的结构图

MES 由天线单元(甲板上设备)和通信单元(甲板下设备)两大部分组成,两者由阻抗为 50Ω 的同轴电缆相连接。+28V 电源由通信单元经由电缆向天线单元供电,电缆上还传输控制信号和 L 波段发射(TX)/接收(RX)信号。MES 可由 110V 或 220VAC 供电。

MES 配置的终端设备由船上所需的通信业务决定,可分为标准配置(Standard supply)、选择配置(Option supply)两种。标准配置为电话机、传真机、电传机、PC 机(用于高速数据 HSD 通信)及遇险报警按钮。

1)天线单元

天线单元由稳定的天线支架(Pedestal)和抛物面天线、支架控制单元(PCU)、高功率放大器(HPA)及低噪声放大器(LNA)组成,图 3-51 给出了天线单元的组成框图。为了保证天线在恶劣环境下正常工作,天线单元的外面罩有用强化塑料制成的钟形外罩。

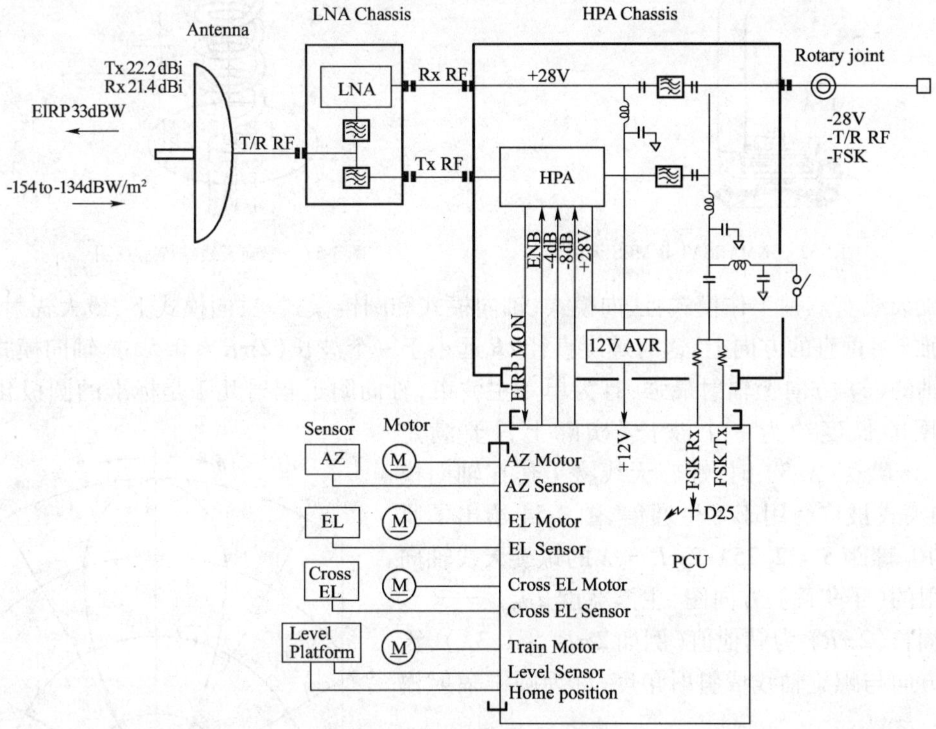

图 3-51　天线单元组成框图

(1)稳定的天线支架。天线支架的机械结构有 5 个消震器和一个平衡控制器构成(参见图 3-17),支架与基座通过旋转接头实现电的连接。通过(AZ、EL 和 C-EL)三轴的有源控制补偿船舶的运动(横摇、纵摇、航行等),使天线稳定。AZ、EL 和 C-EL 三轴相互垂直,三轴各安装一个角度传感器以检测船舶的运动,传感器产生与旋转角度成比例的电压。例如,EL 轴传感器检测到船舶的横摇,产生的输出电压由 PCU 控制改变俯仰角度,使船舶横摇时天线仍能保持对卫星的指向。另外,支架还有光耦合器、双轴重力倾斜仪组成的水平传感器。倾斜仪是一个玻璃小瓶,内有五个电极,并注有瓶子一半的导电液。传感器水平时,五个电极在导电液的深度是相同的。而当传感器倾斜时,每个电极在导电液内深度的变化将转换为配对电极间电阻的改变。每当电源开启时,光耦合器使天线的俯仰角复位为 0°。

(2)抛物面天线。抛物面天线的馈源是螺旋天线、反射器则是直径 90cm 的抛物面,如图 3-52 所示。天线极化为右旋圆极化。

螺旋天线的结构示意如图3-53所示。由金属导线绕成的N匝圆柱螺旋线为辐射体，一端与馈电同轴线芯线连接，另一端呈自由状态。同轴线终端外导体横向延伸成直径为0.8～1.5工作波长的金属圆盘，有效抑制天线的背向辐射。

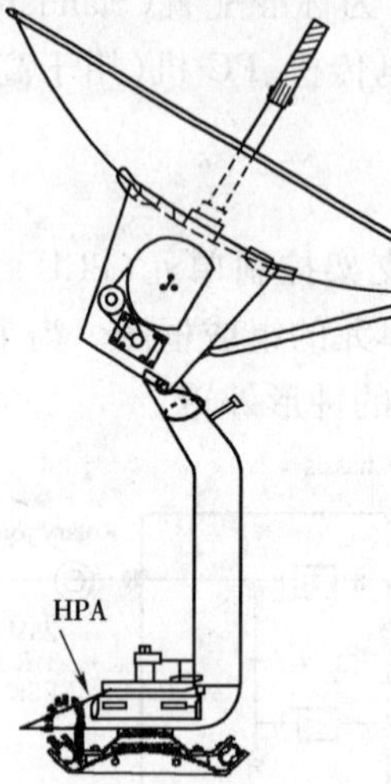

图3-52　INMARSAT-B MES天线

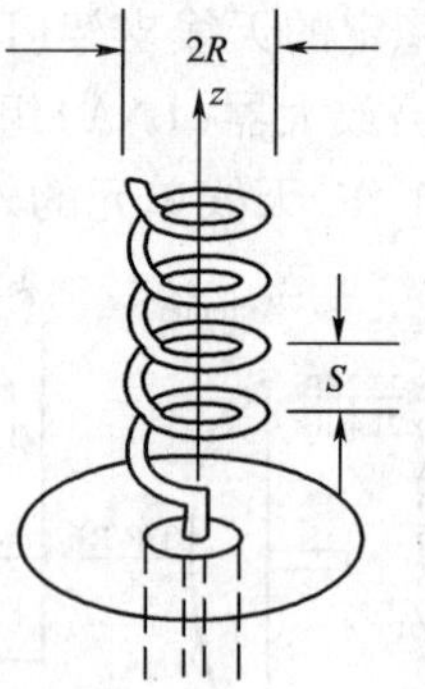

图3-53　螺旋天线结构示意图

螺旋天线有三种工作模式：法向模式、轴向模式和圆锥模式。法向模式下，最大辐射出现在与螺旋轴z相垂直的方向上，这时螺旋直径$2R$远小于一个波长($2\pi R < 0.5\lambda$)。轴向模式下，沿着螺旋轴的(z)方向上辐射最强，且为单一主波束，轴向附近辐射几乎是标准的圆极化波。当螺旋单圈的长度约为一个波长(实际上只要满足$3\lambda/4 \leqslant 2\pi R \leqslant 4\lambda/3$)时，螺旋天线将工作在轴向模式，轴向模式被广泛用于卫星通信。图3-54给出了匝数$N = 10$、螺距$S = 2.25\lambda$、$2\pi R = \lambda$的螺旋天线轴向模式辐射的(子午面)方向图，主瓣宽度$2\theta_{0.5} = 36°$。当螺旋周长($2\pi R$)为其他值(例如$2\pi R > 1.3\lambda$)，天线辐射方向与螺旋轴线成斜射角度，称为圆锥辐射模式。

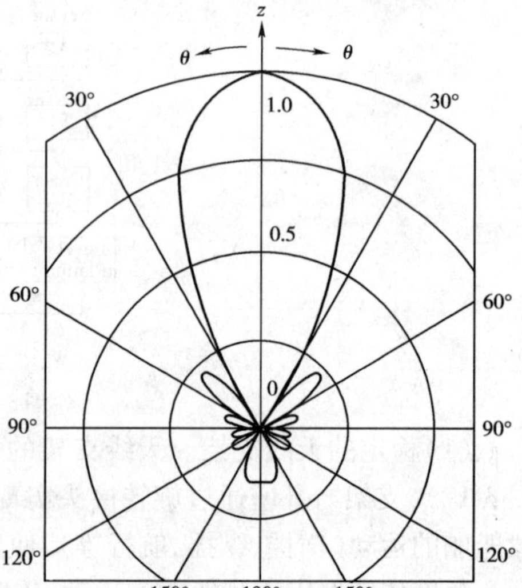

图3-54　螺旋天线轴向模式工作时的方向图

由于INMARSAT卫星辐射信号是圆极化波，所以INMARSAT-B MES的天线馈源采用轴向模螺旋天线满足极化的要求。螺旋天线的具体样式还有不少变化。例如，让螺旋直径逐渐变化，越往末端直径越小，使其成锥状，可以改善阻抗、方向图和极化。

(3)支架控制单元(PCU)。支架控制单元主要完成天线对卫星指向的控制：接收来自通信单元的信号后，PCU给马达发送脉冲信号使天线指向计算的方向；接收来自AZ、EL和C-EL三轴角度传感器的信号，控制马达使天线转动，补偿船舶运动对天线指向的影响；每当开启电源，水平传感器给PCU发送信号、使仰角计数器复位为零；对MES有效全向辐射功率EIRP进行控制。

(4)高功率放大器(HPA)。船站的整个发射系统完成的基本任务是产生一定频率、一定功率，并经调制的高频信号。要求有足够大的输出功率；较宽的频带(发射频带为1626.5～

1646.5MHz);高载波精确度(发射频率变化应在±250Hz以内);功率稳定度高(要求船站对卫星方向的有效全向辐射功率EIRP保持在额定值的一定容差范围之内)。功率放大器按上述要求设计。

来自通信单元的发射信号经由TX L波段滤波器送到HPA,HPA是甲乙类放大器。输入天线单元的发送信号为0dBm,经HPA输出功率最大可达+42.4dBm。受通信单元的控制,HPA的输出功率可以作4dBm步减。

当MES与CES建立通信时,MES俯仰角信息发往CES,在CES或NCS对MES的分配信息中含有对EIRP的控制信号,分为33dBW、29dBW或25dBW三档。

(5)低噪声放大器(LNA)。INMARSAT卫星发射的功率不可能很大,而且它所发射的信号在传输过程中将受到很大的衰减。因而信号被船站接收到的将是非常微弱的($-154 \sim -134 dBW/m^2$)。船站接收系统除了采用高增益天线外,接收系统的前级一般都采用噪声温度低、频带宽、增益高的低噪声放大器,以减少接收机内部噪声和干扰的影响和提高接收系统的接收灵敏度。

LNA包括双工器(天线分离滤波器)和LNA电路,位于天线与发射机/接收机的输出/输入之间的双工器确保发射机与接收机的全双工工作。由于船站的接收和发射共用一副抛物面天线,这就要求发射的信号只向天线传输,而天线接收的信号只向接收系统传输,天线分离滤波器(或称双工器)的作用就是满足这个要求。它是利用发射信号和接收信号的工作频率不同,对信号进行滤波隔离。天线分离滤波器是由工作在船站接收频带1525.0~1545.0MHz的带通滤波器和工作在船站发射频带1626.5~1646.5MHz的带通滤波器组成。来自功率放大器的信号,经发射频带滤波器,只向天线传输,泄漏到低噪声放大器去的功率小到可容许的程度。而天线接收的信号经天线分离滤波器的接收频带滤波器,只向低噪声放大器传输,不泄漏到发送系统。为把馈线损耗减到最小程度,将低噪声放大器和双工器装在天线单元内。

天线接收的信号(-86.6~-66.6dBm)经由双工器送到LNA放大,经RX L波段滤波器送往通信单元,LNA的增益为45dB。

(6)卫星信号的捕获与跟踪。天线按以下步骤自动指向卫星、跟踪卫星信号:

①初始化。每当开启电源,天线的方位、水平数据是预置的:限位开关使天线顺时针(cw)转动、检测天线方位数据;水平传感器板由马达驱动逆时针(ccw)转动到光耦合器接通,使仰角为零。此时天线状态为“FAULT”。

②天线指向计算方向。初始化后天线将转动并改变仰角,PCU根据导航设备提供的船位及陀螺罗经航向计算得到的数据,并给AZ和EL马达发送脉冲信号,使天线指向计算的方向。天线状态变为“REMOTE”。在两颗卫星重叠覆盖的区域,天线(在自动模式下)将首先选择更大仰角的卫星。

③扫描点波束。MES利用接收的NCSC信号布告版信息对点波束进行扫描,通过测量点波束应答器发送的NCSC载波的强度进行识别。

④卫星洋区登记。MES给NCS发送卫星洋区登记信息,天线的状态为“Ready”。

⑤对卫星的跟踪。天线一旦捕获卫星信号,将以步进方式对卫星信号进行跟踪。每隔15s,按NCSC信号的强度控制天线的方位角和仰角,使接收的信号最强。如果有障碍物阻断卫星信号,天线停止转动。如果信号被阻断5min或以上,天线将缓慢顺时针转动执行(下面的)天线未捕获卫星信号的流程。

当天线仰角达到85°或以上时,将不能以步进方式工作。

开启电源5min,如果天线仍未能捕获到卫星信号,则天线将缓慢顺时针转动,寻找NCSC信号;如果转动一圈仍未捕获到卫星信号,天线再一次顺时针转动寻找信号;如果可用,则寻找其他卫星;如果仍不能捕获卫星,天线将不考虑船位,而在各方位以4°为步进,仰角在6°~82°范围内也以4°的步进搜寻卫星。

天线除自动模式外,也可以人工选择卫星洋区,或指令改变天线的方位角/仰角。

2)通信单元

通信单元主要包括:射频变换(RF CONverter)、CPU、SAW滤波器(SAW FIL)、开关电源电路(SW REG)、模/数转换等,如图3-55所示。

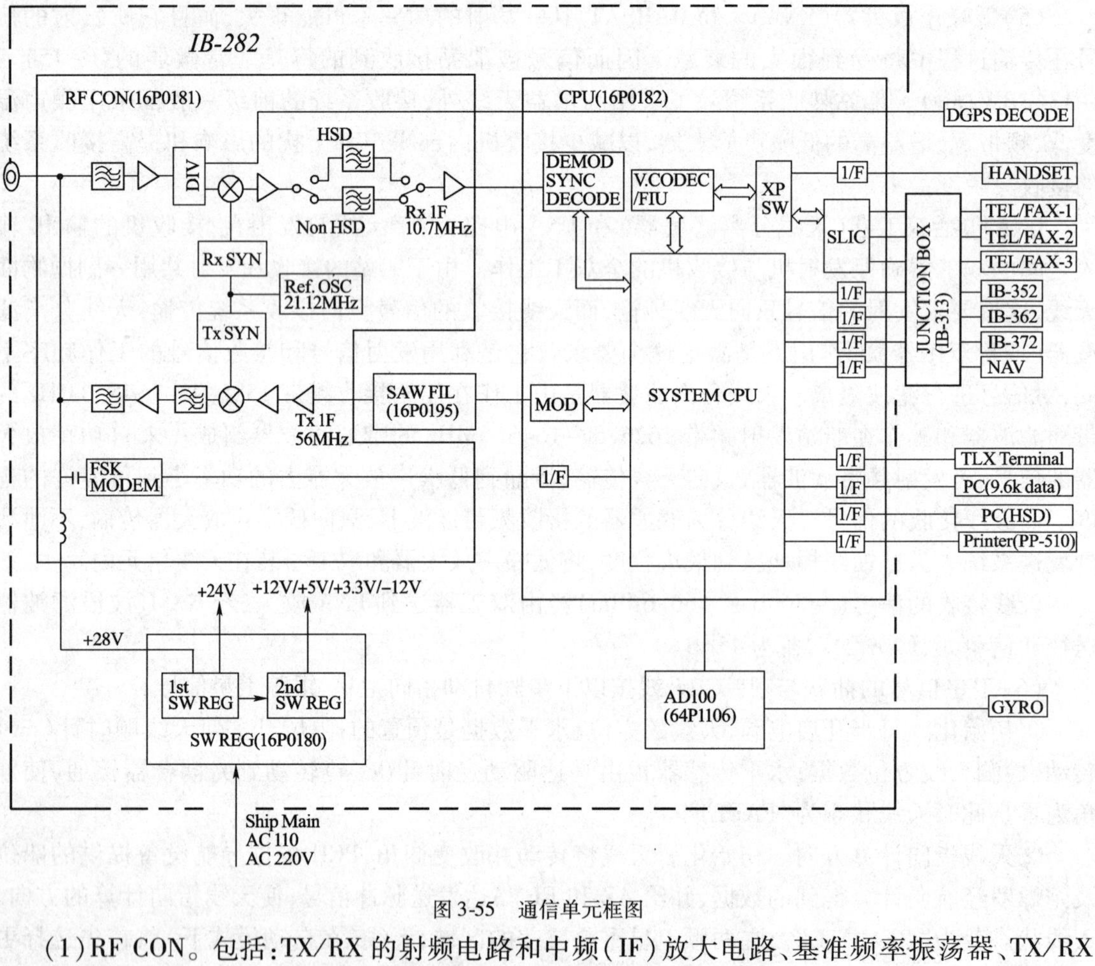

图3-55 通信单元框图

(1)RF CON。包括:TX/RX的射频电路和中频(IF)放大电路、基准频率振荡器、TX/RX频率合成器、FSK Modem(调制解调器)以及+28V注入电路。

①FSK Modem。用于通信单元与天线单元、串行接口简的通信,发送控制信号、接收有关天线状态及输出功率的数据。

②接收机电路。RF CON上的接收机电路由L波段放大器、混频器、中频AGC放大器等组成。来自天线单元的接收信号被滤波、放大并(由混频器)频率变换为10.7MHz的中频信号;AGC电路则调整中频放大器的放大量(或增益);温控基准频率晶体振荡器(Ref. OSC)的工作频率是21.12MHz,用于TX/RX频率合成器、CPU的时钟;RX频率合成器(RX SYN)由815MHz和730MHz两个锁相环(PLL)组成,根据接收信道的不同,两锁相环输出混频得到频率为1535.7~1555.7MHz的信号(如CH6000的1525.0MHz、CH10000的1535.0MHz及

CH14000 的 1545.0MHz)。

③发射机电路。包括混频器、射频滤波器及射频放大器等。来自 CPU 板调制器的 O-QPSK、BPSK 频率为 56MHz(步进为 10kHz)的中频信号与 TX 频率合成器的 1682.4 ~ 1702.56MHz信号混频形成 1626.5 ~ 1646.5MHz 的 L 波段发射信号(如 CH6000 的 1626.0MHz、CH10000 的 1636.5MHz 及 CH14000 的 1646.5MHz)。

发射机的输出信号被检测,作为发射的射频信号的强度(通常情况下是 12 ~ 28)。

接收机、发射机电路都有频率变换电路——混频器,MES 的频率变换电路包括频率产生器、接收频率变换器(也称下变频器)和发射频率变换器(也称上变频器)三个部分。

频率产生器实质上就是(本机)振荡器,大多采用频率合成器,提供高频率稳定度的、所需频率的正弦振荡。如接收所需的 1535.7 ~ 1555.7MHz、发射所需的 1682.4 ~ 1702.56MHz 的正弦振荡信号。

INMARSAT 船站的接收系统一般都采用超外差电路,以提高接收灵敏度和选择性。在接收系统中,来自低噪声放大器的高频信号(1525.0 ~ 1545.0MHz)下变频为中频信号(10.7MHz),放大到足够高的电平后再送到解调器进行解调。接收频率变换器的作用就是把接收的(来自低噪声放大器)信号的载波频率变换为中频,而调制规律仍保持不变。中频信号经电缆送到甲板下设备进行放大和解调。

发射频率变换器用于船站的发射系统。来自调制器的中频(56MHz)信号,经发射频率变换器将中频信号的载波频率(如 56MHz)变换为 1626.5 ~ 1646.5MHz 的射频信号,而调制规律仍保持不变。发射频率变换器输出的射频信号将送到高功率放大器(HPA)进行功率放大。

(2)CPU 板。分成 5 部分:接收机、发射机、接口、系统控制和编译码器。

接收机由解调器、帧同步器、FEC 译码器和解扰器组成,如图 3-56 所示。来自天线单元的中频(10.7MHz)接收信号经接收电路处理,输出基带信号。

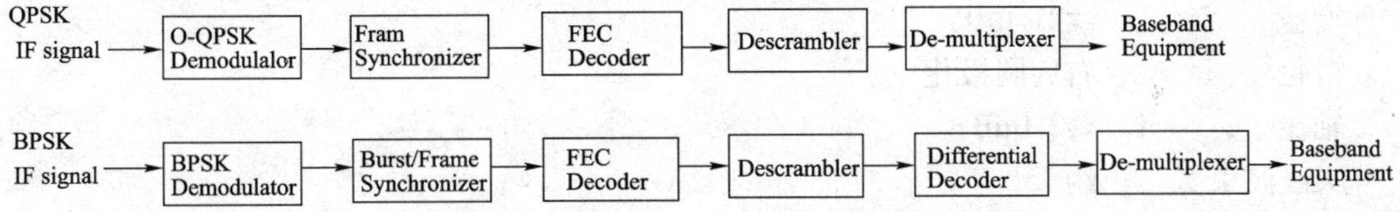

图 3-56 接收电路组成框图

发射机由加扰器、编码器、帧同步器、数据处理器和调制器组成,如图 3-57 所示。来自终端设备的基带信号经发射电路处理,输出 56MHz 中频发射信号(到天线单元)。

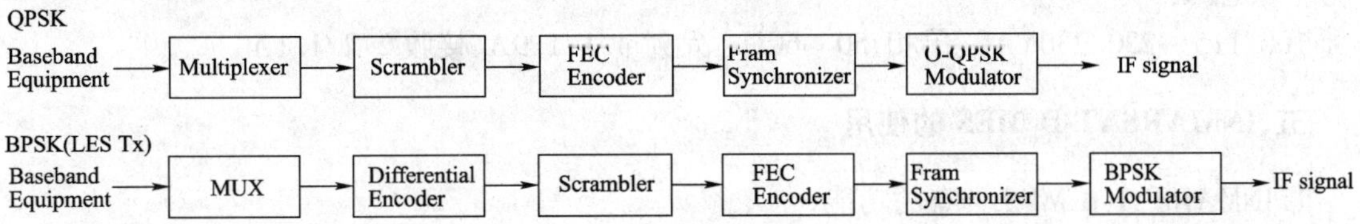

图 3-57 发射电路组成框图

接口:包括电话/传真、话机、高速数据、9.6k 数据、(电传)终端、打印机、电话遇险报警按钮、电传遇险报警按钮、(导航)NMEA 数据、陀螺罗经数据和串行数据。

系统控制:被控的电路有频率合成电路、天线控制电路、模/数(A/D)输入电路、看门狗、RTC、存储备用电路。

电话/传真接口:话音编码器、话音译码器、传真接口单元和两线接口。

(3)SAW FIL。位于 CPU 板与 RF CON 板之间,用来抑制 56MHz 中频发射信号的干扰。

(4)SW REG。开关调整电路,外部供电为 110/220VAC,产生 +29.5V、+12V、+5V、+3.3V、-12V 及 +24V 电压;内含输入过/欠压、短路保护电路。

(5)A/D。GYRO 信号经 A/D(模/数)转换为相应格式的数字信号。

2. INMARSAT-B MES 技术特性

(1)通信单元:

发射频率	1626.5~1646.5MHz
接收频率	1525.0~1545.0MHz
调谐步进	10kHz(电传接收)、20kHz(电传发射、话音、9.6kbps 数据) 100kHz(HSD)
接收灵敏度	大于 -4dB/k
EIRP	33/29/25dBW
调制	
话音	O-QPSK/24kbps
9.6kbps 数据	BPSK/3kbps
HSD	O-QPSK/132kbps
电传发射	O-QPSK/24kbps
电传接收	BPSK/6kbps
TDM	BPSK/6kbps

(2)天线单元:

天线类型	直径 0.9m 抛物面
增益	≥21.0dB
极化	右旋圆极化
轴比	≤2.0dB
天线波束宽	约 15°
指向范围	AZ:360°、无回绕、EL:5°~90°
指向精度	<3°(EL/AZ)
跟踪	步进跟踪系统

(3)电源:

100/115~220/230VAC、单相、50~60Hz;发射 4.1/1.9A、接收 2.2/1.1A

五、INMARSAT-B MES 的使用

1. INMARSAT-B MES 具有的功能

(1)应能从船舶通常驾驶位置和专门用于遇险报警的任何其他位置上,用无线电话或电传启动和发送遇险报警信号;

(2)启动和接收遇险优先呼叫;

(3)对岸至船的遇险报警,包括特别讲明的地理区域(NAVAREA 区)的岸对船的遇险报警保持值守;

(4)使用无线电话(传真)或电传发送和接收日常的无线电通信;

(5)使用PC机和专用软件(如Rydex、AMOS、Skyfile)实现高速数据通信、E-mail通信、Internet连接和通信。

2. INMARSAT-B MES通信业务的使用

使用INMARSAT-B MES船站能否进行上面所列的业务通信,取决于终端设备的配置和地面站提供的业务情况。

1)天线对卫星的指向

为了使船站连续地对NCSC TDM信道的守听(也称同步),船站的天线必须保持指向所在洋区的卫星。天线对卫星的指向,一般可以通过以下三种方法:

(1)由船站(甲板下电子单元)面板手动输入。根据船位、选择的卫星通过查图或查表得到卫星的方位角(AZ)和仰角(EL)。面板上选择手动(Manual)方式,分别按AZ、EL按钮直到所需的值,使接收电平指示值达到(厂家的)规定值。

(2)由电传设备控制。由电传设备终端输入指令(参阅船站使用手册),使天线的方位角或仰角自动置于指令指定的值或自动扫描搜索卫星;

(3)天线自动指向卫星。船站天线自动指向卫星包括:

①开启电源后,对卫星的捕获、跟踪;

②信号掉失后,对卫星的重新捕获、跟踪;

③在卫星重叠覆盖区内,对另一颗卫星的自动捕获、跟踪。

2)电话通信的使用

电话通信信道的建立分为独立的两段:船站经卫星与位于同一洋区的地面站建立通信连接;地面站经国内/国际电话网与目的地用户建立通信连接。

船站选择电话方式(即提起话筒)、选择通信优先等级(预先设置)、选择地面站(主要考虑:位于同一卫星洋区、提供所需的通信业务、通信费用等)、指定用户,即:

提起话筒、(听到拨号音后)拨用户号码,下面是用户号码的构成:

(1)陆上用户:

(三位)CES ID	(电话)两位业务码	(电话)国家码	(用户电话)区域码	(结束符)#

(2)(位于某卫星洋区的)MES:

(三位)CES ID	(电话)两位业务码	(电话)洋区码	MES ID	(结束符)#

其中:电话洋区码

AOR-E	871
POR	872
IOR	873
AOR-W	874
通用洋区码	870

15s内,MES将听到电话接通铃声。用户提起话筒,与目的地用户的电话线路完成建立,并开始计时、计费。

3)数据通信

INMARSAT-B系统为用户提供9600bps数据和传真业务,一页平均2500个字符(约20 000bits)的电文,以9600bps传送,约只需2s(数据设备之间的握手应答handshaking约需20~30s)。如果采用数据压缩技术,则传输所需的时间更短。

INMARSAT-B系统提供高速数据(HSD:High Speed Data)业务,速率为56/64kbps。使用

专用软件(如 A-MOS、RYDEX)实现高速数据通信、E-mail 通信、Internet 连接和通信。

数据通信的典型使用包括:船舶与管理部门之间的信息传输,如视频会议、机舱监控等;进入专用信息数据库,包括天气公告、海图修正和技术维修信息等(具体操作请参阅软件使用手册)。

4)电传通信

由 INMARSAT-B MES 经 INMARSAT 卫星可以与国际电传通信网内的任何一个电传用户进行实时电传通信。电传通信具有许多优点,如报文可以事先准备,保证报文内容的完整;电传双方交换应答码,提供目的地收到报文的确认;即使操作员不在场,任何时候都能保证报文的接收;许多地面站提供"存贮—前向传输"业务,报文可以留在计算机内,传往一个或多个地址用户(一文多址);许多地面站还提供两位码电传业务。

电传通信一般步骤如下:

(1)报文处理。由电传软件提供的界面,通过键盘进行报文的输入、编辑、存储、打印或对存储器内现存的报文进行重新编辑。

(2)电传通信线路的建立。电传通信线路的建立分成两个独立的阶段:

①船站经卫星与本卫星洋区内的地面站建立电传通信线路:

A. 将船站置于电传方式(telex mode);

B. 设置通信优先等级(缺省设置一般为 routine);

C. 选择地面站(应该与船站处于同一卫星洋区);对地面站的选择要考虑所需通信业务、费用等;

D. 发起电传申请呼叫(如对北京地面站的呼叫:868 +),一般在 12s 内,船站与选择的地面站之间将进行:船站接收到 LES 的电传信道分配;船站与地面站完成电传的 Handshaking;船站显示器(或打印机)给出地面站名、识别、日期、WRU(Who are you);MES 给地面站以应答码;地面站发送 GA +(go ahead)并被 MES 显示——表示 MES 经过卫星已成功地与地面站建立了电传通信线路。如果在约 10s 内,船站没有接收到地面站的任何信息,船站应该再发起电传申请。

②由地面站经国内/国际电传网与目的地用户(陆上用户或另一船站)建立通信线路

船站接收到来自地面站的 GA +,应该立即键入所需要的通信业务和目的地用户电传号码:

目的地用户是陆上用户时,则键入:

(电传)两位业务码　(电传)国家码　陆上用户电传码　(电传结束符) +

(电传结束符是" + ",必须键入,表示键入号码结束、并进行发射)

目的地用户是另一船站时,则键入:

(电传)两位业务码　电传卫星洋区码　MES ID　(电传结束符) +

其中,四个卫星洋区的电传码是:

AOR-E	581
POR	582
IOR	583
AOR-W	584

船站接收并显示来自地面站的陆上用户或船站的电传应答码,表示船站经过卫星、地面站与陆上电传用户或船站之间的电传线路已经建立,同时开始电传通信的计时计费。

(3)报文发送。

(4)拆线。报文发送结束,应及时拆线。由键盘键入 5 个“·····”或 5 个“,,,,,”可以完成拆线的操作,地面站将通告本次通信计时信息。

“·····”表示电传通信结束,要求告知付费时间。“,,,,,”表示与该用户电传通信结束,但还需与其他用户进行通信。

第五节　INMARSAT-F 系统

一、概述

INMARSAT-B、M 系统的设计是工作在 INMARSAT 第一、二、三代卫星,所以既可以以全球波束也可以以点波束工作。作为 INMARSAT-M 的改进——INMARSAT mini-M 和 M4 系统仅工作于 INMARSAT 第三代卫星的点波束,而 INMARSAT-F 则是对 mini-M 和 M4 业务和功能的改进,工作于第四代及以上卫星。

随着陆上 Internet 日益普及和业务需求的急剧增长,海事用户对大信息量(如图片、图像等)数据传输需求的增加,除传统的电话、传真及电传通信业务外,都要求 INMARSAT 发展宽带卫星通信系统,以适应多媒体业务和 Internet 业务发展的需要,使 INMARSAT MES 与陆上用户一样享用综合业务数据网(ISDN,Integrated Service Data Network)的速度、便利和提供综合通信业务。

INMARSAT 将移动 ISDN (移动综合业务数据网,Mobile Integrated Service Data Network)和 MPDS (移动分组数据业务,Mobile Packet Data Service)技术用于 INMARSAT-F,使得 INMARSAT-F MES 通过移动 ISDN,能同时进行话音、传真和数据通信;利用 MPDS,可在线、实时连接到 Internet,使海上用户真正意义上进入到 Internet,与 LAN 或 WAN 直接互连。

IMO 关于卫星通信的新决议(话音通信的优先控制功能)要求用于 GMDSS 通信的系统,不仅能在船到岸,而且能在岸到船两个方向上区分四个(遇险、紧急、安全、日常)等级的通信,以改善搜救通信,保证海上安全。

基于 INMARSAT 第三代卫星(Inmarsat-3)并兼容 INMARSAT-4 而开发的 INMARSAT-F 通信系统是目前唯一能满足 IMO 新决议的卫星通信系统:船到岸、岸到船两个方向上能按四个优先等级对话音通信实现控制,使 MRCC 或其他机构从陆上发出的 $P=3$、2、1 的通信可以优先中断正在进行的、较低等级的影响搜救的通信,将占用的信道让给较高等级的通信使用。

1. INMARSAT-F 组成

INMARSAT-F 的组成与其他 INMARSAT 通信系统一样:INMARSAT-F 与其他 INMARSAT 通信系统共用 INMARSAT 卫星;各卫星覆盖区 NCS 的位置与 INMARSAT-B 相同,分别是 AOR-E 和 AOR-W 的位于英国的 Goohilly、备用的位于挪威 Eik;POR 和 IOR 的位于日本的 Yamaguchi、备用的位于新加坡 Sentosa;移动站 MES 通过卫星、地面站,可以与陆上的电话网、数据网用户进行电话、传真和数据通信。

2. INMARSAT-F 的通信业务

INMARSAT-F 通过具有点波束功能的 INMARSAT 第三、第四代卫星,为海事用户提供话音、传真和数据通信业务,如表 3-13 所示。

INMARSAT-F 业务 表 3-13

	F77	F55	F33
业　务			
4.8k 话音	是	是	是
2.4kFAX	OPTION	否	否
9.6kFAX	OPTION	OPTION(点波束)	是(点波束)
9.6k 数据	OPTION	OPTION(点波束)	是(点波束)
64k ISDN 数据(UDI)	是	是(点波束)	否
64k ISDN 话音	是	是(点波束)	否
64k ISDN FAX(3.1k 音频)	是	是(点波束)	否
MPDS	是	是(点波束)	是(点波束)
特　性			
天线尺寸(cm)	80	50	30
天线 G/T	-4dB/K	-7dB/K	-12.5dB/K
I~4 卫星兼容	是	是	是
(全球波束)EIRP:4.8 话音	22dBW	20dBW	20dBW
(最大)EIRP(dBW)	32	25	20
频率范围	34MHz:1525~1559MHz(接收)/1626.5~1660.5MHz(发射)		
调制:4.8k 话音/2.4kfax、9.6fax/data	O-QPSK		
调制:64k ISDN/MPDS	16QAM	16QAM	16QAM(接收)、π/4QPSK(发射)
符合 GMDSS	是	否	否

INMARSAT-F MES 按天线直径的大约尺寸，有 F77(80cm)、F55(50cm)和 F33(30cm)三种型式。F77 为用户提供全球波束和点波束的话音、不受限数据信息(UDI, Unrestricted Digital Information)即高速 ISDN 数据、INMARSAT 移动分组数据业务(IMPDS)。F55 为用户提供与 F77 相同的话音通信，但仅在 INMARSAT 卫星的点波束覆盖区内提供与 F77 相同的数据通信业务。F33 为用户提供的话音业务与 F77 相同，还提供 INMARSAT 卫星点波束覆盖区内的中速传真和数据通信业务。

三种型式 INMARSAT-F MES 机内均装有 GPS 接收机，利用 GPS 提供的位置信息、INMARSAT 提供的卫星点波束图，MES 可以确定是否位于卫星的点波束覆盖区，以及最好的点波束。MES 位于卫星点波束区域时的工作性能优于位于全球波束，点波束的使用使 MES 更小、更轻，EIRP 更小；提高(相同洋区的)频率的使用率；节省卫星功率。INMARSAT-3 提供 7 个点波束，而 INMARSAT-4 则提供多达 229 个点波束。

在 INMARSAT-F MES 中只有 F77 符合 IMO 的 GMDSS 要求。

3. INMARSAT-F77 的通信业务

INMARSAT-F77 提供电话、传真和数据通信。

1)电话

F-77 提供两种电话通信服务：一种是基于先进的多带激励(AMBE: Advanced Multi-Band Excitation Speech Model)算法语音压缩编码技术的语音编码器将话音转换为数字信号的 4.8kbps电话，简称 4.8K 电话或 AMBE 电话，它是话音质量较低但经济的 F77 默认的电话服务;另一种则是使用 PCM 语音编码(话音带宽 4kHz、采样频率 8kHz、8bit 量化)的 64kbps ISDN 高质量电话。

2)传真

F77 提供三类传真通信服务:

(1)由 ISDN 提供的、使用 G3 类模拟传真机的传真通信,它的最大速率达到 14.4kbps。由于使用 PCM 将 3.1kHz 声音信号转换为 64kbps 的数字信号,而得名 3.1k(音)FAX。

(2)使用 ISDN 协议的 G4 类传真:G4 类传真的速度约是 G3 类的 6 倍,G4 与 G3 相“兼容”即 G4 可以作 G3 类使用(G4 可以接收来自 G3 和 G4 的传真,但 G4 不能向 G3 发传真)。

(3)9.6kbps 传真:INMARSAT-F 的 9.6kbps 传真与 INMARSAT-B 的传真相同,是基于 9.6kbps的异步数据传输。9.6kbps 传真除速率高于 2.4kbps 传真外,在性能要求、业务特性方面没有大的区别。

3)数据

F77 提供二类数据通信服务:

(1)UDI。F77 UDI 的速率是 64kbps,它的 ISDN 信道的使用与陆上 ISDN 相仿,以分钟为单位来收取费用。由于 ISDN 采用电路交换,有效地减小了线路连接时间、降低费用。特别适用于要求充分使用数据通信信道的应用,如实时传输数据量大的文件、图片、图像等。

(2)MPDS。F77 MPDS 的速率也是 64kbps,MPDS 信道提供与采用 TCP/IP 协议的分组数据网的连接,是 INMARSAT-F 为海上用户提供的一种新的业务、另一种 ISDN 信道。MPDS 信道的收费与 UDI 的电路交换信道不同,它是按发送/接收的数据量而不是按时间。适用于交互式的信息传输,如 E-mail、WEB 浏览、访问企业内部互联网等。

图 3-58、3-59 给出了 INMARSAT-F 的两种数据通信费用的比较,其中图 3-58 是费用与数据量的关系,图 3-59 则是费用与时间的关系:

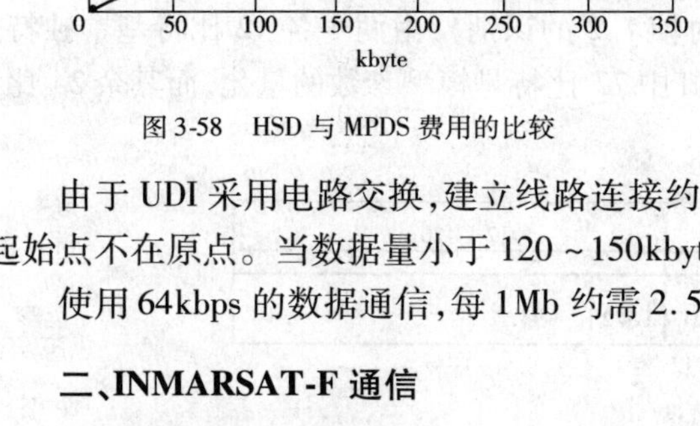

图 3-58　HSD 与 MPDS 费用的比较

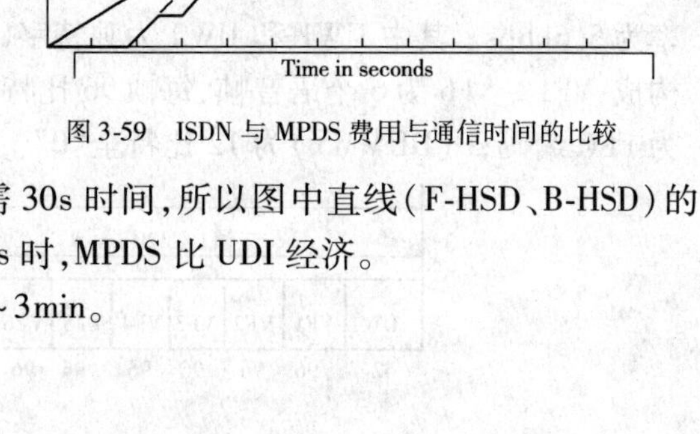

图 3-59　ISDN 与 MPDS 费用与通信时间的比较

由于 UDI 采用电路交换,建立线路连接约需 30s 时间,所以图中直线(F-HSD、B-HSD)的起始点不在原点。当数据量小于 120 ~ 150kbytes 时,MPDS 比 UDI 经济。

使用 64kbps 的数据通信,每 1Mb 约需 2.5 ~ 3min。

二、INMARSAT-F 通信

1. INMARSAT-F 的信道

MES 使用的频率:接收为 1525.0 ~ 1559.0MHz;发射(高于接收频率 101.5MHz)为 1626.5 ~ 1660.5MHz;调谐的步进为 1.25kHz、信道间隔 5kHz、调谐范围 34MHz。

2. 点波束的选择

INMARSAT 卫星天线波束分为全球波束、宽点波束和窄点波束(1~4),如图 3-60 所示。

F 系统对点波束的选择是基于 MES 的位置、点波束图(由 NCSC 在 BB 上广播、用多边形或圆形表示),选择既可以由 NCS,也可以由 MES 进行。每种波束都有选择优先级,分别为 1(全球波束)、2(宽点波束)和 3(窄点波束);每个波束有波束使用控制码,分别为 0(任何 MES 都可以使用的点波束)、1(仅提供给飞机型 M4 MES 使用的点波束)和 2(仅提供给 F77 MES 使用的点波束)。3~15 尚未使用。

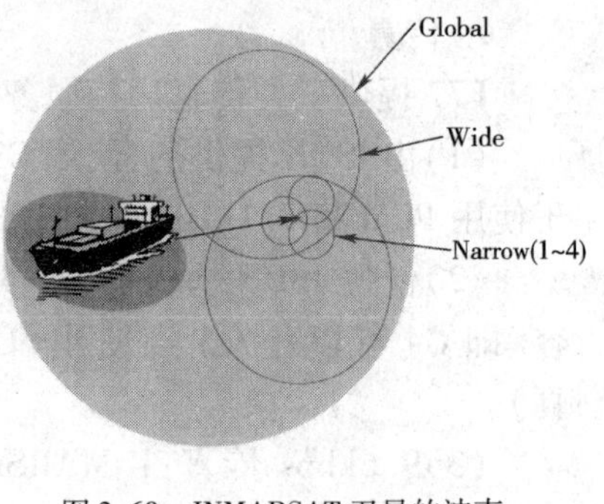

图 3-60　INMARSAT 卫星的波束

由 MES 进行的点波束选择:MES 接收 NCSC BB 上的点波束图、判断自己的位置是否位于某一个或一个以上点波束区域内;如果在一个以上点波束区域内,则选择优先级最高的波束;存储选择的波束、并由 MESRQ/MESRP 信道(参阅本章第四节)给出。

由 NCS 进行点波束选择:NCS 根据 MESRQ/MESRP 信道给出的位置,确定最合适的点波束并在 NCSA 信道分配给 MES。

点波束选择的处理与 MES 的状态无关:处于点波束转换情况时,通信将继续直到失败;即使 MES 的位置信息无效(10min 没有更新),MES 仍被允许在 MESRQ(位置信息表示为无效)上发射安全、紧急和遇险等级的呼叫,NCS 对这类呼叫的处理将更灵活。

3. INMARSAT-F 的电话通信

1) AMBE 电话

为了提高卫星频率资源的利用率、扩大通信容量、降低通信费用,作为 INMARSAT 的主要通信业务之一——电话通信,经历了从模拟、数字到高质量语音压缩的发展。INMARSAT-F SCPC 电话信道的带宽仅为 5kHz,信道速率约为 5.6kbps。为了在尽可能低的数码率下获得尽可能好的合成语音质量,必须对语音进行压缩编码。为此 INMARSAT-F 的电话通信采用了基于先进的多带激励(AMBE:Advanced Multi-Band Excitation Speech Model)算法语音压缩编码技术,考虑纠错编码后的语音编码速率仅为 4.8kbps。

INMARSAT-F MES 的 AMBE 电话通信信道(LESV、MESV)采用 SCPC/O-QPSK、信道带宽 5kHz、速率约为 5.6kbps。

AMBE 电话语音帧的格式如图 3-61 所示,帧长 120 ms,两帧构成一个超级帧(240 ms),速率为 5.6kbps。其中 UW1 和 UW2 为独特字(对帧 1、2 的识别),由两个各 42 比特基本独特字构成;VF1~VF6 为 6 个语音帧,每帧 96 比特,其中 72 比特是模型参数的量化,而其余 24 比特为 FEC 编码;D(DUMMY)为 12 比特全"0"。

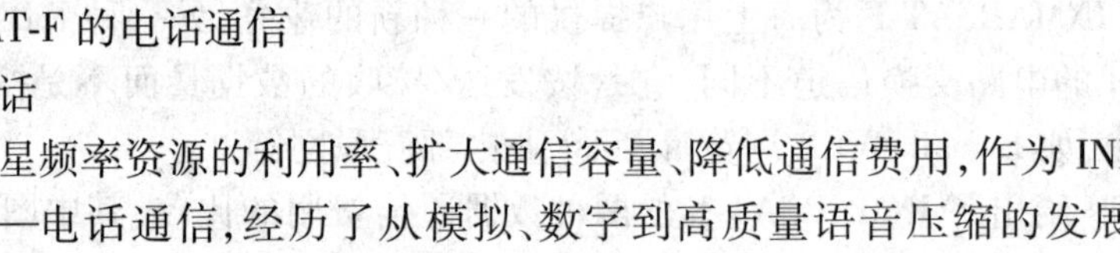

图 3-61　SCPC 语音帧格式

O-QPSK 通道构成如图 3-62 所示。

其中,在 O-QPSK 的 I 和 Q 通道,相位与二进制数据满足的关系见表 3-14。

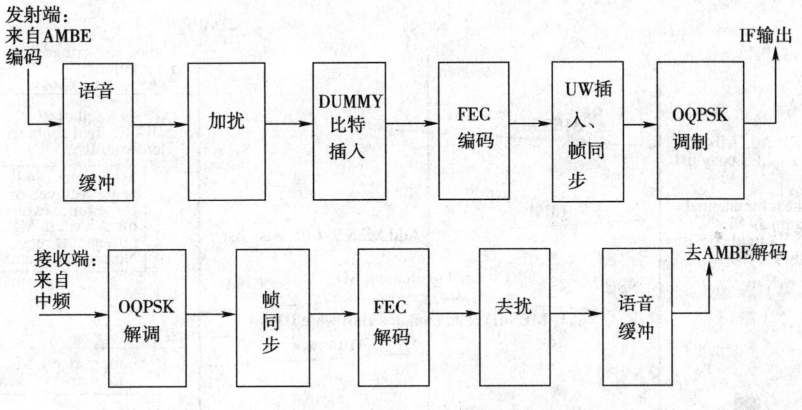

图 3-62 O-QPSK 通道构成

表 3-14

相 位	I 通道	Q 通道
+45°	1	1
+135°	0	1
-135°	0	0
-45°	1	0

2）MES 发起的电话通信呼叫的工作流程

由 MES 发起的电话通信线路建立的工作流程（图 3-63）可见，它的流程与 INMARSAT-B MES 发起的电话通信线路建立的流程相仿（请参看图 3-46 及相关的说明）。

4. UDI 和 MPDS

1）16QAM

INMARSAT-F 提供的 64kbps 电话、数据通信均采用 16QAM 调制，QAM 是正交幅度调制的英文缩写，又称正交双边带调制。它用两路独立的数字信号分别对两个相互正交的同频载波进行抑制载波的双边带调制，对所得到的两路已调信号再（进行矢量）相加。这是一种既调幅又调相的调制方式。

为了进一步说明正交调幅信号的特点，由已调信号的相位矢量来讨论，并以 4QAM 正交调幅信号的产生加以说明，如图 3-64 所示。

正交幅度调制 A 路信号的“1”对应于 0°相位、A 路的“0”则对应于 180°相位；由于 B 路的载波 $S_2(t)$ 与 A 路 $S_1(t)$ 相差 90°，因此 B 路信号的“1”对应于 90°相位，而 B 路的“0”则对应于 270°相位。A、B 两路与载波相乘、即实现抑制载波的双边带调制，输出 $e_1(t)$、$e_2(t)$（矢量）相加后，输出信号有图 b）的四种不同相位，分别代表一组 AB 二元码组——00、01、11、10。

如果只画出输出信号矢量的端点、如图 c）所示，称为 QAM 的星座表示。星座图上有四个星点，称为 4QAM。从星座图上很容易看出，A 路的“1”码位于星座图的右侧、“0”码在左侧；而 B 路的“1”码则在上侧、“0”码在下侧。星座图上各信号点之间的距离越大，解调时区分已调波矢量越容易，误码率相对较低或抗误码能力越强。

16QAM 星座图如图 3-65 所示，也是 INMARSAT-F MES 所采用的星座。采用两路四电平码送到 A、B 支路的调制器，那么正交调幅的每个支路上均有四个电平、每路在星座上有 4 个点。于是 4×4 = 16，组成 16 个点的星座图。

采用 16QAM 调制，在同样的码元速率时，信息传输速率将提高 $\log_2 16 = 4$ 倍；或者说在同样带宽信道中传输，码元速率可以提高 4 倍。

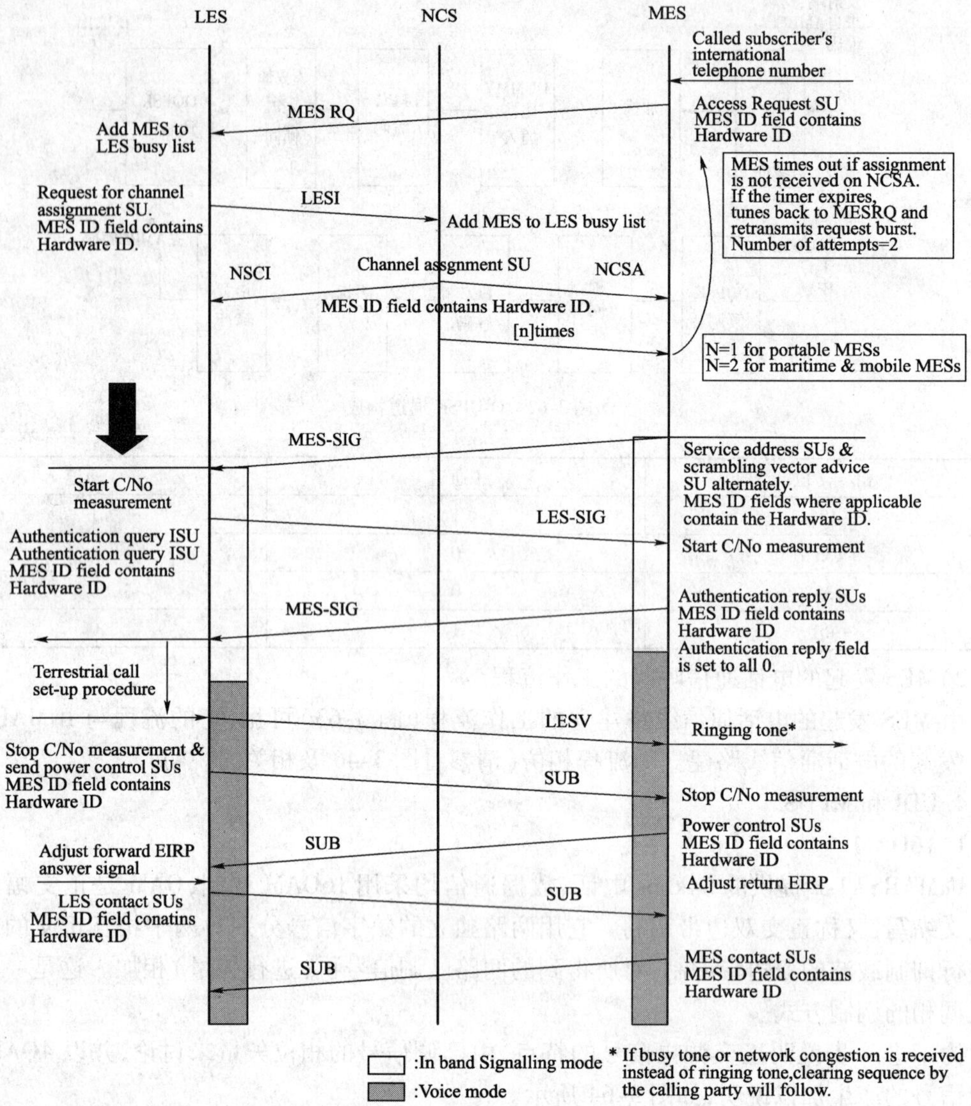

图 3-63　MES 发起的电话通信线路建立的流程

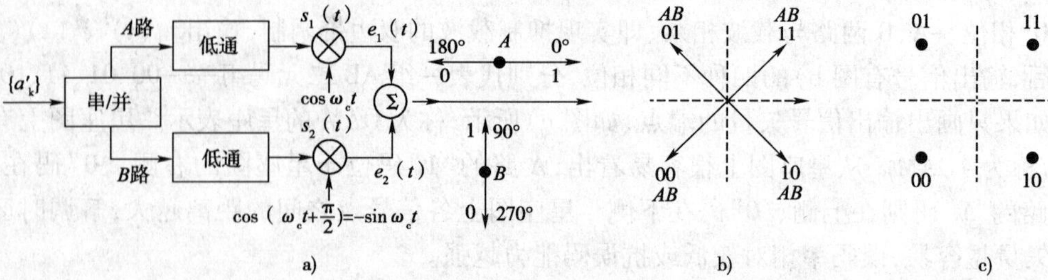

图 3-64　4QAM 信号的产生电路、相位矢量及星座图

a）产生电路；b）矢量图；c）星座图

2）UDI

64kbps 的 UDI（或 HSD）是为海上用户提供全双工的、拨号连接陆上 ISDN 的通信业务，使

用 MES 内的 ISDN 接口,就可以方便地接入 64kbps 和 56kbps 数字网。UDI 通信可以由陆上或 MES 任何一方发起,使用 SCPC 信道,即通信时将占用信道。移动 ISDN 64kbps 系统的组成如图 3-66 所示。

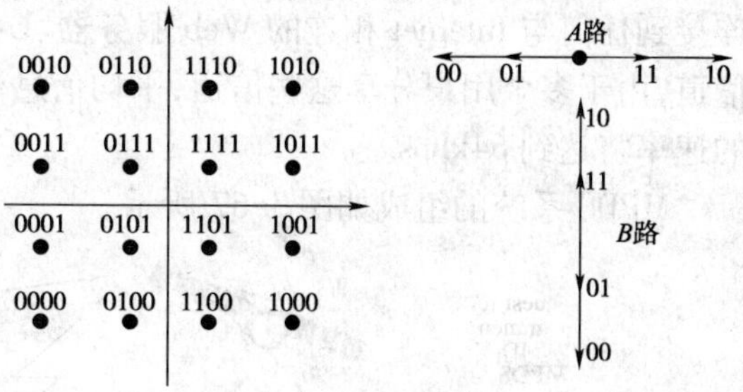

图 3-65　16QAM 星座图

来自 PC 机的数据信息经由 MES、卫星、LES,进入与 ISDN、PSTN(公共交换电话网)相连接的 LAN、Internet,可以与陆上一样与 ISDN 或 PSTN 用户通信。

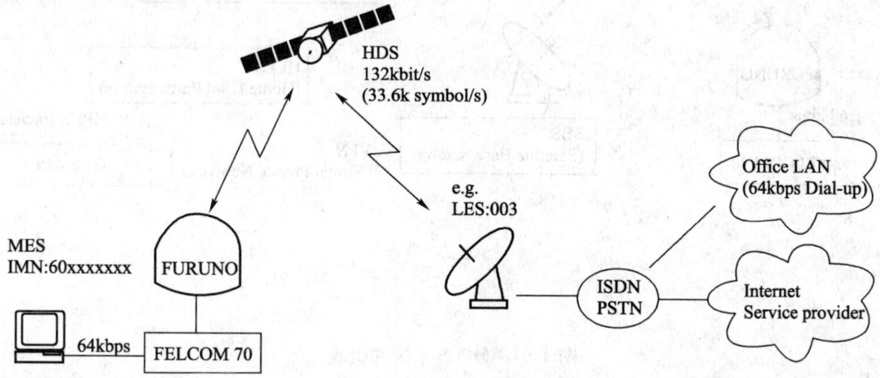

图 3-66　移动 ISDN 系统的组成

陆上 ISDN 是综合业务数字网,俗称"一线通"。ISDN 将电话语音、传真、数据、图像等多种业务集成到一条高速的数字传输网络线路中,并通过现有的电话线提供给用户。

ISDN 主要采用两种标准的用户—网络接口:基本速率接口 BRI(2B + D)和基群速率接口 PRI(30B + D)。

目前国内的 ISDN 线路一般为 2B + D 模式,即 2 个基本数码通道(B 通道),1 个控制数码通道(D 通道)。也就是说,BRI—ISDN 是在一对双绞线上提供两个 B 通道和一个 D 通道。

B 通道是用于传输话音、数据等,每个 B 通道的带宽为 64kbps。D 通道则用于传输指令,每个 D 通道的带宽为 16kbps。因此,一个 2B + D 连接,可以提供高达 144kbps 的传输速率。其中纯数据速率,可达 128kbps。一路电话只占用一个 B 通道,因此 ISDN 用户可以两个终端同时进行工作,例如一边发送传真,一边打电话。

基群速率接口 PRI(30B + D),速率为 2.048Mb/s,一般用于需要传输大量数据的应用,如 PBX,LAN 等。

目前,ISDN 可以在一条电话线上连接 8 台相同或不同的通信终端,并能使 2 台终端(例如:一部电话、一台计算机或一台数据终端)同时使用。ISDN 具有以下特点:

(1)一线多能。利用一对用户线可实现语音、数据、传真、可视图文、可视电话、会议电视、电子信箱、语音信箱等多种业务的通信。

(2)高速上网。在一根普通电话线上,可以提供以 64kbps 速率为基础并可达到 128kbps 上网速度的数字连接。

3)MPDS

INMARSAT-F 提供移动 MPDS,这种基于分组的业务允许 MES 计算机基于 IP 的连接,即连接到任何与 Internet 相连的 Web 服务器、E-mail 服务器等。MPDS 工作在专用于 MPDS 卫星信道,由于多个用户分享这些信道,平均信息流量将是变化的,单独一个终端发射和接收数据的速率将达到 64kbps。

MPDS 系统的组成如图 3-67 所示。

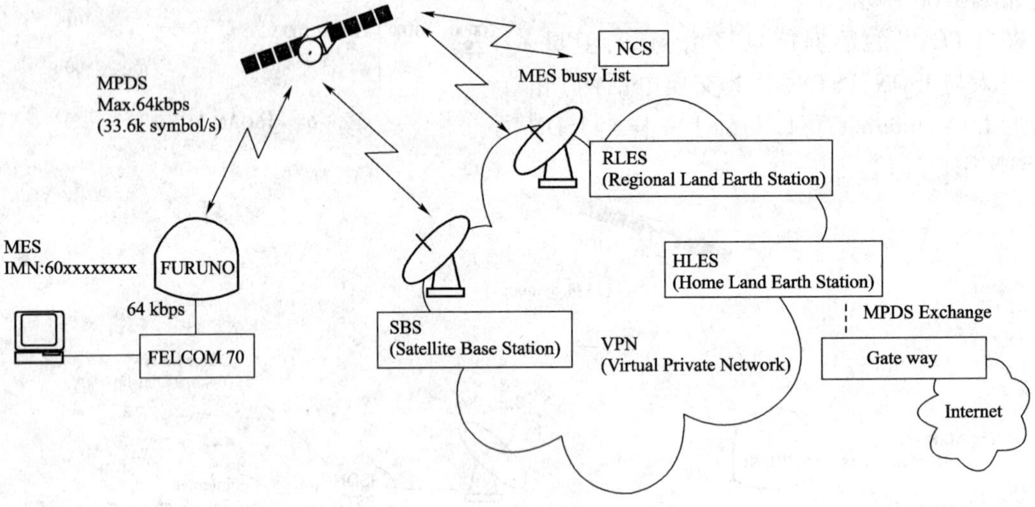

图 3-67　MPDS 系统的组成

图中虚拟专用网(VPN,Virtual Private Network)被定义为通过一个公用通信网络(通常是 Internet)为远程用户建立一个临时的、安全的连接,可以看作是一条穿过混乱的公用网络的安全、稳定的“隧道”。虚拟专用网是对企业内部网的扩展,VPN 可用于不断增长的移动用户的全球因特网接入,以实现安全连接;也用于实现企业网站之间安全通信的虚拟专用线路。

图中的卫星基站(SBS,Satellite Base Station)或称共享基站(Shared Base Station)由 INMARSAT 运行,每个卫星洋区一个(AOR-E 和/或 AOR-W 的 Goonhilly、AOR-W 和/或 AOR-E 的 Eik、IOR 和/或 POR 的 Sentosa、POR 和/或 IOR 的 Yamaguchi),它的功能是给 MPDS 用户分配信道和处理 MPDS 通信:经由卫星使 MES 与陆上网络相连接;给 MES 分配信道和时隙;给 RLES、HLES 提供信号路由。

区域地面站(RLES,Regional Land Earth Station)是提供 MPDS 接续和控制的地面站。RLES 验证 MES 启用试验状态、并将它置于 NCS“忙”表,以避免处于 MPDS 模式的 MES 被语音通信呼叫。每个卫星覆盖洋区可以有若干个 RLES,一般就是通常的 LES。

主地面站(HLES,Home Land Earth Station)提供 MPDS 业务的 Internet 接续、MES 接续 MPDS 业务的核准、处理 MPDS 账务等。它由地面站运营商运行。

SBS、RLES、HLES 在 MPDS 通信时的作用,如图 3-68 所示。

MES(拨号申请 * *94#)选择 RLES/HLES 的信息被 SBS 接收;SBS 向 RLES 询问该 MES 的启用试验,向 HLES 询问该 MES 的 MPDS 登记;RLES 核实启用试验后将 MES 置 NCS“忙”表,向 SBS 发回确认;HLES 给 SBS 返回该 MES 的 MPDS 许可;SBS 给 MES 以登记的确认,建立 MPDS 连接的通告;MES 经由 SBS、RLES 与 HLES 进行点到点协议(PPP)线路连接,HLES 开始对 MPDS 通信的计时并进行 IP 数据通信。

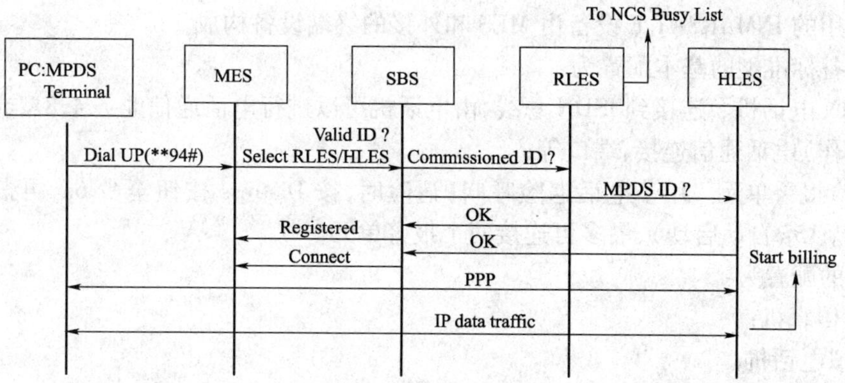

图 3-68　MPDS 通信

三、INMARSAT-F MES

1. 组成

以古野的 FELCOM 70(F77)设备为例,如图 3-69 所示,说明船舶上安装的 INMARSAT-F MES 的构成。

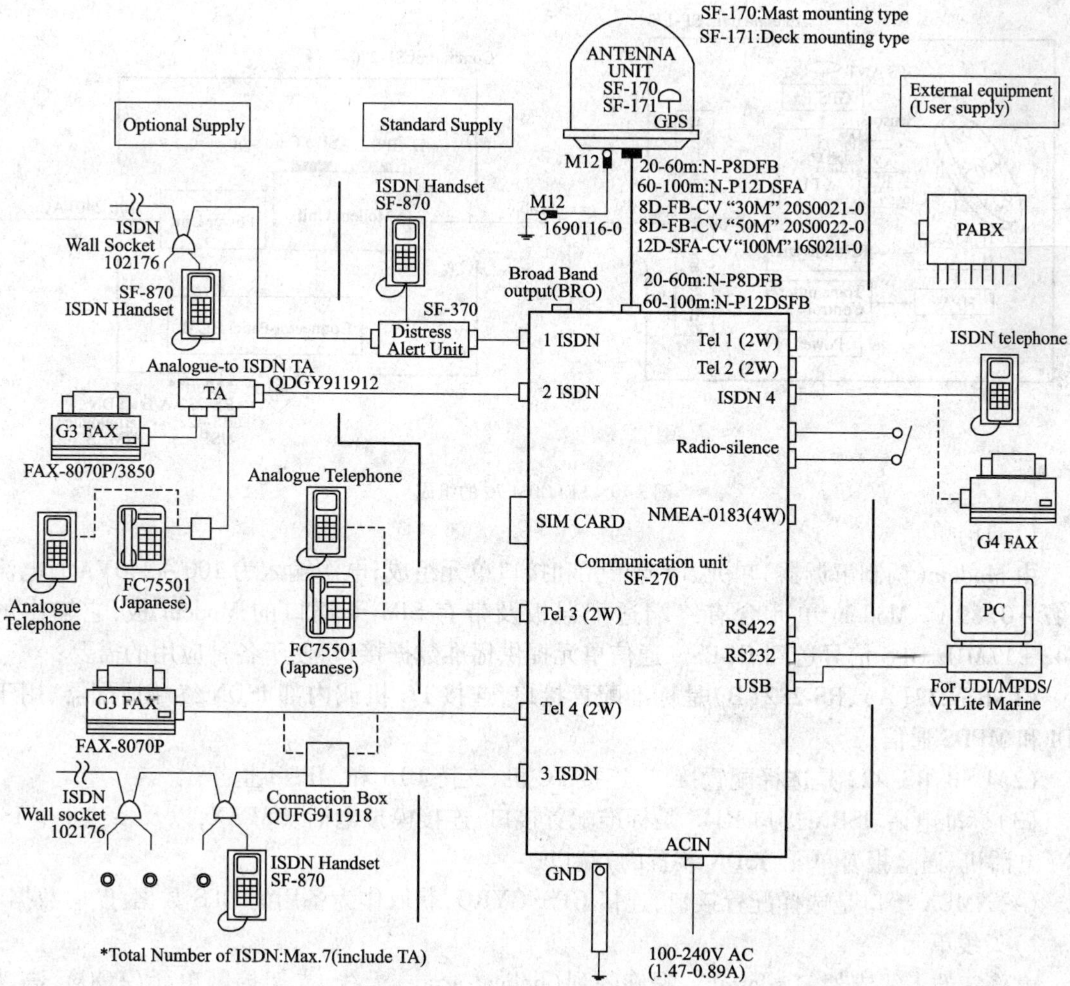

图 3-69　FELCOM 70 的构成

船上使用的 INMARSAT F 设备由 MES 和外接的终端设备构成。

外接设备标准型的基本配置为:

(1)ISDN 电话机。连接到 ISDN 总线,由电话机可以进行电话通信业务 4.8K 或 64K 的选择、(由菜单作)电话通信连接、端口等;

(2)遇险报警单元。用于电话遇险呼叫(遇险时,按 Distress 按钮至少 6s,再按电话机上"#"键或等待 15s 自动启动),最多可连接两个报警单元。

供选择的配置为:

(1)G3 传真机;

(2)模拟电话机;

(3)终端适配器(TA,Terminal Adapter)。用于将(两个)模拟设备(电话或 G3FAX)连接到 ISDN 端口;

(4)PC 机。用于 UDI/MPDS 通信。

MES 由甲板上设备(天线单元)和甲板下设备(通信单元)两大部分组成,它们通过 50Ω 同轴电缆相连接,如图 3-70 所示。同轴电缆携带发射/接收信号、2ASK 控制信号及 48VDC 电源。

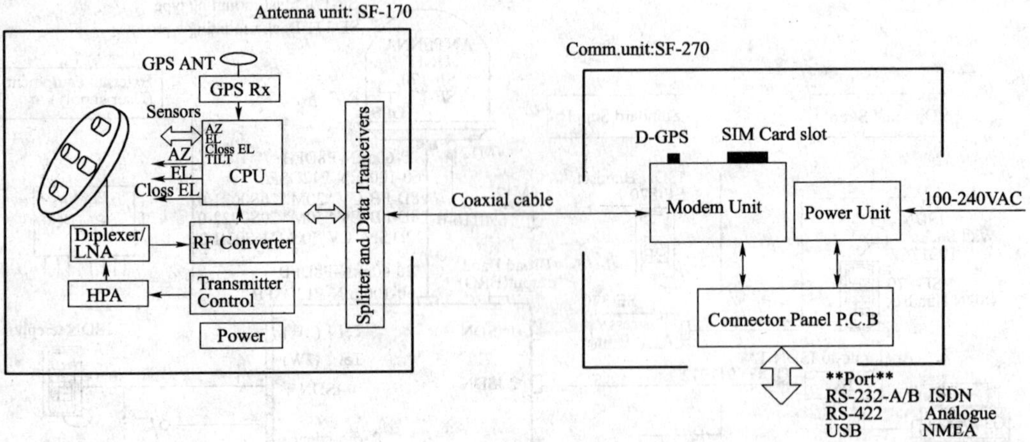

图 3-70 FELCOM 70 的组成

1)通信单元

由 Modem(调制解调器)单元、电源单元和接口单元组成,电源输入为 100~240VAC、电流 1.47~0.89A。Modem 单元含有终端适配器板及带有 SIM 卡插口的 Modem 板,它输出的 1542±17MHz GPS 信号送到 DGPS。通信单元提供标准数据接口,便于各种应用的需要:

(1)RS-232(A)、RS-232(B)是标准配置接口,连接 PC 机或内部 ISDN 终端适配器、用于 UDI 和 MPDS 通信;

(2)USB、RS-422 是选择配置接口,连接 PC 机、支持 UDI 和 MPDS 业务;

(3)标准电话、ISDN 接口 RJ45 是标准配置接口,连接模拟电话、G3FAX,以及多达 8 个 ISDN(电话机、遇险报警单元、ISDN 装置的)端口;

(4)NMEA 接口是选择配置接口,连接 GPS/GYRO,获取作为备用的 GPS 数据/航向数据。

2)天线单元

由稳定的天线支架(Pedestal)、螺旋阵列(helical-array)天线、支架控制单元(PCU)、高功率放大器(HPA)、双工器(Diplexer)/低噪声放大器(LNA)、GPS 接收机及跟踪接收机组成,如

图 3-70 所示。为了保证天线在恶劣环境下正常工作,天线单元的外面罩有用强化塑料制成的钟形外罩。

(1)稳定的天线支架。支架安装在防震的支座上,支架与支座通过旋转接头实现电的连接,如图 3-71 所示。

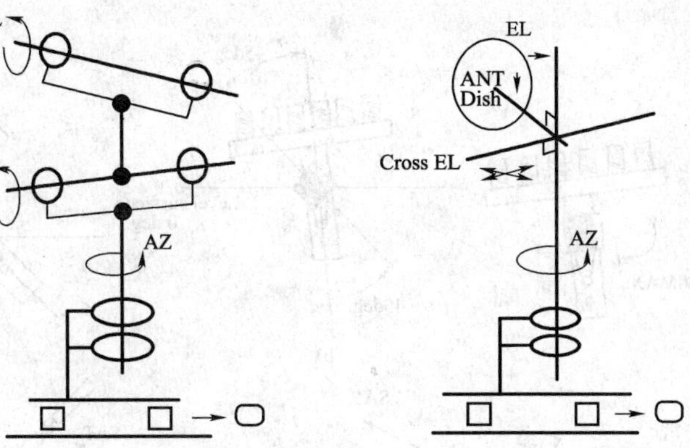

图 3-71　天线支架

通过对 AZ、EL 及 C-EL 三个活动轴的控制,补偿船舶的横摇、纵摇、航行等,使天线稳定。AZ 轴可旋转 360°、EL 轴置天线的俯仰角,而 C-EL 则使天线水平。三轴相互垂直,三轴各安装一个角度传感器以检测船舶的运动,传感器产生与旋转角度成比例的电压。例如,EL 轴传感器检测到船舶的横摇,产生的输出电压由 PCU 控制改变俯仰角度,使船舶横摇时天线仍能保持对卫星的指向。依靠水平重物上的倾斜仪,每当电源接通时使天线俯仰角复位到 45°。

(2)螺旋阵列天线。天线的馈源由 15 个相同的螺旋阵列元组成,反射器则是直径 80cm 的抛物面,如图 3-72 所示。天线在发射/接收频率范围内的增益为 21. 3dBi,天线的极化为右旋圆极化,天线的半功率波束宽为 15°。

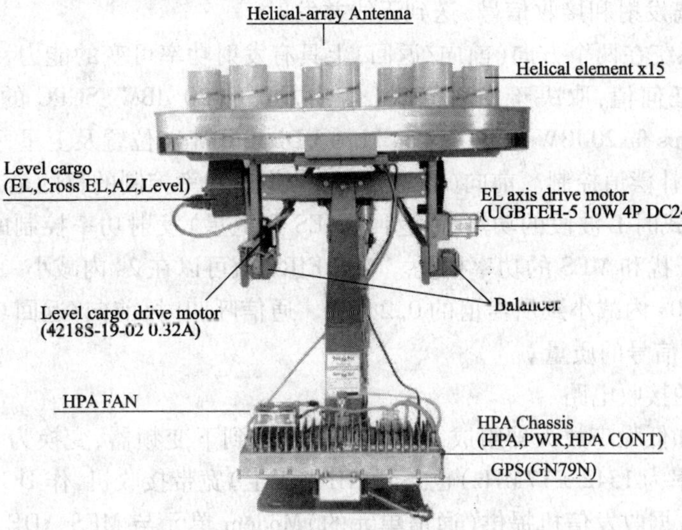

图 3-72　MES 的螺旋阵列天线

3)PCU

PCU 经由 HPA 控制板与通信单元进行通信、监视接收信号的强度、使天线指向卫星,并以以下流程跟踪卫星：MES 接通电源时，水平重物逆时针旋转到碰到限制器上，如图 3-73a）所示；水平重物顺时针转动 45°（图 b）；水平重物成水平，天线俯仰角被置为 45°，（图 c）；C-EL 轴成水平（图 d）；天线俯仰角被置为电源关闭前的角度（图 e）；天线的 AZ 顺时针旋转到指向原先使用的卫星（图 f）；开始接收来自卫星的 NCSC 信号，以圆锥扫描技术使天线准确地指向卫星（图 g）。

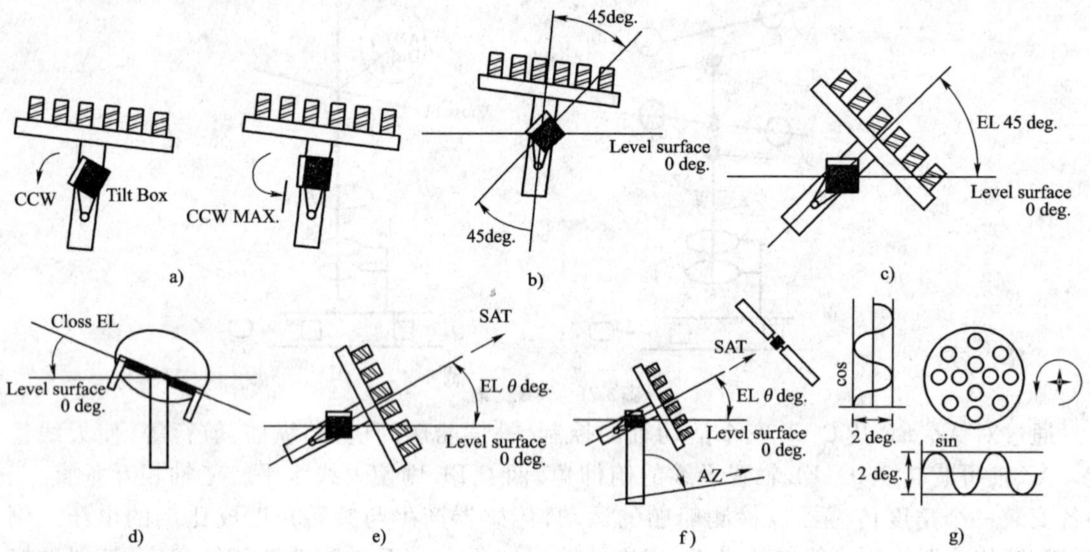

图 3-73　天线指向和跟踪卫星

当天线 4s 或更长时间没有捕获卫星信号，将在各个方向上搜寻卫星。天线将在俯仰角分别为 5°、25°、45°、65°及 85°时旋转 360°，寻找卫星 NCSC 信号。

4）HPA

HPA 将来自通信单元频率为 1643.5 ± 17MHz 的输入信号进行线性放大，输出信号经双工器（带通滤波器、分离发射和接收信号）送到天线并发射。

INMARSAT-F 系统在两个方向（前向/返回）上具有发射功率可变的能力，MES 的 EIRP 可以为 32 ~ 5dBW 的任何值，取决于发射模式（信令方式的 20 dBW、SCPC 的 AMBE 电话 20 dBW、SCPC 的 2.4kbps fax20dBW、SCPC 的 64 kbps UDI 32dBW）、位置及卫星，受 NCSA 分配信息中给出的 EIRP 的补偿值控制。前向（卫星到 MES）发射功率控制的目的是节省卫星工作在 SCPC 话音和数据模式时 L 波段的功率，而返回（MES 到卫星）发射功率控制的目的则是为了减小对邻近信道的干扰和 MES 的功率损耗。MES EIRP 值可以在 2s 内减小一半，4s 内减小到所需值的 0.5dBW，10s 内减小到所需值的 0.2dBW。通信呼叫时，前向/返回功率的调整取决于分配的 SCPC 信道信号的质量。

5）天线单元上的接收电路

LNA 由双工器和低噪声放大器组成。LNA 的输出送到下变频器，变换为 246MHz 中频信号；LNA 的输出（频率为 1542 ± 17MHz）也送到（HPA 板上）宽带接收机，作 DGPS 的解码。

天线单元上的数据收发信机提供（通信单元的）Modem 单元与 MES ADE 之间的通信、与天线 PCU 的通信和将接收的 GPS 数据传送到通信单元。

跟踪接收机连续保持对 NCSC 信号的接收，对卫星进行跟踪。

天线单元内 GPS 接收机给出的位置数据，经数据收发信机传送到 Modem 单元。位置数据用于计算天线的俯仰角，计算的俯仰角值由通信单元回送天线单元，控制天线的 EL 轴。位置数据还用于对卫星点波束的选择，LES 由 MES 通信申请呼叫的信息中得到位置数据，并给 MES 分配点波束。

2. 技术特性

1）通信单元

发射频率		1626.5～1660.5MHz
接收频率		1525.0～1559.0MHz
调谐步进		5kHz（电传、电话）、40kHz（UDI/MPDS）
接收灵敏度		大于 -4dB/k
EIRP		32dBW（UDI/MPDS），20dBW（BPSK/0-QPSK）
调制	话音	O-QPSK/4.8kbps
	MES 信令	BPSK/3kbps
	HSD/FAX	16QAM/64kbps
	MPDS	16QAM/64kbps
接续方式		SCPC/FDMA（话音、传真、UDI）

2）天线单元

增益	≥20.3dBi
极化	右旋圆极化
轴比	≤2.0dB
天线波束宽度	约为 16°
指向范围	AZ：360°、无回绕、EL：5°～90°
指向精度	高于 ±3°（EL/AZ）
跟踪	圆跟踪系统

3）电源

100～240V，单相，50～60Hz，1.47～0.89A。

四、INMARSAT-F MES 的使用

INMARSAT 为 INMARSAT-F MES 使用的不同通信业务终端单元分配一个 IMN，如表 3-15 所示。

不同 F77 业务的 IMN 表 3-15

Service	IMN	Bit Rate
4.8k speech	76xxxxxxx	4.8kbps
64kbps speech	60xxxxxxx	64kbps
3.1k Audio（G3 FAX）	60xxxxxxx	64kbps
FAX（9.6k FIU）	76xxxxxxx	9.6kbps
56k Data（UDI）	60xxxxxxx	64kbps
64k Data（UDI）	60xxxxxxx	64kbps
MPDS	60xxxxxxx	64kbps

下面，以古野的 FELCOM 70（F77）设备为例说明 INMARSAT F 的通信业务和 MES 的使用。

1. FELCOM 70 提供的业务

ISDN	64kbps 移动数字业务（UDI）
	56kbps 移动数字业务
	4.8kbps 电话
	64kbps 电话
	3.1kHz 音频（64kbps）（如 G4 FAX）
RS-232	64kbps 移动数字业务（UDI）
	移动分组数字业务（MPDS）
RS-422	64kbps 移动数字业务（UDI）
USB	同 RS-232（目前尚未支持 USB 接口）
模拟	4.8k/64k 电话
	3.1kHz（如 G3 FAX）

1）内部通信

与不同接口相连接的设备，通过分配给每个设备的内部多用户号码（MSN，Multiple Subscriber Number）可以相互通信，例如 ISDN 话机与 ISDN 话机之间的电话通信。

2）控制接口

PC 机与 RS232/RS-422 或 USB 端口相连，运行 vtLite Marine 软件，构成 FELCOM 70 的通信单元（CU）。

2. FELCOM 70 的终端连接和设置

1）端口的连接

MPDS 通信使用的端口是 RS-232（A）、RS-232（B）USB、RS-422，而不是 ISDN 端口；ISDN 端口用于 UDI 通信时需要 ISDN-RS232 或 ISDN-USB 转换器；可以连接 7 个 ISDN 设备，但（来自通信单元的）ISDN 总线的总电缆长度为 100m。

2）设置

（1）ISDN 话机的模式。ISDN 话机有两种工作模式：Fleet 或 Normal。与遇险报警单元相连接的话机自动选择 Fleet 模式，连接到 ISDN 端口的其他话机则可以手动选择 Fleet 或 Normal。

话机工作在 Normal 模式时，除拨号进行电话通信外，不能由话机控制天线进行卫星搜索、MSN 激活、优先等级通信、端口设置，而工作在 Fleet 模式时没有限制。

（2）串口 RS-232（A）/（B）的设置。PC 用于 MPDS、UDI 和 vtLite Marine 时，应通过话机（"Ports"菜单）对与 PC 相连接的串口 RS-232（A）和 RS-232（B）的速度、格式和流控制进行设置。其中，RS-232B 口可以通过"Driver Switch（驱动器开关）"转换为 RS422。

（3）Protocol 设置。Felcom70 支持 Euro ISDN（厂家的缺省设置）和 NI-1 协议，ISDN 话机、ISDN 装置和 MES 通信单元应设置的协议应相同。

（4）ID 设置。MES 含有一个按终端 ID 和相关联 MSN 的路由表，通过"设备管理器（Device Manager）"菜单，可以对终端 ID、MSN 进行设置。要进行内部通信和使通信到达指定终端，必须正确设置 MSN。网络业务商会给每个终端 ID 组成一对称作 OID/DID（Originating ID/Destination ID）码，DID 用于地面站到 MES 的业务识别，而 OID 则是用于 MES 到地面站的业务识别。如果网络业务商没有指定终端ID与哪一个INMARSAT码相对应(参看表3-16A～D),一般首个4.8kbps电话的终端ID选择第01号、第二个电话选第02号。同样的方法也用于其他终端ID号码的选择,对所作的选择应作好记录。

MPDS业务不需要ID设置。

终端ID和MSN 表3-16A

*:Preprogrammed

Analogue Port			ISDN Ports								ISDN/RS232/USB Port			
4.8k Speech			FAX (9.6k FIU)		4.8kbps Speech		64kbps Speech		3.1k Audio		56k Data (UDI)		64k Data (UDI/G4 Fax)	
Port	ID	MSN	ID	MSN	ID	MSN	ID	MSN	ID	MSN	ID	MSN	ID	MSN
TEL1	03*	01*	12	41	01*	20*	91*	30*	62*	41*	71*	50*	51*	60*
TEL2	04*	02*	1X	4X	0X	21	92	31	6X	42	72	51	52*	61*
TEL3	02*	03*	1X	4X	0X	22	93	32	6X	43	73	52	53*	62*
FAX (FIU)			1X	4X	0X	23	94	33	6X	44	74	53	54*	63*
TEL4	11*	04*	1X	4X	0X	24	95	34	6X	45	75	54	55	64
			1X	4X	0X	25	96	35	6X	46	76	55	56	65
			1X	4X	0X	26	97	36	6X	47	77	56	57	66
			1X	4X	0X	27	98	37	6X	48	78	57	58	67
			1X	4X	0X	28	99	38	6X	49	79	58	59	68
					01/20 First HS connected via Distress Alert Unit		91/30 First HS connected via Disrss Alert Unit		3.1 k/64kbps Audio service				51/60:ISDN 52/61:RS232(A) 53/62:RS232(B) 54/63:USB	

终端ID表 表3-16B

Term Id	Service	INMARSAT Service
01-0F	Voice	B:16.8k,M:4.8k,mini-M:4.8k,F77/F55/F33:4.8k Speech
11-1F	FAX	B:9.6k,M:2.4k,mini-M:2.4k,F77/F55/F33:9.6k
21-2F	ADS	B:9.6k,M:2.4k,mini-M:2.4k,F33:9.6k
31-3F	Telex	B
41-4F	HSD	B
51-5F	64k Data	GAN/F77/F55 G4 FAX
61-6F	3.1kHz Audio	GAN/F77/F55
71-7F	56k Data	GAN/F77/F55
91-9F	64k Speech	GAN/F77/F55

MSN 表

表 3-16C

<table>
<tr><th rowspan="2">Service</th><th colspan="3">Port</th></tr>
<tr><th>TEL1-4</th><th>ISDN</th><th>USB/RS232/RS-422</th></tr>
<tr><td>4.8kbps Speech</td><td rowspan="4">MSN 01-04</td><td>MSN 20-28</td><td rowspan="4">N/A</td></tr>
<tr><td>3.1k Audio</td><td>MSN 40-48</td></tr>
<tr><td>64kbps Speech</td><td>MSN 30-38</td></tr>
<tr><td>9.6kbps FAX</td><td>MSN 40-48</td></tr>
<tr><td>9.6kbps Data</td><td rowspan="3">N/A</td><td>N/A</td><td>MSN 60-68</td></tr>
<tr><td>64kbps Data</td><td>MSN 60-68</td><td>MSN 60-68</td></tr>
<tr><td>56kbps Data</td><td>MSN 50-58</td><td>MSN 50-58</td></tr>
</table>

IMN 终端 ID 和 MSN 分配举例

表 3-16D

LMN	Service	Terminal Id	MSN	Port
760011920	9.6kHz FAX	11*	04*	TEL4(Teminal/RJ-45)
600002038	64k Speech	91*	30*	ISDN:Dist. Box(Handset)
600002039	Data 56k	71*	50*	ISDN,USB,RS232(A)/(B)
600002040	Data 64k	51*	60*	ISDN,USB,RS232(A)/(B)
600002046	3.1k Audio	62*	41*	ISDN
600002047	3.1k Audio	63	42	ISDN
600002048	3.1k Audio	64	43	ISDN
600002049	64k Speech	92	31	ISDN
600002050	64k Speech	93	32	ISDN
600002051	64k Speech	94	33	ISDN
600002052	Data 64k	52*	62*	ISDN,USB,RS232(A)/(B)
600002053	Data 64k	53*	63*	ISDN,USB,RS232(A)/(B)
600002054	Data 64k	54*	64*	ISDN,USB,RS232(A)/(B)
600002055	MPDS	A1 (No configuration)	—	USB,RS232(A)/(B)
760011916	DTLP 4.8k speech	01*	20*	ISDN:Dist. Box(Handset)
760011917	DTLP 4.8k speech	02*	03*	TEL3(Teminal/RJ-45)
760011918	DTLP 4.8k speech	03*	01*	TEL1
760011919	DTLP 4.8k speech	04*	02*	TEL2

终端 ID 的设置可以在话机或运行 vtLite Marine 软件的 PC 机上进行。

3. 由话机进行的操作

MES 开机后,ISDN 话机自动置于 Fleet mode:

1)卫星搜索

话机的 Sat. Search 菜单提供对卫星的搜索:当 MES 位于卫星重叠时,应考虑信号质量和通信费用对卫星作选择。

2)话机设置

(1)MSN 激活。进行通信时,与 MES 相连接的终端由各自的 MSN 进行识别。虽然可以由 ISDN 话机为 4.8kbps 电话、64kbps 电话指定 MSN,但同时只能有一个(激活)话机对外通信。

第一 ISDN 话机的 ID 和 MSN 参看表3-15,可以由话机的 Active MSN 菜单对4.8kbps 电话或 64kbps 电话进行激活。

(2)Protocol 设置。可以由 Protocol 菜单对话机的协议进行设置。

3)网络业务提供商(Net service provider)

要确保选择对 MES 授权的网络业务提供商,否则将会被禁止通信或按附加费率计费。如果用户没有选择另一个网络业务提供商,设备在每个卫星洋区将自动选择缺省网络业务提供商。若使用 SIM 卡,将自动选择可用的网络业务提供商而不能选择其他提供商。

4)优先等级通信

只有与遇险报警单元相连接的 ISDN 话机才能进行优先等级电话通信。INMARSAT 系统能识别安全、紧急呼叫,也能识别遇险测试和测试蜂鸣器。

进行安全、紧急呼叫时,应使用网络业务提供商指定的电话号码。

由遇险报警单元可以启动报警发送,有关报警发送和接收的信息显示在与它相连的 ISDN 话机。

使用业务码 33,与地面站进行遇险报警单元的报警测试发送。由话机的 Priority Call 的 Distress Test 菜单进入,在 30s 时间内按 DISTRESS 按钮 6s 以上。由话机 Priority Call 的 Test Buzzer 菜单进入进行蜂鸣器测试,蜂鸣器将会发出声响。

5)串口 RS-232(A)/(B)的设置

由话机的 Serial Ports 菜单,可以对数据速率、格式及流控制进行设置。

6)电话通信

(1)对外打电话:

①国际用户:(听到拨号音后,连续拨)00、国家码、区域码、用户码、#;

②MES 用户:(听到拨号音后,连续拨)00、卫星洋区码、IMN、#

(2)内部电话:

FELCOM 70 允许连接的 ISDN 话机、模拟话机进行相互间的电话通信,例如:

(ISDN-ISDN 电话,拨号:) * *20#(其中 20 为 MSN;如果没有 *,可以拨 103)

4. 由 PC 机进行的操作

vtLite Marine 软件允许由 PC 机对 FELCOM 70 进行操作、设置,如电话簿(100 用户号码)、通信记录(100 个记录,包括电话通信、移动数据业务和 MPDS)、所有话机可以进行的设置等(详细内容请参看操作手册)。

开启 FELCOM 70,运行 vtLite Marine,将自动搜索卫星。信号强度读数(即信噪比 S/N)至少为 550,通常为 660,以使天线细调至对准卫星。

5. 数据通信

1)MPDS(RS-232)

MPDS 业务遵循 INMARSAT F77 系统的通信协议,卫星通信链路数据传输的速率(通常与其他用户分享 64kbps 信道)为 20kbps,MPDS、ISDN 业务间的切换可以由 PC 机完成。

由 PC 机激活 33.6kbps Modem,建立 Network Connections,键入电话拨号连接: * *94#,MES 自动经卫星、(缺省)Internet 业务提供商连接到主地面站(Home LES)。如直接键入国际号码替代 * *94#建立电话拨号连接,将切换到 ISDN 模式。

2)UDI(RS-232、USB)

UDI 业务遵循 INMARSAT F77 系统的通信协议,卫星通信链路数据传输的速率为 64kbps。

UDI 提供与国际 ISDN/PSTN 网络的 64kbps 连接，适用于高速文件传输、(存储/前向传输)视频、e-mail 和 internet。

第六节　INMARSAT 在 GMDSS 中的作用

按照 IMO 的要求，用于海上遇险和安全通信的卫星系统至少提供：

(1)船—岸遇险报警/通信；

(2)岸—船遇险转发报警/通信；

(3)船—岸、岸—船和船—船搜救协调通信；

(4)船—岸 MSI 发射；

(5)岸—船 MSI 广播；

(6)船—岸、岸—船、船—船日常通信。

INMARSAT 卫星对地球南北纬 76°的覆盖、远距离和全天候的可靠通信，使它成为 GMDSS 的主要组成部分及 GMDSS 实施的重要保证。INMARSAT 具有 GMDSS 的船对岸遇险报警、岸对船的遇险报警、搜救协调通信、现场通信、MSI 播发及船舶日常通信功能。

在遇险的紧急情况，INMARSAT(B、C、F 等)都提供遇险报警和遇险优先等级通信。MES 只要通过对遇险专用报警按钮的操作(翻开盖并按按钮 6s 以上)就能实现船对岸的遇险报警。报警的优先不仅是卫星信道的优先提供，而且将报警自动地、以最小的延时接入合适的 RCC。MES 的报警如果选择了地面站，则报警被送往与该地面站相连的 RCC；如果 MES 没有选择地面站或选择的地面站没有对报警作出响应，MES 所在卫星洋区的 NCS 将把报警送往与它相连的 RCC。

INMARSAT 通过下面的途径进行岸对船的报警：对(位于有关卫星覆盖洋区的)所有船舶的呼叫；对指定地理区域(如 Navarea)内船舶的呼叫；对(INMARSAT-B MES 的)矩形或圆域内船舶的呼叫；对选择(地面站预先确定的，如搜救部门)的(一组)船舶的呼叫；RCC 经由 INMARSAT-C EGC 的 SafetyNET 进行岸对船的报警，MES 接收到 RCC 转发的报警将有声报警、光提示，且只能由人工对报警进行复位。

利用 INMARSAT EGC 系统和 MES 的通信功能，实现岸到船的海上安全信息的播发、接收。

INMARSAT MES 不仅能优先确保遇险通信，还能实现全天候、高可靠、高质量、船舶所需的各类日常通信业务。

目前，INMARSAT 的 B、C 和 mini-C、M 和 mini-M、F 系统的 MES 在船上得到广泛的使用，各系统提供的业务比较如表 3-17 所示。

INMARSAT 各系统通信业务的比较　　表 3-17

业　务	INMARSAT-B	INMARSAT-C	INMARSAT-M	INMARSAT Mini-M	INMARSAT-F
语音	是	否	是	是	是
传真	是	否	是	是	是
电传	是	是	否	否	否
数据	是	是	是	是	是
高速数据	是	否	否	否	是

INMARSAT(C 和 mini-C)还用于 SSAS、LRIT，为船舶的安保、远距离识别跟踪提供可靠的服务。

思考题与习题

1. 卫星的运行轨道有哪几种？简述 INMARSAT 卫星的覆盖区及其名称。

2. 试述 INMARSAT 系统的组成和各部分的作用。

3. 什么是卫星通信的多址接续？试述 INMARSAT 系统采用的多址接续方式。

4. INMARSAT 目前开放哪些通信系统，它们提供的主要通信业务有哪些？

5. INMARSAT 卫星提供哪几种波束？INMARSAT-F77 通信时，如何对点波束作选择？

6. 简述 INMARSAT-B SES 进行电传通信的过程。

7. 为什么 INMARSAT-B SES 天线能自动保持对卫星的指向？

8. 设船舶位于 19°38′ S，157°19′ E，选择太平洋卫星，试查表计算 INMARSAT-B SES 天线的方位角和俯仰角。若船舶的航向是 25°，那么 SES 天线的 Bearing 和 EL 又将是多少？

9. INMARSAT-B 船站向地面站申请时，所含有的主要信息有哪些？说明它们的含义。

10. 简述 INMARSAT-B 船站天线对卫星指向工作过程。

11. 试述 INMARSAT-B 和 INMARSAT-C 电传通信的区别。

12. 试述 INMARSAT-C SES 的分类。

13. 试述 INMARSAT-C 的通信业务。

14. 简述 INMARSAT-C 船站进行电传通信时的工作过程。

15. 试述 INMARSAT-C EGC 系统的 MSI 播发和船站对 EGC 接收所需要的编程。

16. 简述 INMARSAT-C 船站启用试验的主要内容。

17. INMARSAT-C 船站的 login 和 logout 的作用各是什么？

18. 简述 INMARSAT-F77 提供的通信业务。

19. 什么是 ISDN？INMARSAT-F 的 ISDN 提供的通信业务有哪些？使用时应如何考虑对它们的选用？

20. INMARSAT-F 提供哪几种电话通信业务？说明它们的主要区别。

21. 试述 INMARSAT 系统在 GMDSS 中的作用。

第四章　船用窄带直接印字电报终端设备

中高频(MF/HF)无线电通信作为船与岸、船与船之间的主要通信方式在海上无线电通信中发挥了重要的作用。海上中高频无线电通信由于采用了单边带(SSB,Single Side Band)制,使中高频的信道容量增加,缓解了信道的拥挤。但由于中高频无线电波传播存在衰落现象,影响了通信的可靠性、制约了中高频无线电通信的应用。为此,IMO 将无线电传(TOR:Telex Over Radio)技术即窄带直接印字电报(NBDP,Narrow Band Direct Printing Telegraph)引入到 MF/HF 无线电通信系统。窄带直接印字电报技术很好地克服了无线电波传播的衰落现象对通信带来的影响,提高了通信的可靠性。同时,充分利用与海岸电台相连接的发达、便捷的通信网络,实现船舶与陆上主管部门、用户之间的通信连接,满足全球海上遇险与安全系统的通信要求。窄带直接印字电报终端设备(Narrow Band Direct Printing Telegraph Equipment)简称 NBOPTE,习惯上称为 NBDP,作为满足 GMDSS 要求、MF/HF SSB 设备的主要终端设备之一用于海上无线电传通信。

第一节　概　　述

船用 NBDP 满足国际无线电咨询委员会(CCIR:International Radio Consultative Committee)制定的 476 和 625 号有关建议。应用实践证明,在 MF/HF 信道使用 NBDP,取得较为满意的通信效果。NBDP 是适合短波信道传输特点,提供可靠的海上无线电传通信的有效终端设备之一。

海上无线电传系统由船舶电台、海岸电台组成,如图 4-1 所示。其中 ARQ 单元是 NBDP 终端设备的主体、也称无线电传调制解调器(MODEM,MOdulator-DEModulator),起了单边带 SSB 收发信机与外围设备(键盘、显示器和打印机等)之间的接口作用。ARQ 单元具有控制 SSB 发射和接收的转换、报文处理(如编辑、存储、打印等)功能、及(对船舶电台、海岸电台)呼叫(包括识别号码、频率处理)功能。ARQ 单元和外围设备(键盘、显示器和打印机)一起构成 NBDP 终端设备,与单边带收发信机相连接使用,完成无线电传通信。

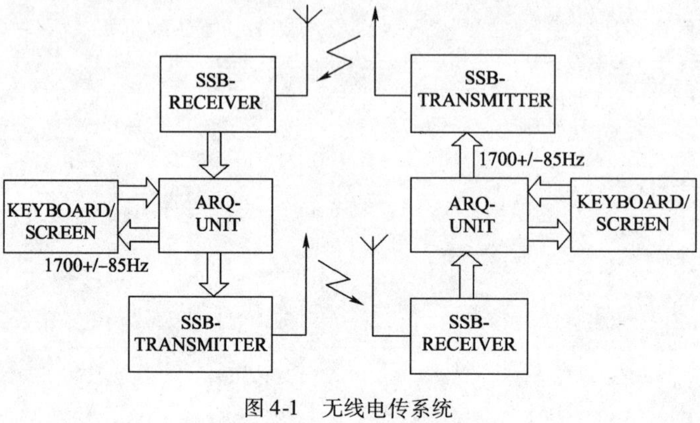

图 4-1　无线电传系统

NBDP 设备具有下面两种工作方式：

(1)自动请求重发(ARQ)方式。ARQ 方式也称 NBDP 的 A 方式。在进行船(舶电台)到船(舶电台)、船(舶电台)到(海)岸(电台),即所谓点对点双向报文通信时使用。这种方式工作时,采用双向信道、半双工通信。

(2)前向纠错(FEC)方式。FEC 方式也称 NBDP 的 B 方式。在同一时间,(船舶或海岸)电台发同一电文给所有或有关(某一或某组)电台,即进行广播时使用的一种通信方式。这种方式工作时,一个电台发射,其他电台接收,采用单向信道、单工通信。

FEC 有两种方式,即集群(或广播)前向纠错方式(CFEC,Collective FEC)和选择性前向纠错方式(SFEC,Selective FEC)。同一时间,发同一电文给所有电台时可采用 CFEC;同一时间,发同一电文给一组或某一电台时则可采用 SFEC 方式。

船用 NBDP 主要用来实现：

(1)船舶电台与船舶电台之间的双向电传(即报文)通信；

(2)船舶电台经过海岸电台与国际电传、传真、E-mail 等用户之间的双向报文通信；

(3)船舶电台、海岸电台的 MSI 播发。

第二节　海上无线电传通信的编码和调制

一、海上无线电传通信的编码

海上无线电传通信,也称 NBDP 通信,是一种数字通信,它所传输的是字母、数字和符号,即字符。NBDP 字符使用七单元恒比码进行编码,ARQ 与外围设备之间的信息交换采用ITA.5(5 号国际电报字母表),即 ASCⅡ码,而陆上电传通信的字符使用 ITA.2 码。

1. ITA.2 码

ITA.2(2 号国际电报字母表)是五位码,这种电码所表示的每一个字符有五个码元组成。因此, ITA.2 码共有 2^5 即 32 个,分别表示 26 个英文字母(A ~ Z)、回车、换行、字母转换、符号转换、空格和非穿孔 6 个功能符号。利用字母转换和符号转换功能,26 个英文字母还可以表示各种数字和符号,如表 4-1 所示。

ITA.2 与 NBDP 的 4B3Y 码　　表 4-1

通信信息信号				
序号	字母	符号	第 2 号国际电报字母电码	NBDP 4B/3Y 恒比码
1	A	-	ZZAAA	BBBYYYB
2	B	?	ZAAZZ	YBYYBBB
3	C	:	AZZZA	BYBBBYY
4	D	WRU	ZAAZA	BBYYBYB
5	E	3	ZAAAA	YBBYBYB
6	F		ZAZZA	BBYBBYY
7	G		AZAZZ	BYBYBBY
8	H		AAZAZ	BYYBYBB
9	I	8	AZZAA	BYBBYYB
10	J	BELL	ZZAZA	BBBYBYY

续上表

通信信息信号				
序号	字母	符号	第 2 号国际电报字母电码	NBDP 4B/3Y 恒比码
11	K	(	ZZZZA	YBBBBYY
12	L		AZAAZ	BYBYYBB
13	M	)	AAZZZ	BYYBBBY
14	N	.	AAZZA	BYYBBYB
15	O	,	AAAZZ	BYYYBBB
16	P	9	AZZAZ	BYBBYBY
17	Q	0	ZZZAZ	YBBBYBY
18	R	1	AZAZA	BYBYBYB
19	S	4	ZAZAA	BBYBYYB
20	T	.	AAAAZ	YYBYBBB
21	U	5	ZZZAA	YBBBYYB
22	V	7	AZZZZ	YYBBBBY
23	W	=	ZZAAZ	BBBYYBY
24	X	2	ZAZZZ	YBYBBBY
25	Y	/	ZAZAZ	BBYBYBY
26	Z	6	ZAAAZ	BBYYYBB
27	回车	+	AAAZA	YYYBBBB
28	换行		AZAAA	YYBBYBB
29	字母转换		ZZZZZ	YBYBBYB
30	符号转换		ZZAZZ	YBBYBBY
31	空格		AAZAA	YYBBBYB
32	非穿孔		AAAAA	YBYBYBB

组成每个字符的五个码元都是信息码，信息码只有两种状态，分别以电流（或电压）的有、无来表示。习惯上，用传号（Mark）和空号（Space）、纸带的有孔和无孔、字母 Z 和 A 或数字 1 和 0 来称呼和表示。陆上电传线路传输的信息采用 ITA.2 编码。

为了传输的电传字符收、发端同步，陆上电传线路中传输的每个电传字符由 7.5 个码元组成，如图 4-2 所示。每个五单元字符都带有起始位和终止位，其中起始位为 1 个码元的空号（0），终止位是 1.5 码元的传号（1）。在电传通信中，不传送信息字符时一直传送传号（即"1"）。第一个由传号到空号，即"1"到"0"的转换表示一个电传字符的开始。接收端根据这一特殊规律，确定一个字符的起始位置，从而实现字符的同步。

陆上电传线路传输的速率为 50bps，每个码元占时 20ms。一个字符 7.5 码元，占时 150ms。所以陆上电传线路每分钟传输 400 个字符。

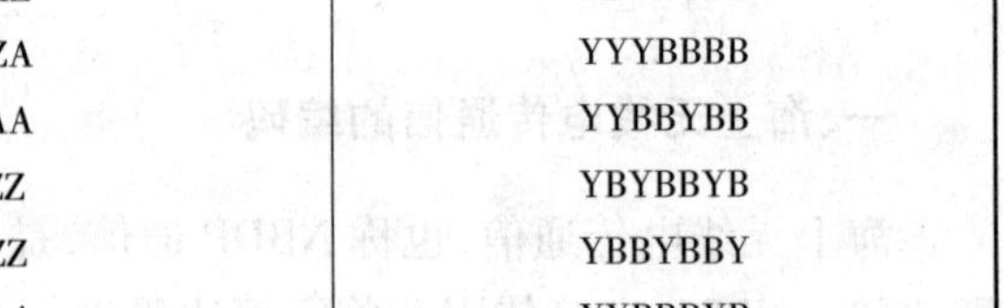

图 4-2　ITA.2 字符 A 的 7.5 单元码

2. ASCⅡ码

一般 ARQ 单元和键盘等外围设备之间的信息交换采用 ASCⅡ码。ASCⅡ码也称七位码，每一字符有七个码元组成。因此，ASCⅡ码共有 2^7 即 128 个，参看表 3-7。

3. NBDP 的七单元恒比码

NBDP 使用的短波信道是一个典型的衰落信道，数字信号的传输错码现象十分严重、降低了无线电传通信的可靠性。保证数字通信可靠性的有效措施之一是采用检纠错编码,即将传输的字符信息按一定规律进行编码,以使传输过程中所引起的差错可以在接收端被发现或检测出来,甚至可以被纠正(参看第二章第四节)。

ITA.2 码没有检错能力,更没有纠错能力。例如:发送端字符 A 的 ITA.2 码为 ZZAAA,经传输若在接收端错成 ZZAAZ 时,虽然只有一个码元出错,但会被接收端判断为 W(ZZAAZ)。为改善 NBDP 通信的可靠性,NBDP 使用七单元恒比码。NBDP 使用的每一个字符(或业务信息)由七个码元组成,七个码元中"0"和"1"个数的比例保持(4:3)恒比。如表 4-1 所示,NBDP 每个字符的组成满足"4B3Y",即 4 个空号(用 B 表示)和 3 个传号(用 Y 表示),称 4B3Y 码。七单元码共有 $2^7=128$ 个,但满足 4B3Y 恒比关系码的个数为:

$$\frac{7!}{4!\ 3!}=35$$

其中 32 个分别与 ITA.2 码相对应(参见表 4-1),其余 3 个用作 NBDP 通信所需的业务信息码。三个业务信息码在 ARQ 方式通信中分别是空闲信号 β、空闲信号 α 和重复信号 RQ;在 FEC 方式通信中,α 和 RQ 信号则分别表示定相信号 1 和定相信号 2,如表 4-2 所示。

NBDP 业务信息信号 表 4-2

NBDP A 方式	4B3Y 编码	NBDP B 方式
CS1(控制信号 1)	BYBYYBB	
CS2(控制信号 2)	YBYBYBB	
CS3(控制信号 3)	BYYBBYB	
CS4(控制信号 4)	BYBYBBY	
CS5(控制信号 5)	BYYBYBB	
β(空闲信号)	BBYYBBY	β(空闲信号)
α(空闲信号)	BBBBYYY	α(定相信号 1)
RQ(重复信号)	YBBYYBB	RQ(定相信号 2)

NBDP 通信中,还使用 CS1 ~ CS5 共五种控制信号,分别用序号 12、32、14、7 和 8 的信号来表示。很容易验证,NBDP 使用的七单元恒比码最短距离是 2。所以如果传送过程中出了一个错码,一定能被检出。因为,在接收端是"数"一个码字中"1"的个数或"0"的个数,不符合 4:3 恒比规则的码字,都认为是错的,所以传送中有时错两个以上码元也能被检出。当然,若一个"1"错成"0",而另一个"0"错成"1",虽只有两个出错码元,但也不能检出。

海上无线电传通信即 NBDP 通信信息传输的速率定为 100bps,每一信息码元占时 10ms,每 字符信息所占的时间是 70ms。

在 NBDP 通信中,发送端将键盘键入的信息,由 ARQ 单元转换为七单元恒比码,经调制后在无线电线路中传输。接收端则以符合恒比关系的码判为正确接收,转换为相应的信息输出给电传打字机或字符显示终端。

二、NBDP 的调制

NBDP 的数字调制方式是二进制频移键控,即 2FSK,也称数字调频方式。在这种方式中,载波的频率随数字信号幅值变化,从而反映了数据的信息。根据 CCIR 建议,NBDP 2FSK 调制的中心频率(也称副载波)是 1700Hz,频移为 ±85Hz。"0"即空号(Space)对应较高频率 1700 +85 =1785Hz,"1"即传号(Mark)对应较低频率 1700 -85 =1615Hz。

ARQ 单元输出的 1785Hz 和 1615Hz 音频信号(AF,Audio Frequency)送到 SSB 发信机,对发射载波进行上边带调制。NBDP 发射的空号和传号频率如图 4-3 所示,其中 f_c 是 SSB 收发信机的载波频率,f_1 是传号频率,为 f_c + (1700 − 85) Hz;f_2 是空号频率,为 f_c + (1700 + 85) Hz;f_1、f_2 与 f_a 间隔相等均为 85Hz,f_a 为指配频率(Assigned Frequency)、高于 f_c 1700Hz。SSB 收发信设备与 ARQ 单元相连接作 NBDP 通信时,工作或发射方式为 FIB(又称为 Telex)或 J2B。海岸电台表上所列频率或信道,对 NBDP 通信而言,是指 f_a。现在使用的新一代 NBDP 设备,在将收发信机置于 f_a 频率,工作在 FIB 或 J2B 方式时,设备将自动下移(1700Hz)调谐到载波上。

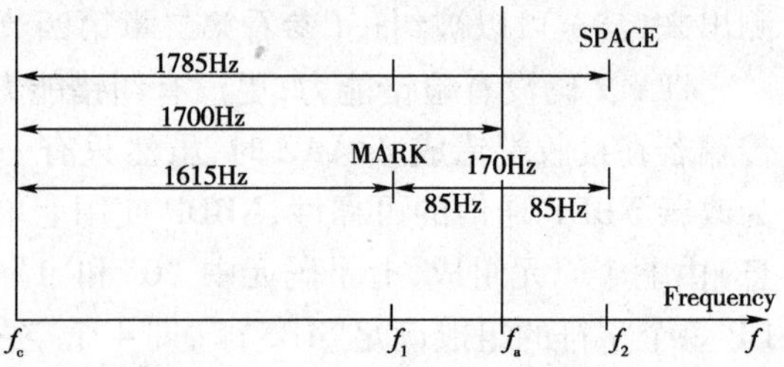

图 4-3 NBDP 发射信号的频率

频移键控信号即窄带直接印字电报信号可以由两个独立振荡器通过转换开关来获得(参看第二章第三节),这种信号可以看作是两个振幅键控信号的合成。它的频谱也由两个振幅键控信号的频谱所合成:一个是传号谱、中心频率是 f_1;一个是空号谱、中心频率为 f_2。于是,这种移频键控信号的频带宽度应为:

$$BW_{2FSK} = |f_2 - f_1| + 2/T$$

其中 T 是码元(传号或空号)所占的时间,由于信息调制速率为 100bps,所以码元宽度为 10ms。所以直接印字报信号带宽为:

$$BW_{F1B} = 170 + 200 = 370\text{Hz}$$

与 SSB 话音信号带宽(3kHz)相比,所占带宽是很窄的,故称为窄(频)带。

窄带直接印字报信号的必要带宽,理论分析计算为 304Hz。所谓必要带宽是指对给定发射类别而言,在规定条件下刚好满足信息传输所要求的速率和质量的频带宽度。所以 NBDP 通信中,对接收机带宽要求仅为 300Hz。

频移键控有两种形式:离散相位移频键控和连续相位移频键控,NBDP 中采用连续相位移频键控。这种方式的特点是相邻两码元转换时,振荡相位是连续的,信号波形就比较平滑地转换。它所占的带宽比一般频移窄,而码差错率却能达到很低。

第三节　NBDP 的 ARQ 通信

一、NBDP ARQ 通信的基础知识

自动请求重发(ARQ,Automatic Request for Repetition or Automatic Retransmission Request)是 NBDP 通信的主要工作方式,也称 A 方式。常用于船对船、船对岸,也就是点对点的电传通信,是船舶电台常用通信方式之一。

NBDP 采用具有检错能力的七单元恒比码,并采用 ARQ 差错控制方式来纠正错误、提高通信的可靠性。

在 ARQ 通信中(参看图 4-1),建立无线电传线路时发起(ARQ)呼叫的电台(海岸电台或船舶电台)称为主台(MS,Master Station),被呼叫台称为副台(SS,Slave Station)。在整个 ARQ 通信过程中,主台与副台的关系不能转换、改变。ARQ 通信过程中,发射信息(报文)的电台称作信息发射台(ISS,Information Sending Station),接收信息(报文)的电台则称为信息接收台

(IRS, Information Receiving Station)。在 ARQ 通信中,ISS 和 IRS 是可以互相转换的、称作转台。

1. ARQ 的信息字组

ARQ 通信中,ISS 发送的报文一般由键盘操作预先编辑、存入 ARQ 单元。报文在 ARQ 单元内被自动地分割成以三个字符为一组的信息字组;不满三个字符时,ARQ 单元将自动插入"β",与原信息字符一起构成信息字组,以符合 ARQ 信息字组由三个字符组成的特征。不论报文分割成多少个信息字组,被顺序、交替地编号为信息字组 1、信息字组 2。

2. ARQ 通信的控制信号

ARQ 模式通信中,整个通信的进展,如 ISS 信息字组的发射与否、发射哪一信息字组等都由控制信号(CS, control signal)控制。在 ARQ 通信中,控制信号有 CS1、CS2、CS3、CS4 和 CS5 共 5 个,也采用七单元恒比码,见表 4-2。

3. 电台的识别码

进行 ARQ 通信的船舶电台和海岸电台都指配有选择性呼叫号码——水上移动业务的识别码(MMSI, Maritime Mobile Service Identity),由 4(海岸电台)/5(船舶电台)位或 9(海岸电台)/9(船舶电台)位十进制数字组成。用来识别各船舶电台、船舶电台组、海岸电台。也使连接电信网的电话、电传用户能在岸到船方向上能自动呼叫船舶电台,建立自动的通信连接。

全球海上遇险与安全系统使用由九位十进制数字组成的。按照无线电规则,水上移动业务使用以下三种识别码:

船舶电台识别号码,其构成为 MID××××××;

船舶电台组识别号码,其构成为 OMID×××××(第一位数字是零);

海岸电台识别号码,其构成为 OOMID××××(前两位数字都为零)。

其中 MID 是国家或地区的水上识别码,用于国际识别,由三位数字组成(我国的 MID 为 412);×为 0~9 任意一个数字,由国家或地区的主管部门指配。

ARQ 设备将 9 位 MMSI 转换为由 7 个字母组成的电台识别信号(Station Identification Signal)用于通信线路建立时的呼叫和相互识别。

MMSI 与相应的七字母识别信号之间的转换见表 4-3。

识别码与识别信号的转换表 表 4-3

Remainder(余数)	Identification	Remainder(余数)	Identification
0	V	10	T
1	X	11	B
2	Q	12	U
3	K	13	E
4	M	14	D
5	P	15	I
6	C	16	R
7	Y	17	Z
8	F	18	D
9	S	19	A

例如,某一船舶电台的 9 位数字 MMSI 为:364775427,它将转换为 PEARDBY 七字母识别

信号。转换方法说明如下：

第一步　9 位电台 MMSI 除以 20，得到商数和余数 R1；

第二步　将第一步所得的商再除以 20，得到新的商数和余数 R2；

第三步　重复第二步，直到商等于 0 为止。依次得到余数 R3、R4、R5、R6 和 R7（如果在第 7 次之前的某次除以 20，所得的商为 0，则该次以后的余数均用 0 表示，直到 R7）；

第四步　将余数 R1、R2、R3、R4、R5、R6、R7 按表 4-3 分别转换成识别信号 IS7、IS6、IS5、IS4、IS3、IS2、IS1，得到 7 个字母组成的识别信号。

依照上面说明的步骤：

364775427 除以 20，得商 18238771，余数 R1 = 7→IS7 = Y

18238771 除以 20，得商 911938，余数 R2 = 11→IS6 = B

911938 除以 20，得商 45596，余数 R3 = 18→IS5 = D

45596 除以 20，得商 2279，余数 R4 = 16→IS4 = R

2279 除以 20，得商 113，余数 R5 = 19→IS3 = A

113 除以 20，得商 5，余数 R6 = 13→IS2 = E

5 除以 20，得商 0，余数 R7 = 5→IS1 = P

由电台的 7 个字母识别信号可以得到电台的 3 个校验和信号（Station check-sum signal），求的方法如下：

设电台的 7 个字母识别信号为 IS1 IS2 IS3 IS4 IS5 IS6 IS7

它们所对应的数字（由表 4-3 可以查得）分别是 N1 N2 N3 N4 N5 N6 N7

按下面的关系式，求取 3 个校验和数字（CN），分别为

$$CN1 = N1 \oplus N2 \oplus N3$$

$$CN2 = N3 \oplus N4 \oplus N5$$

$$CN3 = N5 \oplus N6 \oplus N7$$

式中⊕表示模 20 加法；由校验和数字 CN，从表 4-3 查得相应的校验和信号（CK）。

例如上例中的 364775427 电台，它的 7 个字母识别信号和相对应的数字为：

P	E	A	R	D	B	Y
5	13	19	16	18	11	7

那么校验和数字分别是：$CN1 = 5 \oplus 13 \oplus 19 = 17\ (37 - 20)$

$$CN2 = 19 \oplus 16 \oplus 18 = 13\ (53 - 20 - 20)$$

$$CN3 = 18 \oplus 11 \oplus 7 = 16\ (36 - 20)$$

由表 4-3 查得相应的校验和信号

$$CK1 = Z$$

$$CK2 = E$$

$$CK3 = R$$

进行 ARQ 通信呼叫时，将发射由被呼叫电台七字母识别信号所组成的三个呼叫字组（Call Block），它们的组成是：

第一呼叫字组　X1　RQ　X2

第二呼叫字组　RQ　X3　X4

第三呼叫字组　X5　X6　X7

其中 RQ 是表 4-2 中的重复信号，X1 ~ X7 表示被呼叫电台的七个识别字母。

ARQ 设备在建立通信线路连接时,作为电台的相互识别,呼叫台发射由本台七字母识别信号所组成的三个识别字组(Identity Block)。它们的组成是:

第一识别字组　Y1　α　Y2

第二识别字组　α　Y3　Y4

第三识别字组　Y5　Y6　Y7

其中 α 是表 4-2 中的空闲信号,Y1 ~ Y7 分别表示发起 ARQ 通信呼叫电台的七字母识别信号。

4. ARQ 通信的基本定时周期

ARQ 方式通信时,主台、副台要求(时间上)有严格的同步。主台的发射定时由主台的时钟控制、副台的发射定时则由收到的主台信号来控制,即采用主、副台的原理进行 ARQ 通信的同步。

ARQ 的基本定时周期是 450ms,即陆上电传线路传输三个五单元 ITA. 2 码字所需要的时间($3 \times 150 = 450$ms)。基本定时周期由 ISS 的 210ms 发射时间和 240ms 的发射暂停时间组成,与 IRS 的接收时间和接收暂停时间相对应,如图 4-4 所示。

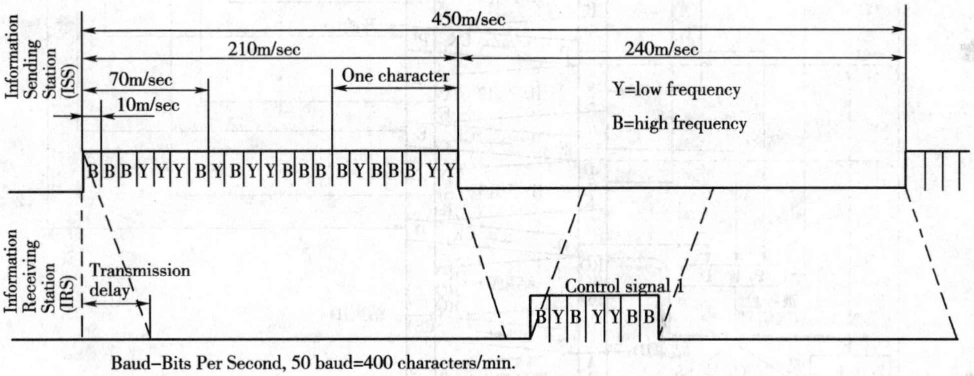

图 4-4　ARQ 基本定时周期

在 210ms 的发射时间里,ISS 发送由三个七单元恒比码组成的一个信息字组信号。每个七单元码字占时 70ms,三个码字为 210ms。发射的信号经过一定的电波传播时延 T_p 到达 IRS,T_p 的大小取决两个电台之间的距离。之后,IRS 开始 210ms 的接收时间,解调并判断所接收的信息字组。延时 T_e后,发射一个 70ms 的控制信号。控制信号经过 T_p 到达 ISS,完成一个基本定时周期内的 ARQ 通信。从图 4-4 可以知道,在基本定时周期 450ms 时间里,一个信息字组占 210ms、一个控制信号占 70ms,共 280ms,剩余 $450 - 280 - 170$ms。若忽略设备的延时 T_e,那么无线电信号双程传递时间最大可以达到 170ms,即 T_p 的最大值是$\frac{1}{2} \times 170 = 85$ms。相当于电波单程传递距离 $3 \times 10^5 \times 85 \times 10^{-3} = 25500$km,可以传递到地球任何地方。

尽管无线电传速率是 100bps,与陆上线路电传速率 50bps 不同,但是在 ARQ 的 450ms 基本定时周期,无线电传线路仅仅传输了三个字符,与陆上电传线路每个字符占时 150ms 的传递速率相同。因此,无线电传通信能连接到陆上电传网,进行"同步"的报文收发。

二、ARQ 通信的基本工作流程

对 ARQ 通信的基本工作流程说明如下:

1. ARQ 通信线路的建立

ARQ 通信线路建立的整个工作流程如图 4-5 所示，它由选择性呼叫和相互识别两个流程组成。

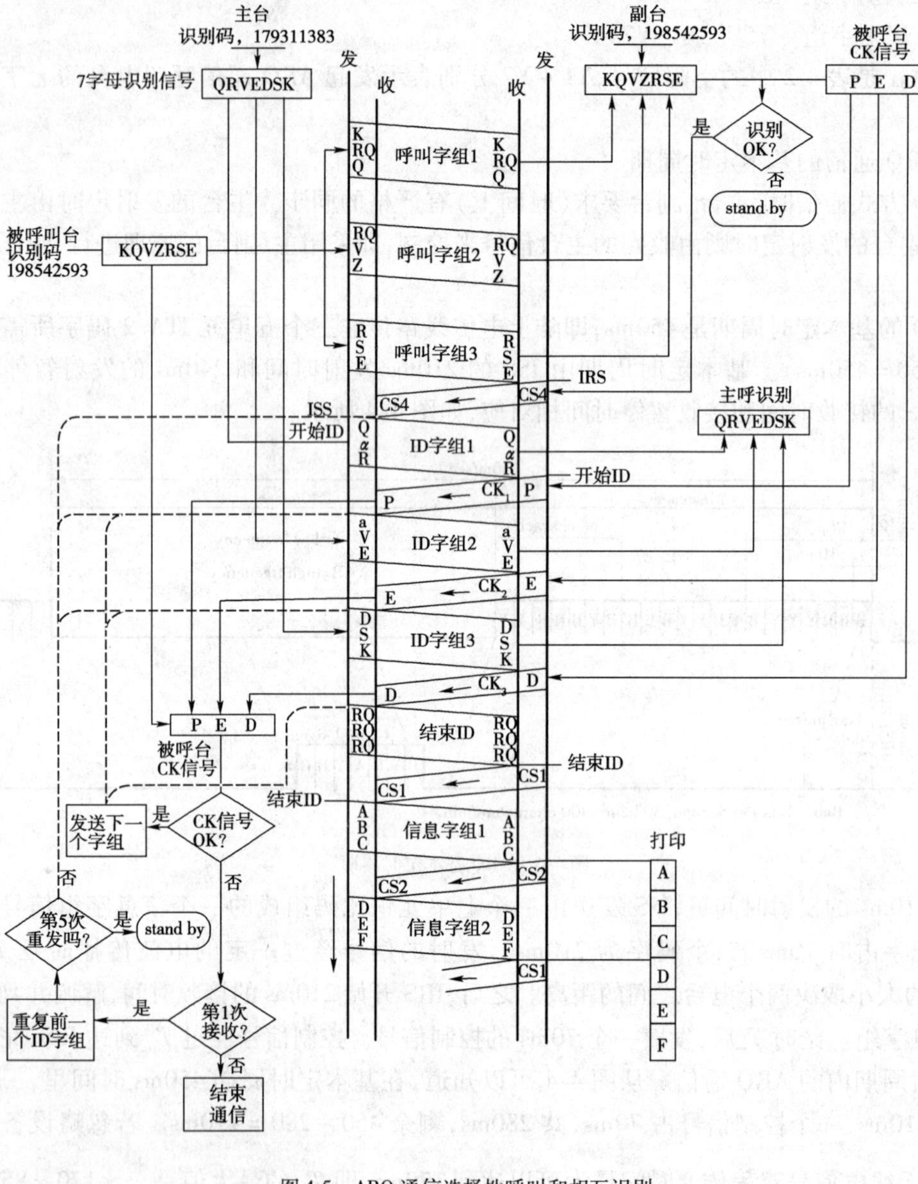

图 4-5 ARQ 通信选择性呼叫和相互识别

1）选择性呼叫

在 ARQ 通信线路未建立时，两个电台都处于预备状态。首先由主台发起对副台的 ARQ 呼叫（以 9/9 位呼叫为例）：由键盘输入副台的 9 位 MMSI。在设备内部，键入的副台 MMSI 被转换为 7 个字母的识别信号，并组成呼叫字组 1、呼叫字组 2 和呼叫字组 3。如图 4-5 所示，在主台键入被呼叫台的 MMSI：198542593 后，转换为 KQVZRSE 7 字母识别信号，并组成 K RQ Q、RQ V Z 和 R S E 三个呼叫字组。主台发起 ARQ 呼叫，顺序发射呼叫字组。当被呼叫台连续正确地收到三组呼叫字组后（即与本台的识别号码相同时），转为 IRS，并发送控制信号 CS4

予以响应。主台收到正确的控制信号 CS4,表示呼叫或定相完成,并转为 ISS。

呼叫过程中,无论是呼叫字组还是控制信号,如果发生错误,呼叫将一直进行。经 128 个 ARQ 基本时间周期,主台自动停止呼叫并返回预备状态。至少等待 128 个周期后,主台才允许进行第二次呼叫。如果主台在呼叫过程中收到控制信号 CS5,则转入通信结束,返回预备状态,并至少等待 128 周期再进行 ARQ 呼叫。

2)相互识别

选择性呼叫完成后,自动进入相互识别过程。自动相互识别从主台收到 CS4 并转为 ISS 开始,进行各自识别信号的交换、证实和知道通信对象。

ISS 先发送本台的第一识别字组。被呼叫台收到第一识别字组后,发送本台第一校验和信号。呼叫台收到被呼叫台的第一校验和信号后,与由键入的被呼叫台 MMSI 导出的第一校验和信号相比较。如果相同,呼叫台发送第二识别字组。被呼叫台收到第二识别字组后,发送第二校验和信号。呼叫台收到第二校验和信号后,再与导出的第二校验和信号相比较。如果相同,呼叫台发送第三识别字组。被呼叫台收到第三识别字组,发送第三校验和信号。呼叫台接收后,如果第三校验和信号亦正确,则说明通信对象正确。同时被呼叫台由接收到的三个识别字组知道呼叫方的 MMSI。这时,呼叫台发送由 3 个 RQ 组成的识别结束字组。被呼叫台收到 RQ RQ RQ 结束识别,并发送控制信号 CS1 予以响应。主台正确接收 CS1,表示相互识别过程结束——ARQ 通信线路建立。

如图 4-5 所示,呼叫台的 MMSI 为 179311383、七字母识别信号是 QRVEDSK、三个识别字组分别是 QαR、αVE 和 DSK。被呼叫台的三个校验和信号是 P、E 和 D。

自动相互识别期间,如果呼叫台接收到被呼叫台发来的校验和信号,与由被呼叫 MMSI 导出的校验和信号不相同,呼叫台将重发上一次的识别字组。被呼叫台收到重发的识别字组重发与该识别字组相对应的校验和信号。呼叫台收到重发的校验和信号后再进行比较,如果仍不相同但收到的校验和信号和上次收到的完全相同,呼叫台转入到通信结束程序。如果呼叫台收到重发的检验和信号与导出的校验和信号不相同,但与上次接收到的检验和信号也不相同,呼叫台将再次重发上一次的识别字组。但由于收到错误的校验和信号,导致任何一个识别字组重发的次数不能超过 4 次(也就是同一识别字组最多只能发送 5 次)。如果仍接收到错误的校验和信号,呼叫台返回预备状态。

相互识别过程中,如果呼叫台没有收到第一校验和信号,则重发第一识别字组;没有收到第二校验和信号,则重发第二识别字组;没有收到第三校验和信号,则重发第三识别字组;没有收到 CS1 信号,则重发 RQ RQ RQ 识别结束字组。识别周期内,接收的信号连续残缺,在连续重复 32 个周期之后,两台都返回预备状态。

2. ARQ 报文通信

呼叫台收到 CS1 后,结束识别周期、开始进入 ARQ 报文通信流程,见图 4-6。

其中 CS1 和 CS2 是控制 ISS 发射信息字组的控制信号:当 ISS 收到 IRS 发来的 CS1 时,ISS 将自动发送编号为信息字组 1 的三个字符;ISS 收到 CS2 时则自动发送信息字组 2 的三个字符。IRS 循环、重复发送 CS1 和 CS2,ISS 则顺序发射相应信息字组 1 和信息字组 2,直到整个报文发送完毕。

参看图 4-6 的 ARQ 通信流程,ISS 在收到 IRS 的 CS1 后发送信息字组 1(图 4-6)ABC。IRS 接收后,按 4B3Y 恒比关系对字符进行检错。如果三个字符正确接收,则指令发射机发送控制信号 CS2,同时将正确接收的字符由打印机打印。如果接收方判断信息字组有错,如图

4-6 中的“E”。IRS 将重发同一控制信号(如图 4-6 的 CS2),请求 ISS 重发该信息字组。ISS 收到与上一次相同的控制信号,说明 IRS 收到了错码,ISS 将重发原信息字组。如此重复,直到 IRS 正确接收为止。

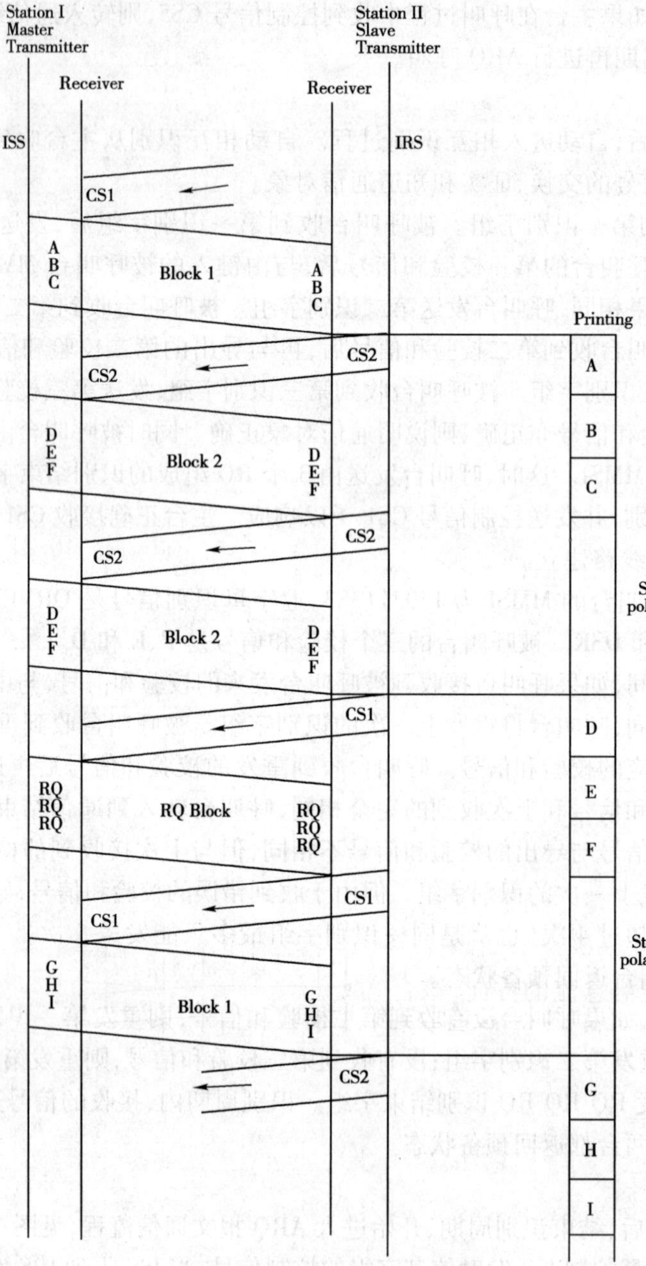

图 4-6 ARQ 通信流程

如果控制信号在传送过程中有错,ISS 发送 RQ 字组(RQ RQ RQ),请求 IRS 重发控制信号。

通信过程中,如果通信距离过大或信道干扰很大,造成多次重发,一般同一信号经过 32 次重复仍未正确接收,通信将中断,主副台都将返回重新定相状态。

3. 重新定相(Rephasing)

如果在 ARQ 通信期间,接收的信息字组或控制信号连续残缺,在经过 32 个周期后,两台都转变到重新定相状态。重新定相就是在ARQ 通信线路因连续(信息字组或 CS)重发而中断之后,ARQ 设备立即自动重新建立原来的通信线路。

转到重新定相状态之后,主台立即自动发送副台的选择呼叫号码,重新进行选择性呼叫(流程与上面的呼叫相同),建立原来的通信线路。副台收到主台的呼叫后,如果呼叫成功,则以 CS5 给予响应(初始呼叫成功的响应信号是 CS4)。然后进入相互识别过程。如果识别正确,则恢复中断前主副台的工作状态继续进行通信。即通信中断时副台为 IRS,则重新建立线路后仍为 IRS,并从断点处按所编控制信号的顺序发送控制信号、主台发断点后的信息字组;中断时副台为 ISS,通信线路重新建立后将有一个转台过程,使主台变为 IRS 后继续进行通信。

4. 转台(或转换信息流向)流程

ARQ 通信过程中,主台与副台的身份始终保持不变,但信息"流向"可以改变。当主台作为 ISS,报文发送完后,需要副台给予答复,或副台收完报文以后有报文给主台,都要改变信息流的方向,即 ISS 和 IRS 需要交换位置——称为转台(或转换信息流向)。

当 ISS 要求改变信息流的方向,该台发送"↑(符号转换即 shift) + ?"信号字组(图 4-7)。IRS 收到"↑ + ?"信号字组,如已做好转台准备,就发送 CS3 通知 ISS 可以转台。若 IRS 没有准备好,IRS 则按原来的控制信号编排顺序发送 CS2 或 CS1。ISS 则发 β 字组,直到接收到 IRS 发出的 CS3 为止。ISS 接收到 CS3,发送转台字组(over)"βαβ"。IRS 收到"βαβ"字组,就转为 ISS。若该台是副台,则发送"RQ RQ RQ"字组作为转台成功的响应;若该台是主台,则发送一个 RQ 信号予以转台成功的响应。ISS 接收到"RQ RQ RQ"字组(或 RQ 信号)就转成为 IRS。之后,新的 IRS

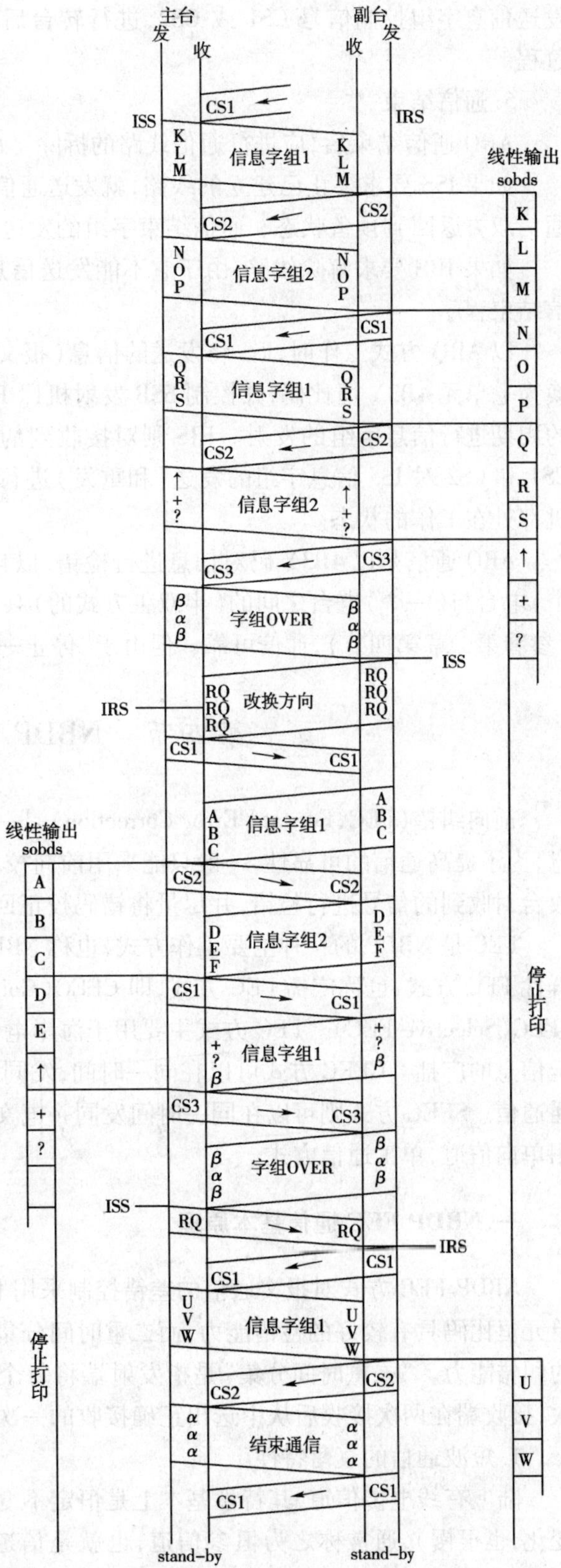

图 4-7 ARQ 通信的转台、通信结束流程

发送信息字组控制信号 CS1 或 CS2，进行转台后的 ARQ 通信。图 4-7 给出了信息流转换的过程。

5. 通信结束

ARQ 通信结束后，应进行通信线路的拆除。ARQ 通信线路的拆线只能由 ISS 进行。

如果 ISS 要求终止已建立的线路，就发送通信结束字组“ααα”。收到 IRS 的 CS1 或 CS2，通信双方返回到预备状态。通信结束字组的发送次数不能多于 4 次。

如果 IRS 要求解除线路，由于它不能发送信息字组，所以必须转台为 ISS 后，才可执行通信结束程序。

以 ARQ 方式工作时，ISS 将发送的信息（报文）按三个字符一组进行分组，每个字符都变换为七单元 4B3Y 恒比码，并控制 SSB 发射机以 FIB（或 Telex）方式，100bps 的速率，以 450ms 的周期进行信息字组的发射。IRS 则对接收到的信息字组按 4B3Y 恒比关系进行检错，并以 CS1 和 CS2 对 ISS 信息字组的发送（和重发）进行控制。ARQ 方式通信时，主、副台的收发信机都处在工作的状态。

ARQ 通信是以 4B3Y 码对信息进行检错，以自动请求重发（ARQ）对信息进行纠错的（一个）电台与（一个）电台之间的（半双工方式的）双向报文通信。NBDP 的 ARQ 是一种 SW-ARQ（参看第二章第四节），通信可靠。但由于“停止—等待”，通信时间相对加长。

第四节　NBDP 的 FEC 通信

前向纠错（FEC，Forward Error Correction）是一种纠错方式。对于单向信道或传送实时信息，为了提高通信的可靠性，一般只能采用前向校正错误的方式，即 FEC。所谓 FEC，就是由接收台对收到的信号进行检错，并尽量将错码校正回来。

FEC 是 NBDP 的一种主要工作方式，也称 NBDP 的 B 方式。它有两种工作类型：一种是集群性 FEC 方式，也称广播 FEC 方式，即 CFEC（Collective FEC）；另一种是选择性 FEC 方式，即 SFEC（Selective FEC）。FEC 方式主要用于海岸电台或船舶电台发送各种广播信息，如海上安全信息的广播。CFEC 方式可以在同一时间，发同一电文给所有船舶电台，即进行点对面的广播通信。SFEC 方式则可以在同一时间发同一电文给（选择的）一组或一个船舶电台。FEC 使用单向信道，单工通信方式。

一、NBDP FEC 通信基本原理

NBDP FEC 方式对报文通信的差错控制采用七单元恒比码和二重时间分集接收技术。七单元恒比码具有较好的检错能力，而二重时间分集接收技术则使接收端对接收信息具有简单的纠错能力。“二重时间分集”是指发射端将每个字符的信号按一定的时间间隔重复发送两次，接收端在两次接收后从中选出正确接收的一次并判为接收的字符信号。

1. 短波通信的衰落特性

陆上有线电传信道，其特性基本上是恒定不变的（即使变化，例如季节性温度变化引起的变化，也很慢），通常称之为恒参信道，也就是信道的特性参量基本上是恒定的、不随时间而变。卫星信道也基本上是恒参信道。与恒参信道相对应的是变参信道，NBDP 通信使用的短波无线信道是典型的变参信道。

1)短波信道的衰落现象

改善变参信道的主要方法是分集接收。在介绍各种分集接收方式之前,先说明一下变参信道的主要特点。

在无线信道中,电波是在自由空间传播,因此从发射端到接收端的电波,往往可以有不同的传播途径。以短波(或 HF)无线信道为例,发射机的电能从天线发射出去时,若天线的方向性不是很尖锐,电波是在某一角度范围内发出去的。因此,可以认为有许多射线,如图 4-8 所示。这些射线经电离层"反射"到达接收地点。电离层不是一个镜面,也不止一层,其高度也是变化的。有的射线还会从地面反射回电离层,再反射到接收地点。因此各条射线可以通过不同途径到达接收端,接收机天线可以同时收到多条射线。此外。电离层还是移动的,地磁的影响也能使电波传播速度发生微小变化。总之,无线电短波传播过程是复杂的,使天线接收到的信号也相当复杂。这种多径传播使接收端的信号有失真,其主要表现是衰落现象。

所谓衰落,是指在同一地点、接收同一发射台的信号,接收信号的幅度随时间起伏不定,有时可能降落到很低的电平。假如发射端发出一个等幅的正弦振荡,接收到的信号幅度可能如图 4-9 所示,呈现起伏,有时甚至可能降到接近于零。起伏很快时,称信道具有快衰落特性(变化的周期大都在几分钟甚至短到几毫秒);起伏缓慢时(例如几小时甚至几个月内的变化)称为慢衰落;起伏幅度很大时,称为深衰落。

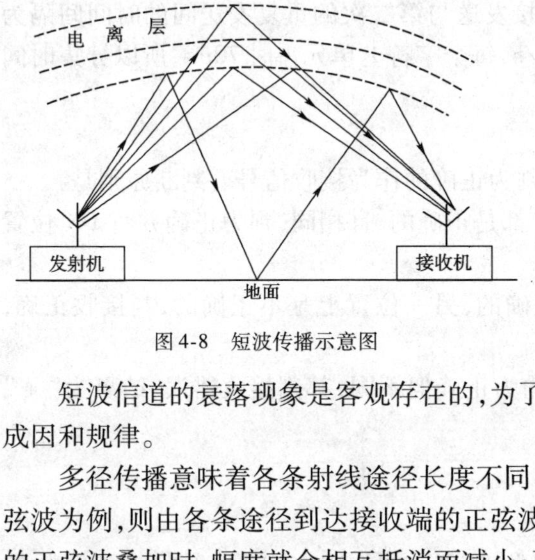

图 4-8　短波传播示意图

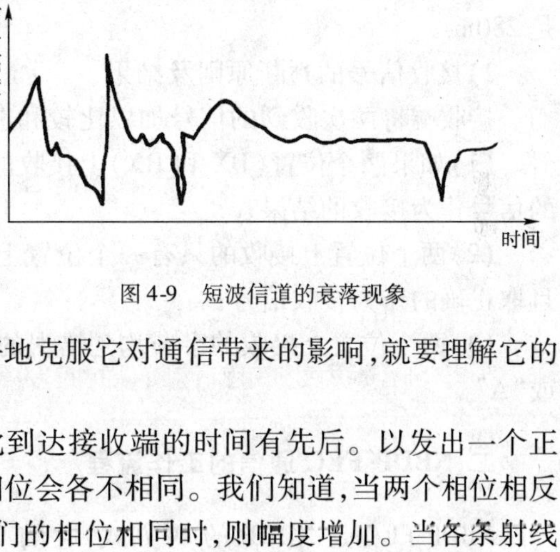

图 4-9　短波信道的衰落现象

短波信道的衰落现象是客观存在的,为了较好地克服它对通信带来的影响,就要理解它的成因和规律。

多径传播意味着各条射线途径长度不同,因此到达接收端的时间有先后。以发出一个正弦波为例,则由各条途径到达接收端的正弦波的相位会各不相同。我们知道,当两个相位相反的正弦波叠加时,幅度就会相互抵消而减小;而它们的相位相同时,则幅度增加。当各条射线途径有变化时,到达接收端的信号相位也会变化。因此相互叠加的结果,幅度就会起伏不定。这是衰落现象的最简单解释。

2)短波信道的快衰落特性

短波信道慢衰落对通信的影响一般可以通过接收机内的自动增益控制(AGC)电路得到很好的改善;而对快衰落,AGC 电路就无能为力了。在 NBDP 通信中,快衰落是增加(数字通信)误码率的重要原因。快衰落虽然是杂乱的,但也不是无规律的。统计理论和实测证明,短波信道的快衰落有以下的特点:

(1)同一时刻,两个接收天线保持(与接收信号波长相比)相当大的距离时,它们收到的来自同一发射天线信号的衰落现象是相互独立的。也就是如果一个接收天线接收的信号是深衰落时,另一个接收天线接收的信号并不一定如此。两个接收天线的距离较近时,则不是这样。一个信号是深衰落时,另一个也是深衰落的可能性很大。

(2)在同一地点、相隔时间为 t_d 的两个时刻上,只要 t_d 足够大,同一天线两次接收同一发射天线的信号具有互相独立的衰落特性。

(3)同一时间、同一地点,同一天线接收的两个不同频率信号,只要频率间隔足够大,具有相互独立的衰落特性。

(4)采用不同的天线极化方向或天线角度,两种天线所接收的信号也具有相互独立的衰落特性。

2. 时间分集接收技术

快衰落信号的特点使我们可以用分集接收来减小或克服快衰落对通信可靠性的影响。什么叫分集接收呢? "分"就是分开来接收信号:接收来自同一信号源,但通过不同途径分散传输的互相独立的信号;"集"就是把收到的信号进行选择或组合得到输出。

与上述衰落特点相对应,短波通信中使用的分集接收有空间分集、时间分集、频率分集、极化分集和角度分集等。NBDP 的 FEC 采用时间分集进行信号传输和接收。

1)分集时间

二重时间分集的方法,通常是将发送的每个字符信号经 τd 时间延迟后再发送一次。第一次发送称为直接发送,用 DX 表示;第一次发送后经 τd 时间延迟后发送,即第二次发送称为重复发送,用 RX 表示。NBDP FEC 的分集时间,直接发送与第二次的重复发送间的时间间隔为 4 个字符的传输时间。NBDP 的传输速率为 100b/s,每个字符七单元占时 70ms,所以分集时间是 280ms。

2)接收信号的判断原则及结果

接收端将两次收到的信号加以比较和选择,判为正确的作为接收信号。判断原则是:

(1)如果两个位置(DX 和 RX)上接收的字节都是正确的、且相同,判为正确并将 DX 位置的信号作为接收的结果;

(2)两个位置上接收的只有一个位置上是正确的,另一位置上是不正确的,判接收正确,且取正确的作为接收信号;

(3)两个位置上接收的字节均是错误的、或均为正确但不同,都判接收错误、结果为"*"或"Δ"。

二、NBDP FEC 通信的工作流程

NBDP FEC 是 NBDP 的 B 方式,它的 CFEC 和 SFEC 两种方式在海上通信得到实际的使用:

1. CFEC 的工作流程

CFEC 方式工作时,集群性广播发射台(CBSS, Collective Broadcast Sending Station)发送报文,集群性广播接收台(CBRS, Collective Broadcast Receiving Station)进行接收。CFEC 的工作流程如图 4-10 所示,说明如下:

1)定相

CFEC 方式工作时,CBSS 交替发送作为同步的定相信号。在 DX 位置上发送"定相信号 2"即 RQ 信号,α 作为"定相信号 1"在 RX 位置上发送。为了确保同步,CBSS 至少发送 16 对定相信号。接收台连续收到两对定相信号即转成 CBRS,同时向 NBDP 外部设备提供停止极性

信号，打印机停止打印。CBSS 发完定相信号，紧接着发送一个回车（ < ）信号和一个换行（ ≡ ）信号（即由键盘键入“enter”键）。当 CBRS 正确收到回车、换行信号后，就停发停止极性信号，打印机头移动到新的一行的起始位，准备打印接收的字符。

2）发送报文

CBSS 接着将报文每个字符在 DX 位置、RX 位置上各发送一次。CBRS 接收后按 7 单元 4B3Y 恒比关系，对每次接收的字符进行检错。如果 DX 位置上接收的信号无差错，就存储起来；如果 DX 位置上接收的信号有差错就以“space”储存起来。对第二次即 RX 位置上接收的信号进行同样的检错，如果 RX 位置接收的信号是错误的，则存储的第一次接收的字符被打印出来；如果 RX 位置接收的信号是正确的，所接收的字符直接由打印机打印；若两次接收都是错误的，在该字符位置打印“Δ”、“ * ”或空一格，表示该字符不能识别；若两次接收的信号检错无误，但不相同，也按都是错误字符来处理。如果在预定的时间内接收到的错误字符的百分数达到预定值，CBRS 就自动返回到预备状态。

为了确保 CBSS 与 CBRS 保持同步，CBSS 每发送 100 个字符，至少要插入发送连续的四对定相信号。对在报文发送中暂时中断期间，CBSS 都发送定相信号。

3）通信结束

CBSS 发送完报文，自动发送连续的空闲信号“α”约 2min，然后转到预备状态。CBRS 在 DX 位置上至少收到两个“α”信号，经 210ms 后也转为预备状态。

2. SFEC 的工作流程

1）定相和选择性呼叫

SFEC 方式的选择性广播发射台（SBSS，Selective Broadcast Sending Station）与 CFEC 方式的 CBSS 一样，发起 SFEC 通信时，首先交替发送同步定相信号（DX 位置上发送定相信号 2，RX 位置上发送定相信号 1）至少 16 对。接着发送某电台组或某个电台的选择性呼叫识别信号。选择性呼叫号码按 ARQ 方式相同的方法转换成由 7 个字母和空闲信号 β 组成的选择性呼叫识别信号。如图 4-11 所示，选择性呼叫号码是 198542593，则呼叫识别信号是 KQVZRSEβ。选择性识别信号由 SBSS 连续发送 6 次，每次 $2\times8\times70=1120$ms、6 次共 $6\times1120=6720$ms。被呼叫电台在连续收到两对定相信号后转为 CBRS，并向有关外部设备提供停止极性信号，打印机停止打印。被呼叫电台只要在 RX 位置上收到一次完整的本电台的 7 字母选择性呼叫识别信号，即由 CBRS 转为选择性广播接收台（ SBRS，Selective Broadcast Receiving Station）。

SBSS 在连续发送 6 次选择性呼叫识别信号后紧接着发送回车换行信号和电文。SBRS 正确收到回车换行信号，就停发停止极性，打印头回到新行的起始位置。

2）报文发送和结束通信

报文发送和结束通信的过程与 CFEC 完全相同。

需要指出的是在 SFEC 方式工作时，除定相信号 2 和 1 外，其余所有信号，包括选择性呼叫识别信号、回车和换行、报文、通信结束的空闲信号等都以反码的形式，即 3B4Y 码形式传送。

SFEC 方式的工作时序见图 4-11。

FEC 方式常用作海岸电台 MSI、通报的发送，而船舶电台则用于 MSI 的发射。CFEC 是向所有电台的广播，而 SFEC 则是向指定的一个或一组电台进行广播。由于 FEC 是单向报文通信，一般事先要约定通信的时间和频率，才能确保对 FEC 报文的接收。

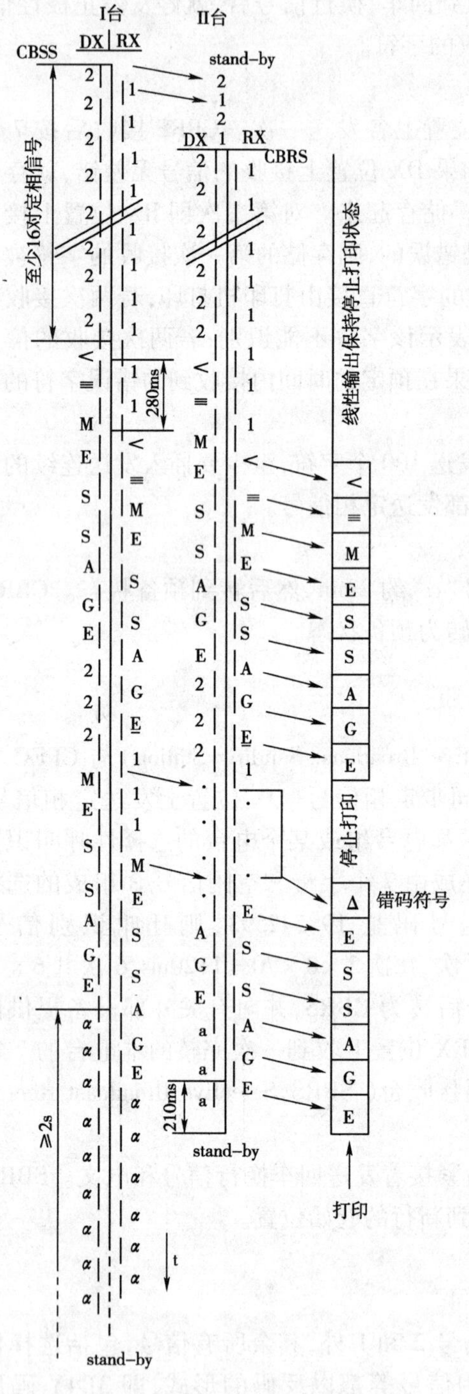

图 4-10　CFEC 的工作流程

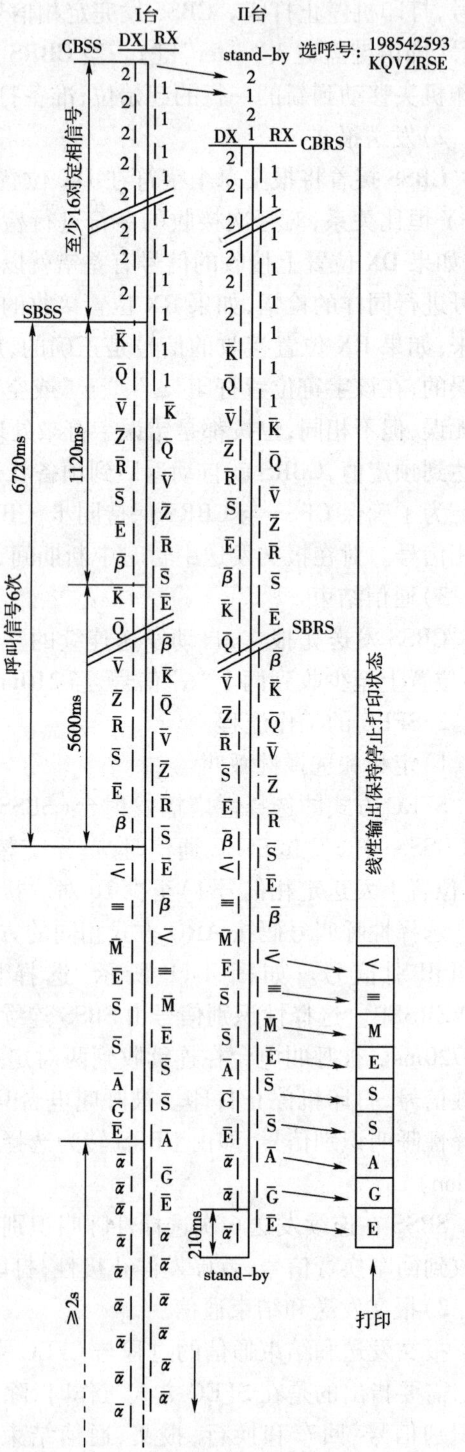

图 4-11　SFEC 的工作流程

第五节　海岸电台 ARQ 通信的工作流程

根据国际无线电规则的规定，水上移动业务使用 NBDP 进行通信时，可以使用 ARQ 或

FEC 方式。目前,船岸通信双方的 NBDP 通信大多采用 ARQ 方式。船舶电台与陆上用户的通信线路必须通过海岸电台的转接才能建立,海岸电台是海上 MF/HF、VHF 无线电通信的“着陆点”、起了船舶电台与陆上公共通信网的接口作用。通过海岸电台,船舶电台可以与不同通信业务的陆上用户进行通信。如电传用户、传真用户、E-mail 用户等。

一、海岸电台的工作方式

海岸电台的工作方式有以下三种:

1. 人工方式

人工通信方式是指船舶电台与陆上用户相互通信的过程需要海岸电台进行人工(值机员)处理。船舶电台与陆上用户的电传通信,首先由船舶电台将报文以“无线电”传至海岸电台、海岸电台将收到的报文经人工处理传往陆地用户。反之,陆地用户发给船舶电台的报文也得先由海岸电台人工处理后再发送给船舶电台。

2. 半自动方式

半自动通信方式是指船舶电台给陆地用户发送电传的全过程不需要海岸电台人工干预,而陆地用户至船舶电台的电传传送仍须先由海岸电台处理后再发送给船台。因此,半自动通信中船至陆地用户的通信是自动的。

3. 全自动方式

全自动通信方式是指船舶电台与陆地用户间的双向通信经由海岸电台自动完成的通信方法。为使双向通信的全自动化,必须执行 CCIR 492-3 修正案所规定的船岸间 ARQ 通信程序。

二、船至岸的 ARQ 自动通信程序

不管海岸电台的工作方式是半自动或是全自动,船舶电台经由海岸电台的自动无线电传系统(简称 ART)与陆上用户的报文通信是全自动的。按规定的流程、使用相应的 ARQ 通信指令,就能实现船至岸的自动 ARQ 通信。

1. 海岸电台自动无线电传系统概述

海岸电台的 ART 主要用于海上航行船舶与陆地用户间的双向自动电传通信——船岸间的 ARQ 通信。ART 自动电传通信,一方面是指船舶电台通过对海岸电台的 ARQ 呼叫,与海岸电台的 ART 建立船、(海)岸(电台)间的通信连接,然后向所需的陆地电传用户直接发送报文。另一方面是指海岸电台 ART 在收到陆地用户的报文后人工启动对船舶的 ARQ 呼叫,在通信线路建立后将陆地用户交发的报文发往指定船舶。

ART 有以下主要功能:

1)直接电传

船舶使用直接电传通信指令(DIRTLXxy+),通过海岸电台的 ART 进入国内和/或国际电传网、(不论该电传用户是否有人值守,都可以)直接将电传报文发送至所需陆地用户的电传设备。如果该用户有人值守,并希望在通信期间与船舶无线电员进行机上对话,用户可以强制转换通信流程与船舶电台直接进行机上对话,或将报文通过 ART 直接发往船舶电台。

2)存储(或留存)/发送电传

船舶电台使用留存/发送电传通信指令 TLXxy +，将电传报文发往海岸电台。在船舶电台与海岸电台建立 ARQ 通信线路后，船舶电台使用留存/发送电传通信指令（TLXxy +）进入海岸电台的 ART，将电传报文发至 ART 的自动用户电传处理器、然后报文由 ART 自动发往指定的陆地用户。这种方式工作时，船舶电台不能和陆地用户进行机上的直接对话。

3）留存（或存储）/发送传真

船舶电台使用留存/发送传真通信指令（FAXxy +，CFAXxy +），将电传报文发往海岸电台。在船舶电台与海岸电台建立 ARQ 通信线路后，使用留存/发送传真通信指令（FAXxy + 或 CFAXxy +）进入岸台 ART，将电传报文发至 ART 的自动传真报文处理器，然后报文由系统自动发往所需陆地用户的传真机。如使用的指令是 CFAXxy +，将使用 ART 的中文传真功能，即系统自动将电文中的四位电报码数字翻译成中文后自动发往所需陆地用户的传真机。

4）留存/发送 EMAIL

船舶使用留存/发送 EMAIL 通信指令（EMAILxy +，CEMAILxy +），将报文发往海岸电台。在船舶电台与海岸电台建立 ARQ 通信线路后，使用 EMAILxy + 或 CEMAILxy + 指令进入岸台 ART，将报文发至 ART 的自动 EMAIL 报文处理器，经处理的报文由系统自动发往指定的陆上 EMAIL 用户。如船舶电台使用 CEMAILxy + 指令，将使用 ART 的中文 EMAIL 功能，即系统自动将报文中的四位电报码数字翻译成中文后，自动发往 EMAIL 用户。

5）留存/发送多地址电传

船舶使用留存/发送多地址电传通信指令 MULTLXxy，xy，xy +，将多地址电传报文发往海岸电台。在船舶电台与海岸电台建立 ARQ 线路后，使用指令 MULTLXxy，xy，xy + 进入岸台的 ART，将报文发至 ART 的自动用户电传处理器，经处理的报文由系统自动发往指定的每个陆上用户（用户的多少以一行能容纳的地址个数为上限，即指令的总长度不能超过 69 个字符）。

6）留存/发送多地址传真 MULFAXxy，xy，xy +

船舶电台使用留存/发送多地址传真通信指令 MULFAXxy，xy，xy +、CMULFAXxy，xy，xy + 可以将发往多个传真用户的报文发往海岸电台。在船舶电台与海岸电台建立 ARQ 通信线路后，船舶电台使用 MULFAXxy，xy，xy + 或 CMULFAXxy，xy，xy + 进入岸台 ART，将传真报文发到系统的自动传真报文处理器，经处理的报文由系统自动发往指令所指定的每个陆上传真用户。船舶电台使用 CMULFAXxy，xy，xy +，ART 将报文中的四位电报码数字翻译成中文后，自动发往指令所指定的每个陆上传真用户（用户的个数以指令的总长度不超过 69 个字符为上限）。

7）留存/发送电报状态查询

船舶想知道各类留存/发送报文是否已投送给用户，在结束本次 ARQ 通信一段时间后（大于 10min），可再次与海岸电台建立 ARQ 线路后，使用 STA + 指令向海岸电台索取当天船台所发报文的（ART 自动给予的编号）流水号 RTxxxxxx，再使用指令 STARTxxxxxx + 询问该报文的投送情况。岸台 ART 将自动给予报文投送信息，如已投送，还会给出报文投送的时间。

2. 船舶电台与海岸电台 ARQ 自动通信的流程

1）船舶电台发起的、对海岸电台的 ARQ 通信的步骤

海岸电台　　　　通信步骤　　　　船舶电台

（第一步）→○ARQ 呼叫

●交换应答码→　（第二步）→●交换应答码

●GA + ? →　（第三步）

（第四步）←○选择如下指令中的一个

（以上海海岸电台为例）

MSG + TLXXY + DIRTLXXY + TGM + URG + OPR +

POS + FREQ + SVC + HELP + BRK + MRK + TST +

FAXXY + EMAILXY + MULTLXXY,XY + ……

●MSG + ? →　（第五步）

（第六步）←○发送报文

（第七步）←○KKKK（与陆上用户拆线）

●交换应答码→　（第八步）←●交换应答码

●有关引证信息←（第九步）

●GA + ? →　（第十步）

（第十一步）←○返回第四步或通信结束（BRK +）

说明：

（1）上述通信步骤中，“○”表示船舶电台需要进行相应的键盘操作；“●”则表示船台、海岸电台设备自动进行，不需要人工键盘操作。

（2）目前，世界各国开放的半自动/自动通信方式的海岸电台大多采用微机对首次联络通信的船舶电台进行进网查询来确认船舶电台的账务机构识别码（AAIC，Accounting Authority Identification Code）。如果呼叫船舶电台对该海岸电台是首次呼叫，船舶资料未曾登记，海岸电台将在数据库内进行搜索并询问船台的应答码。此时，船舶电台应按照海岸台的指示，将本船舶电台的名称、呼号、应答码、船舶所属公司名称及 AAIC 告诉海岸电台。待海岸台值机员将这些资料进行登记之后，才能依照通信程序进入和使用海岸电台 ART 系统。如果呼叫船舶电台是再次呼叫该海岸电台、船舶资料已经登记，海岸电台在确认后 ART 将转向所属数据库搜索。如果数据库里有发给该船舶电台的报文，海岸电台将发送：

TRAFFIC AVAILABLE PLEASE USE“MSG +”

GA + ?

即本系统有报文待发，请（船台）用指令“MSG +”接收该报文。船舶电台一般应先接收报文，待海岸电台再次发送“GA + ?”时，再进行第四步选择使用的通信指令。如果没有给该船的报文，海岸电台将会立即发送“GA + ?”。

（3）船台在收到岸台发出的 MSG + ?（即第五步）信号后，即为通信计时的开始时间。所以，船舶电台在收到 MSG + ? 后应尽快发送报文，以避免通信时间和费用的增加。

（4）船台发送报文可以现编现发，也可以调用时先编辑并存贮的报文进行发射。为减少通信时间、降低通信费用，大多采用调用时先编辑并存贮的报文进行发射。

（5）“KKKK”表示船舶电台的报文发送完毕，并要求拆除与陆上用户的通信线路连接，以停止通信的计时，但此时船台与海岸电台之间的无线电通信线路仍保持着连接。

（6）第二步和第八步的应答码交换是指船舶电台和海岸电台应答码的自动交换。如在第六步结束，还未执行第七步时，船台如需交换应答码，此时进行的将是船舶电台和陆上用户的应答码交换。因为，通信线路的两端为船舶电台和陆地用户。

（7）第九步海岸电台发送的“有关引证信息”有多项内容：如通信结束时间、船舶电台应答

码、陆上用户应答码和通信时间等,各海岸电台根据需要可以自行选择。例如,上海海岸电台的“有关引证信息”组成如下:

TIME:8.3.08 14:39
SHIP:34124 FLYDRAGON X
SUBS:33057 COSCO
DURATION:6.7 MINS

(8)海岸台在结束第九步发送后,即自动发送第十步的“GA + ?”信号,提醒船舶电台如有报文发往其他陆上用户时,可以再一次进行第四步的操作。如果没有,则即可结束整个通信,使用“BRK + ”进行船舶电台与海岸电台之间无线电线路的拆线。拆线后,一般应在原工作频道或频率上保持守听 1 ~ 2min,以利海岸电台作必要的查询。

为了使通信畅通,船舶电台除熟练掌握设备的操作和上述 ARQ 通信步骤外,还必须清楚地了解 ARQ 通信中使用的 ARQ 指令。

2)通信举例

直接拨号功能(DIRTLXxy +):船舶需要将电报直接发往陆地电传用户,可使用直接拨号通信指令(DIRTLXxy +)。

完整的通信包括三个流程:

(1)呼叫流程:

船台收到及显示信息	**船台输入及发送指令**	**注释**
	CALL 2010	船台呼叫上海海岸电台(2010 或 004122100)
2010 SHAIRDO [WRU]		系统自动交换应答码
19947 BPMH X		
GA + ?		船台收到岸台 GA + ?,即可键入指令
	DIRTLX331033……	任何指令打错了,可在指令后连续打 3 个以上点后,可以重新键入指令
	DIRTLX33103 +	
MOM		系统开始拨号
33103		
OCC		陆地用户占线
GA + ?		
	RDL +	重拨指令,相当于上面指令重发
MOM		
33103		系统开始拨号
33103 SHDCO CN		陆地用户应答电传号码
MSG + ?		提示船台发报,开始计时

(2)船台发送电文:

ZCZC	船台开始发电文
FM:ZHENFEI8/BPMH	
TO:16846 XSG	
TEXT	
KKKK	船台发完电文,以 4 个 K 结束(拆除海岸电台与陆上用户的连线)

(3)结束流程：

船台收到及显示的信息	船台输入及发送指令	注释：
2010 SHAIDRO [WRU] 19947 BPMH X		系统自动交换应答码；如船台应答码与开始的应答码不同，系统将中断通信
2008-12-03 10:12:05		通信结束时间
SHIP: 19947 BPMH X		船舶的应答码
SUBSCR: 33103		被叫陆地用号码
DURATION: 1.3 MIN		通信计费时间
GA + ?		**如还需要与其他用户发送电文，重复上面 GA + 后的流程**
	BRK +	拆除与海岸电台的无线线路，结束本次通信

3. 海岸电台常用的 ARQ 通信指令

1) 一类通信指令

DIRTLXxy +	直接通信
CEMAILnn +	电子邮件投送的中文电报
EMAILnn +	电子邮件投送，ART 自动转发
CFAXxy +	中文传真电报
FAXxy +	传真电报
MSG +	已准备好收报
CMULFAXxy, xy, +	留存/发送的多用户中文传真电报
MULFAXxy, xy, … +	留存/发送的多用户传真电报
MULTLXxy, xy, … +	留存/发送的多用户电传电报
RDL +	重拨最后一次 Telex 号码
STSx +	船到船 Telex 电报
TELxy +	电话传送
TGM +	普通无线电报
TLXxy +	留存/发送的用户电传电报

2) 二类通信指令

BRK +	结束无线通信
FREQ +	船台预约守听时间和频率
HELP +	索取岸台 ART 可用通信指令(亦可用 HLP +)
INF +	索取岸台 ART 提供的资料索引文件
MED +	船舶请求医疗救助，接人工席 MAP
NAV +	索取英文通告最后编号和有效通告号码
OBS +	船台发送气象电报
OPR +	船台要求人工协助
CHISREP	用于发送中国船舶报告电报
QRC +	船舶电台发送有关账务机构识别等资料
RPT +	船台要求重复通告、通电等，提供索引文件

STA + 查询电报投送状态(船台24h,陆地用户96h)
SVC + 船台发送业务公电

三、ARQ 通信中频率的选用

水上移动业务 NBDP 使用的频率单独设置。目前 ARQ 通信主要采用 8~22MHz 之间的频带。在 8 和 12MHz 频带,频道间的干扰较大。虽能从收信机中获得较佳的发射信号,但由于同一发射类型信号之间的相互干扰,常造成 ARQ 的恒比码的残缺、信息重复和不正常的控制信号,以致使通信无法正常进行。16 和 22MHz 频段的情况则有较大的改观,这是由于 16 和 22MHz 频段中可以用于船岸 ARQ 通信的指配的成对频率数要比 8 和 12MHz 频段多,相对来说,信道间干扰的可能性比较小。实际使用证明,即使使用相同设备,在不同频段通信时,通信效果有较大差异。因此,在 ARQ 通信中,当通信双方的距离不会产生越距时(亦即船岸电台均在通信覆盖区域内),应尽可能采用较高频段的频率。此外,从同一频段内分别选用两对不同的频率,通信效果亦有差别。因为从实际通信效果看,某些频道由于干扰造成信道质量下降使通信效果不佳。而有些频道的干扰小,容易建立 ARQ 通信,效果相对较好。因此,ARQ 通信中频道的选择也是很要紧的。

第六节 NBDP 设 备

一、NBDP 的组成

NBDP 由 ARQ 单元和外围设备组成。ARQ 单元是 NBDP 的主体,由调制解调器、CPU、面板和显示单元、电源等部分组成,各单元之间通过母板相互连接。ARQ 单元可以是单独的分体,也可以是一块专用的 Modem 板。与 ARQ 单元相连接的外围设备主要包括字符显示器(CRT)、打印机及键盘。ARQ 单元通过专用输入/输出接口与外围设备相连接。NBDP 的组成方框图如图 4-12 所示。

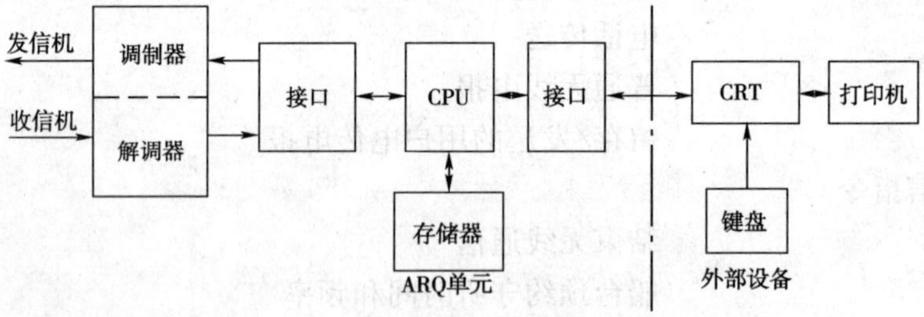

图 4-12 NBDP 的组成框图

1. 调制解调器单元

调制解调器单元包含有调制器、解调器、对 SSB 收发信设备的高压控制电路和键控(BK)控制电路、CPU 与收发信机的接口电路、CPU 与 CRT 接口电路等。

1)调制器

调制器的作用是把 CRT 经 CPU 送来的 100 波特的串行数字信号调制成中心频率为 1700Hz,频偏为 ±85Hz 的 2FSK 信号,然后送往 SSB 发信机。

2)解调器

解调器的作用是将 SSB 接收机送来的 2FSK 信号调解(包括 1700 + 85Hz 和 1700 - 85Hz

两种频率信号的分离、检波、整形、电平转换)成适合 CPU 处理、传输的标准(TTL 电平)数字信号送往 CPU 单元。

3)对 SSB 收发信设备的控制电路

对 SSB 收发信设备的控制电路主要是指高压控制电路和 BK 电路。当发信机的工作方式置于 F1B 或 J2B 或 Telex 时,开关信号将送往 CPU。CPU 将输出高压开启(HT ON)信号,使发射机的高压电路接通。键控电路是对收发信机的键控,它由 CPU 控制,SSB 发射时使收信机哑声或关闭。

4)CRT 输入/输出接口电路

ARQ 单元可以与 CRT 相连接。CRT 带有 I/O 的专用接口(如 RS-232C),输入输出均为 TTL 电平的串行数据信号。经接口电路将来自 CRT 的串行数据变换成并行数据送给 CPU,或将 CPU 送出的并行解调数据变换成串行数据送往 CRT。

2. CPU 单元

CPU 单元主要是由微处理器、存储器和接口电路等组成,也称主处理单元。

微处理器执行的主要功能有:存入面板的有关信号、来自解调器和 CRT 的数字信号、产生中断信号并执行与存储有关的相应操作、向输出端口传送面板指示灯的有关控制信号、执行存储器内软件程序的全部功能。

与微处理相连接的存储器有编有系统程序的 EPROM、备用电池支持的工作 RAM、系统配置的 E^2PROM 等。存储器存有系统工作和管理的程序、NBDP 的 MMSI 号码和应答码及报文。

3. 外部设备

与 NBDP 相连接的主要外部设备是带键盘的 CRT 和打印机。

1)CRT 的主要技术性能

字符码	ASCⅡ码
码元速率	300 比特/s
同步	起止式
接口	RS-232C

2)打印机

打印机与 CRT 相连接,完成系统的各种打印功能。与 NBDP 相连的打印机的规格如下:

字符码	ASCⅡ码
接口	并行接口
印字系统	敲击字模
打印速度	80 字符/秒(可编)
字符格式	点阵
每行最大字符数	80 个字符
打印头寿命	约 2×108 字符

二、NBDP 与 SSB 收发信机的连接

NBDP 是一种终端设备,它与船用 MF/HF 单边带设备相连接,才能实现报文的发送和接收。NBDP 应能自动控制发信机的高压电路和收发信机的键控电路。如果 SSB 收发信设备具有频率/频道存储和自动调谐功能、NBDP 具有遥控功能,就能实现 SSB 电台的无人值守。

NBDP 与 SSB 收发信机的连接如图 4-13 所示。键盘键入的信息由 CRT 送入 NBDP,经调

制变成 1700 ± 85Hz 的音频 AF 输出。AF 送往发射机(TX)对载波进行上边带调制,最后由天线发射。接收机(RX)接收的射频信号经频率变换并解调出 1700 ± 85Hz 的 AF 信号输入到 NBDP,经 NBDP 的解调处理输出,由 CRT 显示、打印机打印。

NBDP 对 SSB 收发信机进行高压控制和键控:当发信机的工作方式手动或由 NBDP 控制置于 F1B 或 J2B 或 Telex 时,HT ON 信号使发信机的高压加上,BK 控制完成(闭合)。同时,MUTE 信号使接收机哑声,不进行信号的接收。与 NBDP 设备一起工作的 SSB 通信设备,它的发射机高压也可以由外部进行控制。

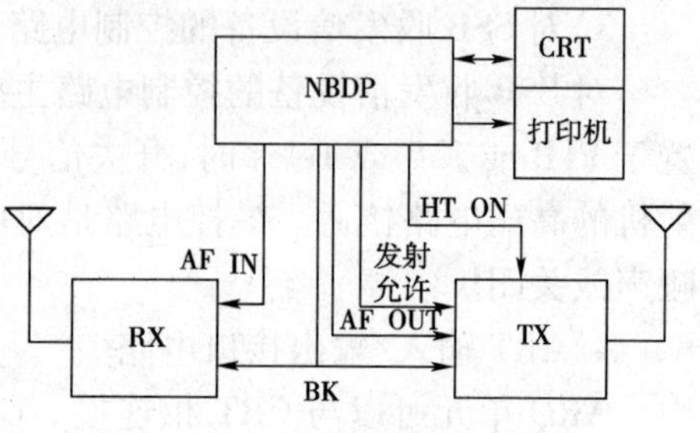

图 4-13 NBDP 与 SSB 收发信机的连接

三、NBDP 设备的主要性能

满足 GMDSS 要求的 NBDP 设备应具有的主要性能有:

(1)具有 ARQ 和 FEC(包括 CFEC 和 SFEC)两种工作方式;

(2)副载波为 1700Hz,频移为 ±85Hz(1615Hz 和 1785Hz)的单音频率容差为 ±10Hz,调制速率为 100bps,SSB 接收机的带宽为 300Hz;

(3)设备内部用七单元 ASCⅡ码,射频信道使用七单元恒比码;

(4)ARQ 通信呼叫采用 4(海岸电台)/5(船舶电台)位或 9/9 位;

(5)具有程序初始设置、实时显示、报文管理、自动控制 SSB 设备的频率扫描、自动通信建立等功能。

思考题与习题

1. 简述 NBDP 设备的工作方式。
2. 试述 NBDP 通信为了提高可靠性所采用的纠检错技术。
3. 简述 NBDP ARQ 方式通信的工作流程的组成。
4. 简述 NBDP ARQ 通信的基本时间周期及通信流程。
5. 简述 CFEC 的工作流程。
6. 简述 CFEC 与 SFEC 的主要区别。
7. 什么是时间分集? 简述 NBDP 采用的时间分集技术。
8. 解释下列名词:

(1)主台、副台、ISS 和 IRS;

(2)呼叫字组、识别字组和信息字组;

(3)七字母呼叫信号。

9. 举例说明海岸电台(4 条)ARQ 通信指令的组成和它们的使用。
10. 简述船舶电台经海岸电台给陆上用户发送报文的 ARQ 通信程序。
11. (以上海海岸电台为例)说明海岸电台 ART 的功能。

第五章 数字选择性呼叫终端设备

第一节 概 述

数字选择性呼叫(DSC,Digital Selective Calling)终端设备,简称DSC设备,是GMDSS地面无线电通信系统使用的重要终端设备之一。DSC设备与VHF、MF/HF SSB收发信设备相连接,提供完善的遇险报警、紧急、安全和日常通信的呼叫。DSC不仅使船舶遇险报警的手段更丰富有效,也改变了船舶(VHF、MF/HF SSB)电台与海岸(VHF、MF/HF SSB)电台、船舶电台与船舶电台之间无线电通信线路的建立方式,使海上的VHF、MF/HF SSB通信能直接进入陆上的国内/国际电信网。

DSC设备具有完善的遇险呼叫功能,它包括遇险报警(Distress alert)、遇险(报警)确认(Distress acknowledgement)和遇险(报警)转播(Distress Relay)。随着世界各国VHF、MF、HF的DSC值班台的建成,将形成全球的完整的DSC通信网,使GMDSS地面通信系统的遇险报警成功率的提高得到可靠的保证,同时大大提高海上救助和海上通信的效率和能力。

船舶电台、海岸电台之间的无线电(电话、电传)通信线路的建立,长期以来采用语音呼叫及海岸电台的通报表制度(海岸电台在预先规定的频率和时间,向船舶电台通报;船舶电台则进行值班接收,一旦有本船的通信再与海岸电台约定、建立通信联系),但仍无法解决"随时"的无线电通信联系。DSC具有灵活的"地址"(所有船舶、处于某一矩形区域内的船舶、某一船舶电台或某一组船舶电台的)呼叫功能,使地面通信系统的日常通信的呼叫与应答可以摆脱人工值班守听。既减轻了船舶无线电人员的工作强度,又能实现呼叫的自动发送和自动接收,进而建立船、岸电台之间的无线电通信线路。DSC的应用也为海上无线电话、无线电传与陆上用户之间实现全自动的转接提供了实际的可能。DSC的Polling呼叫使DSC的应用范围得到扩大,如应用于VTS(Vessel Traffic Service)、船位跟踪等。

DSC设备是GMDSS地面频率通信系统要求配备的主要终端设备之一,按与之相连的设备分为VHF DSC、MF DSC和HF DSC(又称MF/HF DSC)。GMDSS规定船舶遇险时,必须使用连续的DSC报警。在修改的SOLAS公约第四章中也明确规定:300总吨及其以上的船舶,航行在A1区必须装备VHF DSC设备;航行在A2区必须增配MF DSC设备;航行在A3区(但没有装备IMMARSAT船站)和A4区还必须增配HF DSC设备。

根据DSC水上现场实测和实验室的试验,VHF DSC无差错接收的概率为100%;MF DSC在约300 n mile距离内成功率在96%以上,夜间可达100%;HF DSC(4~17MHz)试验,单频呼叫成功率为85%~96%,多频呼叫成功率为98.1%。从上面这些数据可以看到,DSC呼叫具有很高的可靠性。

第二节 DSC的技术特性

使用与VHF、MF/HF SSB相连接的DSC终端进行的遇险、紧急、安全和日常通信的呼叫是一种数字通信。DSC 终端把呼叫的信息以数字形式编排成一定格式的呼叫序列，经过调制然后由 VHF、MF、HF 发信机在规定的频率上发射。接收端先收到呼叫序列的同步信号，建立码位同步后对数据流进行解码，按约定的呼叫序列格式还原成信息。所以，DSC 属于同步的数字通信系统。针对 VHF、MF、HF 信道的特点，为了降低误码率，提高 DSC 通信的可靠性，对信息和呼叫序列进行特殊的（信源和信道）编码，使之具有一定的检错和纠错能力。同时，采用具有抗干扰能力的调制方式和抗信道衰落的时间分集技术。

一、DSC 的编码

1. DCS 的信源编码

DSC 的信源编码使用十单元（水平）一致码——由十位二进制代码组成。十位代码的前七位为信息码元，后三位是检错码元：后三位二进制码元表示的十进制数代表前七位二进制信息码中 B（即"0"）的个数，即"水平一致"。例如，检错码元是 100，表示前七位信息码中"0"有 4 个。如果接收收到的十单元码的前七位中"0"的个数与后三位表示的数不相同时，表示该十单元码传输中发生差错。

图 5-1 给出了 DSC 信息码与 DSC 十单元（水平）一致码的图例。

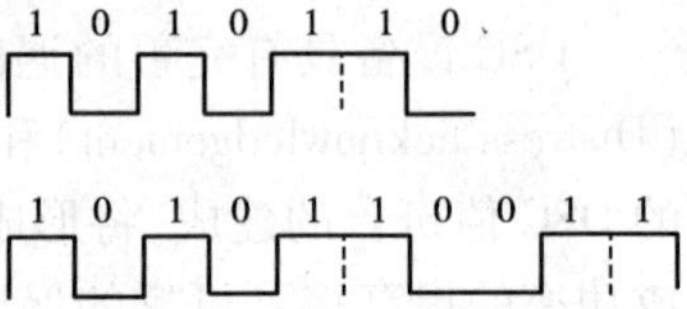

图 5-1　DSC 信息码与 DSC 十单元一致码举例

DSC 使用的这种称为群计数校验码或水平一致码具有较强的检错能力。除了"1"错成"0"和"0"错成"1"的成对错误，以及信息码元与检错码元之间对偶性错误不能检出之外，可以检出所有其他形式的错误。

DSC 十单元码的发射次序是先信息位后检错码元：其中七位信息码的发射次序为先最低数字位，最后是最高数字位；而三位检错码的发射次序则是由最高数字位到最后的最低数字位。例如：代码 07 的七位二进制信息码元是 0000111，三位检错码元是 100，按发射次序（由先到后）排列是 1110000100。表 5-1 给出了 DSC 使用的、按发射次序排列的所有十单元码，表中 B 为"0"，Y 为"1"。

DSC 使用的十单元码　　表 5-1

代码	发射信号和比特位置 1 2 3 4 5 6 7 8 9 10	代码	发射信号和比特位置 1 2 3 4 5 6 7 8 9 10	代码	发射信号和比特位置 1 2 3 4 5 6 7 8 9 10
0	BBBBBBBYYY	10	BYBYBBBYBY	20	BBYBYBBYBY
1	YBBBBBBYYB	11	YYBYBBBYBB	21	YBYBYBBYBB
2	BYBBBBBYYB	12	BBYYBBBYBY	22	BYYBYBBYBB
3	YYBBBBBYBY	13	YBYYBBBYBB	23	YYYBYBBBYY
4	BBYBBBBYYB	14	BYYYBBBYBB	24	BBBYYBBYBY
5	YBYBBBBYBY	15	YYYYBBBBYY	25	YBBYYBBYBB
6	BYYBBBBYBY	16	BBBBYBBYYB	26	BYBYYBBYBB
7	YYYBBBBYBB	17	YBBBYBBYBY	27	YYBYYBBBYY
8	BBBYBBBYYB	18	BYBBYBBYBY	28	BBYYYBBYBB
9	YBBYBBBYBY	19	YYBBYBBYBB	29	YBYYYBBBYY

代码	发射信号 和比特位置 1 2 3 4 5 6 7 8 9 10	代码	发射信号 和比特位置 1 2 3 4 5 6 7 8 9 10	代码	发射信号 和比特位置 1 2 3 4 5 6 7 8 9 10
30	BYYYYBBBYY	63	YYYYYYBBBY	96	BBBBBYYYBY
31	YYYYYBBBYB	64	BBBBBBYYYB	97	YBBBBYYYBB
32	BBBBBYBYYB	65	YBBBBBYYBY	98	BYBBBYYYBB
33	YBBBBYBYBY	66	BYBBBBYYBY	99	YYBBBYYBYY
34	BYBBBYBYBY	67	YYBBBBYYBB	100	BBYBBYYYBB
35	YYBBBYBYBB	68	BBYBBBYYBY	101	YBYBBYYBYY
36	BBYBBYBYBY	69	YBYBBBYYBB	102	BYYBBYYBYY
37	YBYBBYBYBB	70	BYYBBBYYBB	103	YYYBBYYBYB
38	BYYBBYBYBB	71	YYYBBBYBYY	104	BBBYBYYYBB
39	YYYBBYBBYY	72	BBBYBBYYBY	105	YBBYBYYBYY
40	BBBYBYBYBY	73	YBBYBBYYBB	106	BYBYBYYBYY
41	YBBYBYBYBB	74	BYBYBBYYBB	107	YYBYBYYBYB
42	BYBYBYBYBB	75	YYBYBBYBYY	108	BBYYBYYBYY
43	YYBYBYBBYY	76	BBYYBBYYBB	109	YBYYBYYBYB
44	BBYYBYBYBB	77	YBYYBBYBYY	110	BYYYBYYBYB
45	YBYYBYBBYY	78	BYYYBBYBYY	111	YYYYBYYBBY
46	BYYYBYBBYY	79	YYYYBBYBYB	112	BBBBYYYYBB
47	YYYYBYBBYB	80	BBBBYBYYBY	113	YBBBYYYBYY
48	BBBBYYBYBY	81	YBBBYBYYBB	114	BYBBYYYBYY
49	YBBBYYBYBB	82	BYBBYBYYBB	115	YYBBYYYBYB
50	BYBBYYBYBB	83	YYBBYBYBYY	116	BBYBYYYBYY
51	YYBBYYBBYY	84	BBYBYBYYBB	117	YBYBYYYBYB
52	BBYBYYBYBB	85	YBYBYBYBYY	118	BYYBYYYBYB
53	YBYBYYBBYY	86	BYYBYBYBYY	119	YYYBYYYBBY
54	BYYBYYBBYY	87	YYYBYBYBYB	120	BBBYYYYBYY
55	YYYBYYBBYB	88	BBBYYBYYBB	121	YBBYYYYBYB
56	BBBYYYBYBB	89	YBBYYBYBYY	122	BYBYYYYBYB
57	YBBYYYBBYY	90	BYBYYBYBYY	123	YYBYYYYBBY
58	BYBYYYBBYY	91	YYBYYBYBYB	124	BBYYYYYBYB
59	YYBYYYBBYB	92	BBYYYBYBYY	125	YBYYYYYBBY
60	BBYYYYBBYY	93	YBYYYBYBYB	126	BYYYYYYBBY
61	YBYYYYBBYB	94	BYYYYBYBYB	127	YYYYYYYBBB
62	BYYYYYBBYB	95	YYYYYBYBBY		

七位二进制信息码元共可以组成 $2^7=128$ 个不同的代码，其中第“00”至“99”共 100 个代码作为 DSC 数字编码使用，而第“100”～“127” 28 个代码则作为 DSC 的功能编码使用。

DSC 呼叫序列中的数字都是按十进制表示，编码时如表 5-2 所列，将序列中的十进制数字按相邻的两位组成一个字节(显然一个字节的最大数字是 99)并用相对应的 DSC 数字编码来表示。例如一个十位十进制数字：X1X2X3X4X5X6X7X8X9X0，可划分为五个字节，每一个字节按表 5-1 前 100 个代码进行相对应的编码。

十进制数字的 DSC 十单元码编码　　表 5-2

十进制数字									
十兆位 D_2	兆位 D_1	千万位 D_2	百万位 D_1	十万位 D_2	万位 D_1	千位 D_2	百位 D_1	十位 D_2	个位 D_1
字节 5		字节 4		字节 3		字节 2		字节 1	

如果信息中的十进制数字是奇数位(例如船舶电台的九位识别号码)，则在数字的最低位之后或最高位之前添“0”，使之为偶数位，然后再按相邻两位划分成一个字节。

DSC 的功能代码共计 28 个，它在 DSC 序列中的不同位置代表各种不同的意义。同一个功能代码可以表示 DSC 呼叫类别，也可以表示要求的通信方式以及其他信息。亦即 28 个代码重复使用，以它在 DSC 序列中出现的位置来区分它的含义，如表 5-3 所列。例如：功能代码“100”在呼叫类别“位置”上表示常规(Routine)等级，在呼叫电文“位置”上表示遇险性质时则代表火灾/爆炸(fire，explosion)等。

DSC 功能代码　　表 5-3

功能代码	定相和独特功能	格式符	类别	遇险性质	第一通信指令	第二通信指令
100			常规	火灾爆炸	F3E/G3E 单工电话	没有指明原因
101				浸水	F3E/G3E 双工电话	海上交换中心繁忙
102		区域呼叫		碰撞		忙
103				搁浅	船舶查询 poling	排队指示
104	定相序列 RX0 位置			倾斜	不同意(Unable to comply)	电台故障
105	定相序列 RX1 位置			下沉	呼叫结束	没有报务员
106	定相序列 RX2 位置		船舶业务	失控、漂浮	数据	报务员暂时不在
107	定相序列 RX3 位置			未指明性质遇险		设备坏了
108	定相序列 RX4 位置		安全	弃船		所建议的信道不能用
109	定相序列 RX5 位置			海盗/武装攻击	J3E 电话	所建议的工作模式不能用
110	定相序列 RX6 位置		紧急	人员落水	遇险确认	船和飞机救援
111	定相序列 RX7 位置				(H3E 电话)	医药运输
112		遇险	遇险	EPIRB 发射	遇险转发	收费/公用电话
113					FEC/F1B、J2B	传真/数据
114		群呼				
115					ARQ/F1B、J2B	(V.21)
116		全呼				(V.22)
117	ACKRQ					
118					测试	(V.22bis)
119						(V.23)

续上表

功能代码	定相和独特功能	格式符	类别	遇险性质	第一通信指令	第二通信指令
120		单呼				(V.26bis)
121					船位或定位数据更新	(V.26ter)
122	ACKBQ					
123		半自动/自动单呼				(V.27ter)
124					(F1C、F2C、F3C 传真)	(V.32)
125	定相序列 DX 位置					
126					没有信息	没有信息
127	EOS					

2. DSC 的信道编码——ECC

一个 DSC 呼叫序列由若干个 DSC 字节组成,每个字节按十单元水平一致码进行编码。接收方则利用"水平一致"进行检错。为了在接收方能对检出错误的字节进行纠正,在 DSC 呼叫序列之后加入了检错字节(ECC:Error Check Character),用来对整个 DSC 序列各字节信息位的垂直校验——DSC 的信道编码。ECC 的编码规则是:在发送端把组成 DSC 呼叫序列的各字节信息位按垂直排列,然后对各对应成列的信息码元进行垂直模 2 相加,产生的一组七单元信息码称为垂直校验信息码;再以水平一致校验的规则产生三个单元检错码,最后形成 ECC 字节。

例如,DSC 呼叫序列由 5 个字节组成,则 ECC 的产生过程是先将这 5 个字节的对应信息位进行(垂直)模 2 相加:

1 1 0 1 1 1 1 0 0 1
0 1 0 1 0 1 1 0 1 1
1 0 1 0 1 0 0 1 0 0
0 0 1 0 0 0 0 1 1 0
0 1 1 1 0 1 0 0 1 1

0 1 1 1 0 1 0 0 1 1——ECC

产生的 0111010 是 ECC 的七单元信息码,它的水平一致检错码为 011。所以发送端的 ECC 字节为 0111010011。

由于 ECC 位于 DSC 呼叫序列的最后,所以接收端可以根据最后接收到的 ECC 字节,对接收到的 DSC 序列各字节进行垂直校验。如果收到的各字节信息位各码元垂直模 2 相加后得到的结果与 ECC 字节不一致,则表示序列中字节有错——称为"垂直一致校验"。

利用水平一致校验可以检出字节是否出"错",但不知错码发生在哪一位。同时利用水平一致校验和垂直一致校验,则可以纠正某一字节中某一信息位的错误。

例如,上面例中第二字节信息码元某位有错,则可以由第二字节的检错码(011)知道该字节有错,但无法确定是哪一位产生错误。假设(仅有)第二字节的第 3 个信息码元由 0 变为 1,这时计算的垂直校验信息码为 0101010,最后接收到的 ECC 信息码元是 0111010,经比较可得出第 3 码元有错误。这样,就可以确认第二字节的第 3 个信息位出错,予以纠正,就可恢复正确的字节。

二、DSC 的调制和发射方式

DSC 采用(相位连续的)2FSK 调制,中心频率为 1700Hz。VHF DSC 的频移为 ±400Hz,调制速率为 1200bps; MF/HF DSC 的频移为 ±85Hz、调制速率为 100bps。

VHF DSC 的 2FSK:数字"0"为 1700 + 400 = 2100Hz,数字"1"为 1700 - 400 = 1300Hz;

MF/HF DSC 的 2FSK:数字"0"为 1700 + 85 = 1785Hz,数字"1"为 1700 - 85 = 1615Hz;它们均为音频(AF)信号。

VHF DSC 的频移 AF 信号对(VHF)载波采用(预加重为 6dB/倍频程,调制指数为 2.0 ± 10% 的)频率调制,VHF 收发信机的工作种类为 G2B。

MF/HF DSC 的频移 AF 信号对(MF/HF)载波采用上边带调制,收发信机的工作种类为 F1B(或 Telex)或 J2B,带宽为 300Hz。

三、DSC 的时间分集技术

针对 MF/HF DSC 呼叫传输信道(中、短波信道)的衰落特性,DSC 采用二重时间分集技术对 DSC 信息进行传输、接收。

DSC 的分集时间为四个字节传输的时间。DSC 在 MF、MF/HF 波段的传输速率是 100bps、每个码元占时 10ms、每个字节为十个单元的二进制码元,因此 MF/HF DSC 的分集时间为 400ms。DSC 在 VHF 波段的传输速率为 1200bps、每个码元占时 0.833ms、每个字节为8.33ms,因此 VHF DSC 的分集时间是 $33\frac{1}{3}$ms。

DSC 由于采用二重时间分集工作,每个字节在相隔四个字节时间后又重新发射一次。这样,在发射与接收端都需要对每一字节进行存贮。发射端,对字节按时间分集要求进行排列、发送。而接收端则对 DX 和 RX 位置上两次接收到的同一字节进行比较、判别。判别接收字节错误、正确及接收结果的方法是:

两个位置(DX 和 RX)上接收的字节都是正确的,而且结果相同,则判为正确字并作为接收的结果;

两个位置上接收的字节只有一个位置上是正确的,另一位置上是不正确的,判接收字节正确,且取正确的字节作为接收结果;

两个位置上接收的字节均是错误的,不管结果是否相同,都判接收字节错误。

上面所说的字节正确与错误,首先要求字节齐全(即十个码元),然后按水平检错码对信息位中"0"的个数进行检验。若信息位中"0"的个数与检错码给出的数字相一致,则判为字节正确,否则判为字节错误。

四、DSC 呼叫序列的组成

DSC 终端的主要功能是用于遇险、紧急、安全和日常通信的呼叫和应答,以替代无线电话等方式进行的通信的呼叫和应答。DSC 呼叫发射信号是一个包含一系列信息的编码序列,称作呼叫序列。满足 GMDSS 的 DSC 呼叫序列的基本格式如下,有九部分组成:

点阵	定相序列	格式符	地址	类别	自识别	电文	序列结束符	检错符(ECC)

对不同呼叫格式符、类别，上述基本格式又演变为各种不同的呼叫与应答的序列格式。下面对格式的组成和每部分的含义加以说明。

1. 点阵（Dot Pattern）

点阵信号是由交替发射的“0”（B）、“1”（Y）序列组成。它是 DSC 序列的起始标志，供船舶电台或海岸电台用扫描方式监测 MF/HF、VHF 的 DSC 频率，以尽快地取得同步。也就是说，船舶或海岸电台的 DSC 扫描接收机空闲时对 DSC 频率保持守听，一旦在某一频率上检测出点阵信号，就停止扫描，并在该频率上进行 DSC 接收。

点阵信号持续时间对于不同类别的呼叫序列有所不同。MF、HF 频段的 DSC 遇险呼叫、遇险呼叫收妥确认和遇险呼叫转发、海岸电台对船舶电台的呼叫，点阵信号为 200 比特。MF/HF DSC 的调制速率为 100b/s，每比特持续时间 10ms，因此点阵信号持续时间为 2s。MF、HF 频段的 DSC，除上面的遇险呼叫、遇险呼叫的收妥确认和遇险呼叫转发外，船舶电台所发的其他 DSC呼叫点阵信号均为 20 比特，持续时间为 0.2s。VHF DSC 呼叫点阵信号均为 20 比特，VHF DSC 的调制速率是 1200b/s，每比特持续时间为 0.833ms，因此点阵信号持续时间为$\frac{1}{60}$s。

2. 定相序列（Phasing Sequence）

定相序列的作用是使 DSC 接收机取得正确的码元同步（位同步）、确定 DSC 呼叫序列中 DSC 代码的 DX 和 RX 的正确位置，避免点阵信号中比特错误而引起的虚假同步，确保呼叫序列后面内容的正确接收。

定相序列的构成如下：

点	DX 125		DX 125		DX 125		DX 125		DX 125		DX 125		A		A		B	
阵		RX 111		RX 110		RX 109		RX 108		RX 107		RX 106		RX 105		RX 104		A

定相序列由 DX 位置上六个 DSC 功能代码 125 和在 RX 位置上的八个功能代码 111、110、109、108、107、106、105 和 104 组成。

符合下列情况之一，接收机完成定相即同步：

（1）正确地接收到相邻的两个 DX 和一个 RX 上信号；

（2）正确地接收到相邻的一个 DX 和两个 RX 上信号；

（3）正确地接收到相邻的三个 RX 上信号。

3. 格式符（Format Specifier）

格式符用来表明呼叫的范围、类型，DSC 呼叫的格式符分为以下几类：

1）遇险呼叫（Distress Call）

遇险呼叫如图 5-2 所示，格式符用 DSC 功能代码 112（遇险）表示，用于本船遇险时的呼叫。

2）全呼或海呼（All Ships Call）

对所有电台的呼叫，如图 5-3 所示，格式符用 DSC 功能代码 116 表示。

用于对 all ships（Call to all ships）、neutral craft（Inform all ships that your ship is not a participant in armed conflict）、medical transport（inform all ships that your ship is carrying medical supplies）、distress relay all（your ship relays distress call to all ships）等的呼叫。

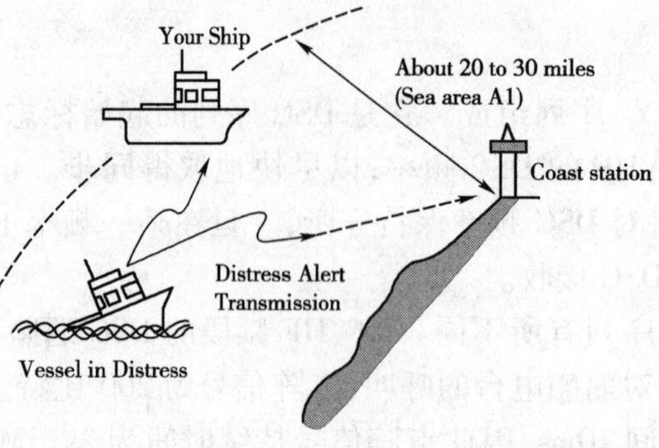

图 5-2　DSC 遇险呼叫

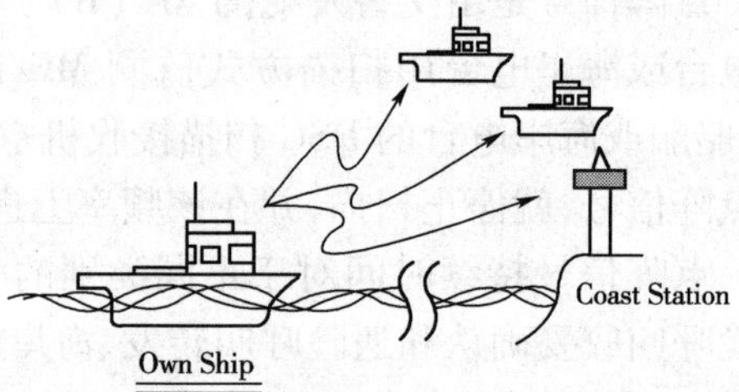

图 5-3　All Ships Call

3）对某组船舶电台的呼叫

也称群呼或组呼（Group Call），功能代码为 114；

4）对某一电台的呼叫

也称单台呼叫（Selective Call/Individual Call），如图 5-4 所示，格式符的 DSC 功能代码为 120。

用于 individual、pstn（Call over Public Switched Telephone Network）、test（Send Test signal to a coast station to test your station's functionality）、position（you send your position to other ship or your ship requests position of other station）、polling（Call to determine if own ship is in communicating range with other ship）、distress relay sel（your ship relays distress call to a coast station）等的呼叫；

5）对某一海域（最大 500n mile）内所有电台的呼叫（Area Call）

格式符的功能代码为 102。

6）用于半自动/自动 VHF 业务的单台呼叫

格式符的功能代码为 123。

7）用于船舶交通管理系统（VTS）的 DSC 呼叫

格式符的功能代码为 103。

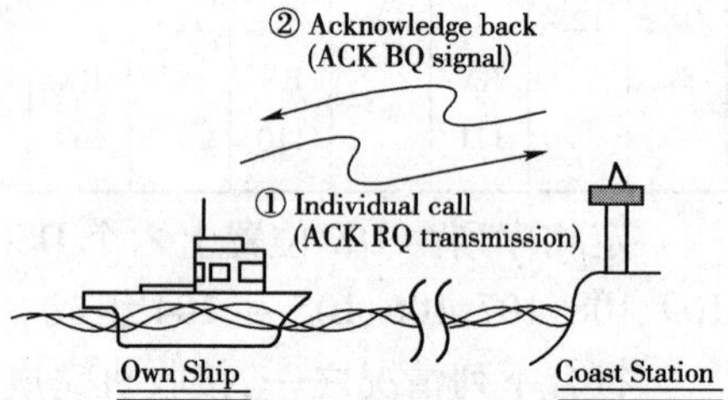

图 5-4　单台呼叫

格式区分符仅用一个字节（功能代码）表示，但占用两个字节，即功能代码在 DX 和 RX 位置各发射两次。对于遇险呼叫和对所有船舶电台的呼叫，考虑呼叫的可靠性、避免接收时的"虚""假"，接收机必须检测格式符两次。两次检测一致时，才判为功能代码表示的呼叫类型，以增加这两类呼叫识别的可靠性。对于其他呼叫，对格式符的检测可以只进行一次。

4. 地址（Address）

呼叫地址是对被呼叫对象的识别，按格式符分为以下三种情况：

1）遇险呼叫、对所有电台呼叫

由于它们的呼叫对象是所有海岸电台和船舶电台，所以 DSC 呼叫序列中没有地址。

2）选择性呼叫

如单台呼叫、群呼，被呼叫对象的地址是某一电台、某一组船舶电台的识别码，即九位十进制数字的水上移动业务识别码（MMSI）；

X1X2X3X4X5X6X7X8X9

DSC 对识别码进行编码时，在第九位十进制数字 X9 后加一个“0”，然后按相邻两个数字构成一个字节的方法，编成 5 个字节：

(X1X2)(X3X4)(X5X6)(X7X8)(X90)

对每一个字节，按表 5-2 进行编码。

3）对某一海域内船舶电台的呼叫

呼叫对象地址是该地理区域的范围，由墨卡托(Mercator)坐标法来定义。

呼叫地理区域应是墨卡托投影法的一个长方形区域：以长方形区域的左上角为基准点（纬度和经度）和由基准点向东向南跨越的范围（经度差和纬度差）来表示，用十个数字即 5 个字节表示该区域的地址：

(1) 基准点象限。第一位数字是基准点在选定坐标中的象限，用数字 0 ~ 3 来表示，其中：

NE（北纬/东经）象限为“0”；
NW（北纬/西经）象限为“1”；
SE（南纬/东经）象限为“2”；
SW（南纬/西经）象限为“3”。

(2) 基准点坐标。基准点坐标由第 2 ~ 6 位数字（共五位）表示，前两位为纬度，后三位为经度；

(3) 长方形区域跨越的纬度和经度共四位，前两位为纬度范围、后两位为经度范围。

例如，图 5-5 的长方形区域，选定的基准点坐标为纬度 $\varphi = 10°N$，经度 $\lambda = 15°W$；矩形区域范围的纬度和经度差分别是 $\Delta\varphi = 30°$ 和 $\Delta\lambda = 40°$。基准点位于坐标的 NW 象限，用数字“1”表示。

所以，图 5-5 的长方形区域 DSC 表示的格式为：1100153040，即该呼叫区域地址可以用 11、00、15、30、40 五个 DSC 数字代码表示。

被呼叫方即接收方（DSC 设备）将根据它的（有效）船位判断是否处于呼叫区域内，如果处于该区域内则接收该呼叫。

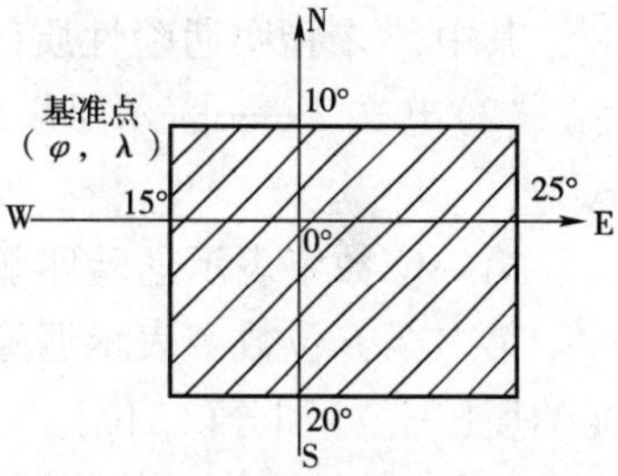

图 5-5 Mercator 坐标长方形区域

5. 类别(Category)

“类别”用来表示 DSC 呼叫序列的呼叫优先等级：遇险(Distress)、紧急(Urgency)、安全(Safety)、船舶业务(Business)和日常(Routine)共 5 个级别。类别占一个字节，表示的功能代码为：

(1) 遇险：112——(Grave and Imminent danger and request immediate assistance)；

(2) 紧急：110——(A Call station has a very urgent call to transmit concerning safety of ship, aircraft or other vehicle or safety person)；

(3) 安全：108——(A station is about to transmit a call containing an important navigational or meteorological warning)；

(4) 船舶业务：106——有关船舶、飞机的航行、运动和物资的通信；

(5) 日常：100。

6. 自识别(Self-identification)

自识别是呼叫台本身的识别码(MMSI)。

九位 MMSI 后填上一位“0”,成为一个十位数字。然后按相邻两位数字组成一个字节,共计五个字节,用相对应的 DSC 数字代码进行编码。

7. 电文(Message)

电文表示呼叫的内容,对于不同类型的呼叫,电文的组成方式不相同。下面仅以几种类型的呼叫为例来说明:

1)DSC 遇险呼叫

遇险呼叫的电文即呼叫内容由电文 1～4 四个电文组成:

(1)电文 1—— 表示遇险的性质,共 10 种,用 DSC 功能代码表示,占用一个字节:

火灾、爆炸(fire,explosion)(100)

浸水(flooding)(101)

碰撞(collision)(102)

搁浅(grounding)(103)

倾斜,有倾覆危险(listing,endanger of capsizing)(104)

下沉(sinking)(105)

失控或漂泊(disabled and adrift)(106)

未指明遇险性质(undesigned distress)(107)

弃船(abandoning ship)(108)

海盗/武装攻击(piracy/armed robbery attack)(109)

人员落水(Man overboard)(110)

EPIRB 发射(112)

其中,“未指明遇险性质(undesigned distress)”是设备遇险性质的缺省选择。

(2)电文 2——表示船舶遇险时的位置,由十位十进制数字组成,占用 5 个字节。组成格式为:

第一位数字表示遇险船舶所在位置的象限;

第二至五位数字表示遇险船纬度的度(二位)和分(二位);第六至十位数字表示遇险船经度的度(三位)和分(二位)。

例如,船舶遇险时的位置是 45°20′N,58°23′W,则遇险船舶位置用 1452005823 表示。

如果遇险时船位的坐标不能由导航仪自动给出,或来不及由手动输入,DSC 设备将自动用五个“99”填入,表示遇险时船位没有给出,即无效船位。

(3)电文 3 —— 表示遇险的时间,由四位十进制数字组成,占用 2 个字节。组成格式为:

前两位数字表示“小时”,后两位数字表示时间“分”,用 UTC 时间表示。

如果遇险时间不能自动或人工给定,DSC 设备将自动填入二个“88”。

(4)电文 4—— 表示遇险船舶要求进行遇险通信(又称后续通信)的方式:VHF DSC 的电话;MF/HF DSC 的电话或窄带直接印字电报(ARQ)。如果来不及手动输入,则 DSC 自动选择无线电话方式进行随后的遇险通信。

电文 4 占用一个字节,用功能代码给出。

2)DSC 日常通信的呼叫

除遇险呼叫(包括遇险转播和遇险确认)外的其他呼叫,由电文 1、电文 2 两个电文组成组成:

电文1——表示呼叫方要求的通信方式。

由第一通信指令（Telecommand 1）和第二通信指令（Telecommand 2）组成。第一通信指令表示呼叫台要求建立的通信使用的通信方式，第二通信指令则是对第一通信指令的补充或附加说明。它们各占用一个字节。第一通信指令和第二通信指令的各种不同组合给出了DSC的各种通信业务。DSC呼叫序列中使用的第一、第二通信指令和它们的功能代码由表5-3给出。

如果第一通信指令不需要附加其他信息，第一通信指令之后的第二通信指令使用"没有信息"（No information）（功能代码126）。

电文2 ——表示建立通信时要求使用的通信信道或通信频率。

电文2占用六个字节，其中前3个字节表示呼叫台要求使用的发射信道或频率，即被呼叫台的接收信道或频率；后3个字节是建议被呼叫台使用的发射信道或频率。

频率是以100Hz（为基本单位）的倍乘数表示：对于MF/HF频段，使用频率低于30MHz，所以表示的频率数最多只有六位十进制数，可以组成三个字节。六位十进制数从左到右排列分别给予以下符号表示：

HM TM M H T U

其中：U是最低位，是百赫兹位；T是十百赫兹位；H是百百赫兹位；M是千百赫兹位；TM是十千百赫兹位；HM是百千百赫兹位。

如果实际频率的100Hz倍乘数是奇数位，则最高位前面添"0"，组成偶数个位，然后每两位一个字节进行DSC编码。

HM位的数字为"0"、"1"、"2"时，表示30MHz以下的频率；

HM位的数字是"3"时，则TM、M、H、T和U数字表示的数是MF/HF的信道号；

HM位的数字是"8"时，则M、H、T和U位数字表示的数是VHF/UHF工作信道号；

HM位的数字是"9"时，则M、H、T和U位数字表示的数是指配的或建议的VHF/UHF工作信道号。表5-4给出了频率和信道的DSC编码。

频率/信道的DSC编码 表5-4

频	0	×	×	×	×	×	按HM、TM、M、H、T和U位的数字，以100Hz的倍乘给出实际频率值
	1	×	×	×	×	×	
率	2	×	×	×	×	×	
频	3	×	×	×	×	×	按TM、M、H、T和U位的值指出MF/HF工作信道号
	8	×	×	×	×	×	按M、H、T和U位的值指出VHF/UHF自己的信道号
道	9	×	×	×	×	×	按M、H、T和U位的值指出MF/HF规定的信道号
	HM	TM	M	H	T	U	
	字节3		字节2		字节1		

3）船位呼叫与应答序列

船位呼叫与应答如图5-6所示，该呼叫与应答序列的电文有三部分组成：

电文1　第一通信指令用"船位"，占用一个字节；

电文2　占用六个字节。对于船位呼叫，电文2用六个"126"（No Information）功能代码；对于船位应答序列，前5个字节是本船的船位数据，后一字节则是"126"功能代码；

电文3　船位呼叫序列没有电文3;对于船位呼叫的应答序列,电文3表示船位的UTC时间,占用2个字节。

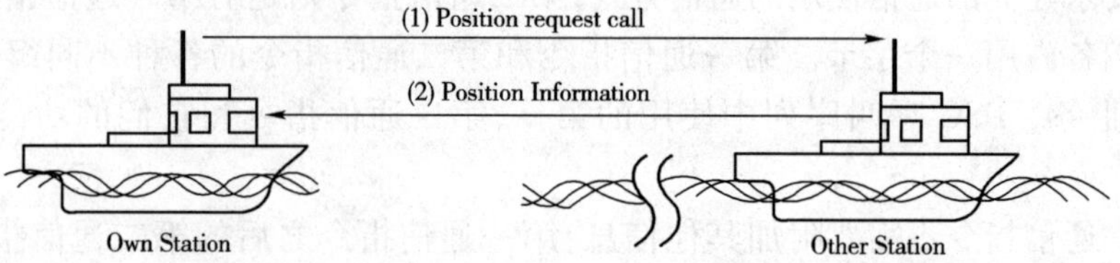

图5-6　DSC船位呼叫与应答

4)船舶查询呼叫与应答序列

"查询"是一种通信业务。例如,船舶电台要求索取存在海岸电台数据库中的本船电文、查询气象和航行警告电文等;海岸电台要求索取船舶位置电文或其他信息等。进行"查询"时,船舶电台或海岸电台先要通过DSC的查询呼叫进行联系,建立无线电线路后,双方在约定的频率、工作模式进行工作,向对方索取信息。

查询呼叫与应答序列的电文有两部分:

(1)电文1。第一通信指令用"查询"功能代码(103),表示呼叫序列是船舶查询呼叫,占用一个字节。

(2)电文2。用六个"126"功能代码,即占用6个字节。

5)VHF的半自动/自动业务的船对岸DSC呼叫

VHF的半自动/自动业务呼叫有电文1~3组成:

(1)电文1。由第一、二通信指令组成各占一个字节。第一指令说明所要求的通信方式和使用的终端,第二指令则是对第一指令的附加或补充说明;

(2)电文2。给出通信使用的频率和信道,占用六个字节。前三个字节是要求通信时对方使用的接收频率或信道,后三个字节则是对方使用的发射频率或信道;

(3)电文3。呼叫台要求的用户电话号码,它的DSC编码由功能代码"105"和奇数位电话号码,或功能代码"106"和偶数位电话号码组成,占用六个字节。

8.序列结束符(EOS :End of Sequence)

序列结束符表示呼叫序列的结束,有以下三种EOS:

(1)END或EOS。表示DSC呼叫序列的结束,占用一个字节,使用功能代码"127";

(2)ACKRQ。表示该呼叫序列需要被呼叫台给予DSC确认应答(参看图5-3),占用一个字节,使用功能代码"117";

(3)ACKBQ 。表示本呼叫序列是对带ACKRQ呼叫序列的确认应答(参看图5-3),占用一个字节,使用功能代码"122";

序列终止符EOS在DX位置上相继发射3次,在RX位置上发射一次。

9.检错符(ECC, Error Check Character)

检错符是DSC呼叫序列发射的最后一个字符,用来对整个呼叫序列各字节信息位的垂直校验,采用模2和即偶校验。从格式符到序列终止符作为信息字节参与垂直校验,定相序列不作信息字节,故不参与垂直校验。

检错符在DX位置、RX位置各发射一次。

图5-7给出了典型的常规DSC呼叫的技术和相对应的发射序列。

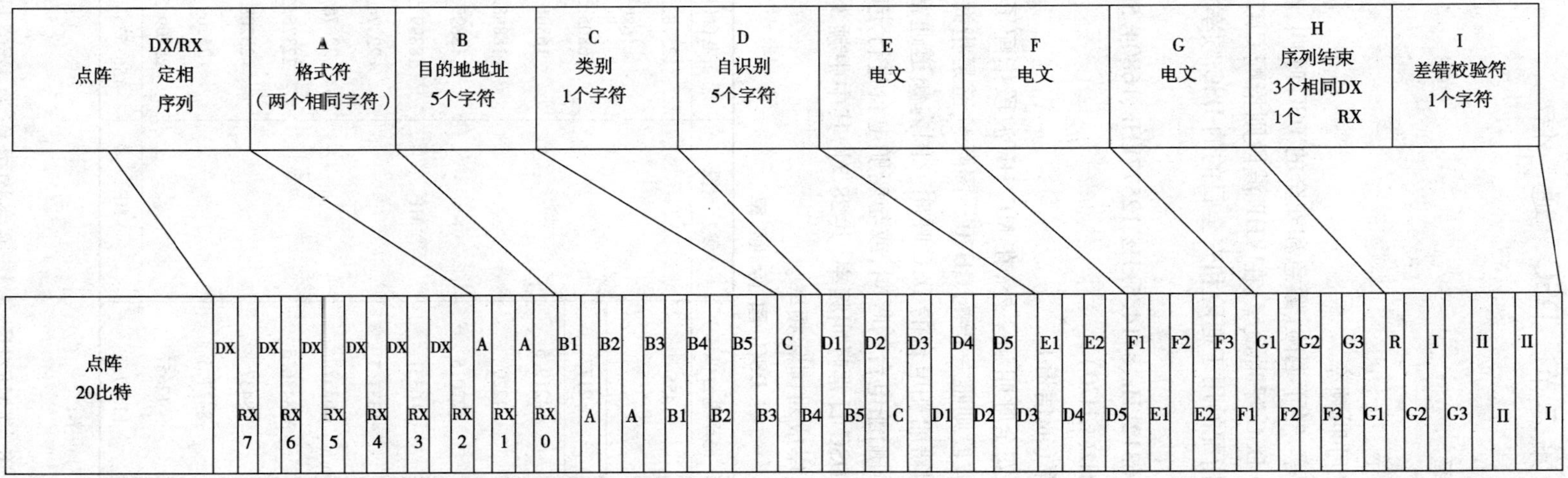

图 5-7 DSC 呼叫序列的构成

第三节　DSC　通　信

一、提高 DSC 呼叫的成功率

1. 单独设置 DSC 使用的频率

1）DSC 的遇险、紧急和安全呼叫频率

为了提高 DSC 呼叫的成功率，对于遇险、紧急和安全的 DSC 呼叫，在 MF/HF 的 2、4、612、16 MHz 每一频段都指配了一个 DSC 呼叫频率，在 VHF 波段则指配 CH70 作为 DSC 遇险、紧急和安全的呼叫频率。国际电联指配的用于遇险和安全目的的 DSC 频率为：

MF　　2187.5kHz

HF　　4207.5kHz、6312kHz、8414.5kHz、12577kHz、16804.5kHz

VHF　　156.525MHz（CH70）

2）国际、国内 DSC 呼叫频率（或信道）

除用于 DSC 的遇险紧急和安全呼叫频率外，在 MF/HF 波段指配了若干个 DSC 国际呼叫频道和国内呼叫频道，而 VHF 波段则唯一指配 CH70。国际频道是指海岸电台使用的 DSC 频率，通常用于海岸电台对不同国籍船舶电台的 DSC 呼叫。国内频道通常用于船舶电台对海岸电台的呼叫，或海岸电台对本国船舶电台的呼叫，或与船舶电台进行定时的呼叫。

国际电联指配的供国际性 DSC 日常呼叫频率，共 28 对，其中中频 3 对、高频 24 对、甚高频 1 对。表 5-5 给出了 DSC 的船、岸成对国际频率。

DSC 国际频率　　表 5-5

频　段	船舶电台（kHz）	海岸电台（kHz）	频　段	船舶电台（kHz）	海岸电台（kHz）
MF	458.5	455	HF	12578.5	12658
	** 2177			* 16805	* 16903
	* 2189.5	* 2177		16805.5	16903.5
HF	* 4208	* 4219.5		16806	16904
	4208.5	4220		* 18898.5	* 19703.5
	4209	4220.5		18899	19704
	* 6312.5	* 6331		18899.5	19704.5
	6313	6331.5		* 22374.5	* 22444
	6313.5	6332		22375	22444.5
	* 8415	* 8436.5		22375.5	22445
	8415.5	8437		* 25208.5	* 26121
	8416	8437.5		25209	26121.5
	* 12577.5	* 12657		25209.5	26122
	12578	12657.5	VHF	156.525MHz	156.525MHz

注：* 为首先选用的（船、岸）国际成对频率；

** 可用于船舶之间的呼叫。

指配给各国的 A1A、F1B、SSB 的 MF/HF 工作频率均可作为 DSC 日常呼叫频率。为了减少国际呼叫频率上的干扰，船舶电台呼叫应尽可能使用被呼叫海岸电台值守的国内 DSC

频率。

2. DSC 的呼叫尝试

在 MF/HF 频段的 DSC 呼叫,可以采用单频和多频呼叫尝试(Call attempt);VHF 频段仅使用单频呼叫尝试。单频和多频呼叫尝试只用于遇险呼叫。

"DSC 呼叫尝试"是指电台在短时间内,在一个或几个频率上发射一个或多个同一 DSC 呼叫序列。如果呼叫序列的终止符是 ACKRQ,经过一定时间间隔,没有接收到 DSC 应答序列,则称该呼叫尝试失败。反之,则称该呼叫尝试成功。DSC 呼叫尝试有以下二种:

1)单频呼叫尝试

由一个电台在短时间内,在同一频率上连续发射五个相邻接的同一 DSC 呼叫序列。

2)多频呼叫尝试

由一个电台在短时间内,在多个(最多为 6 个)不同频率上各发射一个同一 DSC 呼叫序列。

一般,选用的多个频率分别是 2MHz、4MHz、6MHz、8MHz、12MHz 和 16MHz 频段上的某二个或两个以上的 DSC 频率。

DSC 的单频和多频呼叫尝试使 DSC 呼叫序列被无错误地接收的概率大大得到提高。

3. 海岸电台 DSC 呼叫频率设置的数目

海岸电台 DSC 呼叫频率设置的数目主要取决于 DSC 呼叫业务的通信量。对于通信繁忙的海岸电台,若设置较少的呼叫频率,将使船舶电台 DSC 呼叫的"碰撞"(两个或多个电台的 DSC 呼叫同时发生)可能性增大或者呼叫电台等待时间较长。呼叫频率数目在各频段的合理设置是使呼叫通信业务量在这些信道上均匀分布的重要条件。在整个呼叫信道上,来自海岸电台和船舶电台通信业务量不良分布会造成有的呼叫信道繁忙,而另一些信道相对地空闲。由于这种不良分布不可避免地会增加呼叫的信道数。假如 8MHz 频段的 DSC 呼叫频率,离海岸电台远或近的船舶电台都会选用,将会比较繁忙。

呼叫信道的最大负载即呼叫通信业务量要求不超过 0.1 erlang(尔朗),不然碰撞或等待时间将会增加。一般,岸到船每次 DSC 呼叫持续时间约为 7.8s,而船到岸则为 5.8s。可以计算,在 0.1 erlang 要求下,每小时允许(理论上)的最多呼叫次数为岸到船 23 次,船到岸则为 31 次。所以,海岸电台的呼叫通信业务量的统计是海岸电台 DSC 呼叫频率设置数目的依据。

4. 两次 DSC 呼叫之间采用随机的时间间隔

船舶电台发起的两次同一 DSC 呼叫之间应有一定的时间间隔(约为 5min),因为被呼叫方对 DSC 的接收和 DSC 应答需要时间。但如果每次 DSC 呼叫在固定的周期时间内发射,第一次 DSC 呼叫发生碰撞的话,那么第二次 DSC 呼叫仍然会发生碰撞。所以,两次 DSC 呼叫之间采用随机的时间间隔,以使第一次 DSC 呼叫发生碰撞后第二次 DSC 呼叫不会发生碰撞。

5. DSC 呼叫之前的值守

在 DSC 呼叫的发射之前应守听该信道是否有 DSC 呼叫的发射,即该信道是否空闲,这将减少呼叫的碰撞。

6. DSC 值守机的使用

要提高 DSC 呼叫接收的成功率,DSC 值守机或 DSC 扫描接收机的使用是必须的。所谓扫描接收,就是使用一台接收机,对每个可能有 DSC 呼叫的频率进行时间上的轮流值守。当在某一频率上接收到 DSC 呼叫的点阵信号时,便停在该频率上接收。然后,再判断是否为呼叫本台。若是,则停在该频率上,同时进行声或光的指示;若不是,便转到下一个 DSC 呼叫的频率进行值守。

DSC 扫描接收机的使用有可能会带来“扫描损失”。所谓“扫描损失”就是扫描接收机正在扫描某一频率时,正好在另一频率上有对本台的 DSC 呼叫,正好丢失对呼叫的接收。扫描损失的大小显然与扫描接收机扫描的信道数目以及在每一个信道上停留时间(即扫描时间)的长短等有关。分析计算表明,对 DSC 通信比较理想的扫描的信道数至多为 6 个,扫描时间则为 2s。

二、DSC 的使用程序

DSC 设备作为 IMO 认可的、GMDSS 使用的主要遇险报警设备之一从根本上改变了水上移动通信业务的呼叫与应答程序。按照 GMDSS 要求,规定了 DSC 的操作程序:

1. 遇险呼叫与接收的使用程序

DSC 的遇险呼叫包括 DSC 遇险呼叫、DSC 遇险确认呼叫及 DSC 遇险转发呼叫。参看图 5-8,船舶 DSC 遇险呼叫包括:

(1) DSC 遇险呼叫:可以按下设备的专用 DSC 报警按钮 3s 以上,即启动报警发送。一旦报警启动,就不能消除。报警发送约需 40s;

(2)海岸电台的 DSC 确认呼叫:船舶电台 DSC 报警发送后 3min 内就能接收到海岸电台/RCC 的 DSC 确认呼叫,如果 4.5min 内没有接收到 DSC 确认,设备将自动重发遇险报警呼叫、直到接收到 DSC 确认呼叫。重发的遇险报警中,(如果有)位置和时间信息将被更新;

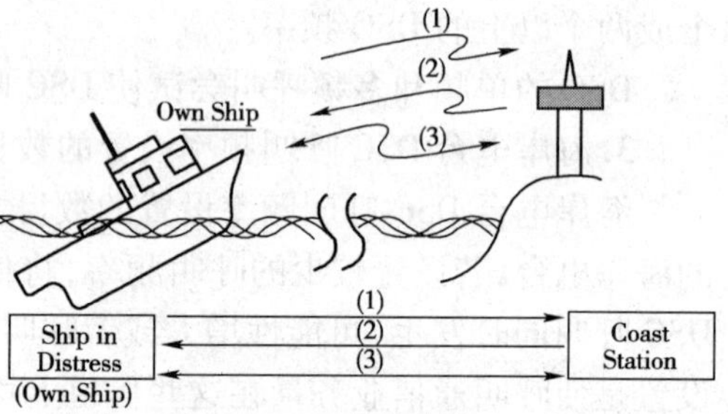

图 5-8 船舶 DSC 遇险呼叫

(1) DSC 遇险呼叫;(2) 遇险确认;(3) 遇险通信

(3)遇险船舶与海岸电台/RCC 之间的电话/Telex 遇险通信。

说明如下:

1)遇险呼叫(Distress Call)序列的编辑与发射

DSC 设备作为 GMDSS 地面频率通信系统遇险报警的主要设备,可以向装备 DSC 设备的所有海岸电台、船舶电台发送遇险报警。报警的信息将包括船舶电台的识别码、遇险性质、遇险时船位、遇险的时间、所需要的遇险通信方式。

DSC 设备提供简单遇险呼叫和详细遇险呼叫序列的编辑和发射。

简单遇险呼叫的编辑由设备自动完成,它的发射可以直接由 DSC 设备面板的 DISTRESS 或 SOS 按钮进行。所编辑的遇险呼叫序列,遇险性质为“未指明性质遇险(undesigned distress)”;遇险位置在 DSC 设备接有 GPS 等导航定位仪时,则是导航仪提供的位置信息;没有连接导航设备时位置信息为 5 个 99。时间自动由 2 个 88 替代;遇险通信方式为无线电话。

在有时间进行 DSC 遇险呼叫序列编辑时,则应依次编入遇险性质、遇险船位、遇险时间、使用的遇险通信方式等信息。

两次呼叫尝试之间的时间间隔,MF/HF 可随机地取 3.5 ~ 4.5min,VHF 则取约 $(230 + 10n)$s(其中 n 是指第 n 次呼叫尝试)。时间间隔的选取是避免呼叫序列与对方发来的应答序列在时间上的碰撞。

VHF DSC 遇险呼叫可以和 MF/HF DSC 遇险呼叫同时发射。航行在 A1、A2 海区的船舶,分别使用 VHF DSC、MF DSC 向海岸电台、附近航行船舶进行报警。航行在 A3、A4 海区的船舶,则使用 HF DSC 向海岸电台报警;向附近航行船舶报警,即船对船遇险报警则用 VHF DSC、MF DSC。

DSC 的遇险报警归纳为以下操作步骤:

(1)将发射机调谐到 DSC 遇险频率(MF:2187.5kHz;VHF:70 频道;HF:4207.5、6312、8414.5、12577、16804.5kHz;通常 8MHz 频段的 8414.5kHz 可以作为第一选择)。

HF 频段的 DSC 遇险呼叫发射频率的选择应考虑 HF 频段无线电波在实际季节、当天时间的传播特点。选用一个以上遇险频率进行发送,将会增加海岸电台成功接收报警的可能。有以下两种方法:

①先在某一 HF 频段(如首选的 8MHz)DSC 遇险频率上发送 DSC 遇险呼叫,等待数分钟以接收海岸台的确认;若 3min 内没有接收到 DSC ACK,则在另一 HF 频段频率上重复发射 DSC 遇险呼叫。如此等等,在多个 HF 频段进行。

②DSC 遇险呼叫在多个 HF 频段上没有间隔地发送,呼叫之间不作接收确认的等待即所谓的多频呼叫尝试。

在时间许可的情况下,建议使用第一种方法。因为,使用第一种方法,其后与海岸电台遇险通信的频率比较容易选择。

(2)编辑 DSC 遇险呼叫序列(格式符:Distress;类别:Distress;遇险性质、位置时间及通信方式:按实际情况)并发送 DSC 遇险报警;

(3)准备随后的遇险通信:在等待 DSC 遇险确认时,将发信机和接收机(一般为自动)调谐到与发射 DSC 遇险报警同一频段的无线电话遇险通信频率(例如 MF 的 2182kHz、VHF 的 16 频道);

2)遇险报警的收妥确认(Distress ACK Call)

遇险报警收妥确认是指收到 DSC 遇险报警的海岸电台/RCC 给遇险船舶发送的确认,表明本台已接收到 DSC 遇险报警,并已将遇险报警转至具有搜救能力的 MRCC。

船舶电台接收到遇险船舶的 DSC 报警后,应滞后一段时间,以便由海岸电台给予 DSC 遇险报警的收妥确认。岸台一般在接收到 DSC 遇险呼叫的 1 ~ 2.75min 内给予 DSC 确认。这个延时时间留给海岸电台有足够的判断与准备,以对遇险报警作出相应的响应。DSC 的遇险报警收妥确认在与 DSC 发射频率相同的频率上进行发射。

海岸电台接收到 DSC 遇险报警后,应确保尽可能迅速地通知 RCC,并由合适的海岸电台尽可能快地给予遇险船舶以 DSC 的收妥确认。收妥确认在接收到遇险呼叫的那个频率上或多个 HF 频率上发送,内容包括遇险船舶的识别码、遇险性质、遇险船位及调险时间、随后与遇险船舶进行遇险通信使用的通信方式(无线电话或 NBDP)。

船舶电台在接收到 DSC 遇险呼叫后,应值守在该接收频率相应的无线电话遇险和安全频率上,监听遇险通信,必要时可以使用无线电话给予遇险报警的收妥确认。

DSC 遇险呼叫的 DSC 遇险确认通常仅由海岸电台发送。若遇到 DSC 遇险呼叫没有被海岸电台收到、遇险船舶的 DSC 遇险呼叫在连续发射时,船舶电台应以实际可行的方法(经海岸电台或 INMARSAT 地面站)通知 RCC,切不可以发射 DSC 的遇险报警收妥确认。也可以使用无线电话给予遇险船舶以确认,并做好详细的记录。

遇险船舶接收到遇险确认后,通常在相应频段的无线电话遇险频率用无线电话进行其后的遇险通信。使用的频率为:

频段	无线电话(kHz)	NBDP(kHz)
MF	2182	2174.5
HF	4125	4177.5
	6215	6268
	8291	8376.5
	12290	12520
	16420	16695
VHF	156.8MHz(16CH)	

若其后使用 NBDP 的遇险通信,除非有特殊的要求,应选用 NBDP 的 FEC 方式和上面的频率。

如果船舶电台在 HF 频段接收到来自船舶的 DSC 遇险报警,不应该作遇险确认,但应该守听海岸电台的 DSC 遇险确认。在等待接收海岸电台的 DSC 遇险确认同时,应该作其后遇险通信的准备,将收发信机调谐到与发射 DSC 遇险报警同一频段的遇险通信频率。有以下几种情况:

(1)DSC 报警中指明使用无线电话,则 HF 收发信机调谐到相应的 HF 频段的无线电话遇险通信频率;

(2)DSC 报警中指明使用 NBDP,除将 HF 收发信机调谐到相应 HF 频段的 NBDP 的遇险通信频率外,有可能的话还应守听在相应的无线电话遇险频率;

(3)DSC 报警在多个 HF 频段上接收到时,则将 HF 收发信机调谐到认为最合适的某一 HF 频段的频率上。如果在 8MHz 频段也成功地接收到 DSC 遇险报警,那么在多数情况下这个频段将是首先选择;

(4)HF 频段如果没有接收到遇险通信,将收发信机调谐到另一个认为最合适的 HF 频段的频率上;

(5)若 5min 内没有接收到来自海岸电台的 DSC 遇险确认,也没有监视到海岸电台与遇险船舶之间的遇险通信,那么通过适当的无线电通信通知 RCC。

3)DSC 遇险转播(Distress Relay)

DSC 遇险转播是指接收到遇险报警的海岸电台或船舶电台,将接收到的遇险报警转发给其他电台:海岸电台将遇险报警转发给遇险船舶附近的航行船舶;或船舶电台将遇险报警转发给海岸电台、遇险船附近的船舶。

任一船舶电台接收到 DSC 遇险呼叫,海岸电台没有予以 DSC 遇险确认,或遇险船舶不能自己发送遇险报警,或船长认为有必要作进一步援助,可以作 DSC 遇险转播:

(1)按照当时的情况,决定发送 DSC 遇险转发的频段:船对船使用 MF DSC 和 VHF DSC、船对岸则使用 HF DSC;

(2)将发信机调谐到 DSC 遇险频率;

(3)编辑 DSC 遇险转播呼叫:格式区分符为"遇险转播",地址为合适海岸台的 9 位数字识别码(MMSI)或所有船舶,(如果知道的话)遇险船舶的 9 位数字识别码,遇险的性质,(已知的)最新遇险船位及(例如通过无线电话获悉的)遇险(UTC)时间,进行随后遇险通信的方式(一般为无线电话);

(4)发送 DSC 遇险转播呼叫。

当遇险船舶用非DSC遇险报警通知海岸电台，RCC要求海岸电台向船舶播发报警时，或者海岸电台认为需要进一步给予遇险船舶以援助时，海岸电台可以向所有船舶或一组船舶，或某一特定地理区域的船舶、或某一船舶发送岸至船的DSC遇险转发呼叫。

当船舶电台接收到来自海岸电台的DSC遇险转发呼叫，只能以无线电话方式给岸台以收到转播呼叫的确认。通信频率应置于收到DSC遇险转发频段的无线电话遇险频率。

2. DSC紧急呼叫的操作程序

当有紧急信息发送时，首先发送DSC紧急呼叫，再进行紧急信息的发送。

1）DSC紧急呼叫的发送

在DSC的遇险频率上发送DSC紧急呼叫的操作程序是：

（1）将发射机调谐到DSC遇险呼叫频率（MF：2187.5kHz、VHF：70频道，HF：通常第一选择8MHz频段）；

（2）编辑DSC紧急呼叫：

①MF DSC、VHF DSC：格式符为所有船舶电台或某一电台，类别为“紧急”，随后紧急信息的通信方式（无线电话）和工作频率；

②HF DSC：格式符为地理区域呼叫或者某一海岸电台，类别为“紧急”，其后紧急信息发送的通信方式（无线电话或NBDP）和工作频率（一般为同一频段）。

（3）发送DSC呼叫；

（4）若DSC呼叫发往某一电台，则等待来自该台的DSC应答。几分钟内若没有接收到DSC应答，则重复DSC呼叫（对HF DSC，则在另一HF频段的频率上重发）；

2）紧急信息的发送

（1）将发信机调谐到呼叫中指定的工作频率（设备自动完成）；

（2）发送紧急信息。

可以用无线电话方式进行发送，也可以以无线电传方式发送。除非信息发往某一电台，一般应使用FEC方式；

实际紧急信息之前加入至少一个回车、换行、字母转换（参见第四章FEC方式）。

接收到DSC紧急呼叫的船舶无需对DSC呼叫发送收妥确认，但应该将收信机置于DSC呼叫中给出的通信方式和频率，以接收紧急信息。

3. DSC安全呼叫

安全信息的发送分两步进行：安全信息通告和安全信息发送。

安全信息通告就是在DSC的遇险呼叫频率上发送安全等级的DSC呼叫，安全信息的发送则在与DSC呼叫同一频段的遇险和安全通信频率上进行。DSC安全呼叫可以发往所有船舶、某一地理区域内的所有船舶或指定的某一电台，呼叫中必须包括安全信息发送的频率。

1）DSC安全呼叫

（1）将发信机调谐到DSC遇险呼叫频率；

（2）选择适当的呼叫格式（all ships，area call或individual call）；

（3）输入区域地址或电台的9位识别数字，类别为“安全”，其后安全信息发送的通信方式和工作频率；

（4）发送DSC安全呼叫。

2）安全信息的发送

（1）将发信机调谐到呼叫中指定的工作频率（设备自动完成）；

(2)发送安全信息：接收到给所有船舶的 DSC 安全呼叫，无需对 DSC 呼叫发送收妥确认，而应该将收信机置于 DSC 安全呼叫中给出的通信方式和频率，以接收安全信息。

4. DSC 公众通信呼叫

DSC 公众通信呼叫包括日常通信和船舶业务的呼叫：

1)使用的频率/频道

VHF 的 DSC 呼叫仅使用单频(发射和接收使用同一频率)工作，即 70 频道既用于 DSC 的遇险、紧急和安全呼叫，也用于日常通信的呼叫；

MF/HF 的 DSC 呼叫应使用 ITU 指配的成对频率(每对频率包括一个发射频率和一个接收频率)工作，但在国内呼叫时应使用单频。

MF/HF 的 DSC 日常通信呼叫使用国内和国际 DSC 频率，船舶电台对海岸台的呼叫应使用海岸台的国内 DSC 频率。一般来说，DSC 日常通信呼叫的国际 DSC 频率用于不同国籍船舶电台和海岸台之间的呼叫。如 MF 频段的船舶呼叫频率是 2189.5kHz，接收呼叫频率是 2177kHz。

2177kHz 也用于船舶之间的日常通信呼叫。

对于国内呼叫，海岸台应该避免使用国际 DSC 频率进行，可以安排使用国内频率的 DSC 呼叫，而船舶电台应当在合适的国内和国际 DSC 频道上进行 24h 的值守。

2)船台向岸台或另一船舶电台发送 DSC 单台呼叫

船台向岸台或另一船舶电台发送 DSC 单台呼叫，请参看图 5-9。一次完整的 DSC 呼叫应包括：呼叫方的 DSC 呼叫(EOS：ACKRQ)、被呼叫方的 DSC 应答呼叫(EOS：ACKBQ)及双方的电话/Telex 通信。

图 5-9　船台对海岸电台的 DSC 单台呼叫

(1)公众通信呼叫的组成方法如下：

格式区分符	Selective 或 Individual
地址	人工输入或(由预编地址本)选择输入
类别	Routine
自识别	自动输入
通信指令	选择输入
频率信息	人工输入或(由预编频率表)选择输入
(半自动/自动船对岸业务)电话号码	人工输入
序列终止符	(AckRQ)按格式区分符自动填入

船台对船台的呼叫，可以提出建议的工作频道。对海岸电台的呼叫，不应包括建议的工作频道，岸台在 DSC 应答呼叫序列中将指明使用的工作频道。

如果发出的呼叫，在 5min 内没有收到 DSC 的应答呼叫，那么船台可以在同一频率或另一频率上重新呼叫。如果仍然未收到应答呼叫，那么至少延迟 15min 后可再一次重复呼叫。

(2)DSC 应答呼叫。海岸电台或船舶电台接收到某一船舶电台的呼叫后，将发射机调谐到接收到该呼叫的那个频率上，发送 DSC 应答呼叫序列。若对所接收的 DSC 呼叫内容表示不同意,DSC 应答序列中的第一通信指令为"不同意",而第二通信指令则给出不同意的"理由"(如 Busy,选择后输入);若同意呼叫的内容,但对呼叫中提出的工作频率建议有更改,则在应答序列中提出新的工作频率;应答序列的 EOS 是 ACKBQ。

发送同意的 DSC 应答序列后,DSC 设备将自动控制 SSB 收发信机调谐到序列建议的工作频率和通信方式。

收到被呼叫台的同意的 DSC 应答后,呼叫台在 DSC 控制下将收发信机置于应答序列中的通信方式和工作频率,整个 DSC 呼叫程序才算完成。

然后,船台与岸台或船台以 DSC 序列中约定的通信方式(电话/Telex)、工作频率上进行日常通信。

5. DSC 设备的测试

DSC 设备的测试分自测试(Self Test)和现场测试(Live Test)。在 VHF 频段,不进行试验信号的发射,即对 VHF DSC 只进行 Self Test。对 MF/HF DSC 设备,除进行日常的 Self Test 外,按规定(PSC 内容之一)必须定时(如每周一次)进行 Live Test。DSC 测试序列由船舶电台发射、被呼叫的海岸电台给予收妥确认。通常不再进行两台之间的通信,同时应避免使用其他方法进行这种试验。

测试方法为:

(1)船舶电台将发信机调谐到 MF 的 DSC 遇险频率 2187.5kHz 上;

(2)格式区分符为单台呼叫;

(3)输入被呼叫海岸电台的 9 位识别码;

(4)第一通信指令为 Test,即发射测试呼叫序列(确认没有呼叫在该频率上进行时发射);

(5)等待海岸台的 DSC 应答。

第四节 DSC 设备

一、DSC 终端设备的类型

船舶使用的 DSC 设备有 4 种类型,即 A、B、D 和 E 类:

1. A 类 DSC 设备

满足 GMDSS 装备要求的全功能型 DSC 设备,符合全部 DSC 技术条件和操作要求、用于 MF/HF 波段的 DSC 设备。

具有表 5-3 所列的所有格式符、通信指令。

2. B 类 DSC 设备

具备 DSC 最低功能,用于 MF DSC、VHF DSC。

具有表 5-3 所列的格式符,但通信指令仅有 MF 时的 J3E 和 Test、VHF 时的 F3E/G3E simplex 和 polling。

3. D 类 DSC 设备

仅提供 VHF DSC 遇险、紧急、安全及日常呼叫和接收的最低功能,用于 VHF 的 DSC 设备。格式符没有区域呼叫,通信指令仅有 F3E/G3E simplex 和 polling。

4. E 类 DSC 设备

可提供 MF 和/或 HF DSC 遇险、紧急、安全及日常呼叫和接收的最低功能,格式符仅有遇险、区域、单台和组呼。通信指令仅有 J3E 和 Test。

二、DSC 终端设备及收发信机的主要性能标准

1. 发射种类、频移和调制速率

MF/HF DSC 使用 F1B 或 J2B；频移键控的中心频率为 1700Hz，频移 ±85Hz；速率是 100 波特。

VHF DSC 使用 G2B；频移键控的中心频率为 1700Hz，频移 ±400Hz；速率是 1200 波特；工作频率为 156.525MHz(第 70 频道)；

2. 频率偏差容许度

MF/HF 收发信机其频率偏差容许度：海岸电台和船舶电台均为 ±10Hz，接收机带宽不超过 300Hz；

3. 频率调谐和扫描

MF/HF 收发信机从一个频率转换到另一频率不得超过 15s，开机后 1min 即可以在 DSC 频率上工作。如用扫描接收机监视一个以上数字选择性呼叫频道，应在 2s 内扫描一遍，且在每一频道上停留时间应足够能测到每一数字选择性呼叫序列的点阵信号。

4. DSC 终端设备具有声响报警和视觉显示

接收到遇险或紧急呼叫时，报警和显示将连续，只能由手动复位，不会自动消除；接收到其他呼叫时，声响报警约 1s 后自动关闭。

三、DSC 设备组成

图 5-10 给出了一种 MF/HF DSC 设备的组成方框图。

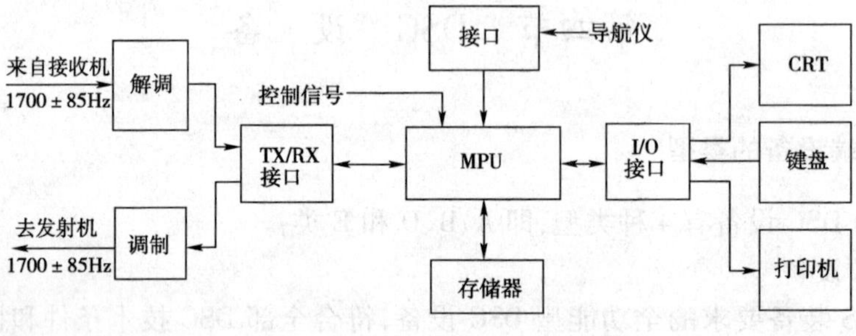

图 5-10　DSC 设备组成框图

1. DSC 信号的发送与接收部分

DSC 设备主要由 DSC 与单边带收发信机的接口部分组成，完成 DSC 设备与收发信机之间信息的传输。来自接收机的频移信号(1700 ±85Hz)经调制解调器解调还原成“0”及“1”数字信号，经 TX/RX 接口送 MPU 处理；由 MPU 经 TX/RX 接口送来的“0”、“1”信号经调制/解调器调制成 1700 ±85Hz 的频移信号，送发射机进行上边带调制、由天线发射。

2. MPU 和存储器

MPU 和存储器是 DSC 的核心部分。设备的各种功能都以程序、指令注入到存储器，MPU 则按键盘的输入执行存储的程序或指令。各种指令、数据、设备的监控和工作程序都固化在 ROM 中，RAM 作为 DSC 信息的输入、输出及信息处理时的存储使用。

3. 各种控制信号的输入和输出

DSC 设备与收发信机之间的控制信号由 MPU 控制。例如,DSC 设备接受扫描接收机的控制,也以指令方式控制扫描接收机进行频率转换;DSC 对发射机工作方式和工作频率的控制等。

4. 显示器和键盘

由键盘进行 DSC 呼叫序列的编辑,各种控制命令的输入等。显示器 CRT 则显示 MPU 控制的各种信息,显示编辑和接收的 DSC 呼叫序列。

5. 打印机

通过键盘键入命令,MPU 控制打印机打印接收或编辑的 DSC 呼叫序列,便于查阅。

6. 导航仪接口

DSC 设备提供 NMEA 接口,与导航仪相连接。来自导航仪的船位数据不断更新 DSC 序列中有关位置、时间的信息。

四、DSC 设备与单边带收发信机的连接

DSC 设备作为地面频率通信系统的一种终端设备,必须与 VHF、MF/HF 收发信机相连接才能进行 DSC 呼叫序列的接收和发送。图 5-11 给出了 DSC 终端设备与 MF/HF 收发信机的连接。

1. DSC 呼叫序列的发送

(1)由 DSC 面板上操作键盘、编辑形成 DSC 呼叫序列;

(2)设置发射频率,启动 DSC 设备的发射按钮。DSC 设备将自动置发射机于 F1B 或 J2B 工作方式和设置的发射频率,产生“发射允许”信号,使发射机的高压(HT)加上。同时,DSC 的呼叫序列的 2FSK 信号进入发射机,对工作频率载波进行上边带调制,上边带信号通过天线进行辐射。

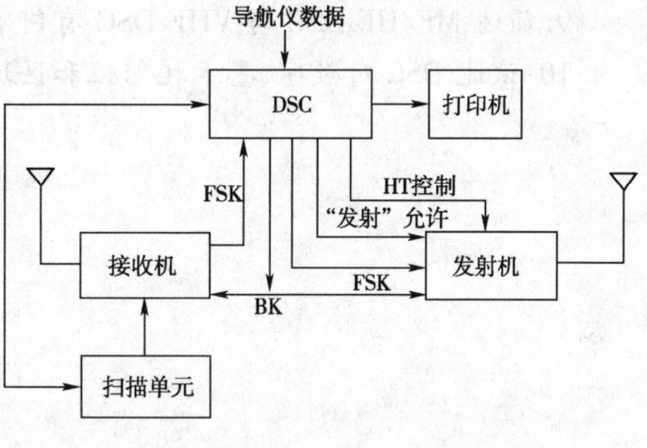

图 5-11　DSC 与 MF/HF 收发信机的连接

对于遇险呼叫,则可以直接启动遇险呼叫按钮。DSC 设备将自动形成 DSC 的遇险呼叫序列送往发射机进行发射。

2. DSC 呼叫序列的接收

(1)空闲时,DSC 设备控制扫描接收机对预编的 DSC 频率进行扫描值守;

(2)一旦在某一 DSC 频率上检测到 DSC 呼叫,DSC 终端发出指令,控制扫描接收机自动在 该频率上守听;

(3)若 DSC 终端判断该呼叫是遇险呼叫、对所有船舶呼叫或者是对本船的呼叫,则 DSC 终端(按照设置)发出音响或视觉报警,序列由打印机打印输出。若该呼叫既不属于遇险呼叫、对所有船舶呼叫,也不属于对本船的呼叫,DSC 终端将控制扫描接收机继续进行扫描值守。

3. DSC 对收发信机的控制

为了实现 DSC 对收发信机的控制,发射机的工作高压、收发信机的 BK 电路、(VHF)接收机的静噪电路可以由外部进行控制。扫描接收机或扫描单元也能进行外部控制,要求在每个频率上最小停留时间可达 0.1s。

发射机的工作高压和收发信机的BK电路，实际上是由DSC设备的“发射”按钮控制。按下DSC设备的“发射”按钮，高压和BK的控制同时完成，同时DSC呼叫序列信号送到发射机的调制器。

发射机的工作方式（F1B或J2B）控制实际上是一种联锁控制，它是对HT、BK电路控制的进一步保护。只有当操作员（或由DSC终端控制）使发射机的工作方式置于F1B或J2B时，DSC终端的“发射”按钮起控制作用，发射机高压加上，BK控制完成，DSC呼叫序列送到发射机调制并发射出去。

思考题与习题

1. 试述DSC的功能。
2. 试述为了提高DSC通信的可靠性，DSC系统所采用的纠检错技术。
3. 简述DSC呼叫序列的组成和各部分的含义。
4. 试述DSC遇险呼叫序列的组成。
5. 试述DSC公众通信呼叫通信的过程（呼叫与应答）。
6. 什么是DSC的呼叫尝试？简述呼叫尝试的几种方式。
7. 简述GMDSS中，使用DSC船与船间日常通信的建立过程。
8. 简述DSC遇险报警、收妥确认和转播的规定。
9. 简述MF/HF DSC与VHF DSC有何不同之处。
10. 试述DSC对数字、墨卡托船位和区域的编码方法。

第六章　海上 MF/HF 通信

第一节　概　　述

海上中/高频（MF/HF）通信系统是 GMDSS 使用的主要通信系统之一，它是由 MF/HF 海岸电台和 MF/HF 船舶电台组成，工作在 1.6～27.5MHz。MF/HF 电台提供的 GMDSS 功能有：（船对岸、岸对船及船对船）遇险报警、搜救协调通信、现场通信、海上安全信息的播发和日常（船舶之间、船舶与陆上用户之间的电话、电传）通信等。

满足 GMDSS 要求的船用 MF/HF SSB 电台具有：

1. 使用话音和 DSC 进行的呼叫

（1）遇险、紧急和安全通信；

（2）船舶操纵所要求通信；

（3）日常通信。

2. 能使用话音和 NBDP 进行的通信

（1）遇险、紧急和安全通信；

（2）船舶操纵所要求的通信；

（3）日常通信。

一、海上 MF/HF 通信的特点

1. 短波传播特点

海上 MF/HF 通信工作在 1.6～27.5MHz，即中短波波段。短波可以靠地波进行短距离传播，也可以依靠电离层反射（天波）进行远距离的传播，具有下面几个特点（参阅第二章）：

（1）地波传播衰减很快，传播距离不远。

（2）天波传播距离远。由于短波是靠电离层反射，因此它受电离层变化的影响比较大。实际工作中，工作频率、通信距离和通信质量都会随时间而变。例如最人可用频率（MUF）（电波能被电离层反射回地面的最高频率）由于白天电离层电子浓度大，有较高的 MUF；夜间电离层电子浓度减小、MUF 则相应较低。

（3）有衰落现象。发射信号经电离层反射到达接收点的多经效应形成接收信号的衰落，这在短波通信中较为明显。

（4）当发射频率一定时，在距离短波发射机较近和较远地区能收到（地波和/或天波）信号。但在二者之间可能存在有一个环形区，即既收不到地波信号，也收不到天波信号的通信静区。因为对地波而言，静区距发射台太远，信号衰减太大无法接收到。对天波而言因距离近要求电波入射仰角大，电波可能穿出电离层而无法反射，而在该区收不到信号。从而形成一个天、地波均不能到达的静区。

2. 单边带通信

单边带(SSB)调制是短波通信中最常用的调制方式,也是海上 MF/HF 通信使用的调制方式。ITU 规定,海上 MF/HF SSB 一律使用上边带(USB)。有关单边带调制原理前面(第二章)已作介绍。单边带通信之所以受到重视是因为这种通信方式有许多优点:

1)节约频谱

SSB 调制所占有频谱是调幅(AM)制的一半宽度,与调制信号的带宽相同。因此,用单边带制取代调幅制可以使有效信道的数量增加一倍,是解决海上 MF/HF 通信信道拥挤的一个十分有效的措施。

2)节省功率

SSB 调制由于(可以)不发射载频,只发射一个边带,(在相同通信效果条件下)可以节省功率。

3)抗选择性衰落性能好

短波是靠电离层反射传播的,由于多径效应使信号中不同频率成分受到不同的衰减,这就是(频率)选择性衰落。选择性衰落会破坏信号频谱中各分量的相对大小及相位关系,造成信号失真。调幅信号带宽较单边带宽,选择性衰落使它的两个边带及载频之间的幅度与相位关系遭到不同程度的破坏。尤其是载波衰落会造成过调制,使信号包络严重变形。因此调幅波抗选择性衰落的能力很差。而单边带信号带宽窄,而且(可以)不含载波分量,故选择性衰落对通信质量的影响就不像调幅制那样严重。

4)电台间干扰小

调幅波的边带是由调制信号产生的,调制信号为零,边带也就不存在。而单边带通信只发射一个边带,所以不传输消息时(如不讲话),发射机即停止发射,从而减少了对其他电台的干扰。而且在获得相同的通信效果的条件下,单边带发射机所需的发射功率远比调幅发射机小,也减轻了对其他电台的干扰强度。

从以上分析可以看出,单边带通信是一种高效率的无线电通信方式,海上 MF/HF 通信规定采用单边带的上边带通信方式。但单边带通信体制也有它技术上的一些特殊要求:

1)收发两端载波频率必须保持严格的同步

由于单边带信号的解调必须采用同步解调,要求(接收方)SSB 接收机产生与(发射方)发射机载波同频同相的本地载波,否则就如第二章分析那样要使解调信号失真。因此,单边带通信系统对载波频率的准确度和稳定度要求很高。例如对单边带电话,要求船舶电台的收、发频率总误差不超过 ±100Hz。假如该频率误差均匀地分配给收、发双方,则任何一方要求频率误差小于 ±50Hz。因此,通信频率的误差应在 10^{-6}量级。

另外单边带收发信机很少只在一个或几个固定频率上工作,而是要覆盖很宽的频段。船用单边带通信就需要覆盖整个船用 1.6 ~ 27.5MHz 频段。在技术上就必须保证能提供大量高精度的频率点作为本振使用,这只有使用频率合成器才能满足要求。

2)对边带滤波器要求十分严格

单边带发信机通常是用滤波法来产生单边带信号的。对于语音调制来说,上边带和下边带二者相隔仅 600Hz。为了得到单边带信号,要求对无用的另一个边带有足够的抑制能力,一般要达到 60dB。这样,就要求边带滤波器在一定的通频带条件下有尽可能大的阻带衰减。因此边带滤波器通常使用晶体滤波器。

单边带通信设备相对比较复杂,技术上要求严格。现代通信技术的发展,特别是频率合成技术、计算机技术的应用,使单边带通信在海上 MF/HF 得到了广泛的应用。

二、海上 MF/HF 通信的工作模式

船用 MF/HF SSB 发射机要满足电话、DSC 及 NBDP 通信的要求,按照 CCIR 建议海上 MF/HF 通信的工作模式(也称发射类型)有以下几种:

1. 话音通信

1)J3E——载波全抑制的单路单边带无线电话

字母 J 表示载波全抑制单边带方式,数字 3 表示模拟信号的单信道(海上 SSB 通信只使用一个边带即上边带进行通信,称单信道),E 表示电话通信。

这种发射类型具有单边带通信的全部优点,是 MF/HF SSB 发射机无线电话的主要发射方式。

2)R3E——载波部分抑制的单边带无线电话

字母 R 表示单边带信号中保留着减幅后的载波成分。其他字符的含义与上面相同。R3E 通常用于船与救助飞机之间的通信。

保留部分载波分量的目的是为了使接收机可以从 R3E 信号中提取出载频分量,作为导频(标准频率)来控制接收机的本地载波频率源,使收、发两端同步。

3)H3E——全载波单边带无线电话

字母 H 的含义是指单边带全载波调制方式。所谓全载波是载波功率为边带峰包功率的二分之一就可以了。它与调幅波相比虽然功率节省不多,但 H3E 类信号也能用一般调幅接收机接收,接收范围得到扩大。H3E 又称兼容话,在海上通信中用于遇险和安全目的,如在 2182kHz 上的遇险通信。

2. NBDP 和 DSC 通信

NBDP(参阅第四章)或 DSC(参阅第五章)与 MF/HF SSB 相连接,使用 F1B 或 J2B 进行 NBDP 通信、DSC 通信。

三、船用 MF/HF SSB 电台的组成

船用 MF/HF SSB 电台的一般组成框图如图 6-1 所示:由控制台(单元)、收发单元、天线调谐器(AT)、天线、终端设备(送受话器、NBDP 和 DSC)以及电源等组成。控制单元实现对电台的收、发操作(收发频率的存储与调用、工作模式与发射功率的选用等)的控制,也提供送受话器、NBDP 和 DSC 等终端设备与收发单元相连接的接口,是整个电台的主控制器。它一般由微机、键盘、显示器和音频信号处理电路等组成。

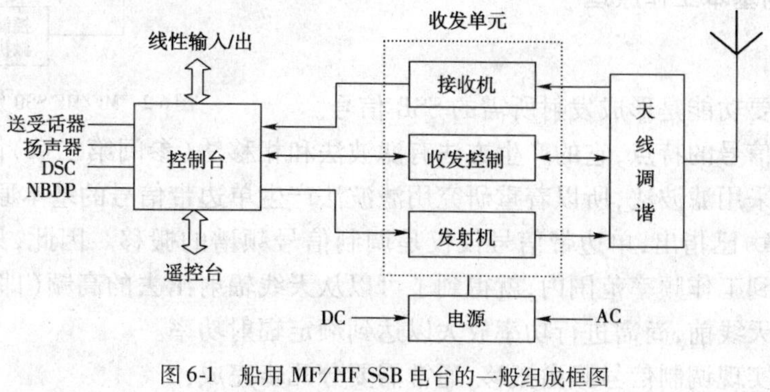

图 6-1 船用 MF/HF SSB 电台的一般组成框图

收发单元包括接收机、发射机和收发控制。发射机的作用是将终端设备送来的经控制台音频处理电路处理后的音频调制信号,经调制、频率搬移和功率放大后送往天线调谐器,经发射天线向外辐射。接收机的作用是将接收天线上感应的电动势经选择、放大、频率搬移、解调得到音频信号,经音频处理电路处理后送往终端设备。收发控制中的微机与控制单元中的微机进行通信,完成对发射机、接收机所需的控制。

天线调谐器由微机和天线调谐网络等构成,实现发射天线和发射机功放间的谐振与匹配,使发射机的功率输出能有效地由天线向外辐射。

电源的作用是向电台各部分提供正常工作所需的电压、电流。通常情况下,由船舶的主电源供电、工作于交流(AC)。在船舶电源发生故障断电时,则自动转换到由船舶电台 GMDSS 备用电源来供电、工作于直流(DC)。

满足 GMDSS 要求的 船用 MF/HF SSB 电台至少应包括:

(1)一套包括天线在内的收、发信机;

(2)作为设备组成部分的一个控制单元或多个独立的控制单元;

(3)一个带有按键式发射开关送受话器。

(4)一个内置或外置扬声器;

(5)结合成一体或分设的 NBDP 终端设备;

(6)结合成一体或分设的 DSC 终端设备;

(7)一个在 DSC 遇险频道上进行连续值守的专用值守设备。

与 MF/HF SSB 相连的终端设备的使用等级按如下顺序:

(1)遇险报文控制器(DMC,Distress Message Controller);

(2)DSC;

(3)Telephone;

(4)NBDP。

第二节　船用 MF/HF SSB 发射机

MF/HF SSB 发射机的基本作用是将待传送的音频信号变换为 USB 射频信号,并将它放大到所需的功率,经调谐后由天线发射。发射频率范围为 1.6~27.5MHz。

图 6-2 是 MF/HF SSB 发射机组成原理框图,它由激励器、功放与合成、自动天线调谐器(ATU)、控制微机以及电源等组成。

一、发射机的基本工作原理

1. 激励器

激励器的主要功能是形成发射所需的 SSB 信号。

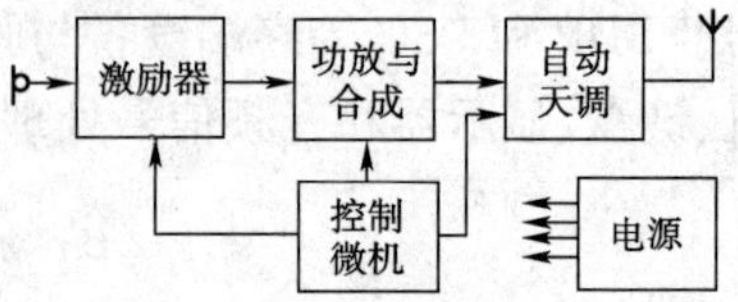

图 6-2　MF/HF SSB 发射机组成原理框图

根据单边带信号的特点,它的产生方法有滤波法和相移法(参阅第二章)两种。船用单边带电台基本上都采用滤波法,所以着重研究用滤波法产生单边带信号的基本原理。

前面(第二章)已指出,单边带信号仅仅是调制信号频谱的搬移。因此,只要设法把调制信号的频谱搬移到工作频率范围内,就得到了可以从天线辐射出去的高频(即射频)单边带信号。当然在送到天线前,尚需进行功率放大以达到额定辐射功率。

利用滤波法实现调制信号频谱搬移,通常需要分几步完成:

1)形成载波被抑制的双边带信号

目前最通用的方法是用相乘器作载波抑制的双边带调制电路,常用的相乘器电路是环形调制器。它的性能与理想乘法器最接近,对载频的抑制性能很好。

2)无用边带的抑制

相乘器只完成对载频的抑制,要形成单边带信号尚需设法把双边带信号中的一个无用边带抑制掉。海上 MF/HF SSB 上边带是有用边带,而下边带是无用边带。所谓滤波法,实际上是指对无用边带的抑制是采用了带通滤波器的方法。在相乘器的输出端接一个带通滤波器,让有用边带通过,而抑制无用边带,这样在滤波器的输出端就得到了单边带信号。在船用单边带电台中,最常用的边带滤波器是由多级晶体滤波器或多节机械滤波器组成,它们具有良好的滤波特性。

3)频谱搬移

要求单边带发射机对无用边带有很好的抑制,但话音信号无用边带和有用边带的最小间隔只有 600Hz,这就对滤波器的特性提出了严格的要求。对晶体滤波器的分析表明,工作频率越低的晶体滤波器对无用边带的抑制越好。反之,频率越高对无用边带抑制越差。这就是说,单边带信号只能在较低的载波频率上形成。因此,对于用滤波法形成单边带信号的发射机,频谱搬移是不可缺少的组成部分。另外,MF/HF SSB 通信通常不是在一个固定的频率上工作,而是在 1.6 ~ 27.5MHz 一个很宽的频率范围内工作。不仅工作频率高,而且覆盖的频率范围也宽。但是晶体滤波器的工作频率是固定的,无法实现频率的更换。所以 SSB 发射机内 SSB 信号总是在固定的、较低的载波频率上产生。

根据以上分析,激励器的组成有以下特点:

1)SSB 信号在低电平、低频率处形成

SSB 信号由调制器和边带滤波器产生,它们都是不能承受高电平信号的元器件,否则会产生严重的非线性失真。因此总是将它们放在发射机的最前端,常称为"第一次调制"。它的任务是将音频信号频谱线性搬移到第一载频位置上。由于晶体滤波器的工作频率是固定的,所以第一调制载频总是固定的。

2)频谱搬移采用"高中频"的三次搬移

由于晶体滤波器的工作频率不是很高(最高为几个兆赫),要使发射机覆盖 1.6 ~ 27.5 MHz,必须通过频谱搬移将第一调制载频的 SSB 信号"搬到"发射频率上。船用 MF/HF 发射机采用"高中频"的三次搬移。

如何将单边带信号频谱搬移到工作频率上去呢?我们知道两个信号进行混频,输出信号中存在有两个输入信号频率相加(+)或相减(-)的频率分量,从而可对输入信号之一进行频率搬移。如果输入信号中的一个信号为单边带信号,另一个信号为单频信号 f_{c1},混频后如果输出取相加的频率分量。则相当于单边带信号的频谱提高了单频频率值 f_{c1},而单边带信号的频谱结构并不改变。

船用 MF/HF SSB 发射机的三次频率搬移如图 6-3 所示,设音频调制信号的频谱为 ΔF。

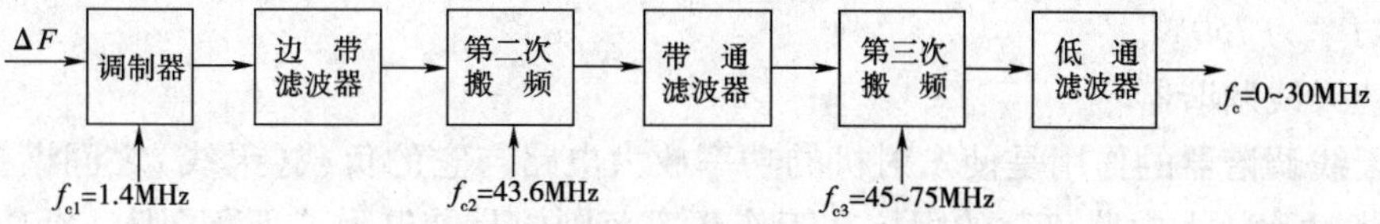

图 6-3 MF/HF SSB 发射机的三次搬移

首先将 ΔF 与第一载频 f_{c1}（$=1.4$MHz）进行双边带调制（第一次频谱搬移），经（下）边带滤波后取下边带，得到 $f_{c1}-\Delta F$ 下边带信号；然后进行第一次混频（或第二次频谱搬移），本振频率为 $f_{c2}=43.6$MHz。混频后取相加（+）的频率分量，即得到 $f_{c2}+(f_{c1}-\Delta F)=45\text{MHz}-\Delta F$ 的下边带信号；第二次混频（或第三次频谱搬移），本振频率为 $f_{c3}=45\sim75$MHz，混频后取相减（-）的频率分量，得到频率为 $(45\sim75)-(45-\Delta F)=0\sim30\text{MHz}+\Delta F$ 的上边带信号。如果 f_{c3} 是以100Hz为步进的点频变化的话，则输出信号的载波频率同样以100Hz间隔在0~30MHz步进的变化，使载波频率覆盖MF/HF整个工作频率范围。

由于海上MF/HF SSB通信规定使用上边带，所以三次频率搬移应两次选下边带、一次选上边带即所谓"-、+、-"（如上面的举例）或三次均选上边带"+、+、+"的搬移方式。

在三次搬频方案中的"-、+、-"为"高中频"方案，它在海上MF/HF SSB通信中得到广泛应用。在图6-3中，发射机第一载频为1.4MHz，经边带滤波器选取下边带；第二载频为43.6MHz，带通滤波器选取和频，得到频率为45MHz的下边带信号；第三载频为45~75MHz，滤波器选取差频，输出载波频率为0~30MHz的上边带。我们把第二混频器的输入频率（45MHz）称为中间频率，它高于发射机的最高工作频率30MHz。这种中间频率高于发射机最高工作频率的方案，称为"高中频"方案。

3）必须对SSB信号进行放大

由上面知道，SSB信号是在低电平处形成的，同时为了减小单边带调制过程中产生寄生频率分量的幅度，整个频谱搬移通常也工作在低电平。最后形成的USB信号功率是很小的，因此对USB信号必须进行不失真地放大。一般，应选用功率容量较富余的放大器件，并合理选择工作点使之工作在A类或AB类状态。有时还须采用一些专门措施来改善线性，如共基电路、负反馈或自动功率控制等。

4）R3E、H3E信号形成

船用MF/HF SSB发射机除了工作于J3E外，还工作于R3E、H3E等。激励器中的调制器和边带滤波器产生的是J3E信号，R3E、H3E信号与J3E信号的区别在于R3E、H3E信号中有一定幅度的载频分量。R3E、H3E信号的载频不能靠SSB调制器本身泄漏的电平来提供，必须有一条独立的衰减量可控制的支路，将其提供的载频即所谓载波重置和没有载频的J3E信号在混合电路中合并，形成R3E、H3E信号。

2. 功率放大与合成

船用MF/HF SSB发射机均为固态发射机，发射功率从数百瓦到上千瓦。发射机的输出功率是由几个相同功率放大模块的输出经功率合成电路合成得到，功率放大模块的输入信号来自激励器。功率分配和合成通常由传输线变压器构成的混合网络来实现，它的长处是能使各功率源（即功率放大模块）相互隔离，任一模块的故障不会影响其他模块的工作。

如SKANTI的TRP8750 MF/HF SSB发射机的发射功率为750W，来自激励器的SSB信号进入功率分配电路。功率分配电路将SSB信号均分为三路进入三个功率放大电路，每个功率放大电路将SSB信号放大到250W。三个功率放大电路的输出送入到功率合成电路，经合成后的输出功率为750W。

3. 自动天线调谐器

自动天线调谐器的作用是使发射机的功率放大电路与它的负载（天线）之间谐振和匹配。"谐振"是指功率放大电路负载的阻抗在工作频率范围内是纯电阻，"匹配"则是指功率放大电路的输出电阻与负载电阻相等。

发射机功率放大电路的负载是天线,天线的阻抗与它的尺寸、工作频率以及气象条件等有关,也就是变化的,而且与功率放大电路的输出电阻相差较大。为使发射机与天线之间工作在谐振和匹配状态,它们间应接有调谐网络——称为天(线)调(谐)网络。天调网络主要是由电感(L)和电容(C)阵列所组成,通过改变 L 或 C 的参数来实现发射机与天线间的谐振和匹配,使发射机的输出功率能最大限度地传输给天线,提高发射效率。

4. 发射机的键控

船用 MF/HF SSB 电台集收、发于一体,但接收与发射不能同时进行。发射时发射机工作、接收机不工作,反之亦然。所以它的工作方式为单工或准双工。

控制发射机是否工作称为发射机的键控,相应的电路称为键控电路。键控信号来自终端设备(DSC、NBDP)的键控线上的有效电平或来自话筒上的按钮开关(PTT-push to talk)、操作面板上的调谐(Tuning)键经处理后送来的信号等。

键控方式一般是通过控制激励器电路工作所需的电压、功放电路所需的工作电压的有无来实现。键控信号出现时,发射机各部分工作电压均加上,发射机工作;键控信号消失时,发射机工作所需的电压被切断,发射机停止工作。

二、MF/HF SSB 发射机的主要技术指标

衡量单边带发射机性能的主要技术指标有:峰包功率、互调失真、无用边带抑制、载波抑制。这些指标不仅在设计制造时要考虑,在设备安装完成后或故障修复后都要对这些指标进行测量。

1. 峰包功率

单边带发射机的额定输出功率是以峰包功率来标称的。常规调幅发射机习惯上是以不说话(即调制信号为零)时的载波功率作为调幅发射机输出功率大小的标志,但对于单边带发射机,(J3E 方式工作时)由于载波完全被抑制,所以不说话时发射功率为零。因此,单边带发射机的额定输出功率以峰包功率来表示。

所谓峰包功率,是指输入为等幅双音信号时,输出单边带信号最大振幅时高频一周内的平均功率,也就是包络为峰值时的射频信号的平均功率。

2. 互调失真

互调失真是指发射机工作于额定功率输出的情况下,由调制器、放大器以及末级功放的非线性所产生的失真。其中以三阶互调的影响最大。

3. 无用边带抑制和载波抑制

船用单边带通信规定使用上边带,下边带是无用边带。对无用边带的抑制能力称为无用边带抑制。滤波法产生单边带信号时,对无用边带的抑制主要取决于边带滤波器的特性。一般要求对无用边带的抑制(用 dB 表示的无用边带振幅与有用边带振幅之比)应在 -55dB 左右。

载波抑制也称为载漏抑制,用来表示发射机对载波的抑制性能。定义为用 dB 表示的残留载波电压幅度与单边带信号包络峰值电压幅度之比。该指标主要取决于单边带调制器和边带滤波器的特性,通常要求载漏抑制比在 -60dB 以下。

三、船用 MF/HF SSB 发射机性能要求

船用 MF/HF SSB 发射机满足 GMDSS 要求,它的主要性能如下:

1. 工作频率和工作种类

1）工作频率

工作频率范围：1.605 ~ 27.5MHz；

至少包括表 6-1 中的（遇险）频率，这些频率操作员能很快选取或调出。

MF/HF 无线电话、DSC 和 NBDP 的遇险通信频率 表 6-1

业务种类	频率（kHz）					
	（2MHz）	（4MHz）	（6MHz）	（8MHz）	（12MHz）	（16MHz）
无线电话	2182	4125	6215	8291	12290	16420
DSC	2187.5	4207.5	6312	8414.5	12257	16804.5
NBDP	2174.5	4177.5	6268	8376.5	12520	16695

无线电话工作频率是指配的载波频率，而 NBDP、DSC 工作频率是指配的中心频率（高于载波频率 1700Hz）。对选定的频率，控制台显示器上能够清楚地显示。

2）工作模式

工作模式至少包括：F1B/J2B、J3E 和 H3E。当工作频率切换到 2182kHz 时，工作模式能自动切换到 H3E；当工作频率切换到表 6-1 中 DSC 或 NBDP 指配频率时，工作模式自动选择 F1B/J2B。

操作员可以改变发射频率，而不受接收频率的制约。发射机的发射频率转换至任何其他频率上正常工作，所用时间不超过 15s。进行频率转换时，不能进行发射。

2. 频率精度（频率容差）和稳定度

发射机的实际工作频率很难与标称（或显示的）频率完全相一致，总会有一定的误差，这个误差称为频率偏差。最大容许的频率偏差称为频率容许差度，简称频率容差。对船用 MF/HF SSB 发射机的频率精度要求为：应保证在开机正常工作后的所有时间内，发射频率均应保持在所需频率的 ±10Hz，即频率容差为 ±10Hz；

频率稳定度：10^{-6}以上；

3. 发射机输出功率

在工作频率范围内的任何频率上，发射机在 J3E 或 H3E 发射的峰包功率，在 F1B 或 J2B 发射的平均功率至少为 60W。如额定功率超过 400W 时，应能用低于 400W 的功率档工作（遇险频率上工作至少为 60W）。当发射机从 HF 波段转至 MF 波段时，能够工作的最大输出功率自动降低。

4. 工作时间

发射机应能在开机 1min 内工作；

发射机在额定功率档工作的持续时间最短为 15min。

5. 控制设备和指示器

应配有能指示天线输出电流或输出功率的指示器，指示电路的故障不会引起天线电路工作的中断。收、发控制操作不会引起不需要成分的辐射。切换到 2182kHz（电话）、2187.5kHz（DSC）和 8414.5kHz（DSC）的操作应简单，并且有清晰的标志。在单工和半双工电话方式下，收发转换靠按压 PTT 开关实现，通话结束自动转到接收状态。NBDP 方式下，收发转换时间小于 12ms。天线调谐能自动完成或由控制台上单键控制来完成。

6. 保护措施

要求发射机向天线输出功率过程中，不会因天线开路或短路而使发射机故障。如果这种保护是通过一个装置提供的,那么该装置在天线开路或短路故障排除后能自动复位。

只有当发射机频率合成器锁定后才能发射,在信道切换期间不能发射。

7. 供电

发射机应由船舶主电源供电,也能使用(GMDSS)备用电源工作。

如果需要在开机后对发射机的任何部件作延迟供电,则这种延迟应该是自动的。如果发射机有需要预热才能正常工作的部件(如恒温槽),则该部件的供电即使在关机期间也应保持有效。如果有专门开关,则此开关功能应清楚标明,并被安装在不易接触到的位置。该开关通常应置于"ON",对该部件的供电情况应有指示。如果该部件供电被切断,下次供电使之温度达到需要值所需时间应少于30min。

第三节　船用 MF/HF SSB 接收机

船用 MF/HF SSB 接收机的基本任务是选择、放大和解调:

1. 选择信号

在空间同时存在着多种电磁波,其中有各种不同电台发射的,也有各种不同的电气设备辐射产生的,还有宇宙空间雷电形成的,它们具有不同的频率和功率。接收机需要的信号只是其中某一电台发射的信号,称为有用信号。空间存在的电磁波除了有用信号以外都是无用信号,统称为干扰信号。因此接收机的首要功能就是从许多干扰信号中选择出有用信号。

2. 放大信号

接收机天线所感应到的信号通常是很微弱的,为了使解调器能正常工作,必须对收到的信号进行足够的放大。

3. 变换信号

接收机中的信号变换包括频率变换和调制变换。把已调的高频信号变换为(调制方式不变的)已调固定频率的中频信号,这是一种频率变换,通常由混频器完成。把已调信号变换成调制信号称为调制变换,由解调器完成。

一、船用 MF/HF SSB 接收机的基本工作原理

船用 MF/HF SSB 接收机采用超外差方式,它首先将经选择接收的电台高频已调信号的载波频率变换为固定的中频,并对变换后的固定中频已调信号进行放大。然后由同步检波器进行解调,恢复后的调制信号经过低放后输出到终端。船用 MF/HF SSB 接收机与其他 SSB 接收机相比具有自己的一些特点,例如频率变换的次数、中频的选择、增益的分配等,这些都是接收机组成方案中必须考虑的。

船用 MF/HF SSB 接收机大多采用两次变频、高中频的超外差方案,图 6-4 是它的一种组成原理框图。下面结合图 6-4 简要说明各组成部分的主要作用及工作原理。

1. 输入电路、保护电路和高频放大电路

输入电路主要由 *LC* 滤波器(选频网络)等组成,主要作用是选择有用信号、抑制干扰信号。船用 MF/HF SSB 采用不调谐式输入电路,即不同的波段(如 2MHz 段、4MHz 段)分别采用不同的固定滤波器,以有利于简化电路结构和微机控制。例如 SKANTI 的 TRP8750 采用 11 个固定滤波器,完成对 10kHz ~ 30 MHz 的频率覆盖。微机则根据用户选定的接收频率,从 11 个固定滤波器中自动选择一个接入到电路,其他 10 个固定滤波器则处于开路状态。

船舶有时会航行在雷电区,输入电路可能会被雷电所击毁,所以接收机的输入端常设置有保护电路。图 6-5 给出了两种保护电路:其中图 6-5a)是利用两个(正、反向)二极管对强干扰进行双向分流限幅,起保护作用;图 6-5b)则是利用氖灯在没有强干扰时电阻较大分流很小,当有强干扰出现时氖灯起辉电阻较小,干扰信号被分流。

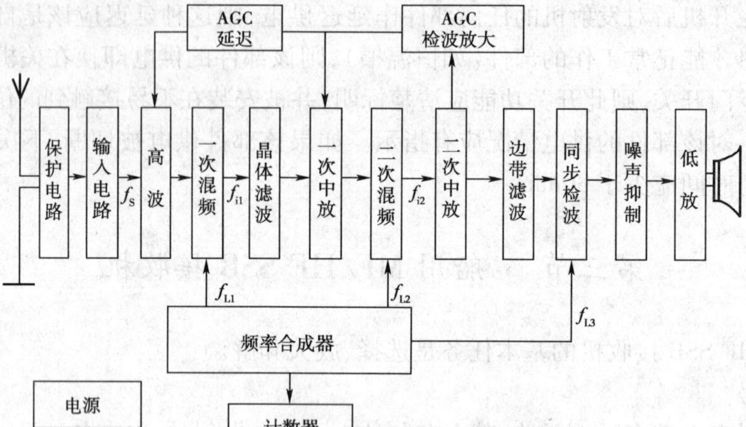

图 6-4　船用 MF/HF SSB 接收机的一般组成原理框图

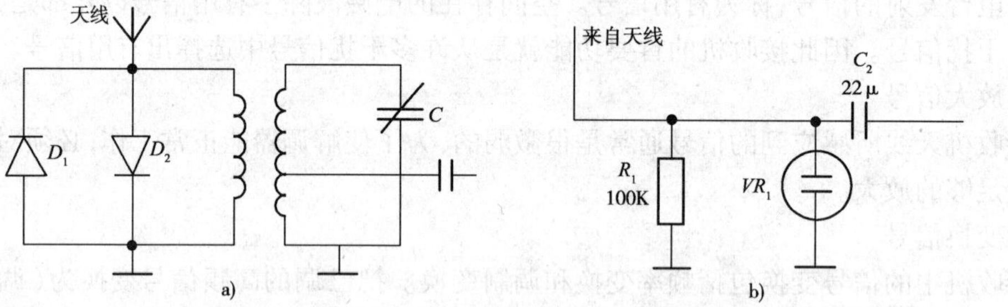

图 6-5　船用 MF/HF SSB 接收机的输入保护电路原理图

输入电路后面的高频放大器(简称高放)主要对所接收的高频已调信号进行放大,以提高接收机的灵敏度。同时高放级也有信号的选择作用,对有用信号进行再选择,以排除镜像干扰,中频干扰和可能串入的互调干扰(目前,有些单边带接收机为了克服高放级本身所引入的高频非线性干扰,突出选择性的提高,而去掉高放级。采用无高放电路,它的增益则由后面的中放电路来承担)。

2. 接收机的二次变频、高中频方案

接收机采用二次变频(频率变换)的原因是为了更好地解决超外差式镜像选择性和中频邻近信道选择性之间的矛盾。因为要使镜像选择性提高必须使中频 f_i 取得高些,这样才会使镜像频率(若接收信号的频率是 f_s,则镜像频率 $f_n = f_s + 2f_i$)更远离接收信号频率。这样镜像干扰通过输入电路和高放电路后的衰减加大,接收机对镜像干扰的抑制能力就增强。因此选取中频越高越有利于抑制镜像干扰,越有利于提高镜像选择性。但提高中频 f_i 之后,会使中放对邻近信道选择性难以提高,从邻近信道选择性考虑选用低中频更为有利。因此,选用高中频、一次变频方案是难以解决同时提高两种选择性的矛盾。所以,船用 SSB 接收机采用两次变频、高中频方案。其中第一中频 f_{i1} 选得高些,满足镜像选择性的要求,而第二中频 f_{i2} 选得低些,满足邻近信道选择性的要求。

"高中频"是指第一中频频率高于接收机的最高工作频率(如 MF/HF 的 30MHz)。在图

6-4 中取 $f_{i1}=72.455\text{MHz}$、$f_{i2}=455\text{kHz}$，显然是一种两次频率变换、高中频方案。

对图 6-4 的频率变换或搬移说明如下：

图中 $f_{L1}=72.455\sim102.455\text{MHz}$ 是第一本机振荡(简称本振)频率，它与来自输入电路，高放的有用信号 f_s 经第一次混频，得到第一固定中频 f_{i1} 信号，即 $f_{L1}-f_s=f_{i1}$。经过滤波和第一中放与第二本振频率 $f_{L2}=72\text{MHz}$ 进行第二次混频，得到第二固定中频 f_{i2} 信号，即 $f_{i2}=f_{i1}-f_{L2}=72.455-72=455\text{kHz}$。

同步检波器是单边带接收机的解调电路，一般由乘法器(平衡调制器)组成，它的本地载波或第三本振频率(f_{L3})信号也是由频率合成器提供。f_{i2}(=455kHz)信号经过第二中放和滤波，在同步检波器与本地载波 $f_{L3}=455\text{kHz}$ 相乘，解调出调制信号。为了提高解调的效果，本地载波 f_{L3} 信号频率可以微调，微调可以通过操作主控制单元面板上的 BFO/CLARIFY 键、接收频率细调(TUNE 或 FINE TUNE)键来完成(NBDP/DSC 时 BFO 频率是 1700Hz)。

3. AGC 电路

作为船用 SSB 接收机，需经常改变频率收听不同海岸电台或同一海岸电台在不同频段的发射信号。这些信号到达接收机天线时的强度一般相差是比较大的，必须通过调整接收机的增益才能使输出比较均衡。即使收听同一海岸电台、同一信道的信号，因短波通信快衰落的存在，有时会阻塞、有时会中断通信。同时因为船舶的航行、地点、时间及周围场景的变化也会引起信号的慢衰落。因此接收机输出端的信号电平会在很大范围内变化，而且变化速率很快。人工调整增益跟不上变化，这时必须借助于自动增益控制(AGC)才能使输出信号电平相对稳定、满意。

AGC 电路即自动增益控制电路，它的作用是当接收机的输入信号电压变化时，能使接收机的增益自动改变以保证最后输出电平基本稳定。通常要求输入信号变化 80～100dB，输出电压的变化不超过 4～6 dB。

1) AGC 性能分析

(1) AGC 控制特性要尽量接近理想状态。AGC 电路的控制特性是指接收机的输出信号 u_o(同步检波器输出电压)、接收机输入信号 u_i 之间的关系，如图 6-6 所示。

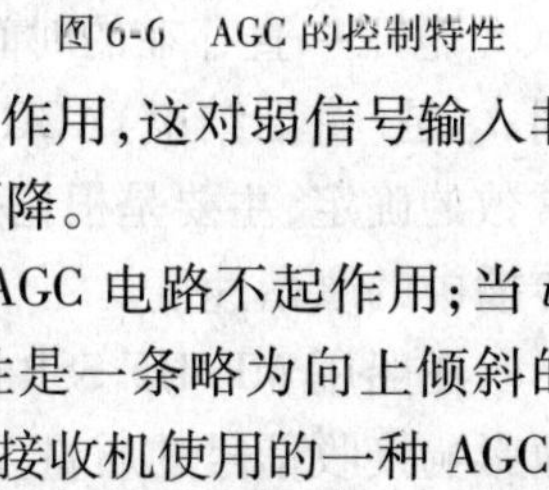

图 6-6 AGC 的控制特性

图中曲线：

①代表没有 AGC 电路时 u_o 与 u_i 成正比关系；

②代表理想的 AGC 控制特性：当 u_i 不大时，AGC 电路不起作用，u_o 与 u_i 成正比关系；但当 u_i 达到并超过设计给定值(如图所示的) U_{min} 时，AGC 电路才起作用。u_o 不随 u_i 的增加而变，u_o 保持恒定。

③代表简单的 AGC 电路特性：无论输入信号强弱 AGC 都起控制作用，这对弱信号输入非常不利。因为 AGC 起控制作用，输出很少有增加，使接收机信噪比下降。

④代表改进后的 AGC 电路特性：与曲线②相同，当 u_i 不大时，AGC 电路不起作用；当 u_i 达到并超过 U_{min} 时，AGC 电路起作用；在 AGC 可控范围内，AGC 特性是一条略为向上倾斜的曲线，比较接近理想的 AGC 控制特性，称为延迟式 AGC，是船用 SSB 接收机使用的一种 AGC。

(2) AGC 控制作用不能使接收机产生非线性失真和工作不稳定。为了获得这一结果，AGC 电压应该尽量加在接收机的前级。通常把 AGC 电压加到高放级、前级(第一、第二)中放，如图 6-4 所示。同时，被 AGC 控制的级数要合理，大多会带来接收机工作的不稳定。

(3) 选择恰当的 AGC 电路时间常数。在调幅接收机，AGC 电压是从接收的信号载波中提取,称载波激励式 AGC。只要有载波存在,都能使 AGC 电路起控制作用。AGC 的控制速度只要能跟上信号在传播过程中的衰落速度,就能达到较好的效果,AGC 电路的(电阻、电容)充电时间常数($\tau = RC$)一般取为 0.02 ~ 0.2s。

接收射频 SSB 信号时,由于信号中不含有载波。而且发送端不说话时,没有射频信号发出。所以接收机不可能用提取载波成分来作 AGC 控制电压,而只能由 SSB 信号本身强度来提取 AGC 电压,故称为“边带激励式 AGC”。这种方式 AGC 使 SSB 接收机的 AGC 电压只有在对方讲话时才有,讲话停止,AGC 电压随之消失。SSB 电话通信中,AGC 在处理对方讲话结束,讲话中句与句之间的停顿,应有区别。因此,对船用 MF/HF SSB 接收机的 AGC 电路具有一些特殊要求:

①AGC 电压建立要快。在接收到 SSB 信号之后,要马上能产生 AGC 电压、使接收机达到最佳增益状态,即 AGC 电压建立时间要短(为 5 ~ 10ms)。为此,要求 AGC 电路的充电时间常数要很小,比如取 $\tau = 0.001 \sim 0.01$s。

②AGC 电压要有一定的维持时间 。为使接收机的增益不会因为讲话者声音的高、低或者有短时间的(话与话)间歇而有所改变,也就是 AGC 电压要有一定的维持时间。这就要求 AGC 电路的放电时间常数要足够大,比如有的接收机设计为 $\tau = 20 \sim 30$s。

③AGC 电路的恢复要快。当 SSB 信号被确认结束,即通话结束,AGC 电路的恢复速度要快,即要求将 AGC 电压快速去掉。使接收机重新回到正常接收状态(此时增益最高),以便接收新的信号。

为了能分辨出究竟是通话结束还是句与句之间的间歇,在船用 MF/HF SSB 接收机的 AGC 中还需有一个分辨电路。它在通话间歇(0.5 ~ 1.5s)内不工作,AGC 电压维持原状。超过这一时间间歇,分辨电路工作,加快放电,使 AGC 电压迅速撤除。从判定通话结束至 AGC 电压撤除这段时间称为 AGC 恢复时间。船用 MF/HF SSB 接收机 AGC 分辨电路的功能常用软件来实现。

对 SSB 电话通信,AGC 电压建立时间为 5 ~ 10ms。AGC 恢复时间的长短可以由 MF/HF SSB 控制面板上 AGC 的相关开关来选择,有快(Fast)、中(Med)和慢(S1ow)三种选择,分别对应 1s、2s 和 4s。选用哪一个常数要根据通话的当时情况、讲话人语气快慢及停顿长短确定。

对 NBDP、DSC 通信,AGC 的建立时间为 2ms,恢复时间为 100 ~ 200ms。

上面说明的船用 MF/HF SSB 接收机 AGC 电压的控制时间特性,可以用图 6-7 来表示。图中 t_1 是接收机接收到 SSB 信号后产生 AGC 电压的建立时间;t_2 是(边带信号一直存在而产生)AGC 电压一直存在的时间;t_3 是讲话间歇期,AGC 电压的维持时间;t_4 是(讲话结束)AGC 电压迅速去掉的恢复时间。这些时间常数的确定,主要是根据所接收信号的特点,而不是无线电波在传播中的衰落速度。

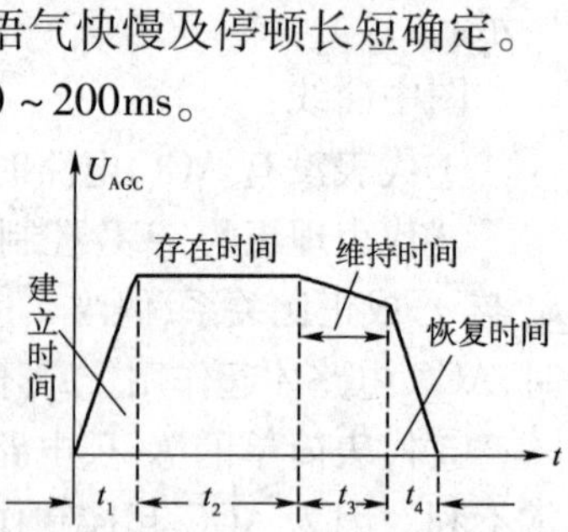

图 6-7 AGC 电路的控制时间

在船用 MF/HF SSB 接收机中,上述 AGC 电压建立或取消的时间常数选择不当,将会严重地影响接收信号的质量。例如,当信号来到时 AGC 电压还不能立即建立(即充电太慢),则此时接收机的增益仍然保持在最高状态,因而就会出现信号包络“前沿上冲”现象,造成信号失真。如果在讲话的间歇期, AGC 电压不能较长时间的维持,而是迅速消失,即放电太快,此时由于接收机增益的突然上升,结果使输出噪声放大到近乎信号包络的程度,这种现象称为“噪声腾起”。显然,上述两种现象都是由于 AGC 电路的时间常数不合适所引起的。

2)AGC 的组成

AGC 主要由控制电路和被控制电路两部分组成:

(1)控制电路。控制电路是 AGC 直流控制电压的产生部分,它包括信号的提取、整流、放大和延迟电路等。对 AGC 控制部分,一般根据 AGC 电压的提取与检波器是否合用一个器件,可分为简单式、延迟式和延迟放大式。简单式采用与信号检波器合用器件的方法,即对小信号也进行控制(图 6-6 中的简单 AGC)。后两种采用独立的提取电路,并可设定门限,对小信号不受控(图 6-6 中的延迟式 AGC),它们在 MF/HF SSB 接收机中得到采用。

(2)被控电路。被控电路的功能是按照 AGC 控制电路所产生的随信号而变化的直流控制电压来改变接收机某一级或某些级(例如高放、中放的)增益,使增益随外来信号作相反的变化。AGC 电压控制受控级增益的最好方法是通过改变受控放大级的反馈深度来实现。

4.(中频)带宽选择电路

中频带宽选择电路是指接在最末(二次)混频器后面的滤波器,又称为边带滤波器。为了抑制干扰、提高输出信噪比,(理论上)要求边带滤波器的通带等于传输信号的频带宽度,而且矩形系数接近于 1。(实际上)考虑到滤波器特性的不稳定性,尤其是中心频率的漂移,因此滤波器的通带应比传输信号的频带略宽。所以边带滤波器常采用晶体滤波器或机械滤波器来充当。

船用 MF/HF SSB 接收机能够接收多种工作模式的信号,而不同模式信号的带宽是不同的。所以接收机内常设有几个不同通带的边带滤波器,根据接收信号的种类由微机输出控制信号自动选择。接收机接收 J3E/R3E、H3E 和 FIB(或 J2B)信号时,边带滤波器带宽一般分别取 3kHz、6kHz 和 0.5kHz。边带滤波器的选择通常是伴随着工作模式的选择,由微机控制自动完成。也可以由控制单元面板上的"带宽"(BW)相关键来选择,并由微机完成。

5.频率合成器(频率源)

单边带发射机和接收机的频率稳定度和准确度的要求远较对常规调幅发射机和接收机高。MF/HF SSB 通信要求频率误差不能大于 ±100Hz,这就要求发射机的频率稳定度在 10^{-6} 以上。因此对现代单边带发射机,为了在整个短波段内获得高稳定的载波频率,频率源都采用了频率合成技术,所以频率源通常也称频率合成器。

频率合成器又称频率综合器,它是利用一个或少量的高稳定度的标准(或基准)频率源来产生所需频率振荡信号的设备,这些振荡信号将具有与标准信号一样的频率稳定度。它的工作原理是利用高稳定度的标准频率源经分频、倍频、混频的方法可以组合形成大量新的频率点,而分频、倍频所得到的频率的稳定度与标准频率相同。所以经组合后产生的频率点,也与标准频率的稳定度相同。

二、MF/HF SSB 接收机的主要技术指标

接收机的主要技术指标包括:

1.灵敏度

灵敏度是表示接收机接收微弱信号的能力,是接收机主要质量指标之一。

常用的定义是相对灵敏度:当终端负载在规定的信噪比条件下获得一定的输出功率时,接收机输入端所需的最小信号电平。通常用微伏(μV)作单位,其中噪声是指接收机的内部噪声,而未计及外界干扰噪声。

由定义可知,接收机的灵敏度是由接收机的总放大量和机内噪声所决定。因此当输出功

率一定时,放大量越大,输入端所加的电压越小,灵敏度就越高。另外由定义也可以看出,灵敏度与接收机的内部噪声相联系,内部噪声电平越高,输出信噪比就越低。由于接收机在放大信号的同时噪声也会增大,因此总放大量增加,灵敏度会降低。可见,接收机的灵敏度也受到噪声的限制。

2. 选择性

接收机要从大量信号中,排除干扰、选出有用信号。通常把这种选择有用信号、抑制干扰的能力称为接收机的选择性。选择性可以分为两类:单频选择性和多频选择性。

1)单频选择性

单频选择性是指接收机对特定频率干扰的抑制能力,有下面几种:

(1)邻(近信)道选择性。邻道选择性是指接收机接收有用信号而抑制邻近频道干扰信号的能力,它由解调器前各级的滤波特性所决定。具体表示方法可以在接收机的输入端分别输入相同电平的邻道干扰信号和有用信号,然后在接收机的输出端测出干扰信号电压和有用信号电压,两个电压之比就是邻道选择性。邻道选择性主要决定于接收机中放级的选择性。

(2)镜像选择性。超外差接收机有许多优点,但并不是说它没有缺点。由于接收机中多了频率变换,必然也会带来一些新的问题,最主要是干扰问题。由于频率变换会产生各种各样的组合频率,因此会造成接收机的一些寄生通道,严重影响对有用信号的接收。有些干扰的频率与有用信号载波频率相差很大,但经变频后,它们与本振频率的组合却能产生中频或与中频接近的频率分量。中放对它们失去了抑制能力从而造成干扰,如镜像频率干扰和中频干扰。

镜像干扰频率f_n为

$$f_n = f_s + 2f_{i1}$$

其中f_s是有用信号频率,f_{i1}是第一中频信号频率。

镜像选择性是指接收机对镜像频率干扰的抑制能力。对镜像频率干扰的抑制主要依靠输入电路、高频放大器的选择性。

(3)中频选择性。接收机对频率等于中频f_{i1}的外部干扰的抑制能力称为中频选择性。对中频干扰的抑制主要依靠输入电路和高频放大器的选择性。

2)多频选择性

多频选择性是指多个信号同时作用在接收机的输入端,由于高放和混频电路的非线性特性而产生的干扰,接收机对其抑制能力。

(1)阻塞。当有用信号和某一强干扰同时存在于接收机输入端时,由于非线性作用使有用信号的输出明显下降,甚至完全无输出的现象,称为阻塞。

(2)互调。当两个或多个干扰信号同时存在于接收机输入端时,由于非线性作用而产生的某个组合频率落入到有用信号的通频带内形成干扰,称为互调。

(3)交调。交调是指交叉调制,即当有用信号和邻近强调幅信号干扰同时存在于接收机输入端时,由于非线性作用,使干扰信号中的调制转移到有用信号上的现象,称为交调。

三、船用 MF/HF SSB 接收机的主要性能要求

1. 工作频率和工作模式

船用 MF/HF SSB 接收机的工作频率范围为 1.605 ~ 27.5MHz,可以连续或步进调谐。至少对表 6-1 所列的(包括电话、NBDP 和 DSC 遇险频率各 6 个,共 18 个)频率随时可用。

无线电话频率是以载波频率表示,DSC 和 NBDP 频率是以中心频率(高于载波 1700Hz)指

配的。对所选频率应能在控制台的显示器上清楚显示。

应能接收J3E、H3E、F1B和J2B等发射类别的上边带信号,工作模式的选择应只能通过一个控制单元上的单键来进行。

接收频率的选取应不受设定的发射频率的制约。接收机应能快速调谐到不同频率上进行工作,从一个频率切换到另一个频率所需时间不超过15s。

2. 频率精度和稳定度

应能保证在开机、正常工作后的所有时间内频率精度在±10Hz之内,频率稳定度要求10^{-6}以上。

3. 接收机的输出

接收话音时,接收机应适合于扬声器和手持送、受话器的使用。应能向扬声器提供至少2W功率,向手持送、受话器至少提供1mW的功率。对DSC和NBDP通信,输出电平应为0dBm并能在±10dB可调。

4. 控制

在2182kHz、2187.5kHz和8414.5kHz频率上进行工作所需要的所有调节和控制均应有清晰的标志,以便操作。开机后1min内能在这些频率上工作。NBDP方式下,收、发切换时间限制在12ms内。

接收机应具有自动增益控制功能。

如果有抑制脉冲干扰的附加电路,则该功能应有关闭开关。在使用耳机或送受话器时,扬声器可切断,双工电话时,扬声器可自动切断。

5. 保护措施

为了防止天电对接收机的损坏,从天线到机箱的直流路径电阻应小于100kΩ。如果接收机含有需要预热才能正常工作的部件,则该部件的供电即使在关机期间也应保持有效。如果有专门开关,则此开关功能应清楚标明,并被安装在不易接触到的位置。开关通常应置"ON",对该部件的供电情况应有指示。如果该部件供电被切断,下次供电使之温度达到需要值所需时间应少于30min。

6. 灵敏度

当信噪比为20dB时,对于发射类别为J3E和F1B的接收灵敏度,应等于或优于6μV。当信噪比为12dB时,DSC和NBDP输出的字符差错率应小于或等于10^{-2}。

思考题与习题

1. 简述海上MF/HF SSB的通信功能和GMDSS功能。
2. 简述MF/HF SSB发射机的一般组成,说明各组成部分的主要功能。
3. 简述MF/HF SSB的工作频率和模式,MF/HF SSB使用哪些终端?
4. 什么是MF/HF SSB发射机的三次搬频、高中频方案?
5. MF/HF SSB发射机的主要技术指标有哪些?什么是峰包功率?
6. 简述MF/HF SSB接收机采用的两次变频的高中频方案。
7. AGC系统的作用是什么?MF/HF SSB接收机应采用哪种AGC控制特性?对AGC的控制时间有什么要求?
8. 什么是镜像选择性、中频选择性?什么是灵敏度?如何计算镜像干扰的频率?

第七章　海上 VHF 通信

第一节　概　　述

VHF 通信是海上无线电通信的重要组成部分。海上 VHF 通信系统由海岸/港口 VHF 电台和船舶 VHF 电台组成，用来实现船、岸间或船舶间近距离通信，同时通过海岸/港口 VHF 电台的转接实现船舶电台与陆地公众网用户间的电话通信。VHF 通信的工作频段是 156 ~ 174MHz，属于 VHF 频段。

GMDSS 要求所有总吨位在 300 总吨及其以上的 SOLAS 船舶，不管它航行在 A1、A2、A3 或 A4 哪一海区，都必须配备 VHF 设备。

VHF 设备提供的主要 GMDSS 功能是：船对船的遇险报警、（A1 海区）船对岸和岸对船的遇险报警；遇险现场通信；驾驶台与驾驶台之间的通信。

船用 VHF 电台能使用话音和 DSC 进行下列种类的呼叫：

（1）遇险、紧急和安全通信；

（2）船舶操纵所要求的通信；

（3）公共业务通信。

船用 VHF 电台能使用话音进行下列种类的通信：

（1）遇险、紧急和安全通信；

（2）船舶操纵所要求的通信；

（3）公共业务通信。

一、海上 VHF 通信的特点

海上 VHF 通信具有如下一些特点：

1. VHF 通信的范围和功率

VHF 无线电波主要靠空间波传播，传播范围为视距范围，如图 7-1 所示。VHF 通信范围与天线高度、发射功率有关，最大限于 100n mile，一般约为 25n mile。这样一个通信距离很适合建立以海岸电台为中心的近距离蜂窝式通信网。为消除网间的干扰，必须限制发射功率。一般情况下 VHF 海岸电台额定发射功率为 50W，VHF 船舶电台小于 25W，它们都属小功率电台。

2. VHF 电台天线尺寸

在 156 ~ 174MHz 频率范围的无线电信号，它的波长小于 2m。船舶 VHF 电台的发射与接收无线的尺寸可以做得很小，大多使用直立鞭状天线，易于架设。

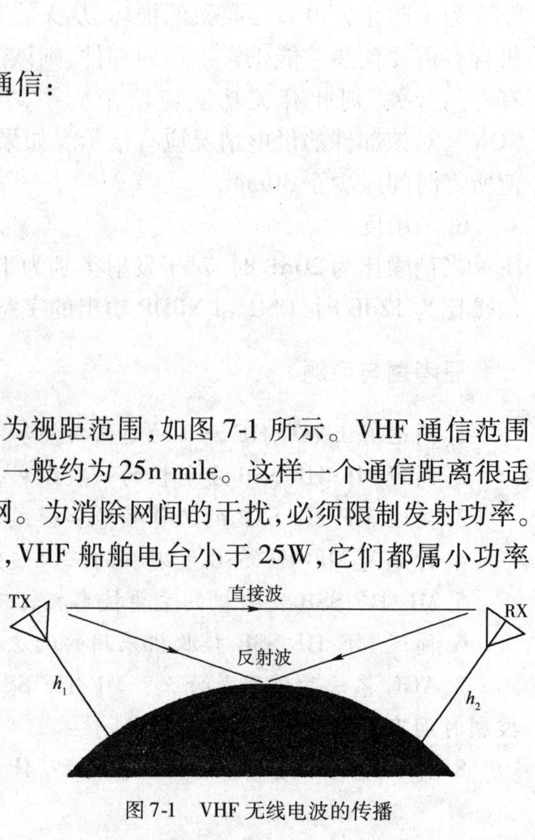

图 7-1　VHF 无线电波的传播

3. VHF 通信采用角度调制

角度调制包括频率调制(FM)、相位调制(PM),角度调制信号虽然占据的带宽较大,但抗干扰能力强(参阅第二章),适宜海上 VHF 通信使用:

1)FM 制的抗干扰性能优于 AM 制

在相同信噪比要求、相同发射功率情况下,FM 制的通信距离大。或者说,在同样通信距离内,FM 制发射机的发射功率可以大大降低。所以,海上 VHF 通信可以工作在小功率。

2)VHF 接收机中必须加有静噪电路

虽然调频波具有强的抗干扰能力,但这是在接收机的输入信噪比较大时获得的。当输入信噪比低于一定值(称为“门限”)时,接收机的输出信噪比明显下降,这种现象称为门限效应。调频波的门限效应与调频指数 m_f(参阅第二章)有关,m_f 越小,门限越低(即输入信噪比低)。因此为提高调频接收机接收微弱信号的能力,m_f 不能取大。但是 m_f 的减小会使抗干扰性能下降。m_f 的大小与音频调制信号的幅度有关,所以通过对音频调制信号在调频前的限幅,来控制和选取适当的 m_f。

当输入信噪比低于一定值时或没有接收到信号时,扬声器中会出现信噪比恶化现象——很强的噪声。为保持船舶工作环境的安宁,这时应切断扬声器的输出,等输入信噪比达到门限以上时再恢复输出。为此需要在接收机解调之后设置静噪电路。

3)占用频带宽

调频信号占据频率带宽大,使无线电波波段利用率下降,这是调频制的缺点。由于 VHF 波段较宽,用于海上通信的频率带宽达 18MHz(174 - 156),能满足对通信容量的需要。

二、船用 VHF 通信的工作种类与方式

1. 船用 VHF 通信的工作种类

满足 GMDSS 要求的船用 VHF 设备可以连接送受话器(Handset)和 DSC 终端设备。船用 VHF 设备的工作种类主要有:

(1)调频(或调相)单路无线电话,用 F3E(或 G3E)表示;

(2)利用副载波调制的单路调频(调相)自动接收报(即 DSC),用 G2B 表示;

2. 船用 VHF 通信的工作方式

船用 VHF 通信分为单工和双工两种工作方式:

1)单工方式

所谓单工是指通信双方不能同时进行收、发的一种工作方式。收发频率相同称为同频单工,收发频率不同称为异频单工。按 CCIR 建议,海上 VHF 通信中船舶间通信使用同频单工方式。

单工方式工作时,双方的收发机是交替工作的。海上 VHF 通信中的单工操作是由送受话器上的按压开关(PTT:Push To Talk)控制的。PTT 按下时发射机工作,接收机自动关闭,发方开始讲话;PTT 松开时发射机关闭,接收机自动打开,收听对方讲话。

2)双工方式

所谓双工是指通信双方同时可以进行收、发工作的一种通信方式。双方使用接收/发射的两个频率应是:甲方的发射频率为乙方的接收频率、乙方的发射频率则为甲方的接收频率,收与发的频率间相隔一定的值。话音的传递在两个方向上可以同时进行。

海上 VHF 通信中船与岸台间,并通过岸台转接到公众通信网上用户时的通信只能使用双

工方式。但即使在这种情况下，出于节约能源、减少不必要的辐射的考虑，船方仍然是按下PTT开关时打开发射机，松开时关闭发射机，只是接收机一直处于接收状态。严格地说，这样的工作方式只是准双工。

船与岸台间为港口工作或船舶动态业务而进行的通信，可以使用同频单工方式，也可以使用异频准双工方式（此时船方的发射机工作仍由PTT开关控制）。如果岸台使用船台设备，船与岸台间只能使用同频、单工方式进行通信。

三、海上VHF通信频道的划分与使用

ITU指配给海上VHF通信用的频段为156～174MHz。该频段以25kHz的间隔划分为59个频道，频道的划分请参看附录D。其中编号1～28、60～88共57个为国际频道，用于海上通信。高于88频道则用于其他通信，如港口的气象播发、或私人通信。59个频道中，单频频道26个、双频频道33个。双频频道收发的频率间隔为4.6MHz。

VHF信道中，CH70专用于DSC的呼叫，CH16专用于无线电话遇险与安全的呼叫和通信。CH6也可用于船台与从事海上搜救作业的飞机电台间的通信，但船台须避免对CH6上这类通信以及结冰季节对飞机电台、破冰船和救助船之间的通信产生有害干扰。CH13指定为船舶之间用作航行安全通信的频道，也可用于船舶动态和港口操作业务，但要遵守主管部门的规定。为了保护CH16免受干扰，与它相邻的CH75和CH76为保护或阻塞信道，仅限于有关航行的通信，且应采取一些措施（如输出功率限定为1W以下）避免对CH16的有害干扰。邻近CH75和CH76的CH15和CH17也可用于船上通信，但强制在小功率（辐射功率限定在1W或以下）状态下工作。在某些水域内使用，则应遵守主管部门的规定。CH9、CH72和CH73可以指定供轻型飞机、直升机与船舶或参与海上作业通信的海岸电台间的通信。除CH6、CH13、CH15、CH16、CH17、CH70、CH75和CH76外，原则上其他频道均可用于高速数据、传真或NBDP通信。NBDP通信的最好频道是CH28。在欧洲地区和加拿大，CH10、CH67和CH73也可用于从事搜救和本地区防污染作业的船台、飞机电台与相关岸台间的通信。AIS是Auto Identify System（自动识别系统）的简称，AIS 1和AIS 2频道用于提供海上作业船舶的自动识别和监视系统的工作频率。CH18、CH82至CH86也可作为单频信道工作，但需遵守有利害关系和受影响的主管机关间的特别协议。

四、船用VHF设备的组成和要求

VHF设备不论是岸台或船台均应包括发射机、接收机和天线。船台的收、发机应合在一起，岸台的收发机可以分设。

图7-2给出了船用VHF无线电台的一般组成方框图，它包括双工器、发射机单元、接收机单元、控制单元、DSC单元（带有打印机）、电源单元以及（作为控制器、遥控器的）面板单元、显示单元及外围设备（扬声器、送受话器、键盘）等。

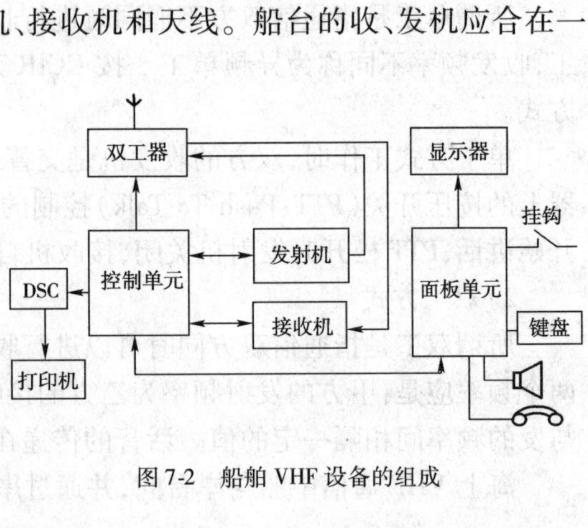

图7-2　船舶VHF设备的组成

VHF无线电台设备在单工（单频）工作时，收、发使用同一频率同一天线。通过送受话器上的PTT开关，控制继电器实现收、发的转换。按下送受话器的PTT开关，使发射机工作，并将天

线接到发射机。释放PTT,使发射机电源切断,接通接收机电源,并将天线接至接收机。

双工方式工作时,收发使用同一天线,收发信机同时工作。为抑制发射机对接收机的干扰,特别是保护接收机不被发射机所损坏,必须使收发相互“隔离”。因此收、发不能同频工作,而且要有一定的频率间隔。船用VHF调频无线电台设备双工方式工作时的收、发频率规定相差4.6MHz,并采用双工器——双工滤波器进行收、发信号的隔离。

面板单元内主要由单片机和(音频)AF电路组成。显示器和键盘由单片机控制,实现人、机接口。所有控制均由CPU读键盘信息完成,并通过通信接口送往控制单元。从控制单元来的各种数据、状态或控制信息,经通信接口由CPU接收处理后被显示或控制有关外围电路。AF电路放大来自送话器的话音信号,并送往控制单元。控制单元接收的接收信号经它放大后送往送受话器或扬声器。

控制单元由CPU和AF电路组成。控制单元的CUP电路与面板单元或遥控器中的CPU通过通信接口进行串行通信。控制单元中的CPU收到面板单元或遥控器的键盘信息,控制接收机、发射机、双工器和其他单元。控制单元通过通信接口与DSC单元互相传递信息。接有DSC WKR(DSC值班接收机)时,控制单元的CPU控制DSC WKR的自检功能和其他功能。AF电路的基本功能是:将接收机单元的话音信号送到(主单元或遥控器的)面板单元;把来自送话器、并经面板单元送来的话音信号由AF电路放大,送到发射机;把来自接收机单元的FSK信号传送到DSC单元,将DSC单元送来的FSK信号传输到发射机单元。接有DSC WKR时,音频电路自动从DSC WKR获取FSK信号并送到DSC单元。主单元接收机除CH70外,都独立于DSC单元,因此不管主单元各信道是否正在通信,DSC WKR都可以在CH70连续守听(接收)。

DSC单元由CPU电路和调制解调电路组成。DSC单元由CPU控制,该CPU有两个串行通信口。其中一个用于与控制单元内的CPU进行通信,另一个则用于从GPS接收机获取位置信息。

GMDSS对船用VHF通信设备的要求:

(1)至少由下面几部分组成:

①一套包括天线在内的收、发信机;

②一个作为设备组成部分的控制单元,或一个或多个独立的控制单元;

③一个带有按键式发射开关送话器,它可与受话器一起构成手持送受话器;

④一个内置或外接扬声器;

⑤一台构成设备组成部分的或独立的DSC设备;

⑥一个能在CH70连续守听的DSC值班接收机;

(2)控制与显示:

①整个电台应有一个电源总开关,而且设备的电源供应状态应有显示;收、发转换由“PTT”控制实现;接收机应有人工音量调整开关或旋钮,并设有静噪控制。

②发射机载波输出应有显示。

③电台工作信道号应在显示器上显示出来,键盘各按键和显示器应能在夜光背景下可见。CH16、CH70的选择应有单独专门按键,并用与其他键不同的颜色表示。

④设备的控制应便于驾驶员的操作。如装有附加控制器,则驾驶台控制器有优先权。如装有一个以上的控制器,则任何时刻只能有一个控制器起控制作用,并且起控制作用的控制器的标志在别的控制器上应有显示。

⑤只要键入需要的信道号就可实现频率的选择，频率的改变只能由信道选择控制键实现。

⑥遇险报警只能通过报警按钮实现，该按钮应有明显标志，并具有防止误报警措施。遇险报警的启动至少需要两个独立的步骤。遇险报警的发送状态应有显示，并且遇险报警可随时中断和启动。

⑦接收机输出负载可以是扬声器或送受话器，音频输出应有足够的能量以便获得所需的信噪比。扬声器的输出通路可关闭，单工发射时接收机将被哑控。

(3)信道切换时间小于5s，收、发转换时间小于0.3s。

(4)电台工作期间，不会因天线的开路或短路而损坏。

(5)要求电台能在开机1min内工作。

(6)具有DSC和双值守(DW，Double Watch)功能。

(7)信道切换期间不能发射。收发控制不会引发无用辐射。

(8)发射类型为G3E/F3E或G2B；信道间隔为25kHz；必要带宽为16kHz；应采用每倍频程6dB的预/去加重技术。

(9)VHF设备应由船舶主电源供电，并能使用GMDSS备用电源工作。

第二节　船用VHF发射机

VHF发射机的功能是将所要传递的基带信号(话音信号、DSC终端送来的2FSK信号)经调频、倍频，将频谱搬移到发射频率。已调信号通过放大达到额定功率、馈送到天线，由天线将已调高频波发射出去。

一、船用VHF发射机的组成

船用VHF发射机按调频信号产生的不同，有下面三种基本类型(请参阅第二章有关内容)。

1.间接调频方式

间接调频发射机的框图如图7-3所示。音频信号经变换网络(积分电路)后对来自频率合成器的振荡信号进行调相，得到调频信号。调频信号经倍频，以达到所需的调频指数(m_f)和发射载波频率。

2.直接调频方式

直接调频发射机的框图如图7-4所示，音频信号直接对晶体振荡器产生的正弦信号进行调频。小型便携式VHF设备可以通过直接更换晶体，实现频道的变换。当信道数较多时，则采用频率合成器、混频实现对发射频率或频道的变换。

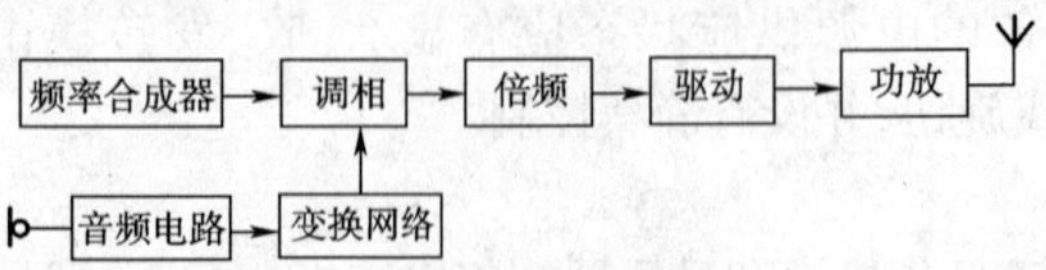

图7-3　间接调频发射机的框图

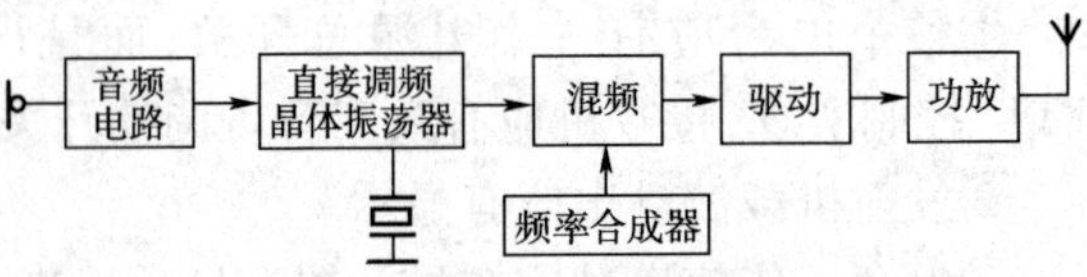

图7-4　直接调频发射机的框图

3.锁相调频方式

锁相调频发射机的框图如图7-5所示，实际上它仍是直接调频方式。调频是经(瞬时频移控制电路)处理后的音频信号直接调制压控振荡器(VCO)实现。环路的作用只是用来改变载波频率,即信道。这种方式不仅可以获得较大频偏的 FM 信号,而且载波频率稳定度又很高。

二、VHF 发射机中音频电路原理与要求

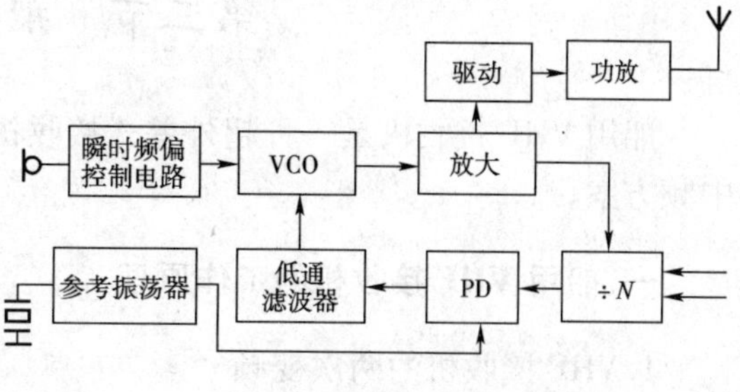

图 7-5　锁相调频发射机的框图

调频信号解调后的噪声功率谱呈抛物线分布:频率越高,噪声越大。为了改善话音高频分量的信噪比,在发射端调频之前,预加重电路(最简单的是时间常数远小于 0.3ms 的微分电路)对话音信号(300 ~ 3000Hz)按每倍频程提高 6dB 作预加重处理。在接收端,解调之后的话音信号由每倍频程 -6dB 的去加重电路(最简单的是时间常数为 3ms 的积分电路)进行去加重。这样,既保证了解调得到的音频信号没有失真,又可以提高话音高频的信噪比。

频率调制时的频率偏移正比于调制信号的幅度,为了使海上 VHF 频率调制的最大频率偏移(Δf_m)不超过规定的 5kHz,必须在调频前对音频信号的幅度进行限幅。但是音频信号通过限幅后,波形被削平,会产生丰富的高次谐波。调频信号的频带宽度为 $2(\Delta f_m + F_{max})$,其中 F_{max} 为音频信号的上限频率(3000Hz)。因此,对音频信号的幅度进行限幅会展宽调频信号的频带宽度,造成对邻信道的干扰。所以限幅后的音频信号要通过低通滤波器,以便抑制 3kHz 以上的谐波分量。

通过话音处理电路后的话音信号对载波进行调频,形成的调频信号将有足够的频偏,但又不会超过允许的最大频偏值。因此,这部分电路也称为瞬时频偏控制(IDC)电路。

由上所述,VHF 发射机中的音频电路应含有预加重电路、话音放大器、限幅器和低通滤波器等部分。

三、VHF 发射机的主要技术要求

(1)频率误差:VHF 发射机输出信号载波频率的实测值与指配值的差称为频率误差,船用 VHF 发射机的频率误差要小于 1.5kHz。

(2)载波输出功率:船用 VHF 发射机的输出功率以载波功率来衡量。载波功率是指在无调制时,发射机在工作频率上一个射频周期中供给标准负载的平均功率。船用 VHF 发射机的额定载波输出功率应在 6 ~ 25W 之间,并应能减少到小于或等于 1W。VHF 海岸电台的输出功率通常在 50W 以内。

(3)频率偏差:频率偏差是指调频信号的最大或最小瞬时频率与载波频率间的差值,正常工作条件下所限定的频率偏差称为最大频率偏移。船用 VHF 调频的最大频率偏移为 ±5kHz。

(4)电波辐射方式采用垂直极化波(所以船用 VHF 设备使用直立安装的鞭状天线)。

(5)音频信号的频率带宽限于 3000 Hz 以下。

(6)发射机辐射带宽:发射机辐射带宽是指总辐射能量 99% 的带宽,即信号频谱处于带宽以外的频率分量的辐射量只占总能量的 1%,而且高于带宽上限、低于带宽下限的部分各占 0.5%。海上 VHF 通信的最大允许频偏定为 ±5kHz、最高调制频率为 3kHz,则调频信号的带宽为 $2(\Delta f_m + F_{max}) = 16kHz$。这就是国际上通用的 $16F_3$ 制。

(7)发射机的无用辐射必须小于 0.25μW,机箱辐射功率必须小于 25μW。

第三节　船用 VHF 接收机

船用 VHF 接收机是一种超外差式接收机。为了提高抗干扰性能，通常采用两次变频的高中频方案。

一、船用 VHF 接收机的工作原理

1. VHF 接收机的两次变频

船用 VHF 接收机普遍采用两次变频方案，如图 7-6 所示。第一中频（例如）选用 21.4MHz，有利于提高接收机对中频干扰、像频干扰的抑制。第二中频选取 455 kHz，以保证邻近信道选择性。这样的中频选择，使工作频率与第一中频频率之比为 7 倍以上，第一中频与第二中频之比大于 20，使由混频器产生的组合频率干扰很小。

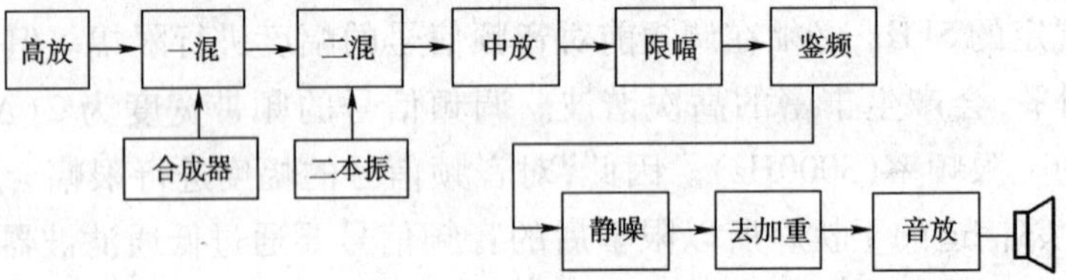

图 7-6　VHF 接收机方框图

高频放大器增益大小由接收机要求的灵敏度和抗干扰性能而定。接收机的灵敏度主要取决于高放前端的噪声。高放增益大时，干扰在高放、混频器的电平也会很高，由非线性失真引起的干扰影响就严重。相反，高放增益小，后级电平会降低，干扰电平也相应降低，非线性失真就减小。一般高放增益约 10dB 左右，整机的增益主要由中放级承担，而中放级的增益又根据解调器输入信号的要求来确定。

由于 VHF 波段无线信号的传播不存在衰落现象，所以接收机不需要设置 AGC 电路。

随着大规模线性集成电路的发展，两次变频接收机的大部分中放和解调电路都已经集成化，只需少量外接元件就能达到足够良好的性能。

为了抑制无输入信号时解调输出噪声的影响，通常接收机都设有静噪电路。当输入信号达到一定电平后，静噪电路才允许解调信号输出。

2. VHF 接收机的静噪电路原理与要求

静噪电路是在接收机没有接收到信号或者所接收信号电平很微弱，处于门限电平以下引起接收机输出信噪比急剧下降时，自动将低频放大器闭锁从而使接收机的噪声不能在扬声器发出“沙沙声”，保持了工作环境的安静。当接收到信号、而且信号电平超过门限电平，静噪电路又能自动地使低频放大器解锁并立即工作，使信号进入低频放大器并被放大，使扬声器发出接收信号。

1）对静噪电路的要求

（1）静噪灵敏度要高：即当接收信号一消失，静噪电路应立即工作使低频放大器闭锁。当收到（超过门限电平）信号后，能立即解除闭锁。

（2）要防止误动作：即在接收机收到脉冲式强干扰信号时，静噪电路不能工作。

（3）静噪电路的接入对接收机其他电路不应有影响，不能降低接收机的灵敏度。

2）静噪电路的组成

静噪电路的组成方框图如图 7-7 所示，它是由噪声提取电路、噪声放大器、噪声检波器、直流放大器、静噪开关等部分组成。

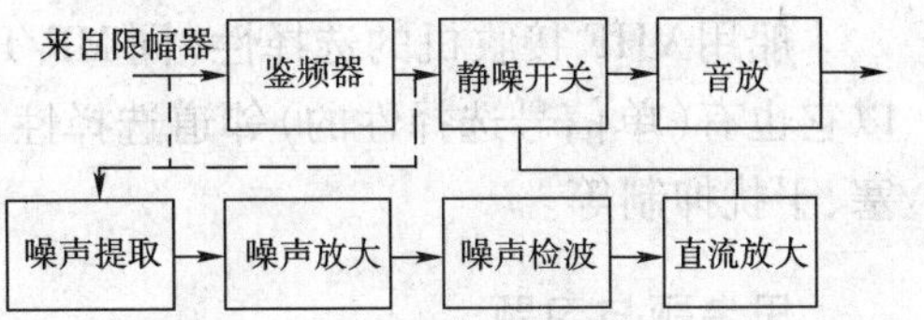

图 7-7　静噪电路组成框图

噪声提取电路通常是一个选频放大器，用于提取噪声。噪声具有随机特性，占有的频带很宽。原则上噪声提取频率是任意的，但要考虑：

(1) 防止讲话时静噪电路误动作，所以噪声提取频率应远高于话音频率的高端。话音频率的上限为 3kHz，所以通常选择噪声提取频率要大于 6kHz。

(2) 对中频信号的影响：当静噪电路接在鉴频器输入端时，噪声提取频率应远离中频频率。因第二中频为 455kHz，为使噪声频率远离第二中频谐振曲线，一般噪声提取频率可以为第二中频的 1/10 左右。例如噪声提取频率选为 50kHz。

噪声检波器普遍采用均值检波器。为了防止误动作，检波器的滤波元件的时间常数应取得足够大。为了提高静噪电路的灵敏度，检波器常用倍压检波电路。

静噪电路的接入没有严格的限制。它可以接在鉴频器之前，也可以接在鉴频器之后。

3. 双值守原理与要求

船舶在很多海域或港口航行时需要在一个以上信道上保持守听（接收），特别是 SOLAS 公约规定的在 CH16 上保持连续的守听。因此，船用 VHF 设备的双信道守听功能是必须的。

所谓“双值守”是指接收机可以接收两个或两个以上的信道，一般靠自动扫描来实现。在同时守听的两个或两个以上的信道中，信道的地位是不相同的，分为优先信道和附加信道。当启动双值守功能（即开始自动扫描）时，一旦在优先信道上检测到信号就停止扫描，并在优先信道接收（即使在附加信道上有信号）。只有当优先信道上无信号时，才周期性地守听附加信道。优先信道和附加信道应可选，如优先信道不允许选择，则一定是 CH16。

双值守的功能和性能要求如下：

(1) 双值守功能可以人工开启或关闭。即使已开启双值守功能，只要拿下送受话器，该功能将自动关闭；而挂上送受话器，该功能又能自动恢复到启动状态。

(2) 扫描功能开启时，发射是禁止的。扫描功能关闭后，接收机自动转到附加信道上。

(3) VHF 设备应具有单键控制（如按钮）以确保能快速地切换到优先信道工作。

(4) 双值守功能开启期间，所有被扫描信道号应能同时显示出来。

(5) 扫描功能开启时，每次在优先信道上的驻留时间大于 2s。如在优先信道上收到信号则一直维持在该信道上的守听，直到该信号结束。如在附加信道上收到信号，对优先信道的检测不停止（但此时对附加信道的中断接收时间应小于 150ms），在附加信道上每次停留时间大于 850ms。优先信道上无信号时，以正常的扫描周期依次扫描优先信道和附加信道。例如扫描周期为 1s：0.1 s 扫描优先信道（CH16），0.9 s 扫描附加信道。

(6) 对收到信号的信道，它的信道号应有显示。

满足 GMDSS 要求的 VHF 设备，双守听功能的实现主要靠软件来完成。用户只要在面板上完成双守听的操作，控制微机在软件控制下实现双守听。

二、船用 VHF 接收机的主要技术要求

参阅第六章相关内容。

(1) 灵敏度为 1μV；

(2)选择性。

船用 VHF 接收机的选择性(同 MF/HF SSB 接收机)有单信号选择性和多信号选择性。所以它也有(单信号选择性的)邻道选择性、镜像抑制比、中频抑制比以及(多信号选择性的)阻塞、干扰抑制等。

思考题与习题

1. 简述海上 VHF 通信信道的划分。
2. 船舶间 VHF 通信应使用什么工作方式？为什么？
3. 简述满足 GMDSS 要求的 VHF 设备的功能和组成。
4. 试说明预加重、去加重的作用。
5. 简述静噪电路的一般组成和功能。
6. 简述 VHF 接收机的双值守功能。

第八章　518kHz 航行电传系统

海上安全信息(MSI)的播发和接收是 GMDSS 重要功能之一。根据 IMO 的安排,纳入国际协作的海上安全信息播发业务的系统有:

航行电传(NAVTEX:NAVigational TelEX)系统——向近海域(A1 和 A2 海区)航行的船舶广播海上安全信息;

INMARSAT-C EGC 系统——向远海域(A3 海区)航行的船舶提供 MSI 的播发。

GMDSS 也接纳海岸电台以 HF Telex(即窄带直接印字电报的 CFEC),为 A4 海区航行船舶提供 MSI 播发。

NAVTEX 系统经国际海事组织、国际航道组织和国际电信联盟的认可,成为 GMDSS 的重要组成部分之一。分配给 NAVTEX 的频率是 518kHz、490/4209.5kHz。按照 GMDSS 要求,航行在 A1、A2、A3 和 A4 海区的受 SOLAS 公约约束的船舶必须配备 518kHz NAVTEX 接收设备。

本章将介绍 518kHz NAVTEX 系统的组成,它的工作和船载 518kHz NAVTEX 接收设备。

第一节　518kHz NAVTEX 系统的组成

518kHz NAVTEX 系统是一个向船舶发布航行警告、气象警报和其他海上安全信息的国际电传系统,它的组成如图 8-1 所示。

系统包括 MSI 信息提供部门、518kHz NAVTEX 播发电台(海岸电台)及(船舶安装的)518kHz NAVTEX 接收设备。518kHz NAVTEX 播发电台使用单一的 518kHz 频率,采用窄带直接印字电报的 CFEC 方式向近海域(A1 和 A2 海区)航行的船舶广播海上安全信息。船舶装备的 518kHz NAVTEX 接收设备则自动选择、接收、存储、打印系统播发的海上安全信息。

一、NAVTEX 系统播发的信息

NAVTEX 系统播发的信息分为三大类:

1. 航行、导航信息

由海岸警卫机关、电子导航部门、政府部门、船位报告部门、NAVTEX 协调机构、国家 NAVTEX 协调机构等提供。

2. 初始遇险信息

由海事的搜寻和救助协调机构提供。

3. 气象信息

由冰况监测和气象部门提供。

这三类信息由各自的协调机构汇总,传送到 NAVTEX 协调机构并形成报文,由 NAVTEX 播发台向航行的船舶广播。

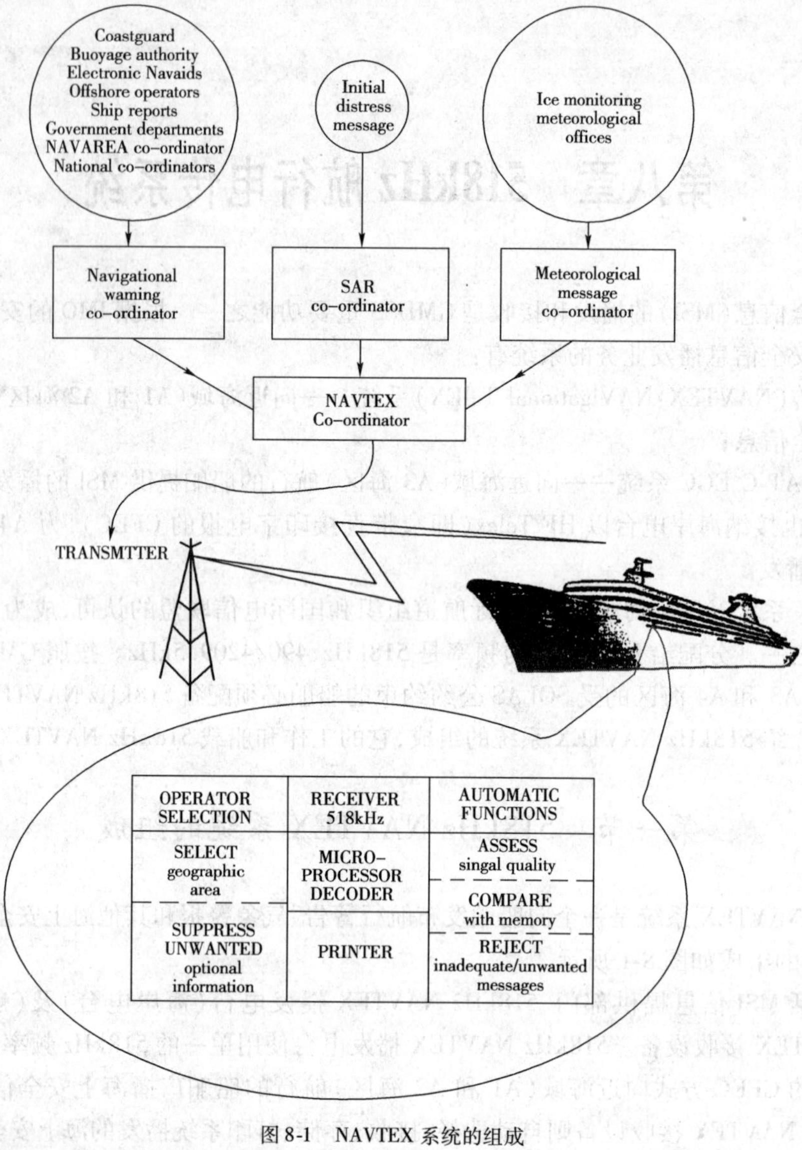

图 8-1 NAVTEX 系统的组成

二、518kHz NAVTEX 播发台

全球航行警告业务(WWNWS:World-wide Navigational Warning Service)是由国际海事组织(IMO)和国际航道组织(IHO)设立的,主要业务是播发世界各海区的气象、海况信息和航行警告。WWNWS 按图 8-2 所示将世界划分为 16 个航(行)警(告)区(NAVAREA),NAVAREA 按罗马数字从 I ~ XVI 顺序编号。NAVAREA 的划分不是按国家所属海域划分,而是按地理位置和(518kHz)电波可能覆盖的范围来划分。

1.518kHz NAVTEX 播发台的设置

每个 NAVAREA 内都设有若干个 NAVTEX 播发台,由 Navtex 协调机构(Navtex Coordinator)协调整个 NAVAREA 区域 MSI 的播发。

每个 NAVAREA 内至多设置 24 个播发台。播发台以单一英文字母(A ~ Z)进行编码,所以英文字母的编码就是播发台的台标或识别字符。如图 8-2 所示,我国沿海处在第 XI NA-

VAREA。XI NAVAREA 从南到北包括印尼、新加坡、马来西亚、菲律宾、文莱、泰国、柬埔寨、越南、中国、朝鲜、日本及关岛附近海域。该海域设置的 NAVTEX 播发台的识别字符,从南到北以英文字母 A ~ Z 编码。NAVTEX 播发台的识别字符由 IMO 的 NAVTEX 协调机构分配指定。如我国已投入使用的 NAVTEX 发射台中,香港台的识别符是 L、三亚台是 M、广州台是 N、福州台是 O、上海台是 Q、大连台是 R 和天津台是 S。各 NAVAREA 的 NAVTEX 台情况一览表列于附录 E。

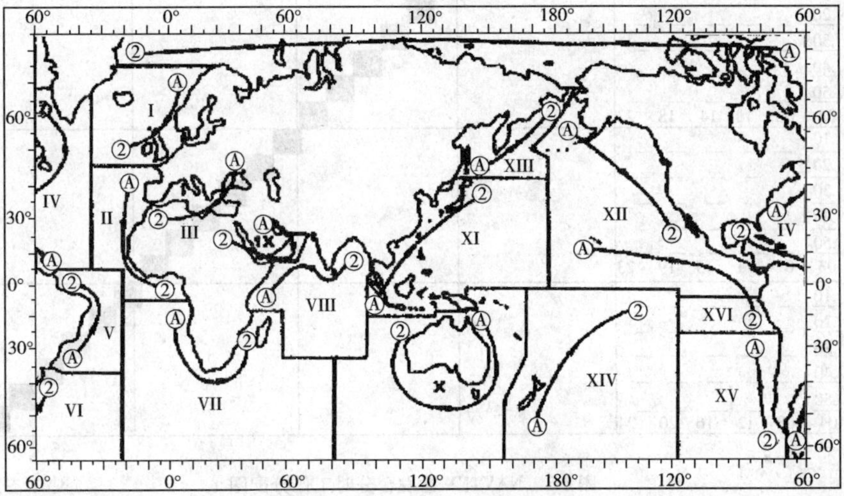

图 8-2 世界 NAVAREA 划分图

由于 NAVTEX 系统的所有发射台使用单一的 518kHz 频率进行广播,为了避免相互干扰,必须对播发台的设置、工作时间、发射功率、广播计划等进行协调。

播发台的业务覆盖范围视 NAVAREA 的地理区域、航行船舶密度等而定。由于覆盖范围取决于播发台的发射功率和当地的电波传播条件,因此覆盖范围应按船舶从其他覆盖区驶入本覆盖区、有效接收 NAVTEX 信息所需的最小场强值进行调整。播发台以所需的最小功率发射时,它的业务覆盖范围一般为 200 ~ 400n mile。为了避免(晚间)天波传播而超出上述范围造成对邻近广播台业务的干扰,播发台在夜间播发时,将适当降低播发台的发射功率。通常白天的发射功率在 100 ~ 1000W 范围内,而夜晚功率则可降低为 60%。

位于不同 NAVAREA 的两个相同识别台标的发射台之间的最小间距约为 700n mile,以保证接收设备不会同时处于这两个相同台标电台的覆盖范围之内。

每个 NAVAREA 内的发射台按预定的时间表(参见附录 E)以分时方式工作。以区域内设置 24 个播发台为例,各台播发工作时间如图 8-3 所示。

24 个播发台分成 4 组、每组 6 个台。每个台播发 10min,每组的播发时间正好是 1h。也就是每个台每隔 4h 工作 10min,一天播发时间是 1h。

第一组(A、B、C、D、E、F)播发台在每天的 00、04、08、12、16 和 20 时开始工作,播发时间是 1h;

第二组(G、H、I、J、K、L)播发台在每天的 01、05、09、13、17 和 21 时开始工作,播发时间是 1h;

第三组(M、N、O、P、Q、R)播发台在每天的 02、06、10、14、18 和 22 时开始工作,播发时间是 1h;

第四组(S、T、U、V、W、X)播发台在每天的 03、07、11、15、19 和 23 时开始工作,播发时间是 1h。

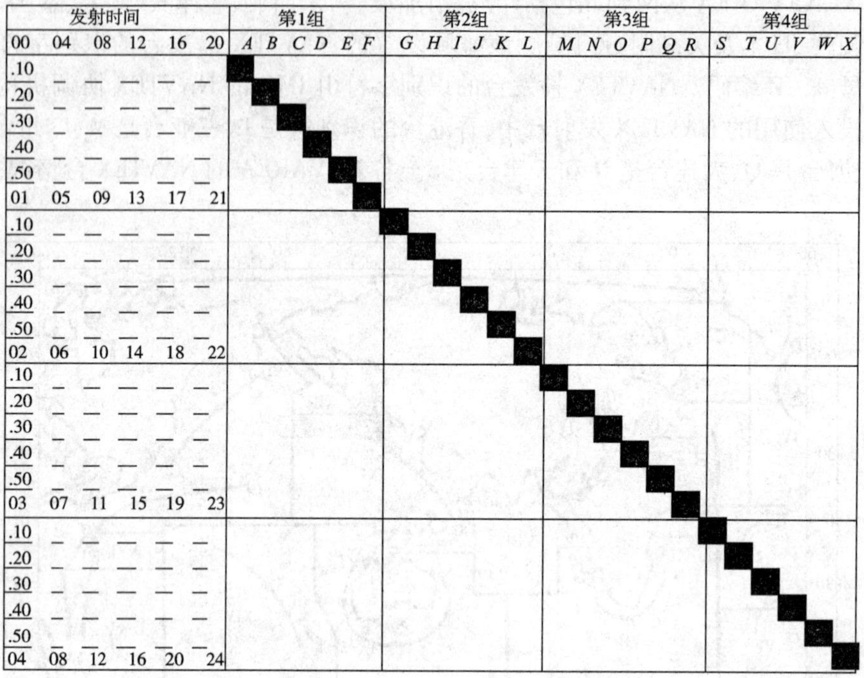

图 8-3 NAVTEX 播发台分时工作分配图

由于每个组有六个播发台,所以组内的每个台各工作 10min,按组内的排序:

第一个播发台 00~10min 工作;

第二个播发台 10~20min 工作;

第三个播发台 20~30min 工作;

第四个播发台 30~40min 工作;

第五个播发台 40~50min 工作;

第六个播发台 50~60min 工作。

这样,同一 NAVAREA 内播发台不同时工作,避免了区域内相邻播发台之间的相互干扰。对遇险或重要的报警,即使在广播台规定工作时间之外,任何时候都将立即播发。对于日常的海上安全信息则按照上面所述的规定时间进行播发。

由于各个 NAVAREA 内播发台设置的个数都不一样,所以它们的工作时间不可能按上面的分时规律进行预测。各 NAVAREA 播发台的设置请参看附录 E。

2. 播发台的工作方式

518kHz NAVTEX 系统报文传输属于无线电电传,即窄带直接印字电报。播发台采用窄带直接印字电报的 CFEC 方式工作(参阅第四章),工作频率为 518kHz。

NAVTEX 报文中的每一字符采用七单元恒比码,使其具有一定的检错能力;采用两重时间分集技术进行传输,具有一定的抗干扰能力。信号采用 2FSK 方式调制,中心频率 1700Hz、频移 ±85Hz;发射方式 F1B、传输速率 100bps、发射频率 518kHz。接收设备则从两次接收中选出符合七单元恒比关系的字符作为接收字符,否则以 Δ 或 * 作为接收字符。如果在预定时间内收到的错误字符达到一定的百分比(4%),则接收设备自动返回到预备状态,对该报文再进行接收。

3. 518kHz NAVTEX 报文的发射格式

518kHz NAVTEX 报文与一般 CFEC 报文发射的主要区别在于报文之前发射的 9 个控制字符——ZCZC、空格和 $B_1B_2B_3B_4$，使接收机能自动识别播发台、报文的类别和序列号。

518kHz NAVTEX 报文的发射格式如下：

定相信号 ≥10s	ZCZC	空一格	$B_1B_2B_3B_4$	回车换行	报文	NNNN	回车换2行

定相信号 ≥5s	ZCZC	空一格	$B_1B_2B_3B_4$	回车换行	报文	NNNN	回车换2行	空闲信号 αα…α ≥2s

1）定相信号

若一次播发两份以上 NAVTEX 报文，首份报文的定相信号（CFEC 的定相信号 1 和定相信号 2）需要大于或等于 10s，而第二份报文的定相时间只需要大于或等于 5s（定相信号将确保 NAVTEX 接收设备对两重时间分集 DX、RX 位置的同步）。

2）ZCZC_

“ZCZC_”是所有报文都有的 9 个控制字符中的前 5 个字符，是 NAVTEX 报文发射的开始字组（是选择打印），用于报文接收的同步。对于接收机来说，它也是非常重要的识别符号之一。接收机只有正确无误地收到 ZCZC 字组和紧随其后的技术编码 $B_1B_2B_3B_4$，才开始起动打印机。

3）$B_1B_2B_3B_4$

$B_1B_2B_3B_4$ 是 NAVTEX 报文的技术编码，其中：

B_1 是播发台的识别字符或台标，用单一英文字母 A ~ Z 表示；

B_2 是 NAVTEX 报文的类别代码或报文识别码，用单一英文字母 A ~ Z 表示。按 IMO 规定，报文类别的表示如下：

A　航行警告（不可拒收）

B　气象警告（不可拒收）

C　冰况报告

D　搜救信息/海盗攻击警告（不可拒收）

E　气象预报

F　引航业务信息

G　AIS 信息

H　LORAN C 信息

I　备用

J　卫星导航信息（SATNAV message）

K　其他电子导航系统信息

L　航行警告（A 的附加备用字母）（不可拒收）

V、W、X、Y　V ~ Y（是由 NAVTEX 协调分配的）特别业务

Z　现无报文

上面多数种类报文可以(由操作员预编)选择接收，但 A、B、D 和 L 类报文则称为 NAVTEX 接收机必须强制接收或不可拒收(即操作员不可预编拒收)报文。

航行警告包括沿海警告和 NAVAREA 警告。只要警告仍处于有效期内，一般在安排的每次播发时间里，发射台将一直予以重复广播。在航行警告报文过多，编号超过 99 时，B_2 码用 L 替代 A(其后的 B_3B_4 再重新从 01 开始编号)。

V ~ Y 特别业务用于 IMO 的 NAVTEX 小组安排的 NAVTEX 试验，例如使用本国语言广播。我国的中文广播用 V。

E 类报文即天气预报，一般每天广播两次。

NAVTEX 广播不适用于遇险通信。始发的遇险报文即岸对船的遇险报警使用 D 类报文进行转播，以引起船舶人员对遇险状况的警觉。海盗劫船警告也使用 D 类报文进行转播。

F 类报文即引航业务仅用于引航业务中临时性变动事项的广播。例如通知由于气象等因素引起的引航业务的临时性变更或暂停，通知来港的所有船舶。

G ~ K 有关导航信息的报文是关于停止或修改无线电导航服务等信息。例如 DECCA 停止播发或故障超过 0.5h、LORAN C 停止播发超过 1h、OMEGA 停止播发超过 4h、卫星导航停止播发超过 4h 等。

Z 类报文即现无报文用于发射台没有报文播发时，可以利用在规定的发射时间内确认播发台、接收机工作是否正常。

B_3B_4 是 B_2 类报文的两位十进制数字编号，即报文的编号。每类报文的编号，从 01 到 99 循环使用。当编号达到 99 时，B_2 不变、B_3B_4 从 01 开始编号。但是对航行警告(A)类报文编号达到 99 时，还有新的报文，则 B2 用 L 替代 A，编号重新从 01 开始编号。B_3B_4 为 00 的报文是专门分配给特别重要的报文，称“00”报文。最初遇险报文、有关人命安全信息等，可以使用 00。最初的遇险报文只有搜救协调中心 RCC 才有权决定是否在 NAVTEX 报文中播发。当然它不是遇险通信，只是让航行船舶对某一海域的遇险船舶、搜救工作引起注意和关心。

4)NNNN

报文最后的 NNNN 字组，是报文的结束标志。接收机正确接收到 4 个连续的 N 是接收机打印报文的条件。如果接收机只正确接收到 3 个、2 个连续的 N，表示报文的错码很多，还需要重新接收。

4. NAVTEX 报文的播发等级

NAVTEX 发射台按报文播发优先等级标志决定 NAVTEX 报文的播发先后。优先标志是由报文签发、根据信息的紧急程度，在 ZCZC $B_1B_2B_3B_4$ 字组前一行，单独冠以英文 VITAL、IMPORTANT 或 ROUTINE，以便引起 NAVTEX 播发台人员的注意。

1)VITAL

VITAL 只有在非常紧急的情况下才使用：NAVTEX 电台人员收到 VITAL 标志的报文时，立即监视 NAVTEX 的 518kHz 频率。如果频率没有被占用，应立即播发该报文；如果频率被占用，电台人员要确定哪一个播发台正在发射，然后通过任何通信方式与那个电台联系并要求该台中断正常发射，以便本台能够发射 VITAL 警告。VITAL 警告发送一次后，中断发射的电台就能够继续其预定报文的发射。VITAL 报文在规定时间内应重复播发。

2)IMPORTANT

IMPORTANT 适用于大多数紧急类报文：对于这种标志的报文，如果 518kHz 频率没被占用，则在其后发射台播发时间内播发，并在规定时间内重复播发。

3) ROUTINE

适用于所有 NAVTEX 业务中广播的信息。NAVTEX 发射台收到这类标志报文，将在它的下次预定播发的时间里进行播发。

第二节　518kHz NAVTEX 接收设备

船舶装备 518kHz NAVTEX 接收设备，自动接收并打印 NAVTEX 播发台发送的报文。518kHz NAVTEX 设备能按照操作人员选择、预置的发射台和报文类别，自动接收指定播发台发送的指定类别的 NAVTEX 报文。对于涉及到人命安全、航行和气象警报、搜救和最初遇险的报文，NAVTEX 设备则一律接收，并辅以声光报警，引起船舶值班人员的注意。

一、518kHz NAVTEX 接收设备的组成和功能

518kHz NAVTEX 接收设备主要由工作在 518kHz 的天线和接收机、含（信息）处理的显示单元及打印机三大部分组成，一般（除天线外）合为一体。图 8-4 是古野 NX-770 518kHz NAVTEX 设备的构成框图，设备可以外接显示单元、报警器，也可以连接到综合导航系统（INS，Integrated Navigation System）或其他导航器。

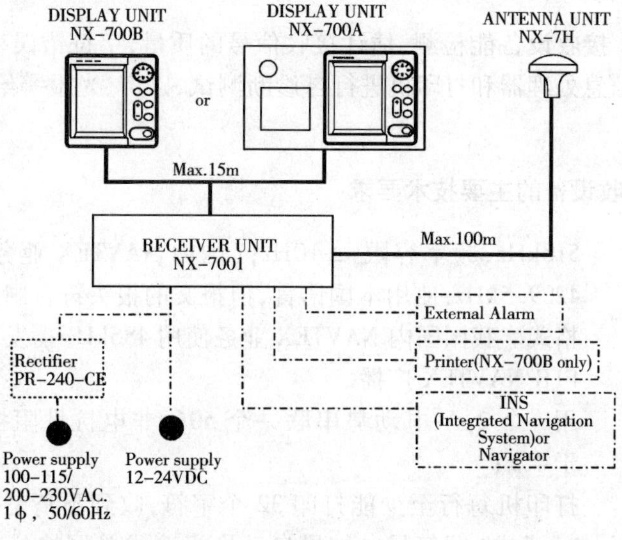

图 8-4　518kHz NAVTEX 接收设备的构成框图

518kHz NAVTEX 接收设备具有以下功能：

1. 存储、记忆功能

518kHz NAVTEX 接收设备对设置的 B_1、B_2 具有识别和记忆的功能。在一次正确收妥报文后，才保存报文的技术编码（$B_1B_2B_3B_4$）。接收设备对于再次接收的报文技术编码与保存的进行比较，若与保存的相同，则予以拒收。以保证不重复接收、打印已接收过的报文。但对 B_3B_4 为 00 的报文，仍然接收、打印。保证按时接收有关遇险、涉及海上人命安全和搜救的报文。接收设备能存贮至少 30 个报文技术编码。如果接收不同的报文数量超过存贮容量，则按顺序将旧报文技术编码删除。另外，对报文技术编码在断电 6h 以内具有记忆能力、存储 60 ~ 72h 后能自动从存贮器中消除。

2. 自动接收和打印功能

在 518kHz 频率上,它能自动接收 NBDP 的 CFEC 信号。只需预先设置所要接收的播发台台标(B_1)和报文类别(B_2),就可以自动按设置进行接收、满足一定条件(ZCZC、$B_1B_2B_3B_4$、NNNN 正确接收;CER 小于 4%)时自动打印接收的报文。

报文的打印格式:

(1)开始字组 ZCZC 和技术编码 $B_1B_2B_3B_4$ 为非强制性打印。

(2)报文的原来日期、时间(UTC)应出现在报文正文之前,便于报文接收人员对报文价值进行评价。报文的原来日期、时间打印后立即回车换行,以便在报文正文之前自成一行。

(3)报文正文的第一字组是报文识别编号和顺序编号。报文识别编号用来识别报文的来源,而顺序编号(每一系列的航行警告应从 1 月 1 日世界协调时 0000 时起,从 0001 号起在整个日历年度按顺序编号)则不同于 NAVTEX 发射报文中的技术编码 B_3B_4。例如:

NAVAREA Ⅲ 274

报文识别编号 NAVAREA Ⅲ和顺序编号 274 表示该电文来自第Ⅲ NAVAREA 的第 274 号电文。

(4)报文正文结束后,另起一行打印 NNNN 和所接收报文的字符差错率(CER, Character Error Rate)。当 CER 小于 4% 时,将打印报文(错误的字符打印为 Δ 或 *)。

3. 自诊断功能

518kHz NAVTEX 接收设备能检测、估计接收信号的质量,字符错误率小于 4% 即认为完整收妥。对接收机、信息处理器和打印机进行自诊断测试,以声、光报警给出故障指示同时打印测试报告。

二、NAVTEX 接收设备的主要技术要求

接收频率	518kHz、频率容限 ±10Hz;(国内 NAVTEX 业务的频率为 490kHz、4209.5kHz;使用本国语言,但报文的报头符合国际协议、具有相同的格式。我国国内 NAVTEX 业务使用 486kHz 播发。)
接收模式	F1B NAVTEX 广播
灵敏度	用一个 2μV 电动势串联一个 50Ω 非电抗性阻抗时,字符错误率小于 4%;
(内置)打印机	打印机每行至少能打印 32 个字符,收到不清楚(字符残缺)应打印"*"或"Δ"符号。如果自动换行造成单词的分离,则应在打印的文上标明。打印机在打印完报文后,能自动进纸。

思考题与习题

1. 简述 GMDSS MSI 播发系统的组成。
2. 简述 NAVTEX 系统的组成、功能和工作方式。
3. 简述 NAVTEX 播发台发送报文的格式和技术编码的含义。
4. 试述 NAVTEX 系统为了避免播发台的相互干扰所采用的主要措施。
5. 518kHz NAVTEX 接收设备打印报文应满足的条件是什么?

第九章　紧急无线电示位标

紧急无线电示位标在 GMDSS 是一种用来发射特定无线电信号的信标，其目的是利用发射的射频信号向 RCC 进行遇险报警，以期确定遇险船舶的识别信息和位置。紧急无线电示位标英文的全称是：Emergency Position Indicating Radio Beacon，缩写为 EPIRB。

GMDSS 使用的 INMARSAT 系统和地面通信频率系统都具有完善的遇险报警功能，EPIRB 作为专用的船对岸的报警装置用于 GMDSS。GMDSS 使用的 EPIRB 有两大类：一类是卫星紧急无线电示位标（缩写为 S-EPIRB）；另一类是 VHF 频段的以 DSC 方式发射遇险报警信号的 EPIRB（称为 VHF-EPIRB）。S-EPIRB 目前仅使用 406MHz EPIRB，原来使用的 1.6GHz EPIRB 因 INMARSAT-E 系统于 2006 年 12 月 31 日关闭而停止使用。

根据 SOLAS 公约第四章对船舶 GMDSS 设备配备要求的规定，所有 300 总吨及其以上公约船都必须配备一个 EPIRB：

航行于 A2、A3 和 A4 海区的船舶必须配备 406MHz EPIRB；

航行于 A1 海区的船舶必须配备 406MHz EPIRB 或 VHF-EPIRB；

EPIRB 可以安装在救生艇或救生筏，也可以安装在驾驶室。EPIRB 可以由人工启动，或由驾驶室遥控启动，也可以落入水中自动启动发射。

第一节　406MHz EPIRB

一、COSPAS/SARSAT 系统

COSPAS/SARSAT 是一个国际之间的合作组织。最早由美国和加拿大共同进行名为 SARSAT（Search and Rescue Satellite Aided Tracking）的研究，1977 年法国加入了这一国际合作项目并开发卫星上的电子设备。同时，苏联也进行了相同内容的研究，命名为 COSPAS（俄语音译，英文解释为 Space System for Search of Distress Vessels）。1980 年，SARSAT 参加国与苏联共同签署名为 COSPAS/SARSAT 的测试项目，由苏联负责 COSPAS 部分。美、苏两家各提供两颗 SARSAT 卫星、四颗 COSPAS 卫星对 121.5MHz/243MHz（航空机载）示位标和 406MHz 示位标信号进行处理。1986 年，COSPAS/SARSAT 在伦敦的 INMARSAT 设立事务机构。1988 年 7 月，SARSAT 参加国和苏联在巴黎签署了“International COSPAS-SARSAT Programme Agreement” COSPAS-SARSAT 程序协议。同年，COSPAS-SARSAT 的 406MHz 低极轨道搜救卫星系统被国际海事组织采纳作为 GMDSS 的一个重要组成部分。

COSPAS/SARSAT 系统对所有国家一视同仁、开放使用。它使用低高度卫星为全球，包括南北两极极地区域在内的海上、陆上和空中用户提供遇险报警及定位服务，以使遇险者得到及时有效的救助。系统已经证明只要有足够数量并合理布置的卫星、使用较高频率稳定度的示位标，就能以一定的定位精度确定 EPIRB 的位置。COSPAS/SARSAT 已成功地应用于世界范

围内的大量遇险搜救行动中,在 5752 起遇险事件中成功地救助了 20531 人。COSPAS/SARSAT 以其可靠、方便、免费使用等优点赢得了人们的青睐,该系统不仅广泛地应用于航海领域,而且也对航空和陆地用户提供全球性的卫星搜救服务。因此,系统更名为"国际搜救卫星系统"。

自 2009 年 2 月 1 日起,船舶、航空器、陆地个人用户必须装备统一的 406MHz 示位标。COSPAS/SARSAT 系统将终止 121.5、243MHz 示位标业务,而且为满足用户的需求增加了 406MHz 示位标的使用频率(即 406.025MHz、406.028MHz)。

1. COSPAS/SARSAT 系统的组成

COSPAS/SARSAT 的组成和工作概况如图 9-1 所示,它由空间段的卫星、地面部分的区域用户终端(LUT,Local User Terminate)、任务控制中心(MCC,Mission Control Center)以及用户无线电信标组成。

1)COSPAS/SARSAT 卫星

目前 COSPAS - SARSAT 卫星包括两种类型:运行在低高度、极轨道的 LEOSAR(Low Altitude Earth Orbit Search and Rescue)搜救卫星和运行在静止轨道的同步搜救卫星 GEOSAR(Geostationary Earth Orbit SAR),如图 9-2 所示。

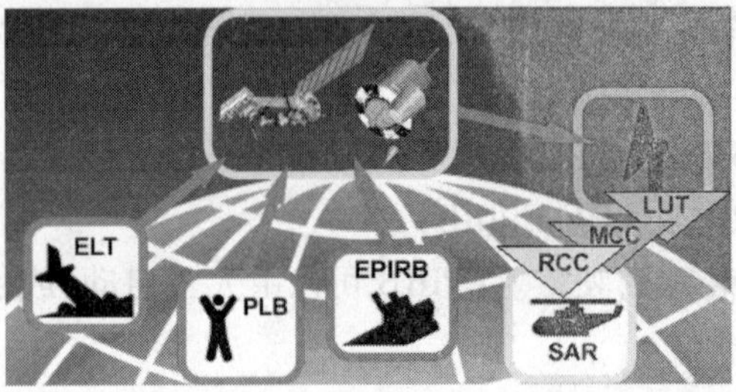

图 9-1　COSPAS/SARSAT 系统

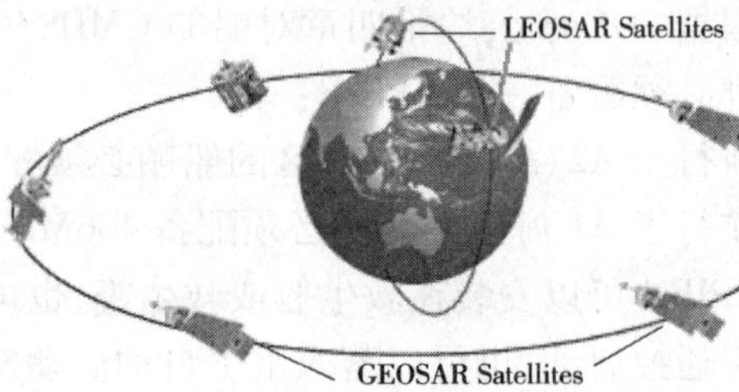

图 9-2　COSPAS/SARSAT 系统的卫星

(1)LEOSAR 卫星。LEOSAR 卫星星座是由苏联的 COSPAS 卫星和美国的 SARSAT 卫星组成,LEOSAR 卫星高度为 850 ~ 1000km,卫星运行的轨道为极轨道。LEOSAR 卫星星座包括 6 颗卫星,三颗为 COSPAS 卫星,三颗为 SARSAT 卫星。COSPAS 卫星的高度为 1000km,卫星上配有 121.5MHz 和 406MHz 信号接收、处理设备。SARSAT 卫星由美国国家海洋及大气管理局提供的 NOAA 气象卫星,卫星离地面的高度为 850km,卫星上配置由加拿大和法国提供的对 121.5MHz 和 406MHz 信号的接收、处理设备。

卫星运行在低高度,可以降低对无线电信标发射功率的要求(如 406MHz EPIRB 的发射功率仅需 5W)。卫星的低轨道运行使卫星绕地球旋转一周的时间仅需约 100min,运行速度约 7km/s。这使卫星相邻两次通过同一地点的时间间隔较短,也使卫星与无线电信标之间由相对运动产生的多普勒频移突出(便于对无线电信标的定位)。

卫星运行在极轨道,使卫星的运行通过地球两极、以实现对无线电示位标的全球覆盖。卫星绕地球运行一周"看到"的地球表面是一条宽约为 4000km 的环状带,称为卫星共视区,即卫星瞬间共视区是地面上直径约为 4000km 的圆区域(图 9-3)。从地球看卫星,卫星扫掠的时间取决于观测点对卫星的仰角,一般约为 10 ~ 15min。

搜救卫星的主要任务是对无线电信标发出的遇险报警信号进行变频、存储、转发等处理,然后下行到本地用户终端 LUT。对 121.5/243MHz 的遇险报警信号以下行频率 1544.5MHz 实时转发给 LUT 进行处理;而对 406MHz 的遇险报警信号既可以以下行频率 1544.5MHz 实时转发给 LUT 进行处理,也可以先存储起来遇到 LUT 时再以下行频率转发。

(2)GEOSAR 卫星。GEOSAR 卫星(图 9-4)位于地球静止轨道上,卫星带有 406MHz 的转发器。GEOSAR 卫星星座包括美国提供的 GOES 系列卫星、印度提供的 INSAT 系列卫星以及欧洲气象卫星组织的 MSG 系列卫星,提供的卫星覆盖区如图 9-5 所示。

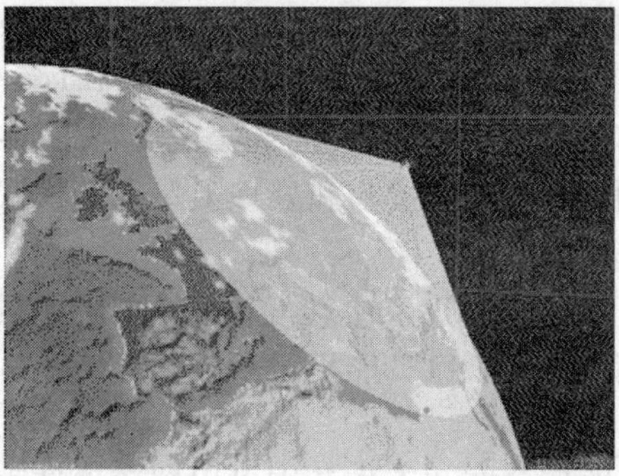

图 9-3　LEOSAR 卫星瞬间共视区

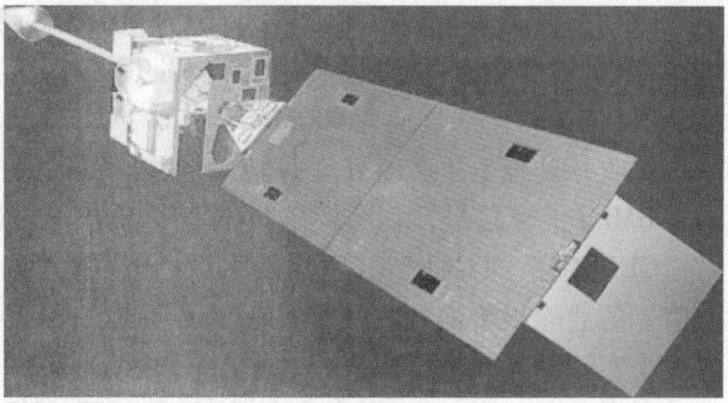

图 9-4　GEOSAR 卫星

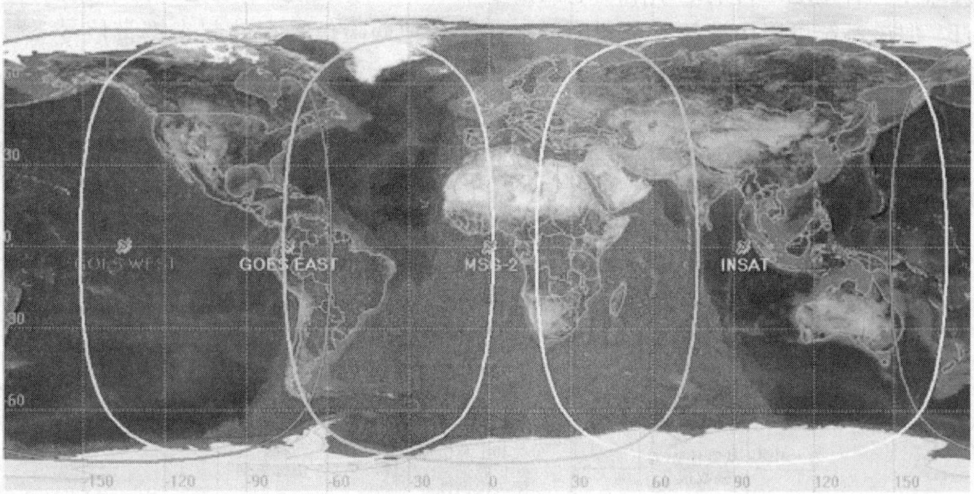

图 9-5　GEOSAR 卫星覆盖区

GEOSAR 卫星使用的下行频率如表 9-1 所示

GEOSAR 下行频率　　表 9-1

卫　星	下行频率	带　宽
GOES-7	1698.65MHz	100kHz
GOES-Next	1544.5MHz	25 或 100kHz
GMS-5	1698.325MHz	100kHz
INSAT-2A	4505.7MHz	25 或 80kHz
INSAT-2B	4507.0MHz	25 或 80kHz
METEOSAT(MSG)	(1698.65MHz)	—

2)地面部分

(1)区域用户终端(LUT)。LUT 是一个卫星地面站,接收 COSPAS/SARSAT 卫星中继的、在下行频率发送的信标的遇险信息。

LEOLUTs,即 LEOSAR 卫星的 LUT,它接收 COSPAS－SARSAT 的 LEO 卫星中继的、下行线路 1544.5MHz 上发送的信标的遇险信息。根据卫星与无线电信标之间的多普勒频移、卫星轨道位置、时间等数据信息计算遇险信标的位置,然后将形成的报警报文发送给有关的 MCC 或必要时直接发给 RCC。

LEOLUTs 处理卫星实时中继的 121.5MHz 信标报警信号(COSPAS－SARSAT 委员会证实将在 2009 年 2 月 1 日开始中止卫星处理 121.5/243MHz 信标的发射信号,届时 121.5/243MHz 信标将全部改换为 406MHz 信标),对 121.5MHz 信标提供区域性局部覆盖功能;LEOLUT 接收并处理卫星实时处理并转发的 406MHz 信标报警信号,也接收和处理卫星全球模式的 406MHz 信标信号,因此对 406MHz 信标提供全球覆盖功能。

GEOLUTs,即 GEOSAR 卫星的 LUT,它接收并处理由 GEOSAR 卫星转发的 406MHz 无线电信标的遇险报警信号。一个 GEOSAR 卫星的覆盖区很大,GEOLUT 能提供所在卫星覆盖区内近乎实时的无线电信标报警数据。

世界上已经有 21 个国家建立了 38 个 LUT,LUT 的地理分布和工作范围可以覆盖地球表面的大部分。有些地区特别是东南亚地区由多个 LUT 重叠覆盖,个别地区如非洲南部尚未建有 LUT。但该系统可以由搜救卫星利用星上存储器把遇险信号存储起来携带信号飞行,直到有 LUT 接收到此遇险信号。

(2)任务控制中心(MCC)。MCC 与 LUT 相联接,一个 MCC 至少联接一个 LUT(美国的 MCC 联接了 12 个 LUT 其中有一个是 GEOLUT)。全球已有 22 个 MCC,MCC 的主要功能如下(图 9-6):

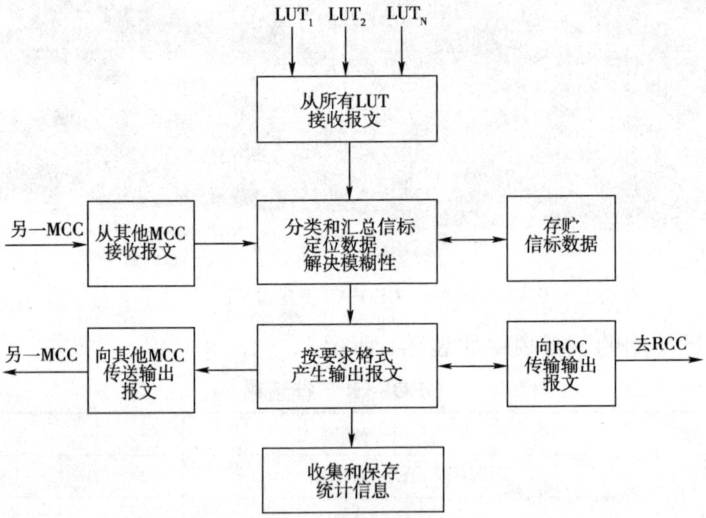

图 9-6 MCC 的功能

①对来自 LUT 和其他 MCC 的数据进行收集、存储、整理和分类;

②监视本 MCC 服务地区的整个系统状况,在 COSPAS-SARSAT 系统内进行数据交换;

③向相关的救助协调中心 RCC 或搜救联络点发送无线电示位标的报警数据和定位信息;

④与搜救通信网络进行信息交换;

⑤过滤虚假报警,解除模糊值。

COSPAS/ SARSAT 对全球的地理区域进行划分,每一个 MCC 按照它所属地理区域位置与一个搜救服务区相对应。在接收到 LUT 送来的报警无线电示位标数据后,MCC 首先判断其报警位置。如果报警位置发生在自己的搜救服务区内,则 MCC 向自己的搜救协调中心(RCC)或搜救协调点发送报警电文,给出示位标的登记信息、报警位置。如果报警发生在自己的搜救区以外,MCC 将向自己所属的节点任务控制中心(Nodal MCC)发送报警电文,再由节点任务控制中心把相应的电文转发给离示位标最近的 MCC,以便实施搜救行动。

MCC 处理的数据主要有无线电示位标的遇险报警数据和 COSPAS/SARSAT 系统管理信息两类:

①遇险报警数据是遇险的 121.5MHz 和 406MHz 信标发来经卫星中继、LUT 处理的数据。如示位标的位置、遇险性质、信标识别码等。数据在 MCC 和 RCC 之间传送时还插入救助工作所需交换的其他信息。

②系统管理信息主要用于 COSPAS/SARSAT 系统的有效工作,为用户提供更精度和及时的报警数据。包括用于决定信标位置的数据表、所有分系统现时的状态数据和管理系统协调工作的信息。

系统管理信息包括卫星的星历、时间校正、卫星遥控数据、卫星指令和协调通信等报文:

A. 卫星星历表或轨道信息提供卫星的位置和运行轨道的数据用于跟踪卫星和计算遇险信标的位置;

B. 卫星时间校正数值是确定遇险信标位置所必需的信息;

C. 遥控数据用来提供卫星上 SAR 设备的状态信息;

D. 卫星指令用来校正卫星的轨道偏差;

E. 协调通信则是系统管理所需的通信,以保证可靠的系统信息分配和报警数据交换。

3)无线电信标

无线电示位标是 COSPAS/SARSAT 系统的用户,LEOSAR 有三种信标:

(1)供航空使用的紧急定位发射机(ELT,Emergency Locator Transmitter);

(2)供陆上使用的个人定位信标(PLB,Personal Locator Beacon);

(3)供航海使用的紧急无线电示位标(EPIRB)。

GEOSAR 使用一种新的 406MHz 示位标。由于卫星位于静止轨道上,与地球上的示位标没有相对运动,不能通过两者之间的多普勒频移来对信标进行定位。因此,允许在 GEOSAR 系统的 406MHz 信标发射电文中进行编码处理,将信标的位置信息直接编入电文中,以提供相对实时的位置和时间信息。示位标内部安装有 GPS 接收芯片以提供位置信息。同时,这种示位标也可以工作在 LEOSAR 卫星。

信标使用的频率有 ELT 的 121.5MHz、PLB 的 406MHz 及 EPIRB 的 406MHz/121.5MHz。

121.5MHz 信标主要用于飞机上,121.5MHz 信标的性能有较大的局限。例如,卫星共视区内可由 LUT 处理的同时报警的信标数目即系统容量不大、对信标的定位精度较低、信标所发的报警信号没有本身的识别信息、对信标仅提供区域覆盖等。对于 121.5 MHz(/243 MHz)的示位标,由于其内部没有登记信息,系统在对信号进行过滤虚假报警和模糊值分辨处理时,很难做到准确无误,加之频率干扰和误报警事件太多等原因,已经严重影响系统运行。所以 1999 年国际搜救卫星组织、国际海事组织、国际民航组织和国际电联等有关组织和机构就逐步淘汰 121.5 MHz 和 243 MHz 示位标的问题进行研究和讨论,并作出相应决定,自 2003 年 2 月 1 日起,所有的生产厂家不再生产 121.5 MHz 和 243 MHz 的示位标。到 2009 年 2 月 1 日,全球所有船舶、航空器和陆地用户必须装备统一的 406 MHz 示位标,COSPAS/SARSAT 系统将终止 121.5MHz(/243MHz)示位标的业务。为此,国际搜救卫星组织将适当增加 406 MHz 示位标使用的频率,以满足用户的需要。即在现在的406. 025 MHz 的基础上,再增加一个406. 028MHz 频率。

406MHz 信标克服了121.5MHz 信标的缺点,具有以下特点:

(1)有较好的频率稳定度,提高了系统多普勒定位的精度;

(2)系统的容量增加,即卫星共视区内同时处理的信标数目增加;

(3)使用数字编码信号,提供信标的识别信息和遇险信息。

系统使用的无线电信标可以通过人工或者自动由遇险时的撞击、水浸而启动(信标启动后可以存活48h),发出121.5/406MHz 的遇险报警信号。自动方式根据载体的不同有不同的方式,航空器用的示位标多采用撞击式,航海示位标用的基本上是水浸式或者脱离式(脱离式由于误发报警的概率比较大,将会被淘汰)。示位标被启动后,内部电池可以保证其连续工作48 h 以上。

2. COSPAS/SARSAT 系统的基本工作原理

1)COSPAS/SARSAT 系统的工作模式

COSPAS/SARSAT 采用两种模式对信标信号进行处理:一种是中继模式亦即实时模式,另一种则是全球覆盖模式。

卫星上的实时121.5MHz 转发器把收到的任一信标报警信号经频率变换,以卫星的下行频率1544.5MHz 向地面转发。报警信号只有卫星飞经的LUT 才能立即接收到并予以处理,决定信标的位置和其他遇险信息。因此,系统卫星对121.5MHz 信号的实时模式对于LUT 覆盖范围内的121.5MHz 遇险信标可以提供迅速的报警及定位。这种方式只提供区域性覆盖,即发射遇险报警的无线电信标、接收报警的卫星及接收卫星转发报警信息的LUT 都必须在当时飞经的卫星共视区范围之内,否则转发就会无效。区域性覆盖的范围以LUT 为中心直径约4000km 的圆域。

卫星对来自406MHz EPIRB 信号的处理也有实时方式:一旦卫星收到406MHz 信标发射的信号,测出多普勒频移并从信号恢复出信标数据。数据信息经处理,以卫星的下行频率1544.5MHz 作实时转发,由共视区内任一LUT 接收。

对406MHz 信标信号处理的另一种模式称为全球覆盖模式。卫星对406MHz 信标信号实时处理形成数据信息,当在共视区内找不到LUT 时,将数据存贮起来。当卫星运行到它的共视区内有LUT 时,即以1544.5MHz 下行线频率将存贮的信息向LUT 转发。这样,每一个信标都能由所有工作的LUT 所定位,保证了位于全球任何海区的406MHz EPIRB 发射的遇险信息得到可靠的接收和转发,使406MHz EPIRB 的报警实现全球覆盖。这种方式提供的406MHz EPIRB 全球覆盖模式实际上是延时报警,延时时间取决于信标相对于卫星的轨道和LUT 的位置等。

2)无线电示位标的报警路由

COSPAS/SARSAT 系统的报警路由可以由图9-7 来说明。

图中EPIRB 为船舶使用的紧急无线电示位标、ELT 是飞机使用的紧急定位发射机、PLB 是陆上个人定位信标。无线电示位标发出的遇险报警信号被COSPAS、SARSAT 卫星接收、处理,处理后的信号在1544.5MHz 卫星下行线路频率上转发给陆上的LUT。LUT 对信号进行处理,算出示位标的位置,连同信标的其他遇险信息一起由MCC 发送给RCC。RCC 经国际通信网络通知遇险地区的相关搜救部门,由RCC 组织、指挥开展搜救工作。

3)COSPAS/SARSAT 的LEOSAR 对无线电信标的定位原理

COSPAS/SARSAT 的 LEOSAR 对遇险信标的定位是基于极轨道卫星与信标之间的相对运动所产生的多普勒频移，由多普勒频移、卫星的星历计算出信标的位置。

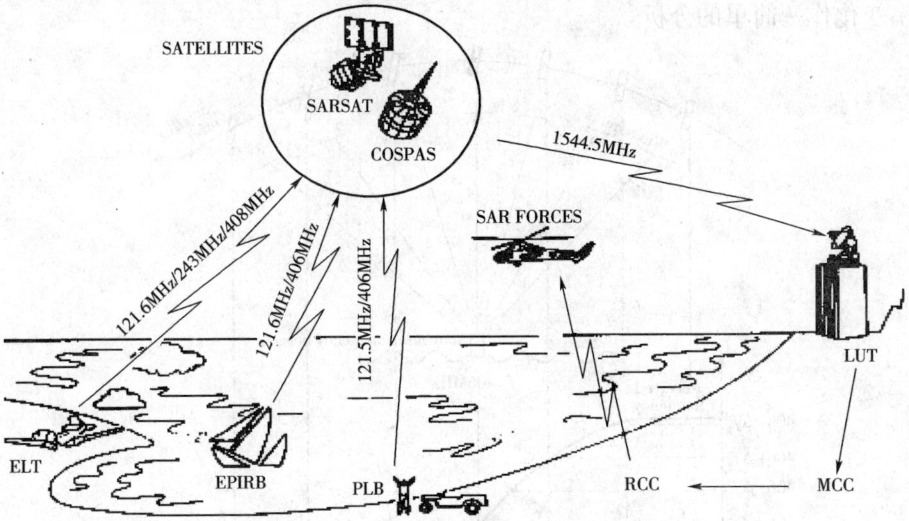

图 9-7　无线电示位标的报警路由

物理学的多普勒效应告诉我们：频率为 f、传播速度为 c 的信号源，以速度 v 向接近或远离观测者方向运动时，观测者所测得的信号源频率，即多普勒频率为：

$$f' = f(c/(c-v)) \text{ 或 } f' = f(c/(c+v))$$

观测者所测得的频率将不同于信号源实际的频率，两者间存在着频率差

$$f' - f = f_d$$

称为多普勒频移。显然，f_d 的存在和大小取决于观测者与信号源之间的相对运动情况。

COSPAS/SARSAT 的 LEO 卫星对遇险信标进行检测与定位时，可以将信标看作地面上的信号源，它的载波频率 $f_c = 406\text{MHz}$（或 121.5MHz）是已知不变的。卫星作为观测者在极轨道上作相对于信标的圆周运动，尽管它在轨道上运动速度是恒定的，但相对于信标的运动速度却是时刻变化的。

卫星在轨道上的运动速度可以看成是以信标为中心的径向（朝向信标）运动的速度和与径向速度相垂直的横向运动速度这两者的矢量合成。卫星相对于信标的径向运动的速度的变化，将使多普勒频移产生变化。卫星通过信标上空时，由卫星接收到信标发出的频率变化曲线如图 9-8 所示，称为多普勒频率曲线。

卫星离信标较远时，卫星在轨道上的运动速度可以近似看成就是相对于信标的径向速度，而横向速度近似为零。当卫星运动到信标正上方，称为正横位置时，卫星在轨道上运动速度就是相对于信标的横向速度，而径向速度为零。

当卫星朝向信标运动时（$t_1 \sim t_4$）：径向速度朝向信标，卫星测得的信标频率大于信标实际发射的载波频率，多普勒频移为正。随着卫星的运动，由于径向速度逐渐减小，卫星测得的信标发射频率数值也将逐渐减小。当卫星运动到信标上空的瞬间，即正横位置时（t_4 时刻），径向速度为零，卫星测得的信标频率即为信标实际发射的载波频率，此时多普勒频移为零。当卫星继续运动离开信标时（$t_4 \sim t_7$），其径向速度改变方向，卫星测得的信标的频率低于信标发射的载波频率，即卫星测得的多普勒频移方向亦改变，为负值。

图 9-8 中，卫星经过信标上空的时间（$t_1 \sim t_7$）约为 12min。

多普勒频率曲线的形状和斜率、卫星在多普勒曲线各点的确切位置是测定信标位置所必须知道的，卫星星历表数据提供了卫星在不同时间的位置信息。下面，对多普勒频率曲线的形状和斜率变化作一简单的分析。

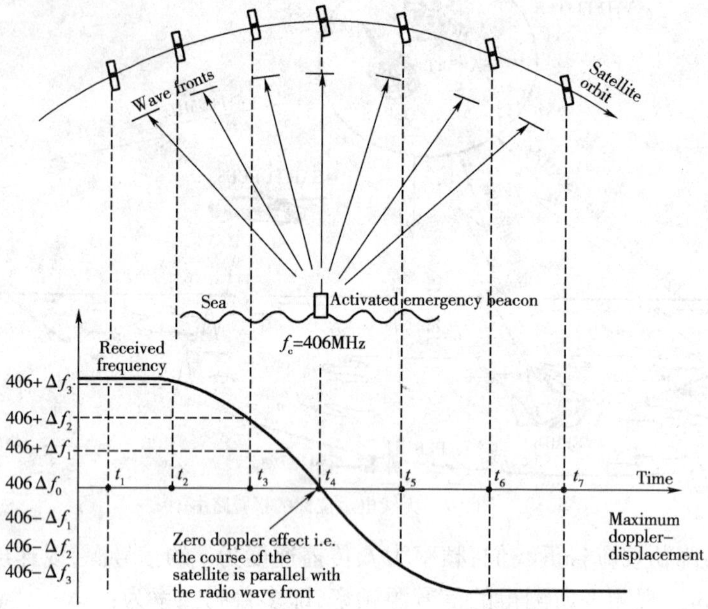

图 9-8 LEOSAR 卫星测得的信标多普勒频率曲线

多普勒曲线斜率变化的快慢取决于信标与卫星轨道面投影（卫星轨道面与地球表面的交线）之间的距离。当信标距卫星轨道面投影较远时，卫星运动到信标上空附近时，卫星相对于信标的距离变化率较小，由此引起的径向运动速度较小。因此，多普勒曲线在 t_4 时刻的变化较缓慢（或斜率较小）。而当信标距卫星轨道面投影较近时，卫星相对于信标的径向运动速度大，多普勒频率曲线变化较快。

由于 COSPAS/SARSAT 的 LEOSAR 卫星的轨道是极轨道，所以卫星轨道面在地球表面的投影是地球表面上的经线。信标距卫星轨道面的距离是信标经度位置与卫星轨道投影（经线）之间的经度差。两者的距离越近，即经度差越小，卫星通过信标正横瞬间（t_4 时刻）所获得的多普勒频率曲线变化越陡。另外，卫星位于信标正横时，所接收到的信标信号的频率中，含有的多普勒频移正好是零的瞬间，亦即接收频率是 f_c。所以，卫星在该瞬间的纬度位置即代表信标所处的纬度。这样，我们可以得到多普勒曲线的两个重要特性：

（1）卫星测得信标信号的频率正好是信标发射频率的点决定了信标的纬度位置，同一瞬间所测得多普勒频移为零的点都处于同一纬度位置；

（2）多普勒频率曲线在 t_4 时刻的变化快慢，决定了信标与卫星轨道面投影的经度差。

所以，利用已知的卫星星历表数据、卫星测得的多普勒频率曲线和相应的时间，LUT 就能计算信标的位置。

卫星的轨道是已知的，计算得到的信标位置可能位于卫星轨道的左边，也可能位于右边。其中，一个是信标的真实位置，另一个是虚像位置，即信标位置的“模糊”。对于 406MHz 信标，由于它的高稳定度的发射频率，我们可以利用地球每分钟约 0.25°的自转速度来决定其中正确的一个。因为，由于地球的自转，两个可能位置所给出的多普勒频移将有些差别。对于 121.5MHz 信标，则利用两颗卫星或同一卫星第 2 次对信标发射频率的测定，来确定信标的真实位置。

LUT 测算 121.5MHz 信标的位置约需接收卫星中继的信号至少 4min，而对 406MHz 信标则需接收 3～4 个信标数据报文的时间（3～4min）。

由于 GEOSAR 卫星相对于地球是静止的，在相应接收频率上不存在多普勒频移，所以不能用多普勒频移原理来对遇险信标进行定位。GEOSAR 的无线电信标内置或外置导航定位仪并对信标发射电文进行编码处理，即电文中含有信标的位置信息。或者无线电信标的报警经一定延时后，由 LEOSAR 系统提供对该信标的定位。

3. LEOSAR 系统的性能

1）信标检测概率

对 406MHz 信标来说，信标检测概率是指 LUT 从第一个共视卫星处接收到至少一个完整、正确信标报文的发现概率。试验结果达 98% 以上。

2）信标定位概率

对 406MHz 信标来说，信标定位概率是指 LUT 从一个共视卫星接收 3～4 个信标数据报文，以对信标进行定位的概率。试验结果达 90% 以上。

3）信标定位误差

信标定位误差是指系统由多普勒频率计算得到的位置与现场报告的真实位置之差。

试验结果，121.5MHz 信标的定位误差约为 17.2km，而 406MHz 信标的定位误差 90% 在 2～3n mile以内。

4）模糊解概率

模糊解概率表示系统由测得的多普勒频率曲线选择信标真实位置，去除虚像位置的能力。

121.5MHz EPIRB 的试验结果为 73%，而 406MHz EPIRB 的模糊解概率达 90% 以上。

5）容量

容量是指在卫星共视区内，系统能同时处理报警信标的数目。

121.5MHz EPIRB 的容量为 10 个，而 406MHz EPIRB 则可达 90 个。

6）覆盖范围

覆盖范围是指系统能够对信标定位的地面范围。对 406MHz EPIRB，系统的全球覆盖模式而使它的覆盖范围为全球。而 121.1MHz EPIRB，系统的实时中继方式而使它的覆盖为区域覆盖。随着更多 LUT 投入运行，区域范围将不断扩大。

7）通知时间

通知时间也称等待时间或延迟时间，它是指信标启动第一次发射到 RCC 实际接收到报警报文的时间间隔。

通知时间由以下几个时间组成：

（1）信标启动发射报警信号到第一个卫星发现该信标并对它进行定位的时间间隔；

（2）从第一个卫星发现信标并处理该信标发来的信号到由某个 MCC 确认是报警报文的时间间隔，亦即从第一个卫星发现信标到某个 MCC 处理完信标报文的时间间隔，称为系统存储时间；

（3）从某个 MCC 处理完信标报文，到某个 RCC 确认报警的时间间隔，称为系统传输时间。

系统实时模式工作时，系统等待时间取决于信标、卫星和 LUT 的位置和数量；在全球覆盖模式，系统的存储时间取决于 LUT 的位置和数量；而传输时间则取决于 MCC 的位置及与 RCC 之间通信网状态等。

由于系统卫星数量、LUT 的增加、地面通信网的不断改进，因此通知时间将会不断缩短。系统对信标报警信号的处理，包括卫星通过期间接收处理信标数据的时间、MCC 处理数据的时间，一般约需 15 ~ 30min。

4. MCC 报警实例

以下是 406MHz EPIRB 报警、由 MCC 给出的报警信息：

DISTRESS COSPAS/SARSAT ALERT S03

MSG NO 16999 REF NO 00000

DETECTION TIME 22 AUG 85 1708 UTC

DETECTION FREQUENCY 406.026MHz

COUNTRY G. BRITAIN

USER CLASS MARITIME/IDENTIFICATION MID CODE 387718

EMERGENCY CODE TAKING ON WATER, LISTING

LOCATIONS A LAT 56°16.1N/LONG 001° 18.4W PROB 97

B LAT 54°47.9N/LONG 009° 37.0W PROB 03

NEXT PASS A UNKNOWN

B UNKNOWN

REMARKS

A HOMING SIGNAL OTHER

ACTIVATION MANUAL

B LOCATION 56° 23.5N 001° 14.2W

C LIFERAFT NO 1

D TELEX NO 76653

END OF MESSAGE

二、406MHz EPIRB

406MHz EPIRB 是 LEOSAR 系统海上用户使用的无线电信标，它克服了 121.5MHz EPIRB 的缺点，改善了系统对它模糊值的判定，发射信号的载波具有较高的频率稳定度，提高了系统的定位精度、实现全球报警等。406MHz EPIRB 可以在全球的任何地方使用，随着空间轨道上卫星数量的增多，406MHz EPIRB 报警通知时间将不断缩短。

1. 406MHz EPIRB 的报文(帧)格式

406MHz EPIRB 启动后，每 50s 发送一个含有数字编码信息即 EPIRB 报文的 0.5s 射频突发信号，信号中含有信标 MMSI 等信息，使 LUT 和 MCC 能准确、迅速地确定报警者的识别、位置，使 RCC 能更有效地组织营救。

406MHz EPIRB 帧的组成和比特数分配如图 9-9 所示。

载波信号 160ms	位同步 15bits	帧同步 9bits	受保护信息 61bits	纠错信息 21bits	紧急状态信息 6bits	可选信息(长格式时使用) 32bits

图 9-9 406MHz EPIRB 报文格式

1）报文(帧)格式说明

(1)位同步码。固定编码，15 比特全为“1”。

(2)帧同步码。9 比特固定编码，为 000101111(测试时为 01101000，用于卫星对报警、测试的判断)。

(3)受保护信息码。码可编,共 61 比特,受纠错码保护。表示信标的用途、识别码等信息。

(4)纠错信息码。码可编,共 21 比特。对上面 61 比特的纠错,采用 BCH 码。

(5)紧急状况信息码。码可编,共 6 个比特。表示遇险性质。

(6)可选信息码。码可编,共 32 比特。长格式报文时使用,表示附加的数据,例如遇险时航向、航速和时间等信息,或者表示遇险时位置等数据。

2)受保护信息比特、紧急状况信息码和可选信息码的编码和格式

对于上述受保护信息比特、紧急状况信息码和可选信息,它的编码方式分二类共四种格式:

(1)第一类称为海上/定位类.具体又分短电文和长电文两种格式。

①短电文格式的受保护信息码 61 比特(第 0 ~ 60 比特)、紧急状况信息码 6 比特(第 82 ~ 87 比特)构成方法为:

bo 0	(短格式)
b1 0	(属海上/定位)
b2 ~ b11	共 10 比特,表示 9 位水上移动业务识别数字(MMSI)的前 3 位,即国籍码
b12 ~ b31	共 20 比特,表示 MMSI 的后 6 位,船舶识别数字
b32 ~ b38	共 7 比特,是船位的纬度度数
b39 ~ b44	共 6 比特,是船位的纬度分数
b45	表示船位的南、北半球,"0"表示北半球、"1"表示南半球
b46 ~ b53	共 8 比特,是船位的经度度数
b54 ~ b59	共 6 比特,是船位的经度分数
b60	表示船位的东、西半球,"0"表示东半球、"1"表示西半球
b82	是紧急状态标志码;b82 = 1 时,b84 ~ b87 的含义表示船舶的遇险性质 b82 =0 时,b84 ~ b87 含义由本国规定,但其含义要与 MCC 商定
b83	表示信标的启动方法,b83 =0 代表手动启动,b83 =1 代表自动启动
b84 ~ b87	共 4 比特,在 b82 =1 时,b84 ~ b87 代表 10 种遇险性质:

0001	火灾/爆炸;
0010	浸水;
0011	碰撞;
0100	搁浅;
0101	倾斜;
0110	下沉;
0111	失控或漂泊;
0000	没指明性质的遇险;
1000	弃船;
1111	试验。

②对长电文格式:

b0 1	(长格式)
b1 ~ b87	与短电文格式相同

附加的数据：

b88～b96	船舶真航向(0°～359°)，共9比特
b97～b101	船舶的航速(最大可达32kn)，共5比特
b102～b104	共3比特，按二十进制编码表示信标启动已发射的天数，最大范围为7天
b105～b109	共5比特，表示信标启动已发射的小时数，最多为23h
b110～b114	共5比特，表示信标启动已发射的分数，按每2min递增，最多为58min
b115～b119	共5比特，任选，由具体使用国家定义，但需要与COSPAS/SARSAT组织和SAR机构商定

(2)第二类称为用户协议类，具体又分短电文和长电文两种格式。

①短电文(航海)构成方法为：

b0　0	(短格式)
b1　1	(属用户协议)
b2～b11	共10比特，为MMSI的前3位即国家或地区码
b12～b14	共3比特，表示8种可能用户中的一个，010表示航海
b15～b50	共36比特，编船舶字符呼号或MMSI的后6位数字(每个字符6位比特，第1位为"1"时表示字母，为"0"时表示数字，后5位则是字母的1AT NO.2编码。6个字符共36比特)
b51～b56	共6比特，用来识别同一船舶上的EPIRB序号
b57～b58	2个比特，备用，固定编为"00"
b59～b60	2个比特，编归航即寻位设备(121.5MHz、9GHz SART或其他手段寻位)
b61～b87	与第一类编码相同

②对长电文格式：

b0　1	(长格式)
b1～b87	与短电文格式相同

附加的数据为：

b88～b89	为00时表示b90～b119是遇险时地理位置
b90～b96	表示纬度度数，共7比特
b97～b102	表示纬度分数，共6比特
b103	表示南、北半球，"0"为北半球、"1"为南半球
b104～b111	表示经度的度数，共8比特
b112～b117	表示经度的分数，共6比特
b118	为"0"时表示东经，为"1"时表示西经
b119	是对b88～b118位的偶校验

2.406MHz EPIRB的主要技术特性

GMDSS使用的406MHz卫星示位标应满足的主要技术要求有：

(1)工作频率：406.025MHz(/406.028MHz) ±0.002MHz

(出厂5年后：406.025MHz(/406.028MHz) ±0.005MHz)

(2)频率稳定度：短期　2×10^{-9}/100ms

中期　1×10^{-9}/min

(3)发射类别：G1B

(4)发射功率：5W

(5)调制方式：调相

(6)天线极化方向：右旋圆极化

(7)报文重复周期：50s ±5%

(8)报文传输速率：400bps

(9)报文传输时间：

短格式 440ms(160ms 载波和 280ms 的 112 比特传输时间)

长格式 520ms(160ms 载波和 360ms 的 144 比特传输时间)

(10)应能在下列条件下工作：

环境温度 -20 ~ +55℃

结冰；

相对风速 100kn

在 -30 ~ +65℃环境温度下存放后

(11)电池容量应足以维持连续工作至少 48h。

(12)必须带有寻位装置(如 121.5MHz 发射机)。

虽然 406MHz EPIRB 发射 121.5MHz 频率并不是强制要求,但大多数 406MHz EPIRB 都含有 121.5MHz 频率,这是因为在 121.5MHz 频率上可发射寻位/引航信号,为搜救飞机提供对遇险 EPIRB 的寻位。作为海上用户在配备 EPIRB 时,要选具有 406MHz 和 121.5MHz 的双频 EPIRB。

(13)必须带有水压释放器。

3.406MHz EPIRB 的组成和操作特性

1)406MHz EPIRB 的组成

406MHz EPIRB 从原理上来说,由以下 5 个单元组成：

(1)数字报文形式单元(逻辑单元)。按帧格式要求形成 EPIRB 报文。报文的前 24 比特(15 比特全由“1”组成的位同步比特和 9 比特“000101111”的帧同步比特)为 EPIRB 发射的识别信息。卫星处理识别信息,认定是 406MHz EPIRB 的报警时,卫星将接收来自信标的全文并发送给 LUT。在启动信标的测试开关,对信标进行全功率测试时,帧同步比特转换为 01101000。这种情况下,卫星将拒收报文。报文中含有属于信标的九位十进制识别数字 MMSI(也用于 DSC)；

(2)发射机。406MHz EPIRB 的发射机带有高稳定度的晶体振荡器。由于振荡器的高稳定度,使 406MHz 信标的定位精度高于 121.5MHz 信标 10 倍以上。为使定位精度提高,406MHz 信标的发射功率由 121.5MHz 信标的 0.2W 提高到 5W。包括识别信息和数据的报文的发送周期是 50s,报文发射时间约为 0.5 s(短格式 0.44s,长格式 0.52s),其后 1.5s 休止期及约 48s 的 121.5MHz 寻位信号的连续发射。低的发射占空系数既提高了 COSPAS/SARSAT LEOSAR 系统的容量(同时处理卫星共视内报警的信标数量),也使信标的功率消耗降低。

来自报文形成单元的数字信号对载波进行相位调制后由天线发射。数字信号的编码采用非归零相对编码,即 NRZ-L。调制方式属于 2PSK,最大峰值相移约是 60° ~ -60°(相当于 ±1.1rad)。如图 9-10 所示。

(3)天线。天线为螺旋天线,具有右旋圆极化。所以,水平面上各方向的发射是同样的；在垂直平面上,仰角为 5° ~65°具有最大的场强功率,利于卫星接收。为使天线具有最佳的辐射,应使天线外面的塑料包装保持清洁。

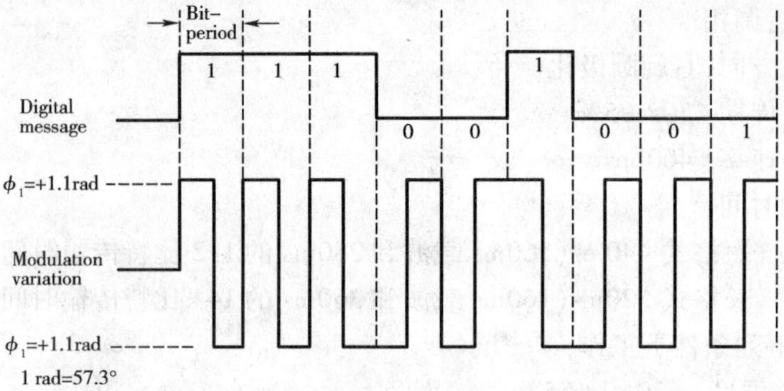

图 9-10 406MHz EPIRB 的数字信号和调制

(4)电池。406MHz EPIRB 的电池必须具有足够的容量:启动后,至少维持信标工作 48h。电池的贮存时间不短于 3 年,电池置入信标后至少 2 年不需要更换。电池的有效期为 4 年,必须定期更换。

(5)释放机构。信标置于带释放机构的支架上或容器内。船舶遇险时,当带释放机构的支架或容器浸在水下 2 ~4m 时,释放机构在海水压力的作用下自动释放,使信标脱离支架或容器而浸入水中。由于信标的下半部分电池较重,上半部分的天线和发射机将自动朝上,信标自动辐射信号。

下面介绍一种常用的水压释放机构(Hydrostatic release),这种释放机构的外形如图 9-11 所示,它的内部结构和工作原理参见图 9-12。

图 9-11 释放器外形

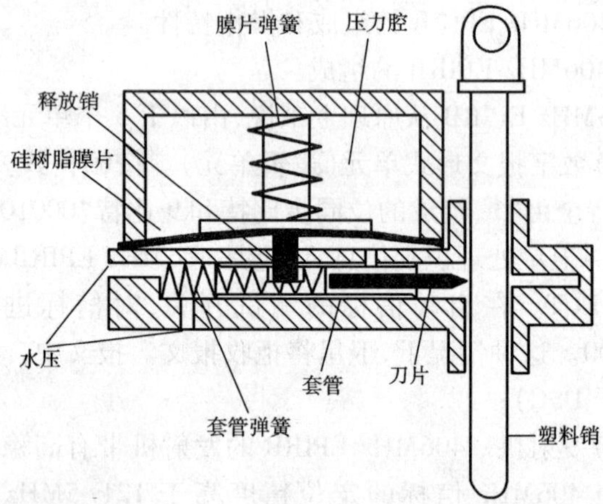

图 9-12 释放器结构和工作原理图

膜片用医用硅酮制成,在较大温度范围内膜片保持良好的弹性,膜片固定在释放销和圆盘之间。当压力腔的腔外压力与腔内压力相等时,在膜片弹簧的作用下,保持释放销位于套管的孔内,强弹性套管弹簧被挤压在一起。当释放器浸入水中约 2 ~4m,水压达 200 ~400mbar 时,膜受力上弹,释放销被带出套管孔。套管在弹簧作用下带动刀高速撞击塑料销,将销切断。信标离开支架或容器进入水中。

水压释放器有效期为 2 年,所以必须定期更换。

2)406MHz EPIRB 的操作和使用特性

船用 406MHz 卫星示位标应为自动浮离式,具有以下操作和使用特性:

(1)装有防止意外启动的装置;

(2)在10m水深处至少能在5min内能保持水密;

(3)在安装位置到浸入水中的过程中,能承受45°的温度差变化;在海洋环境的有害效应、冷凝和渗水情况下,信标的性能不受影响;

(4)信标浮离后能自动启动;

(5)具有指示正在发射信号的指示装置;

(6)在静水中能直立浮起,在任何海况下均应具有正稳性和足够的浮力;

(7)能手动启动和手动关闭;

(8)能从20m高处跌落水中而不致损坏;

(9)在不使用卫星系统的情况下,能测试信标是否处于正常工作;

(10)信标表面颜色为黄色或橙色,并配有反光材料;

(11)备有适宜作系绳的浮力短索(不短于20m),它的布置应能防止设备浮离时被缠在船舶结构上;

(12)配有短时工作周期照明灯(0.75cd),在暗处能被启动,向附近的幸存者和救助单位指示它的位置;

(13)不应受海水或油的过分影响,长时间暴露在阳光下性能不变;

(14)信标装船后应:具有手动启动装置能就地启动,安装在浮离式支架上时也可在驾驶台上遥控启动,能在船舶通常遇到的冲击和振动条件下及其他环境状态下正常工作;避免在横倾或纵倾45°以内情况下,在尚未达到4m水深时自动释放和浮离;

(15)信标外部应清楚地标示出简单的操作说明和原电池的失效日期。

4.几种常用的406MHz EPIRB

1)KANNAD-FH 406MHz EPIRB

法国制造的KANNAD型406MHz EPIRB是一个柱形的漂浮式装置,平时置于容器内。容器上有水压释放器、锁销,锁销可以手动开启和锁闭或落入水中自动释放。信标放置时,标有"THIS SIDE UP"一面应向上,天线卷曲后横置在容器内,同时应使顶部的开关置于"ON"位置。信标依靠容器底层靠锁处的磁铁使EPIRB内的磁性开关置于"off",EPIRB不会处于发射状态。当示位标从容器中取出或在水中释放脱离容器时,天线直立,指示灯即闪烁。如果30s内不关闭顶部开关,信标即启动50s周期的406MHz的报警信号和121.5MHz的寻位信号的发射。

检测信标是否正常,只需从容器内取出示位标,如能观察到红灯有规则的闪亮,表示信标性能正常。试验时间不能超过30s。

在紧急状态下,开启容器的锁栓,取出示位标,30s后就开始发射遇险报警信号;或示位标随容器下沉至水下3m时,在水压作用下容器上的释放机构自动释放,示位标浮于水面自动发射遇险报警信号。

示位标是GMDSS专用的报警装置,要求对示位标作定期检查。每隔6个月由驾驶员或GMDSS无线电人员检查信标工作是否正常;每隔12个月由船检部门对示位标进行检测;每2年对信标作全面检查,更换密封垫圈、更换释放机构;每4年还应更换电池。

以上检测日期,情况必须逐项填入信标的记录表里备案。

这种EPIRB的优点是体积小、编码方式简单、操作方便、使用的电池体积小、更换容易、价格也较便宜,缺点是容易产生误报警,因为示位标测试试验时有30s的时间限制及示位标装入容器内时必须将顶部的开关置于 ON 的要求。

2）TRON-30S/40S EPIRB

TRON-30s/40s EPIRB 是挪威的产品，用于 COSPAS/SARSAT LEOSAR 的自浮式 EPIRB。发射频率为海上搜救频率 406MHz 和 VHF 航空应急频率 121.5MHz/243MHz。示位标可以人工启动，也可以自动启动。

TRON 由三部分组成：上半部分为电路板和天线，天线为内置式全向辐射垂直极化波天线；下半部分为锂电池；中间是连接上下两部分的密封垫圈和密封套。外壳有足够的强度，通常涂有橘黄色。电池有效期 4 年；静水压力释放器有效期 2 年。

TRON-30s/40s 示位标内部有一个水银开关，示位标正立时，水银开关接通；示位标倒置时，水银开关断开。在示位标底部还有一个海水触点开关，浸入海水时外部的两电极短路、即导通。TRON－30s/40s 的人工启动开关装在示位标的顶部，使用这个开关后海水触点开关就无效。

使用时，应确保放置在支架上的示位标倒立（即机壳上的指示箭头"↑"朝上）。在日常维护或靠码头需要取下存放时，应先在倒置状态下确认应急（或人工启动）开关是在"OFF"位，并插上锁销方可正立。若不在"OFF"位，千万不要正立示位标，避免发射报警。在非遇险状态下，注意避免将示位标浸入海水。示位标沉入水中 2～4m 深时，浮力机械将使示位标从安装架上释放。示位标变成正向朝上位置，同时海水使外部的两电极短路。这时，示位标开始发射信号。

TRON-30s/40s 示位标人工启动时，打开示位标顶部开关上的封条，拉出锁脚，开关自动置于紧急位置。靠近固定密封垫圈的 U 型栓的指示灯开始闪亮，速率约为 1Hz 即每秒闪一次。这时 121.5/234MHz 的 VHF 发射机开始发射，约持续 50s。指示灯在转入下一个闪亮序列之前，将停止 4s。其后，指示灯闪亮，表示正在发射 406MHz 信号。当开关转到"OFF"位置，信标停止发射。将锁定脚复位，"OFF"位置就被锁住。

当示位标以正向向上置入水中时，自动发射立即开始，与顶上开关状态无关。当示位标离开水面后，发射就停止。

当示位标被倒置安装在自浮式自动释放支架上，沉入水中 2～4m 深时，水的压力就使示位标自动从支架上释放出来。示位标在电池重量的作用下自动倒转过来，浮到水面，立即开始发射。

对示位标进行测试时，先从支架上拆下示位标，使它正立，水银开关接通。将开关置于"Test"位置，密封圈上面的指示灯开始闪亮。约 1s 后，可能有一次闪亮。之后，持续亮 10s。这段时间里，EPIRB 将对所有的电路参数作自测试，然后复原。如果开关仍置于"Test"位置，将重新开始重复的测试。

示位标内装有一只夜间闪光的灯，用于夜间定位。这个灯受光的控制，所以只能在暗处才能进行这项试验。每次试验过程的开始时间，灯会闪亮一次。

3）JQE-2A/3A EPIRB

JQE-2A EPIRB 是由日本 JRC 公司生产的产品。内装两个发射机：406.025MHz 遇险报警发射机和 121.5MHz 寻位信号发射机。在示位标的顶部有工作方式开关，用于操作控制示位标工作。还有一个闪光灯，为搜救人员提供可视信号。使用 12.5VDC 锂电池，电池有效期 3 年；水压释放器有效期为 4 年。

示位标内部有一个磁开关受自浮式支架上的磁铁控制，磁铁位于支架顶上中间位置。当示位标被正确固定于支架上,磁开关受磁铁吸合而处于断开状态。

使用时应注意:在自浮式支架上,要将示位标上的"▼"标志与自浮支架上的"▲"标志对齐,并将工作方式开关放到"AUTO"位置。在日常维护或靠码头需要取下存放时,应先将工作方式开关打到"OFF" 位置,并用锁定杆锁定。除遇险情况外,任何时候都不要将工作方式开关放到"MANUAL" 位置。

JQE-3A 也是 JRC 公司的产品,外型与 JQE-2A 相比更加小巧,它的工作方式开关位于机身的底部。在自浮式支架上,应将工作方式开关放到"READY"位置。同样,应该注意在非遇险状态下,工作方式开关不要打到"ON"的位置。在日常维护或靠码头需要取下存放时,应先将工作方式开关打到"OFF" 位置,并用锁定杆锁定。

JQE-3A 和 JQE-2A 的电池型号不同,有效期也不一样,前者为 5 年,后者为 3 年。

4) G4 GPS 406 紧急无线电示位标

新一代用于 GEOSAR 的 GPS 紧急无线电示位标由英国 McMurdo(马克默多)公司研制开发、生产,外形如图 9-13 所示。

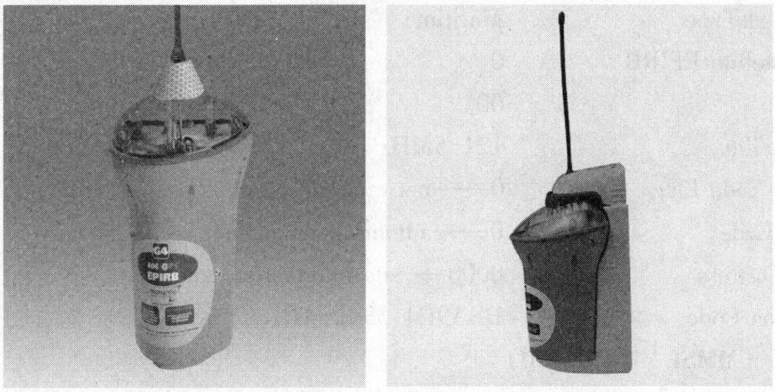

图 9-13 G4 GPS EPIRB

使用 GEOSAR 卫星,G4 GPS 406 EPIRB 不仅提供即时的警报(3min),而且还提供了船舶的详细信息,如所处位置的经纬度、时间等。定位信息精确性达 80m(LEOSAR EPIRB 定位精度仅为 2 ~ 3n mile),这样加快了救援反应速度,使人命安全得到进一步保障。

G4 GPS 406 EPIRB 内置有集成的 12 通道 GPS 接收机,使它自动启动并被抛入海中时,会不断更新位置信息。作为 McMurdo 安全系统产品,该 GPS EPIRB 符合 GMDSS/SOLAS 要求。

G4 GPS 406 EPIRB 有以下特点:

①一体化设计, 内置 GPS 接收机及天线;

②不再需要外部 GPS 接收机或接口;

③快速定位,开机后一般少于 3min 就能提供准确的求助目标经纬度数据;

④定位精确性达 80m;

⑤全球范围覆盖;

⑥尺寸小巧紧凑,运用了曾获奖的 McMurdo E3 的设计技术;

⑦安装方便;

⑧使用 Cospas/Sarsat GEOSAR 系统新的 406.028MHz 频率;

⑨清晰的发射和故障指示。

5. EPIRB 的装船注册和年检

如果船舶要配备 EPRIB,应及时向有关机构注册。注册的内容都在注册卡上标明,主要包括装船 EPIRB 的出厂序列号、船舶的国籍、船东、船名等信息。如果注册的内容有任何变更,应迅速通知注册机构,比如:船舶的变更、船东的变更、EPIRB 的丢失、被盗等,都要迅速通知注册机构。

按 SOLAS 第四章的规定(2002 年 7 月起实施)406MHz EPIRB 测试的时间间隔不超过 12 个月,即进行年检。测试可以在船上或测试站进行,测试的内容主要是频率稳定度、信号强度及存储器数据。

某船测试的存储器数据为:

BIT Synchronization	111 1111 1111 1111
Frame	0 0010 1111
Message Format Flag	Short Message
Protocal Flag	User Protocal
User Protocal Type	Maritime
Specific Satellite EPIRB	0
Not used	00
Homing Facility	121.5MHz
Emergency Code Flag	0——not entered
Activation Code	0——automatic or manual
Nature of Distress	0000——no information entered
Identification Code	BBA9C41534D34D1

(MMSI 477736000)

其中 15 位十六进制 ID(Identification Code,如上面的 BBA9C41534D34D1)应与船舶 MMSI(如上面的 477736000)/呼号数据相一致。(十六进制的)0BBA9C41534D34D1 所对应的二进制数字的编码符合上面所述的受保护信息比特、紧急状况信息码和可选信息码的编码和格式。

第二节 VHF-EPIRB

按照 GMDSS 对船舶配备要求,在 A1 海区航行的船舶可以配备能在 VHF 70 频道上发送 DSC 遇险报警,并使用 9GHz 搜救雷达应答器提供寻位信号的甚高频紧急无线电示位标(简称 VHF 示位标或 VHF-EPIRB),替代 COSPAS/SARSAT 系统的 406MHz EPIRB。

VHF - EPIRB 作为船对岸的专用报警装置在水中能自动浮起自动发射,也可以由人工启动发射。一旦有关海岸电台接收到 VHF-EPIRB 的 DSC 报警信号,由海岸台将报警信息送往有关的 RCC,并由 RCC 采取及时有效的搜救措施。

VHF - EPIRB 发射的遇险报警信息按 DSC 遇险呼叫格式进行编排(详细请参阅第五章)。包括:船舶识别码(MMSI)、遇险性质、遇险时船位、遇险时间以及要求的遇险通信手段等信息。其中遇险时船位由船上导航仪通过示位标接口输入(没有导航仪接入时,船位为五个 99,时间为两个 88),遇险性质指明是"EPIRB 发射"。

VHF-EPIRB 的每次发射由 5 个同一 DSC 序列组成(DSC 的单频呼叫尝试),相邻两次发射的时间间隔为 $(230+10n)$s,其中 n 为第 n 次发射。接收台可以利用上面的算式来推算船舶遇险时间。

VHF-EPIRB 的主要技术指标：

(1)工作频率　156.525MHz(VHF 70CH)

(2)发射类别　G2B

(3)占用带宽　<16kHz

(4)输出功率(e.i.r.p)　≥100mW

(5)天线极化方式　垂直极化

(6)调制　2FSK

副载波 1700Hz，频移 ±400Hz

调制速率 1200b/s

(7)电池容量足以维持 VHF-EPIRB 工作至少 48h。

思考题与习题

1. IMO 认可并被 GMDSS 使用的 EPIRB 有哪几种类型？
2. 试述 COSPAS/SARSAT LEOSAR 系统 EPIRB 报警的路由。
3. 简述 COSPAS/SARSAT LEOSAR 对 406MHz EPIRB 的定位原理。
4. 何谓实时处理模式和全球覆盖模式？试述 COSPAS/SARSAT LEOSAR 系统对 406MHz EPIRB 信号的处理方式。
5. 试述 COSPAS/SARSAT LEOSAR 系统的主要性能参数。
6. 简述水压释放器的工作原理。
7. 简述 COSPAS/SARSAT 采用低、极轨道卫星的理由。
8. 试述 VHF EPIRB 发射的报警中所含的信息。

第十章　救生艇筏无线电设备

GMDSS提供的功能中,船对岸的遇险报警是最重要的功能之一。船舶遇险时可借助多种设备向RCC进行遇险报警。遇险报警一经被RCC所接收,将开展以RCC为中心的搜寻救助工作。报警中提供的位置信息一般说来具有相当的误差,而且遇险大多发生在较为恶劣的海况。受海流、风以及其他因素的影响,遇险船或救生艇筏,或幸存者的实际位置与报警中给出的信息存在很大的偏差。为使遇险的幸存者获得救助,GMDSS配备的救生艇筏无线电设备具有发射示位信号和进行(搜救)现场通信的能力。

搜救雷达应答器(Search and Rescue Radar Transponder)简称SART,是GMDSS所要求的具有发射示位信号,使救助船/飞机能确定漂浮EPIRB或救生艇筏,或幸存者位置的设备;双向甚高频无线电话(Two - way VHF)则是供幸存者使用的现场通信设备。

基于AIS(Automatic Identification System)已在船舶上安装、使用并取得很好的效果,2010年前或后将启用的,称为AIS搜救发射机(AIS - SART,AIS - Search and Rescue Transmitter)已获得IMO的认可,将被安装在船上。一旦船舶遇险,将使救助船或飞机能从AIS-SART发射中更及时、详细获得遇险船舶的信息。

按照GMDSS要求,客船和500总吨及其以上的货船,应至少配备2台(每舷各一台)SART、3台救生艇筏双向甚高频无线电话;300总吨及其以上但小于500总吨的每艘货船至少配备一台SART和2台救生艇筏双向甚高频无线电话。目前,尚未有对AIS-SART的安装要求。

第一节　搜救雷达应答器

GMDSS的搜救雷达应答器工作在9GHz频段(称X波段),故称9GHz SART,与救助船或救助飞机上的X波段(3cm)导航雷达构成一个示位系统。SART的作用是发射示位信号,而船或飞机上的导航雷达则是发现SART并测定SART的位置。

9GHz SART与X波段导航雷达互相配合,使遇险幸存者的示位效果非常明显。该系统的工作不受能见度限制,尤其在暗夜和浓雾能见度不良、肉眼搜索困难的情况下。充分利用雷达的功能,在相当的雷达视野范围内(至少5n mile)搜寻到并测出SART的具体方位和距离,大大提高了搜救的成功率。可以说,SART是最终实现GMDSS的搜救、确定救生艇筏、遇险人员位置的最主要设备之一。

一、GMDSS示位系统的工作原理

GMDSS示位系统的组成如图10-1所示,由(遇险船舶或救生艇筏或遇险船员的)9GHz SART和救助船或救助飞机上的X波段导航雷达构成。

9GHz SART作为示位的信号源,主要由天线、环行器(双工器)、接收机、发射机、扫描产生

(定时电路)和电源组成。SART 可以由人工启动工作和关闭,也可以在落入水中时自动启动。当它接收到 X 波段导航雷达发射的雷达信号(称雷达询问)时,SART 能自动给予“应答”,即发射独特的应答信号。X 波段导航雷达接收到 SART 发射的应答信号、解调并在雷达显示器上显示。显示的图像指示出 SART 的位置,如图 10-2 所示。

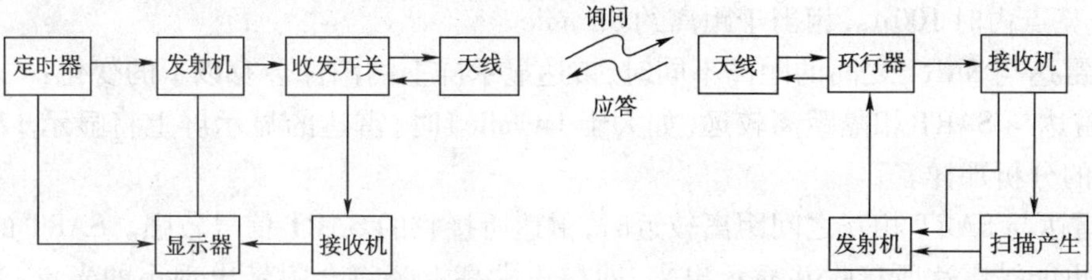

图 10-1　GMDSS 示位系统的构成

SART 接通电源后处于接收状态(也称处于 STBY),从接通电源到处于接收状态时间间隔不超过 5s。当 SART 接收到 9GHz 雷达发射的脉冲信号,它的扫频器产生 12 个等间距的锯齿信号(参看图 10-3)。每一个锯齿信号都触发发射机发射频率为 9200 ~ 9500MHz 的应答雷达信号。这样,每接收到一个雷达信号,SART 都将应答 12 个扫频雷达信号。每个扫频(雷达)信号占时 8.33μs,12 个信号占时 100μs(是 SART 发射即应答允许的脉冲宽度)。应答的扫频雷达信号,其频率可以由 9200MHz 线性增加到 9500MHz,也可由 9500MHz 线性减小到 9200MHz,扫描频率范围为 9500 - 9200MHz = 300MHz。之所以需要 300MHz 的频率范围,是为了让工作在 9GHz 频段不同频率的导航雷达都能接收到 SART 的应答信号。

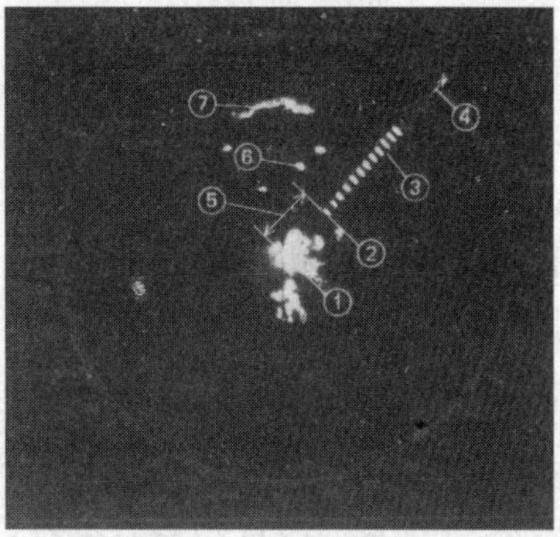

图 10-2　RADAR 显示的 SART 应答信号图像
①本船(救助船)位置;②SART 的位置;③SART 应答信号图像;④本船航向;⑤救助船与 SART 的距离;⑥其他船舶图像;⑦陆地

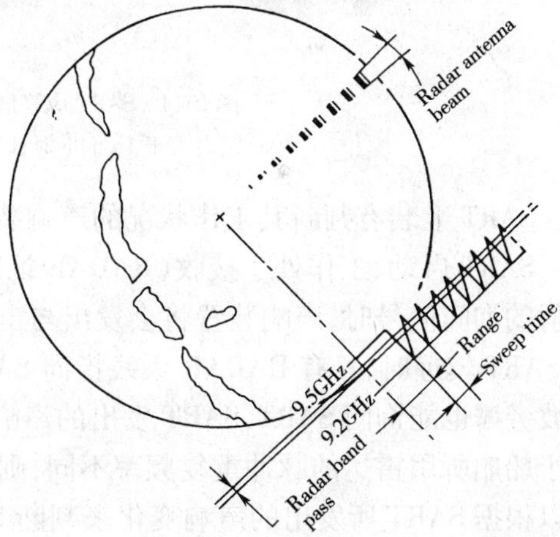

图 10-3　SART 的扫频信号与 RADAR 上显示的亮点

由图 10-3 可以看出,实际的救助船或飞机上的导航雷达仅能接收 300MHz 扫频信号中约为本机接收机带宽范围的应答信号,经检波得到相应的脉冲信号在雷达显示屏上显示一个亮点。这样 12 个扫频信号被雷达接收后,将在雷达显示屏上显示 12 个亮点。显然,亮点的长度与 RADAR 接收机的带宽有关。

图 10-3 中,离显示屏中心(本船)最近的第一个亮点是 SART 的位置,沿半径排列的 12 个亮点与船首线之间的夹角是 SART 与救助船之间的相对方位角。所以,由 RADAR 显示屏上

的图像便能确定 SART 的位置。

在图 10-3，前一个亮点的起始到后一个亮点起始之间在时间上的间隔为 8.33μs，相当于距离间隔为：

$$8.33\mu s \times 150m/\mu s \approx 1250m$$

12 个亮点占时 100μs，相当于距离约 8n mile。

导航雷达与 SART 之间的距离不同时，雷达显示屏上的图像会有以下的变化：

(1)雷达与 SART 相隔距离较远(如大于 1n mile)时，雷达的显示屏上将显示 12 个亮点。正如上面的分析那样。

(2)雷达与 SART 相互之间距离较近时，雷达所接收的 SART 信号较强。SART 的约0.4μs 回扫信号也能被雷达所接收并显示出来，即在正常亮点旁将会附带出现小的光点。如图10-3 所示的亮点后的短线。

(3)雷达与 SART 距离更靠近(约 1n mile 内)时，雷达天线的旁瓣和后瓣也能触发(询问)SART，使它应答。RADAR 接收到 SART 的应答信号并显示如图 10-4 所示的圆弧、同心圆弧。

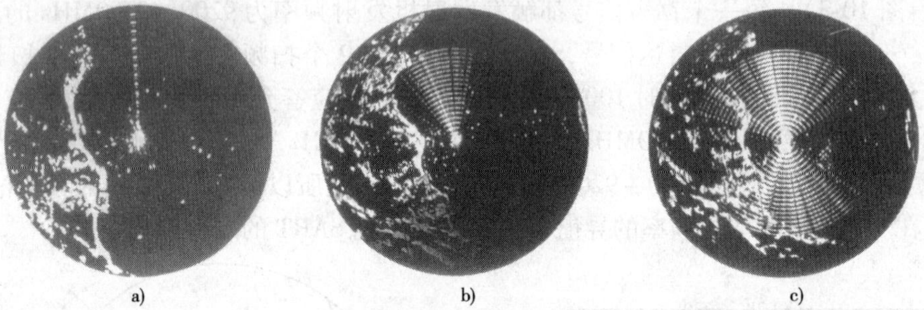

图 10-4 SART 应答信号在 RADAR 上显示的实际图像

a)距离大于 1n mile 时；b)距离 1n mile 内；c)距离约 500m 内

SART 上装有判断其工作状况的声响装置和发光指示装置。

SART 启动、工作处于接收(RADAR 询问的)状态时，没有声响；当 SART 接收到救助雷达发射的询问信号时，声响装置将会发出与雷达脉冲重复频率相同的、约 1kHz 的声响。当雷达离 SART 较远时，只有 RADAR 天线指向 SART、SART 应答时才发出声响。当距离变近时，雷达波旁瓣也能询问 SART，SART 发出的声响逐渐变成连续。另外，在多条救助船前来救援时，由于船舶所用雷达的脉冲重复频率不同，则 SART 应答时发出的响声的音调也有差异。因此，可以根据 SART 所发出的声响变化来判断 SART 的工作是否正常，或救助船是否已来到或越来越近，或估计有多艘船舶前来救援。

SART 还具有视觉指示功能：SART 启动、处于接收状态时，指示灯以 2s 为一个周期，闪 0.5s，停 1.5s。当 SART 接收到救助船舶雷达的询问并正常应答时，指示灯则以 1s 为一周期，闪 0.5s，停 0.5s，因此，可以根据指示灯闪烁频率的变化来判断 SART 的工作是否正常或救助船舶的到来。

幸存者可以从 SART 指示灯闪烁速度的加快和声响的变化判断救助飞机、船舶正在接近，增强获得救助的信心。

二、SART 的技术特性

根据上面的介绍，SART 是通过接收救助船或飞机上导航雷达发射的雷达信号后，应答

(即发射)一串扫频雷达信号,使雷达显示屏上显示 SART 应答信号的一种示位设备。要达到寻位的目的,一方面要求 SART 应满足本身的最低技术要求,另一方面也要求导航雷达满足最低的技术要求。

1. 导航雷达的技术要求

一般情况下,导航雷达的主要最低技术要求如下:

1)发射机

发射功率 ≥10kW

发射脉冲宽度 1μs 或 0.1μs

发射脉冲重复周期 1ms

2)接收机

接收机灵敏度 优于 -90dBmW

接收机视频带宽 >10MHz

3)天线

天线转速 15 ~ 20r/min

天线高度 >15m

天线水平波束宽度 ≤2°

天线垂直波束宽度 >25°

天线增益 ≥27dB

2. SART 的技术要求

作为 GMDSS 组成部分的 SART,应满足如下技术特性:

1)接收机

接收机工作频率 9200 ~ 9500MHz

接收灵敏度 优于 -50dBmW

视频带宽 >10MHz

2)发射机

发射机功率(EIRP) ≥400mW

脉冲宽度 100μs

扫频范围 9200 ~ 9500MHz

扫描速率 12/100μs

扫描方式 锯齿波形:正程 7.5μs ±1μs

回扫 0.4μs ±0.1μs

激励恢复 5μs ±0.5μs

响应时延 ≤0.5μs

3)天线

频率范围 9200 ~ 9500MHz

天线有效高度和极化方式 至少高出海平面 1m;水平极化

天线极坐标 在水平面基本上是全向的

水平波束:全向,360°,≤ ±2dB

垂直波束 ≥25°

天线增益 ≥6dB

天线稳性　在下部装置流体动力特性的保护下，SART 能在狂涌情况下对雷达询问脉冲作出正常应答

4）SART 的应答距离

当受到高度为 15m 以上的导航雷达天线询问时，SART 能正常响应雷达的询问，发送应答信号的距离不小于 5n mile；当峰值输出功率至少为 10kW 的飞机雷达在 3000ft（2500m）上空相距不少于 30n mile 处对 SART 进行询问时，SART 应能正常响应（即应答）。

5）电池

SART 的电池容量应足以在待命状态下工作 96h，能在 RADAR 的 1kHz 脉冲重复频率的连续触发下进行 8h 应答发射。电池的货架（贮存）寿命不短于 3 年，装入 SART 2 年不需更换。

3. SART 的操作使用性能

GMDSS 要求 SART 操作使用性能不低于下述标准：

（1）SART 应：

①能容易地由非熟练人员启动；

②装有防止意外启动的装置；

③装有视觉装置或听觉装置或视听装置来指示正确的操作，并提醒幸存者 SART 已被搜救雷达触发；

④能人工启动和关闭，也可包括自动启动装置；

⑤具有待命状态的指示功能；

⑥能从 20m 高处落下水中不致损坏；

⑦能在 10m 水深处至少 5min 内能保持水密；

⑧在规定的浸水条件下受到 45℃热冲击时，仍能保持水密；

⑨如果不是救生艇筏整体的一个组成部分，落入水中时，应能正向浮起；

⑩若设计成浮起工作，应有一不短于 20m 的可浮短索，供遇难幸存者系在身上使用；

⑪能抗海水和油的侵蚀，长时间暴露在阳光下，技术指标不应降低；

⑫外部结构平滑，以免损坏救生艇筏，表面颜色应为黄色或橙色。

（2）SART 应能在 −20 ~ +55℃的环境温度中工作，并在 −30 ~ +65℃的温度范围内存放时不致损坏。

（3）SART 天线应至少高出海平面 1m。

（4）SART 表面应清晰地标明简单的操作说明和所使用的电池的失效日期。

（5）SART 的试验：应定期对船上或救生艇筏上装备的 SART 进行试验，步骤如下：

①RADAR 量程置于 10n mile，关闭雨雪抑制开关，增益调大，使接收机失谐（削弱雷达回波信号）；

②将 SART 开关置 Test，启动 SART；

③观察雷达显示屏，应有 12 个或 24 个回波信号显示。

SART 的启动试验时间应尽可能短，以免对其他雷达造成干扰。

三、SART 在实际应用中的几个问题

1. SART 的作用距离

SART 应答距离不仅与其自身的性能指标（如天线高度、增益、接收机灵敏度、发射功率

等)有关,而且与搜寻它的导航雷达天线的高度、相应的技术性能等有关。导航雷达搜寻SART的作用距离、SART对导航雷达的应答距离理论上可以由雷达作用距离公式来计算。

2. SART能同时响应多台雷达的询问

在某个具体方位上,SART能同时响应询问雷达的台数与雷达发射脉冲重复周期和SART发射的脉冲宽度有关。设雷达发射脉冲重复周期为1ms(脉冲重复频率为1kHz),SART的接收抑制时间(为SART发射的脉冲宽度100μs再加上5~10μs,目的是为了避免SART正常应答发射时对另一导航雷达询问信号的接收)约为105~110μs。则在该方位上最多可应答

$$1\ \text{ms}/(105\sim110)\ \mu\text{s}\approx 9\ \text{台}$$

雷达的询问。

在360°全方位上(考虑到雷达水平波束宽为2°),SART能响应的询问雷达的理论台数则应是:

$$(360/2)\times 9=1620\ \text{台}$$

若考虑到近距离时,雷达旁瓣触发的询问,SART实际应答询问雷达台数虽然比理论数值要小,但可以说,SART能应答询问雷达的台数完全能满足实际的需要。

3. 雷达上观察SART的精度

SART在雷达上的观测位置与SART实际位置之间存在一定的误差,误差主要由以下两个时间产生:

(1)SART接收到搜救雷达的询问到SART发射应答信号有一定的延时,按规定,这个延时不大于0.5μs。因此,产生的距离误差小于150×0.5=75m。

(2)SART发射的应答信号频率为9200~9500MHz,救助雷达所能接收的频率范围仅是其中的很小一部分。因此,不同型号的导航雷达由于工作频率的差异,在荧光屏上显示的应答信号的第一个亮点将产生不同的延时,对应的SART位置误差也不相同。

延时的大小取决于RADAR的工作频率和SART应答信号的扫频变化。若SART的应答信号扫频由9200MHz增大到9500MHz,则导航雷达的工作频率为9500MHz时,它对应答信号的延时最大;若SART的应答信号扫频由9500MHz减小到9200MHz,则导航雷达的工作频率为9200MHz时对应答信号的延时最大。

4. 海浪的影响

海难事故大多发生在恶劣的海况条件下,海浪的乱反射将在导航雷达显示器上淹没部分SART的应答信号而不能完整地显示12个亮点。特别是靠近圆心的亮点,往往被海浪的干扰所淹没。通常由于SART应答信号在导航雷达显示器上形成的两个亮点之间的距离相当于0.67n mile,12个亮点全长相当于8n mile。所以也可以由第12个亮点的位置倒算出SART的位置。一般情况下,海浪干扰严重时会延至4n mile,并不会完全淹没整个12个亮点。

5. 导航雷达天线的旁瓣触发

SART在导航雷达波束旁瓣作用下发射应答信号称为旁瓣触发。这时,雷达显示器上显示的SART应答信号将成为12个同心圆,使SART方位的确定变得很困难。由于旁瓣触发往往是在近距离下发生的(一般在300~500m内),这样白天完全可以用肉眼寻找SART和遇难幸存者,晚上则可以借助SART闪烁的指示灯发现SART的位置。

6. SART与一般航标雷达应答器的区别

航标雷达应答器(也称雷达信标)内有雷达接收机和扫频发射机,依靠电源(池)供电工作,所以也称“有源反射器”。雷达应答器接收机自动接收船上导航雷达发射的雷达信号,随

后以最短的延迟由扫频发射机自动发射应答的雷达信号，其应答信号用长短间隔编码来识别。编码信号在雷达显示器上离圆心最近的一个代表雷达应答器的位置。

SART 与一般雷达信标的主要区别有：

1）功能不同

一般雷达信标用于助航、识别物标，而 SART 则仅用于搜寻救助的寻位。

2）工作频率不同

一般应答器接收频率、发射机扫频因各自用途、识别而有差异。而 SART 的工作频率则为国际统一，9GHz 频段。

3）应答信号不同

一般雷达信标的脉冲长短不一，延迟时间、编码识别也各不相同，并以此作为各自的识别。而 SART 为了使雷达显示器上的信号区别于其他物标的信号，将在显示器上显示一系列等距离的小亮点，很容易被识别。

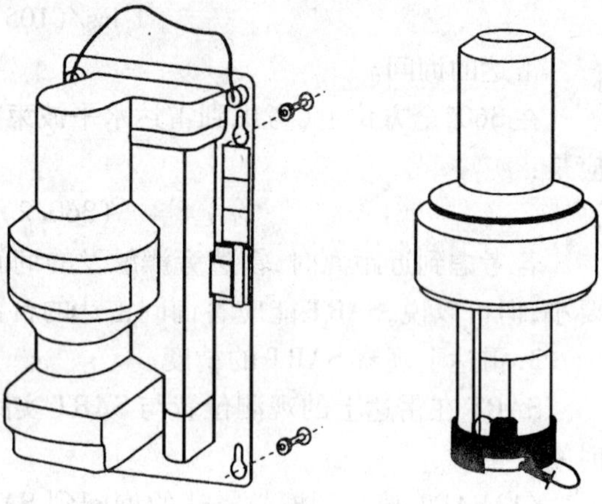

图 10-5　SART 的外形

SART 的外形如图 10-5 所示。按照安装方式，SART 可以分成三类：

（1）固定安装在船上或救生艇筏上的 SART（图 10-5）；

（2）便携式 SART；

（3）装有释放机械和/或与自浮式 EPIRB 组装在一起的 SART。

IMO 将在 2010 年引用的 AIS-SART 与 9GHz SART 相结合，这样可以充分利用 AIS 提供的信息，对遇难船舶、船员进行更及时有效的搜寻和救助。

第二节　双向甚高频无线电话

甚高频（VHF）无线电通信是水上无线电通信的重要组成部分之一，GMDSS 要求航行于 A1 ~ A4 海区的船舶不仅配备能进行话音和数字选择性呼叫通信的 VHF 无线电话设备，还要求配备 3 台（300 ~ 500 总吨船舶可以配备 2 台）救生艇筏上使用的双向 VHF 无线电话设备（Two-way VHF）。

Two-way VHF 设备主要用于救生艇筏之间、救生艇筏与船舶之间，以及救生艇筏与救助单位之间的现场通信。如果能以适当的频率操作，也可用于船上通信。

双向无线电话体积小，重量轻。至少应由包括天线和电池在内的完整的收发信机、包括按钮式发射开关在内的完整的控制装置、内置式送话器和扬声器组成。

1. 主要技术指标

（1）工作频率：156.800MHz（VHF 第 16 频道）和至少另一频道。所有选配的频道只用于单一频率的话音通信；

（2）频率稳定度：10^{-6}；

（3）发射类别：F3E 或 G3E；

（4）天线为垂直极化，在水平面上尽可能是全向的；

（5）发射功率：0.25 ~ 1W；应设有功率降低开关，以使发射功率可降至 1W 或更小，当设备用于船上通信时，输出功率不得超过1W；

(6)在信噪比为12dB时，接收机的灵敏度应不劣于2μV；

(7)双向无线电话应在开机后5s内可以工作。

2. 双向无线电话的电源

(1)电源应为双向无线电话设备整体的一部分，也可以提供手段使用外部电源来操作该设备；

(2)工作周期为1:9时，电源容量足以确保以最高额定功率工作8h，工作周期定义为6s发射，高于静噪电平6s接收，低于静噪电平48s接收；

(3)可以配原电池或蓄电池，原电池的储存寿命至少为2年；

(4)采取措施以保证在遇险情况下，能有充足了电的蓄电池，可供应急使用；

(5)双向无线电话外部应清晰地标明使用电池的失效日期。

3. 操作和使用特性

(1)能由非熟练、戴着手套的人员操作，除频道选择外应能单手操作；

(2)可经受1m高处向硬表面跌落，在10m水深处至少在5 min内能保持水密；

(3)在规定的浸水条件下受到45℃热冲击时，设备仍能保持水密；

(4)能在船上或救生艇筏上可能遇到的环境噪声情况下工作；

(5)能在-20~+55℃的温度范围内工作，在-30~+65℃的温度范围内存放时不致损坏；

(6)不会因天线的断路或短路而损坏。

思考题与习题

1. 试述救生艇筏无线电设备的功能。
2. 简述SART的工作过程。
3. 如何由SART的工作情况来判断救助的可能？
4. SART的定位精度主要取决于哪些参数？
5. 试述SART应答信号在搜救雷达显示器上显示的图形。
6. 试述GMDSS对Two-way VHF无线电话使用频道、电源的规定。

第十一章 GMDSS备用电源

第一节 概 述

SOLAS 公约第四章(有关 GMDSS)、船级社对船舶无线电通信设备的供电带有强制性的规定:

(1)当船舶在海上航行时,应始终备有足够的电源供无线电设备工作,并对作为无线电设备的一个或多个备用电源的蓄电池进行充电。

①备用电源的供电时间至少为:

A. 如果船舶应急电源能向无线电设备供电 3h,备用电源应至少能提供使无线电装置维持 1h 正常工作所需的电能;

B. 如果应急电源不向无线电通信设备供电或不满足①的要求,备用电源应至少提供能使无线电设备维持 6h 正常工作所需的电能。

②备用电源由可充电蓄电池组成时,应有对蓄电池进行自动充电的装置。充电装置应能在 10h 内使蓄电池充电达到最小容量的要求。充电后的蓄电池至少提供第(1)条所要求的最少工作小时数。充电装置应装有检查供电网络和蓄电池组电压、充电电流的测量仪表,还应设有逆向电流保护装置,防止蓄电池向船舶电网供电。

(2)要求船舶不仅配有主电源、应急电源,还应配备一个或多个 GMDSS 备用电源。

①船舶对无线电设备供电的无线电分配电板应由主配电板或应急配电板独立馈电线供电。各种与无线电设备无关的用电部分不得接入无线电设备的电路内(对于小于 300 总吨的船舶以及在 A1 海区或遮蔽水域航行且小于 500 总吨的船舶,它的无线电通信设备可由驾驶室的其他主配电板或应急配电板的分配电板供电)。

②船舶应配备一个或多个备用电源,当船舶主电源和应急电源发生故障时向无线电通信设备供电。该一个或多个备用电源能给全部可用于遇险与安全通信的无线电设备供电,这包括 VHF(带 DSC)、MF SSB(带 DSC)、MF/HF SSB(带 DSC)、INMARSAT MES(由船舶航行海区、配备的设备而定),以及用于无线电控制台的照明装置、向 INMARSAT MES 提供正常工作所需航向信息的 GYRO 及提供船位信息的导航设备(如 GPS 接收机等)。对于小于 300 总吨的船舶以及在 A1 海区和遮蔽水域航行且小于 500 总吨的船舶,可以不要求设置专用的无线电备用电源,无线电设备应由船舶的应急电源或其他备用电源供电。

(3)如果需要将船舶的导航或其他设备的信息连续输入到(2)所要求的无线电设备中以确保其适当的性能时,应备有能确保在船舶主电源或应急电源故障时,仍能继续提供此类信息的电源装置。

(4)备用电源供电容量的计算:下面以一艘配备 GMDSS 设备的船舶为例,说明备用电源供电容量的计算。

某船舶配备的用于遇险、紧急通信的设备是 MF/HF SSB(带 DSC)电台一套、VHF(带

DSC)电台2套、INMARSAT-C MES一台及一盏ENG-LIGHT(应急灯)。这些设备和灯的用电量如表11-1所示。

备用电流供电容量计算举例 表11-1

设备名称	发射(TX)电压/电流	接收(RX)电压/电流
MF/HF SSB(1套)	24V/16A	24V/1.5A
VHF(+DSC)(两套)	24V/4A	24V/0.8A
INMARSAT-C MES(1套)	24V/0.8A	24V/0.471A
ENG-LIGHT(1盏)	24V/1A	

备用电源供电容量的计算:

①发射电流的总消耗:$16+2\times4+0.8=24.8A$

②接收电流的总消耗:$1.5+2\times0.8+0.417=3.6A$

按IMO要求,单位时间电池消耗的计算按:

$$0.5\times\text{发射电流的总消耗}+\text{接收电流的总消耗}+\text{应急灯消耗}$$
$$=0.5\times24.8+3.6+1$$
$$=17A$$

$$\text{所需总的电池容量}=\text{单位时间的电池消耗}\times6$$
$$=17\times6$$
$$=102Ah$$

上式中6为系数。SOLAS公约对系数规定了一定范围,各船级社有不同的规定。这里选6是参照中国远洋集团的规定。

该船采用24V/195Ah蓄电池组作为备用电源,满足通信设备连续工作6h的用电要求。

(5)备用电源蓄电池组应置于最高连续甲板之上,并能从露天甲板容易到达的地方。也可以把蓄电池组安装在有防水结构的箱内,该箱应放在最高连续甲板之上,并装在离甲板不小于50mm高度处。

第二节 蓄电池的组成和工作原理

作为GMDSS备用电源,蓄电池在船舶无线电通信中占用重要的地位。下面将介绍蓄电池的种类、基本工作原理与构造。

一、蓄电池的分类

船舶上常用的蓄电池可分为二类:酸性蓄电池、碱性蓄电池。

由于碱性蓄电池造价高、输出电压低,目前船舶广泛采用的是酸性蓄电池,一般为铅酸蓄电池。

铅酸蓄电池可以分为固定型和移动型两大类,也可以按照它们不同的外形结构和用途分为多种形式。船舶使用的蓄电池大多为移动型蓄电池。移动型蓄电池是用于携带和在移动情况下使用的直流电源。因此对它的要求是,应具有体积小、重量轻的特点和具有优良的耐震、耐冻性能。

二、铅酸蓄电池的组成

铅酸蓄电池主要由正负极板、隔离板、电解液和电池槽等部件组成,如图 11-1 所示。

1. 容器

铅酸电池的容器(又称电池槽),是用来盛腐蚀性很强的电解液和支撑极板组。因此必须耐酸、耐热、耐震,并且绝缘性能好,有足够的机械强度。容器种类有玻璃、硬橡胶、塑料等几种。

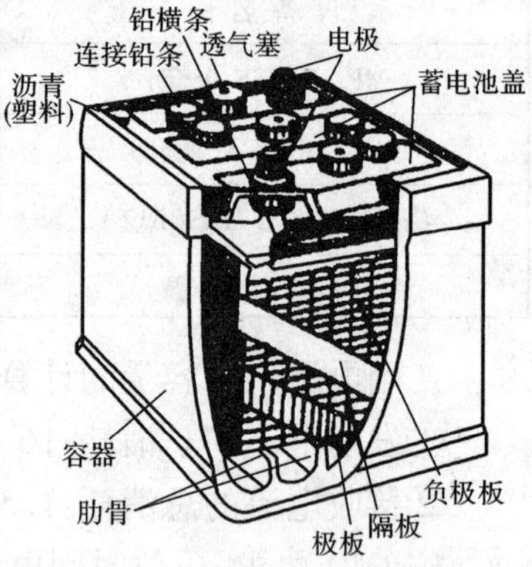

图 11-1　铅酸蓄电池的组成

2. 极板

为增加电池容量,在蓄电池内部装有许多块极板,分为正极板和负极板。正极板上涂有过氧化物、呈棕色,负极板上涂有银白色的海绵状铅。蓄电池的充放电是靠正、负极板上活性物质和电解液之间的电化学反应来实现的。铅酸蓄电池的极板由板栅和铅粉构成,铅粉是在蓄电池进行电化学反应时起主要作用的活性物质。所以铅粉质量的好坏、原料的纯度、氧化度的高低、颗粒的大小等,对蓄电池容量大小和使用寿命长短都有很大的影响。

3. 隔离板

隔离板是一种耐酸多微孔物,它的作用是:

(1)将正极板和负极板隔离,防止正、负极板接触而造成蓄电池内部短路。

(2)在电流的作用下,通过电解液的传导,使电子在隔离板的微孔内畅通往来。

(3)在电极间的空间贮有必要数量的电解液,以保证较高的导电性。

隔离板的种类很多,通常使用的隔离板有木隔板、微孔橡胶隔板、微孔塑料隔板、玻璃丝隔板等。

隔离板的质量对蓄电池工作性能有很大的影响:隔离板的电阻值直接影响蓄电池放电时的容量;隔离板的好坏直接影响蓄电池的使用寿命。所以不论使用哪种材料制成的隔离板,都应满足下列要求:

(1)隔离板不应增加电池的内电阻及影响电解液的自由扩散。

(2)能大量吸收电解液,能很快地为电解液所浸透。板的孔率要高,但孔径要小,不能使脱落的活性物质经过隔离板而与相邻极板接触。

(3)具有较大的机械强度、弹性、韧性,能耐酸、耐氧化,化学性能稳定。

4. 其他组件

(1)连接条:由铅锑合金铸成,主要用来连接相邻的两个正负极柱。使用铅锑合金主要是为了防止被电解液腐蚀。

(2)电池盖:使用硬橡胶盖或塑料盖。电池盖上有三个孔,中间一个孔叫注液孔,用来通风、排气和灌注电解液。这个孔上有螺纹,供旋注液盖之用。位于两旁的孔较小,供正负极柱伸出之用。这两个孔上嵌有铅锑合金套,它与板柱熔化在一起,提高导电性,并使封闭严密。

(3)防护片:通常是把厚 1mm 左右的硬橡胶或塑料薄片冲一些小孔制成,放在单体电池极板群的上端,用来保护极板和隔离板。

三、铅酸蓄电池的工作原理

蓄电池是化学电源中的一种,它能把电能变成化学能储存起来,当需要时再把化学能转变为电能。

铅酸蓄电池是由二氧化铅的正极板与绒状纯铅的负极板浸入电解液所构成的。由于电极与电解液之间所起的化学变化,使两极之间产生电压。如果用灯泡把外电路接通,灯泡会立即发亮。这种把化学能变为电能、输出电流的现象,叫做蓄电池的放电。在放电过程中,正、负极板的活性物质变成硫酸铅。

如果把放了电的蓄电池的两极与充电电源的两极分别连接,使充电电源输出的电流沿蓄电池放电时电流方向相反的路径通过蓄电池,这将使蓄电池放电时变化了的活性物质还原,重新将电能储存起来,这种将电能变为化学能的现象叫做蓄电池的充电。

铅酸蓄电池是利用二氧化铅与硫酸的化学反应来储存、输出电能。当正极板和负极板同时与硫酸溶液接触时,在正、负极板之间产生约2V的电动势。如果将电阻接入正、负电极之间,就有电流流过电阻。这时,在蓄电池中产生下面的化学反应:

$$\underset{\text{正极}}{PbO_2} + 2H_2SO_4 + \underset{\text{负极}}{Pb} \longrightarrow \underset{\text{正极}}{PbSO_4} + 2H_2O + \underset{\text{负极}}{PbSO_4}\text{(放电)}$$

上式的化学反应过程,称为蓄电池的放电。当电池的正、负极板都转化为硫酸铅时,将反向电流通入蓄电池,即外接电源的正极接蓄电池的正极、电源负极接蓄电池的负极。电流由电源的正极(蓄电池的正极板)经蓄电池流向电源的负极(蓄电池的负极板),这时在蓄电池中产生与放电过程相反的化学反应。正、负极板又分别转化为二氧化铅、铅,这个过程称为蓄电池的充电。当正、负极板全部转化为二氧化铅、铅时,即可停止充电。

$$\underset{\text{正极}}{PbSO_4} + 2H_2O + \underset{\text{负极}}{PbSO_4} \longrightarrow \underset{\text{正极}}{PbO_2} + 2H_2SO_4 + \underset{\text{负极}}{Pb}\text{(充电)}$$

放电过程中,电解液中硫酸分子不断减少、水分子相应增加。因此,电解液浓度逐渐下降。所以在实际工作中,电解液密度的高低是判断放电程度的标志。

充电过程中,电解液中的硫酸成分增加、水分子减少。因此,电解液的浓度逐渐增大,密度也就逐渐升高。所以铅酸蓄电池充电的完成,可以由电解液密度的高低来判断。

充放电期间,铅酸蓄电池的极电压会有一些变化,不过电解液密度变化更明显。所以常用电解液的密度作为检查铅酸蓄电池状态的依据。

四、碱性蓄电池的工作原理与构成

碱性蓄电池又称碱性电解质电池,它以碱性物质作电解质,但电解质并不消耗,仅完成导电的作用。碱性蓄电池具有体积小、机械强度高、工作电压平稳、大电流放电、使用寿命长等特点。

碱性蓄电池由于极板活性物质材料的不同,分为铁镍蓄电池、镉镍蓄电池、银锌蓄电池。它们均能适应大电流放电,具有优于铅酸蓄电池的特性。但由于价格昂贵,制作材料选择困难,所以它的应用目前不如铅酸蓄电池广泛。

1. 铁镍蓄电池和镉镍蓄电池的工作原理

铁镍蓄电池、镉镍蓄电池极板上的活性物质在充电后,正极板上为三氧化二镍或氢氧化镍。铁镍蓄电池负极板上的活性物质是铁粉,镉镍蓄电池负极板上的活性物质是镉和铁的混合物。在放电终止时，正极板上的活性物质转变为氧化镍或氢氧化镍。铁镍蓄电池负极板上的活性物质转变为氧化铁或氢氧化铁，镉镍蓄电池负极板上活性物质转变为氧化镉或氢氧化镉。氢氧化钾溶液在充电、放电过程中，只起传导电流和介质的作用，电解液的成分不变、浓度变化也很微小。因此不能用测量电解液浓度的方法来鉴别蓄电池所储藏的电能，只能使用电压表来测量蓄电池的电压。现在许多船用蓄电池充电设备大多自带自动充放电控制器，并有电压、电流指示，可以非常方便地查看蓄电池的状态。

铁镍蓄电池电极在充放电过程中的化学反应如下：

$$2Ni(OH)_2 + Fe(OH)_2 = 2NiOOH + Fe + 2H_2O$$

镉镍蓄电池电极在充放电过程中的化学反应如下：

$$CdO + 2NiO = Ni_2O_3 + Cd$$

2. 镉镍电池的组成

1）正极板

正极板的活性物质是氢氧化镍。为了增加活性物质的导电率，在其中加入低于1cm的高纯度鳞状石墨片。正极板的构造是将已经填满活性有效物质的盒子压入镀镍的板栅格子内。正极板的盒子由在氢气中煅烧过的多孔镀镍钢带制成，盒子的两侧制有沟槽。镉镍蓄电池在最初充电和放电的过程中，极板活性物质会因膨胀而使其体积增加，因此盒子的容积应留有余地。

2）负极板

镉镍蓄电池的负极板也是用镀镍的薄钢片制成的盒子，将填满活性物质的盒子置于镀镍钢制板栅的框上，即构成一片负极板。

3）电池槽

电池槽是用镀镍钢板制成的，由槽盖、槽筒、槽底三部分焊接成一体。在电池槽盖上设有带自动阀的注液孔，使用时应注意不要使这个孔堵塞。

第三节　蓄电池的维护、使用和保养

一、酸性蓄电池的维护、使用和保养

1. 酸性电解液的配制

一般说来，酸性蓄电池用的电解液可以从市场上购买，也可以自己配制。铅酸蓄电池一般用密度来表示电解液的浓度，电解液的密度就是$1cm^3$电解液的质量。浓硫酸的密度为$1.83g/cm^3$，蓄电池所用的电解液密度为$1.25 \sim 1.30\ g/cm^3$，常以$1.280\ g/cm^3$为标准。

1）准备工作

准备耐酸、耐热，大小合适的容器一只，洗净后再用蒸馏水洗一遍；

穿戴好防护用具，如胶皮围腰、胶皮手套、胶鞋、护目镜等；

准备好5%小苏打溶液，以备冲洗溅到皮肤上和衣服上的硫酸；

准备好密度计一只，用于测量电解液的密度；

玻璃棒一支。

2）配制

将按比例准备好的蒸馏水放入容器中，再将浓硫酸慢慢、细流注入水中，同时不断用玻璃

棒搅动。如果温度上升过快,应暂停注入硫酸,待温度下降后再注入。然后用密度计测量密度,如果密度偏低,则可加入密度为 $1.40g/cm^3$ 的硫酸溶液;若密度偏高,则掺入蒸馏水调整。

3)密度的测量

电解液的密度与温度有密切关系。当温度升高时,硫酸溶液因受热而膨胀,密度降低。测定密度时,以 20℃ 为标准。

船用密度计通常为吸式密度计。使用时先捏紧橡皮圆球,并将密度计插入溶液中,松开橡皮球,电解液被吸入玻璃管内。管内的浮子上浮,从密度计浮子上可读取密度的读数。

4)配比计算

配制前要计算好蒸馏水的体积、重量和浓硫酸的体积、重量。船用铅酸蓄电池电解液的标准密度是 $1.280g/cm^3$。若采用密度为 $1.80g/cm^3$ 的硫酸时,蒸馏水与硫酸的体积比为 2.75:1。也就是按体积计算时,取 2.75 单位纯净的蒸馏水与 1 个单位的浓硫酸混合配制。水与硫酸的重量比为 1.49:1,也就是取 1.49 单位重的水,一个单位重量的硫酸。根据这个配比,可以计算出配制密度为 $1.280g/cm^3$ 的电解液所需要的蒸馏水与浓硫酸。

5)配制的注意事项

由于硫酸极易溶于水,且在溶解过程中会释放出大量的热。所以,配置电解液时需要十分小心。一定要把硫酸慢慢地沿着容器壁倒入水中,同时不断搅拌。千万不能把水倒入硫酸中。因为硫酸密度比水大得多,如果把水倒入硫酸,水将浮在硫酸的液面上。水和硫酸作用产生的大量热量不能迅速地散发出去,将使温度突然升得很高。形成局部剧烈沸腾,大量酸滴会从容器中喷溅出来,造成危险。

配好的电解液不能立即倒入蓄电池中,必须待电解液的温度冷却至室温时才能注入蓄电池。

要注意穿戴好防护用具。

2. 酸性蓄电池的充放电

1)酸性蓄电池的充电

新蓄电池的充电应该由厂家进行,因为新蓄电池需要很大充电电流和较长的充电时间,而且电解液的配制要求也比较高。

蓄电池充电按下面所述进行:

(1)检查充电室通风是否良好:当蓄电池接近充电完毕时,会产生大量的氢气和氧气,适当比例的氢、氧混合会成为爆炸性气体。同时在产生气泡时,将硫酸溶液带至空气中,形成有害于健康的酸雾。因此,充电时充电室必须有良好的通风;

(2)用棉纱擦净蓄电池表面,并用刮刀除去电极上的氧化物;

(3)检查液面,如液面低,应加入蒸馏水;

(4)捣通盖子上的通气孔;

(5)用粗软导线将蓄电池接入充电电路;

(6)接通电源,蓄电池充电。

2)酸性蓄电池的放电

酸性蓄电池放电要注意以下几个问题:

(1)蓄电池要定期放电使用;

(2)不可将蓄电池剧烈(电流过大)放电,连续放电时间不超过 24h;

(3)放电后要在 24h 内进行充电;

(4)做好放电记录，发现不正常立即解决。

3)铅酸蓄电池的均衡充电

均衡充电也叫过充电。铅酸蓄电池在运行中往往因长期充电不足，过放电或其他一些原因，使板极出现硫化现象，而使电解液、容量、电压等产生不均衡。为了防止这种现象产生，可以对电池进行均衡充电，用以纠正蓄电池组中的某一电池在使用中所发生的不均匀现象，使各个电极都达到均衡一致的良好状态。一般定期进行均衡充电，但遇到下列情况之一时应及时进行均衡充电：

(1)极少进行充放电的电池，每月进行一次；

(2)紧急放电的终止电压超过了规定的数值；

(3)放电电流过大；

(4)放电后未及时进行充电；

(5)蓄电池长时间搁置。

3. 酸性蓄电池的日常维护

(1)建立蓄电池充放电记录本，认真记录各组电池工作情况。

(2)蓄电池使用中要保持各部分表面清洁。

(3)注意盖子要拧紧，但盖子上的通气孔必须畅通。

(4)每周检查一次电解液的密度，若密度降至1.245g/cm^3，应立即充电，以防蓄电池老化。

(5)若电解液液面因蒸发而低落，只能加蒸馏水，不能加硫酸，液面应高出极板10～15mm。若电解液面降低较多，则必须加进与蓄电池同样浓度的电解液。

(6)船用蓄电池一般每月进行一次全充、全放操作。

(7)蓄电池安放间的室内温度不得超过45℃。

(8)蓄电池接线柱如发现白色硫化物时，可用棉纱蘸苏打溶液揩去，将各接触部分刮亮，涂上一层薄的凡士林油。

(9)为了避免蓄电池发生短路，金属工具以及其他易导电的物件切不可放置在蓄电池盖上。

(10)蓄电池在寒冷地区使用时，不能让蓄电池完全放电，以免电解液冻结，损坏蓄电池。在寒冷地区使用的蓄电池电解液浓度可适当增加。

4. 铅酸蓄电池极板硫化及其处理方法

1)极板硫化

铅酸蓄电池在正常使用条件下，正负极板上的活性物质大部分都是松软的硫酸铅小结晶。这些小结晶状的硫酸铅是均匀地分布在极板中，在充电时很容易恢复成原来的二氧化铅和海绵状铅。如果在板极表面出现了白色结晶的粒状斑点，这些斑点是比较粗大的硫酸铅结晶。晶体的质地坚硬，在正常充电时很难溶解，不易变为原来的有效物质。这种现象，叫做"极板硫酸化"，简称"硫化"。

这些粗而硬的硫酸铅晶体体积大，因而会堵塞极板活性物质的细孔，阻碍了电解液的渗透和扩散作用。并且由于"硫化"层的导电性能差，增加了蓄电池的内电阻。而且时间一长，这些粗而硬的硫酸铅就会失去可逆作用，结果使极板的有效活性物质减少，放电容量降低，蓄电池的使用寿命缩短。

极板硫酸化时，会产生下面的现象：

(1)蓄电池的容量显著降低。

(2)充电开始时,电压上升很快;放电时电压急剧下降,即过早地降至终止电压。

(3)在充电过程中,电解液浓度增加很慢。

(4)充电时,电解液温度升高得快,过早冒气、气泡粗大。

(5)对蓄电池进行解剖,仔细观察可以发现,负极板表面粗糙,而且极板颜色不同于正常颜色(正极板呈棕色,负极板呈银白色)。正极板呈浅棕色,负极板呈浅灰色,并且还有白色斑点的硫酸铅布满极板表面。

2)极板硫化处理方法

处理极板硫化的目的是使硫酸电解液易于向活性物质深处作深入的扩散,经过反复充电使极板深处细孔内的活性物质获得较好的电化作用。

(1)硫化较轻时,用初次充电的第二阶段电流连续进行过量充电,直到使电解液面产生大量气泡,电解液浓度及电压达到正常值。

(2)硫化较重时,将蓄电池以10h放电率的电流放电至终止电压。倒掉蓄电池内的电解液,加入蒸馏水,用初次充电的第二阶段充电电流进行连续充电,待电解液密度上升至1.15g/cm^{3}左右时,再按上述放电率放电至终止电压。然后,继续以原来充电电流进行过量充电,直到电解液浓度及电压在3~4h内基本稳定。调整电解液浓度至规定值,进行10h放电率电流的放电。当放电容量能达到额定容量的80%时,表示处理工作基本完成。

对于硫酸化程度特别严重的蓄电池,应予报废。

二、碱性蓄电池的维护、使用和保养

1. 碱性电解液的配置

碱性蓄电池电解液一般由专门生产厂家配制,在使用期限内不需要维护。

对于碱性蓄电池电解液,浓度的选择很关键。因为浓度过低,蓄电池的内电阻增加,影响蓄电池的特性;浓度过高时,将增加负极板活性物质铁的溶解度,尤其在高温时,将显著地影响蓄电池的容量。合理地选用蓄电池电解液的浓度,可以保证蓄电池的额定容量和延长蓄电池的使用寿命。

通常根据气温的不同选择电解液的浓度,并采用不同的电解液类型。当气温在-15~+20℃时,采用密度为1.250g/cm^{3}的氢氧化钾溶液。当温度在-15~+35℃时,采用密度为1.190~1.210g/cm^{3}的氢氧化钾溶液,添加含水氢氧化钾20g/L配制成的混合液。当温度升高到40℃以上时,采用密度为1.170~1.190 g/cm^{3}的氢氧化钠溶液,添加10~15g/L氢氧化锂配制成的混合液。

2. 碱性蓄电池的充放电

1)初充电

新碱性蓄电池的充电,一般由生产厂家完成。

如需对新蓄电池进行充电——初充电,先将新蓄电池清洁后,按厂家说明书规定,注入已配制的合格电解液。为防止二氧化碳进入电解液内,须在每只蓄电池中加入数滴液状石蜡,使电解液表面形成保护层。然后让蓄电池静止两小时后,用电压表测量每只蓄电池的两极之间是否产生电压。如无电压,可以再静止10h后再测。如仍无电压,则该蓄电池无效,不能使用。

蓄电池产生电压后,接着应检查电解液面高度是否在极板之上(液面一般高出极板10~15mm),然后进行初次充电。对镉镍蓄电池,先用正常充电率充电6h;再用正常充电率一半的电流继续充电6h;接着用8h放电率放电4h。这样的充电和放电循环要进行三次,如蓄电池的电压合格了,就可以投入使用。

对铁镍蓄电池,先用正常充电率充电 12h,再用 8h 放电率放电。这时如果两极电压仍在 1.0V 以上,则用 12h 充电率再进行一次充电,然后就可投入使用。如果这时的电压低于 1.0V,则需再进行一次上述的充、放电循环,电压合格后方可投入使用。

2)正常充电

铁镍蓄电池和镉镍蓄电池的正常充电电流为其本身额定电流的 25%。

铁镍蓄电池在正常充电时两极电压从 1.6V 开始逐渐升高,最后达到 1.8V,整个充电过程中电压变化不大。在整个充电过程中都会有气泡产生,这些气体主要是在负极板上析出的氢气。

铁镍蓄电池和镉镍蓄电池的正常充电方法是以正常充电率充电 7h。在充电期间,必须注意蓄电池的温度。对于不加氢氧化锂的电解液,它的温度不得超过 30℃。加入氢氧化锂的电解液,其温度允许高于 30℃,但不得超过 40℃。在温度过高时,应停止充电,待蓄电池冷却后再进行充电。

充电时一般不取下塞子,以防止二氧化碳进入蓄电池内,使电解液失效。当蓄电池在充电过程中产生气体时,塞子会发出嘘嘘的声音。此时应检查塞子的橡胶套管的弹性,必须良好。否则蓄电池内部的气体不能逸出,将会引起外壳膨胀。

碱性蓄电池的充电程度,正确判断方法是:观察两极之间的电压。铁镍蓄电池电压上升至 1.8V,镉镍蓄电池电压升至 1.75V,如果经 1h 后电压仍无显著变化,并且充入的电量已经达到放出电量的 140%时,即可认为充电已完成。

3)过充电法

由于碱性蓄电池放电时极板上活性物质不能全部参加化学反应,在长期使用时也会发生容量逐渐减退的现象。因此,为了保持蓄电池的容量,每经过 10 ~ 12 次充、放电循环后,应进行一次过充电。

过充电的方法是;以正常充电电流充电 6h 后,再以正常充电电流值的一半继续充电 6h。

4)蓄电池的放电

铁镍蓄电池和镉镍蓄电池的正常放电是以 8h 放电率进行的,但也有以 5h 放电率进行的。影响碱性蓄电池放电程度的是活性物质的细孔率、有效面积、导电程度以及盛放活性物质的钢盒与活性物质之间的接触程度等,而与电解液的浓度和扩散速度等无关。所以,如果放电终止电压不受限制,则用各种不同的放电率放电,可得到几乎相同的容量。由于使用碱性蓄电池有一定的允许终止电压,所以使用中要避免用过大过小的电流放电。放电过程中,可以根据蓄电池的端电压变化来确定它的放电程度。

3. 碱性蓄电池的日常维护

(1)碱性蓄电池在充电过程中放出大量氢、氧气体,需要采用通风装置,以防止爆炸。碱性蓄电池不允许与铅酸蓄电池安装在同一室内,并且必须和可能产生火花的地方隔绝开来。

(2)蓄电池的外部与槽箱应保持清洁和干燥。将镀镍部分擦净之后,必须涂以凡士林油,以防生锈。

(3)发现蓄电池外部有生锈痕迹时,应用布蘸石蜡擦净,切不可用金属工具或砂纸打磨。

(4)经常检查橡胶垫,如发现损坏,应及时更换。

(5)蓄电池每次充放电前,应检查各极柱连接是否松动。

(6)电解液面应保持高出极板 10 ~ 15mm。如果因为蒸发使电解液不足时,可添加纯水补充。液面上应有适量的液状石蜡,以防止电解液与空气中二氧化碳起化学反应。

(7)在任何情况下,都禁止明火靠近充电的蓄电池。蓄电池在使用和保存中,不能使金属器具将正负极板或负极与外壳同时接触,防止短路。

(8)当用固体氢氧化钾或氢氧化钠配制电解液时,为了避免碎片或溶液溅到眼睛、皮肤和衣服上,可以在蓄电池室内准备含3%硼酸的溶液,以备清洗之用。

思考题与习题

1. GMDSS对船舶备用电源的要求有哪些?
2. 船舶备用电源通常使用什么类型的蓄电池?什么是蓄电池的充电、放电?
3. 如何计算GMDSS备用电源的容量?
4. 简述铅酸蓄电池充电、放电的主要注意事项。
5. 简述铅酸蓄电池的日常维护。

附录 A　INMARSAT 地面站接入码

（截至 2007 年 1 月 5 日）

INMARSAT-C 地面站

Land Earth Station Operator	Country	Ocean Region			
		AOR-E	AOR-W	IOR	POR
Beijing MCN	China			311	211
Bezeq	Israel	127		327	
France Telecom	France	121	021	321	221
KDDI	Japan	103	003	303	203
Morsviazsputnik	Russia	117		317	217
OTE	Greece	120		305	
Singapore Telecom	Singapore			328	210
Stratos Global(Burum LES)	Netherlands	112	012	312	212
Stratos Global(Burum－2 LES)	Netherlands	102	002	302	
Stratos Global(Auckland LES)	New Zealand				202
Stratos Global(Perth LES)	Australia	122	022	322	222
Telcom Italia	Italia	105		335	
Telekomunikacja Polska	Poland	116		316	
Telenor Satellite Services AS	Norway	004	004	004	004
Telenor Satellite Services Inc.	USA	001	001	001	001
Turk Telecom	Turkey	110		310	
VISHIPEL	Vietnam			330	
VSNL	India			306	

INMARSAT-B/M 地面站

Land Earth Station Operator	Country	Ocean Region			
		AOR-E	AOR-W	IOR	POR
Beijing MCN	China	868	868	868	868
Bezeq	Israel	711	711	711	711
France Telecom	France	011	011	0111	011
FTMSC GmbH (former DeTeSat-Virtual)	France	111	111	111	111
KDDI	Japan	003	003	003	003
Korea Telecom	South Korea	006	006	006	006
Malaysia Telekom (Virtual)	Malaysia	060	060	060	060
Ministere des posts et Telecommunications	Algeria	777			
Morsviazsputnik(Virtual)	Russia	015	015	015	015
OTE	Greece	005	005	005	005

Land Earth Station Operator	Country	Ocean Region			
		AOR-E	AOR-W	IOR	POR
Reach Networks Hong Kong Ltd. (Virtual)	China	118	118	118	118
Singapore Telecom	Singapore	210	210	210	210
Stratos Global(Virtual)	Canada	013	013	013	013
Stratos Global(Goonhilly LES)	United Kingdom	002			
Stratos Global(Burum LES)	Netherlands		002	002	
Stratos Global(Auckland LES)	New Zealand				002
Stratos Global(Burum LES)	Netherlands	012	012	012	012
Stratos Global(Perth LES)	Australia	222	222	222/022	222/022
Telecom Italia	Italia	555	555	555	555
Telenor Satellite Services AS	Norway	004	004	004	004
Telenor Satellite Services Inc.	USA	001	001	001	001
VISHIPEL	Vietnam			009	
VSNL	India	306	306	306	306

INMARSAT-F77 地面站

Land Earth Station Operator	Country	Ocean Region			
		AOR-E	AOR-W	IOR	POR
Beijing MCN	China	868	868	868	868
France Telecom	France	011	011	011	011
KDDI	Japan	003	003	003	003
Korea Telecom	South Korea	006	006	006	006
Malaysia Telekom(Virtual)	Malaysia	060	060	060	060
Ministere des Posts et Telecommunications	Algeria	777			
OTE	Greece	005	005	005	005
Singapore Telecom	Singapore	210	210	210	210
Stratos Global(Goonhilly LES)	United Kingdom	002			
Stratos Global(Burum LES)	Netherlands		002	002	
Stratos Global(Auckland LES)	New Zealand				002
Stratos Global(Burum LES)	Netherlands	012	012	012	012
Stratos Global(Perth LES)	Australia			022	
Telecom Italia	Italy	555	555	555	
Telenor Satellite Services AS	Norway	004	004	004	004
Telenor Satellite Services Inc.	USA	001	001	001/405	001
VSNL	India			306	

INMARSAT-F 地面站(128kbps 数据)

Land Earth Station Operator	Country	Ocean Region			
		AOR-E	AOR-W	IOR	POR
Beijing MCN	China			868	868
France Telecom	France	011	001	011	011
KDDI	Japan	003	003	003	003
Korea Telecom	South Korea			006	006
Stratos Global(Goonhilly LES)	United Kingdom	002			
Stratos Global(Burum LES)	Netherlands		002	002	
Stratos Global(Auckland LES)	New Zealand				002
Stratos Global(Burum LES)	Netherlands	012	012	012	012
Stratos Global(Perth LES)	Australia			022	
Telecom Italia	Italy	555	555	555	
Telenor Satellite Services AS	Norway	004	004	004	004
Telenor Satellite Services Inc.	USA	001	001	001/405	001

INMARSAT MPDS 主地面站

Land Earth Station Operator	Country	Ocean Region				Supporting RLES
		AOR-E	AOR-W	IOR	POR	
Telenor Satellite Services Inc.	USA	001	001	001	001	Telenor Satellite Services Inc.
Stratos Mobile Networks	Canada	002	002	002	002	Iinmarsat RLES
KDDI	Japan	003	003	003	003	Telenor Satellite Services Inc.
Telenor Satellite Services AS	Norway	004	004	004	004	Telenor Satellite Services Inc.
OTE	Greece	005	005	005	005	Telenor Satellite Services Inc.
Korea Telecom	South Korea			006	006	Korea Telecom
France Telecom	France	011	011	011	011	Telenor Satellite Services Inc.
Stratos Mobile Networks	Netherlands	012	012	012	012	Stratos Mobile Networks
Stratos Mobile Networks	Australia	222	222	222	222	Stratos Mobile Networks
Singapore Telecom	Singapore	210	210	210	210	Telenor Satellite Services Inc.
Malaysia Telekom	Malaysia	406	406	406	406	Telenor Satellite Services Inc.
Telecom Italia	Italy	555	555	555		Telecom Italia
Beijing MCN	China			868	868	Telenor Satellite Services Inc.

INMARSAT MPDS 区域地面站

Land Earth Station Operator	Country	Ocean Region			
		AOR-E	AOR-W	IOR	POR
Inmarsat RLES	UK	All Ocean Regions			
Telenor Satellite Services Inc	USA	All Ocean Regions			
Strstos Mobile Networks	Canada	All Ocean Regions			
Xantic	Netherlands	All Ocean Regions			
Xantic	Australia	All Ocean Regions			
Telecom Italia	Italy	AORE	AORW	IOR	
Korea Telecom	South Korea			IOR	POR

附录B　天线指向表

位于所选卫星东北象限的船舶　　　　表 B-1

北纬（度）	0	5	10	15	20	25	30	35	40	45	50	55	60	65	70	75	80
0	180	270	270	270	270	270	270	270	270	270	270	270	270	270	270	270	270
	90	84	78	72	66	61	55	49	44	38	33	28	22	17	12	07	02
5	180	225	244	252	257	259	261	263	264	265	266	267	267	268	268	269	269
	85	82	77	71	66	60	55	49	43	38	32	27	22	17	11	06	01
10	180	207	225	237	244	250	253	256	258	260	262	263	264	265	266	267	268
	78	77	73	69	64	59	53	48	43	37	32	27	21	16	11	06	01
15	180	199	214	226	235	241	246	250	253	255	258	260	262	263	265	266	267
	72	71	69	65	61	56	51	46	41	36	31	26	21	16	11	06	01
20	180	194	207	218	227	234	239	244	248	251	254	257	259	262	263	265	267
	66	66	64	61	57	53	49	44	39	34	30	25	20	15	10	05	01
25	180	192	203	212	221	226	234	239	243	247	250	254	256	259	261	264	266
	61	60	59	56	53	50	46	41	37	33	28	23	19	14	09	05	00
30	180	190	199	208	216	223	229	234	239	243	247	251	254	257	260	262	265
	55	54	53	51	49	46	42	38	34	30	26	22	17	13	09	04	00
35	180	189	197	205	212	219	225	231	236	240	244	248	252	255	258	261	
	49	49	48	46	44	41	38	35	31	28	24	20	16	12	08	04	
40	180	188	195	203	210	216	222	227	233	237	242	246	250	253	257	260	
	44	43	43	41	39	37	34	31	28	25	21	18	14	10	07	03	
45	180	187	194	201	207	213	220	225	230	235	239	244	248	252	256	259	
	38	38	37	36	34	33	30	28	25	22	19	16	12	09	05	02	
50	180	187	193	199	205	211	217	222	228	233	237	242	246	250	254	258	
	33	32	32	31	30	28	26	24	21	19	16	13	10	07	04	01	
55	180	186	192	198	204	210	215	221	226	231	235	240	245	249	253	258	
	27	27	27	26	25	23	22	20	18	16	13	11	08	05	03	00	
60	180	186	192	197	203	208	214	219	224	229	234	239	243	248	253		
	22	22	21	21	20	19	17	16	14	12	10	08	06	04	01		
65	180	186	191	196	202	207	212	218	223	228	233	238	242	247			
	17	17	16	16	15	14	13	12	10	09	07	05	04	02			
70	180	185	191	196	201	206	212	217	222	227	232	237	242	246			
	11	11	11	11	10	09	09	07	07	05	04	03	01	00			
75	180	185	190	196	201	206	211	216	221	226	231	236					
	06	06	06	06	06	05	04	04	03	02	01	00					
80	180	185	190	195	200	205	210										
	01	01	01	01	01	00	00										

位于所选卫星西北象限的船舶 表 B-2

北纬（度）	0	5	10	15	20	25	30	35	40	45	50	55	60	65	70	75	80
0	180	090	090	090	090	090	090	090	090	090	090	090	090	090	090	090	090
	90	84	78	72	66	61	55	49	44	38	33	28	22	17	12	07	02
5	180	135	116	108	103	101	099	097	096	095	094	093	093	092	092	091	091
	85	82	77	71	66	60	55	49	43	38	32	27	22	17	11	06	01
10	180	153	135	123	116	110	107	104	102	100	098	097	096	095	094	093	092
	78	77	73	69	64	59	53	48	43	37	32	27	21	16	11	06	01
15	180	161	146	134	125	119	114	110	107	105	102	100	098	097	095	094	093
	72	71	69	65	61	56	51	46	41	36	31	26	21	16	11	06	01
20	180	166	153	142	133	126	121	116	112	109	106	103	101	099	097	095	093
	66	66	64	61	57	53	49	44	39	34	30	25	20	15	10	05	01
25	180	168	157	148	139	132	126	121	117	113	110	106	104	101	099	096	094
	61	60	59	56	53	50	46	41	37	33	28	23	19	14	09	05	00
30	180	170	161	152	144	137	131	126	121	117	113	109	106	103	100	098	095
	55	54	53	51	49	46	42	38	34	30	26	22	17	13	09	04	00
35	180	171	163	155	148	141	135	129	124	120	116	112	108	105	102	099	
	49	49	48	46	44	41	38	35	31	28	24	20	16	12	08	04	
40	180	172	165	157	150	144	138	133	127	123	118	114	110	107	103	100	
	44	43	43	41	39	37	34	31	28	25	21	18	14	10	07	03	
45	180	173	166	159	153	147	140	135	130	125	121	116	112	108	104	101	
	38	38	37	36	34	33	30	28	25	22	19	16	12	09	05	02	
50	180	173	167	161	155	149	143	138	132	127	123	118	114	110	106	102	
	33	32	32	31	30	28	26	24	21	19	16	13	10	07	04	01	
55	180	174	168	162	156	150	145	139	134	129	125	120	115	111	107	102	
	27	27	27	26	25	23	22	20	18	16	13	11	08	05	03	00	
60	180	174	168	163	157	152	146	141	136	131	126	121	117	112	107		
	22	22	21	21	20	19	17	16	14	12	10	08	06	04	01		
65	180	174	169	164	158	153	148	142	137	132	127	122	118	113			
	17	17	16	16	15	14	13	12	10	09	07	05	04	02			
70	180	175	169	164	159	154	148	143	138	133	128	123	118	114			
	11	11	11	11	10	09	09	07	07	05	04	03	01	00			
75	180	175	169	164	159	154	149	144	139	134	129	124					
	06	06	06	06	06	05	04	04	03	02	01	00					
80	180	175	170	165	160	155	150										
	01	01	01	01	01	00	00										

位于所选卫星东南象限的船舶

表 B-3

北 纬（度）	0	5	10	15	20	25	30	35	40	45	50	55	60	65	70	75	80
0	360	270	270	270	270	270	270	270	270	270	270	270	270	270	270	270	270
	90	84	78	72	66	61	55	49	44	38	33	28	22	17	12	07	02
5	360	315	296	288	283	281	279	277	276	275	274	273	273	272	272	271	271
	85	82	77	71	66	60	55	49	43	38	32	27	22	17	11	06	01
10	360	333	315	303	296	290	287	284	282	280	278	277	276	275	274	273	272
	78	77	73	69	64	59	53	48	43	37	32	27	21	16	11	06	01
15	360	341	326	314	305	299	294	290	287	285	282	280	278	277	275	274	273
	72	71	69	65	61	56	51	46	41	36	31	26	21	16	11	06	01
20	360	346	333	322	313	306	301	296	292	289	286	283	281	279	277	275	273
	66	66	64	61	57	53	49	44	39	34	30	25	20	15	10	05	01
25	360	348	337	328	319	312	306	301	297	293	290	286	284	281	279	276	274
	61	60	59	56	53	50	46	41	37	33	28	23	19	14	09	05	00
30	360	350	341	332	324	317	311	306	301	297	293	289	286	283	280	278	275
	55	54	53	51	49	46	42	38	34	30	26	22	17	13	09	04	00
35	360	351	343	335	328	321	315	309	304	300	296	292	288	285	282	279	
	49	49	48	46	44	41	38	35	31	28	24	20	16	12	08	04	
40	360	352	345	337	330	324	318	313	307	303	298	294	290	287	283	280	
	44	43	43	41	39	37	34	31	28	25	21	18	14	10	07	03	
45	360	353	346	339	333	327	320	315	310	305	301	296	292	288	284	281	
	38	38	37	36	34	33	30	28	25	22	19	16	12	09	05	02	
50	360	353	347	341	335	329	323	318	312	307	303	298	291	290	286	282	
	33	32	32	31	30	28	26	24	21	19	16	13	10	07	04	01	
55	360	354	348	342	336	330	325	319	314	309	305	300	295	291	287	282	
	27	27	27	26	25	23	22	20	18	16	13	11	08	05	03	00	
60	360	354	348	343	337	332	326	321	316	311	306	301	297	292	287		
	22	22	21	21	20	19	17	16	14	12	10	08	06	04	01		
65	360	354	349	344	338	333	328	322	317	312	307	302	298	293			
	17	17	16	16	15	14	13	12	10	09	07	05	04	02			
70	360	355	349	344	339	334	328	323	318	313	308	303	298	294			
	11	11	11	11	10	09	09	07	07	05	04	03	01	00			
75	360	355	350	344	339	334	329	324	319	314	309	304					
	06	06	06	06	06	05	04	04	03	02	01	00					
80	360	355	350	345	340	330	310										
	01	01	01	01	01	00	00										

位于所选卫星西南象限的船舶　　表 B-4

北　纬（度）	0	5	10	15	20	25	30	35	40	45	50	55	60	65	70	75	80
0	000	090	090	090	090	090	090	090	090	090	090	090	090	090	090	090	090
	90	84	78	72	66	61	55	49	44	38	33	28	22	17	12	07	02
5	000	045	064	072	077	079	081	083	084	085	086	087	087	088	088	089	089
	85	82	77	71	66	60	55	49	43	38	32	27	22	17	11	06	01
10	000	027	045	057	064	070	073	076	078	080	082	083	084	085	086	087	088
	78	77	73	69	64	59	53	48	43	37	32	27	21	16	11	06	01
15	000	019	034	046	055	061	066	070	073	075	078	080	082	083	085	086	087
	72	71	69	65	61	56	51	46	41	36	31	26	21	16	11	06	01
20	000	014	027	038	047	054	059	064	068	071	074	077	079	081	083	085	087
	66	66	64	61	57	53	49	44	39	34	30	25	20	15	10	05	01
25	000	012	023	032	041	048	054	059	063	067	070	074	076	079	081	084	086
	61	60	59	56	53	50	46	41	37	33	28	23	19	14	09	05	00
30	000	010	019	028	036	043	049	054	059	063	067	071	074	077	080	082	085
	55	54	53	51	49	46	42	38	34	30	26	22	17	13	09	04	00
35	000	009	017	025	032	039	045	051	056	060	064	068	072	075	078	081	
	49	49	48	46	44	41	38	35	31	28	24	20	16	12	08	04	
40	000	008	015	023	030	036	042	047	053	057	062	066	070	073	077	080	
	44	43	43	41	39	37	34	31	28	25	21	18	14	10	07	03	
45	000	007	014	021	027	033	039	045	050	055	059	064	068	072	076	079	
	38	38	37	36	34	33	30	28	25	22	19	16	12	09	05	02	
50	000	007	013	019	025	031	037	042	048	053	057	062	066	070	074	078	
	33	32	32	31	30	28	26	24	21	19	16	13	10	07	04	01	
55	000	006	012	018	024	030	035	041	045	051	055	060	065	069	073	078	
	27	27	27	26	25	23	22	20	18	16	13	11	08	05	03	00	
60	000	006	012	017	023	028	034	039	044	049	054	059	063	068	072		
	22	22	21	21	20	19	17	16	14	12	10	08	06	04	01		
65	000	006	011	016	022	027	032	038	043	048	053	058	062	067			
	17	17	16	16	15	14	13	12	10	09	07	05	04	02			
70	000	005	011	016	021	026	032	037	042	047	052	057	062	066			
	11	11	11	11	10	09	09	07	07	05	04	03	01	00			
75	000	005	010	016	021	026	031	036	041	046	051	056					
	06	06	06	06	06	05	04	04	03	02	01	00					
80	000	005	010	015	020	025	030										
	01	01	01	01	01	00	00										

附录 C　天线指向图

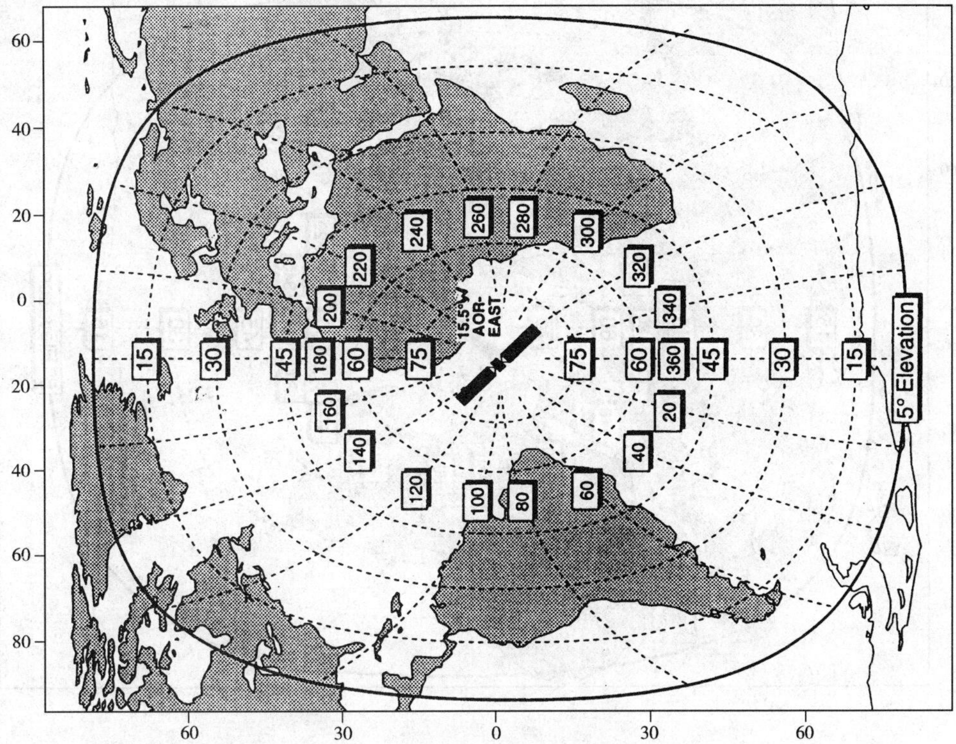
60
40
20
0
20
40
60
80
60
30
0
30
60
15.5° W
AOR-
EAST
5° Elevation
15
30
45
60
75
180
200
220
240
260
280
300
320
340
360
20
40
60
80
100
120
140
160

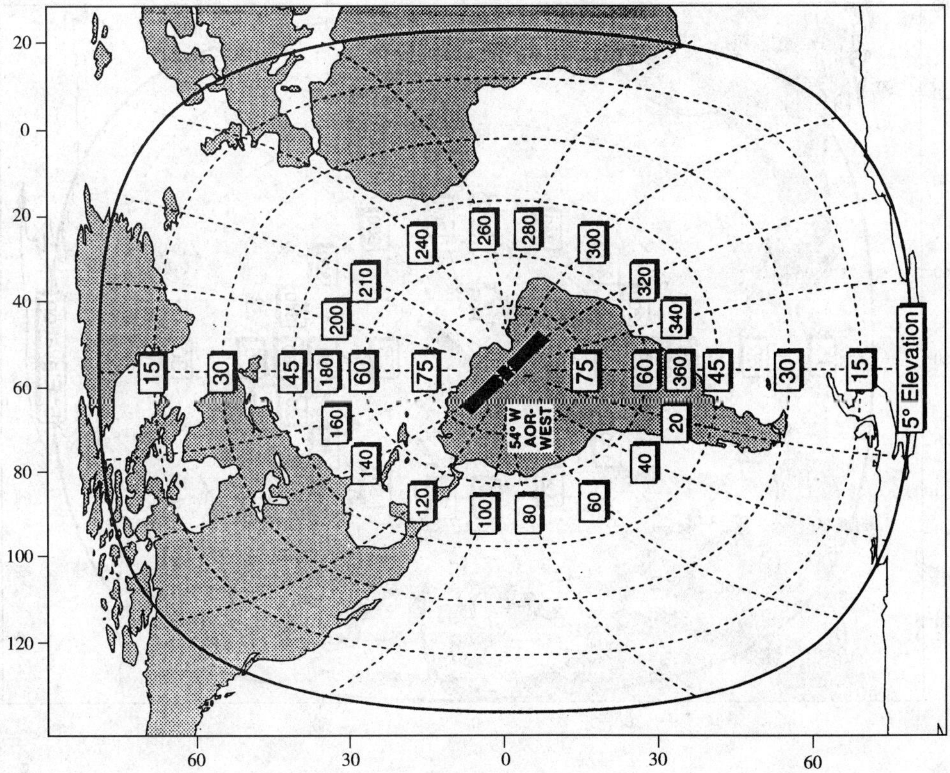
20
0
20
40
60
80
100
120
60
30
0
30
60
54° W
AOR-
WEST
5° Elevation
15
30
45
60
75
180
200
210
240
260
280
300
320
340
360
20
40
60
80
100
120
140
160

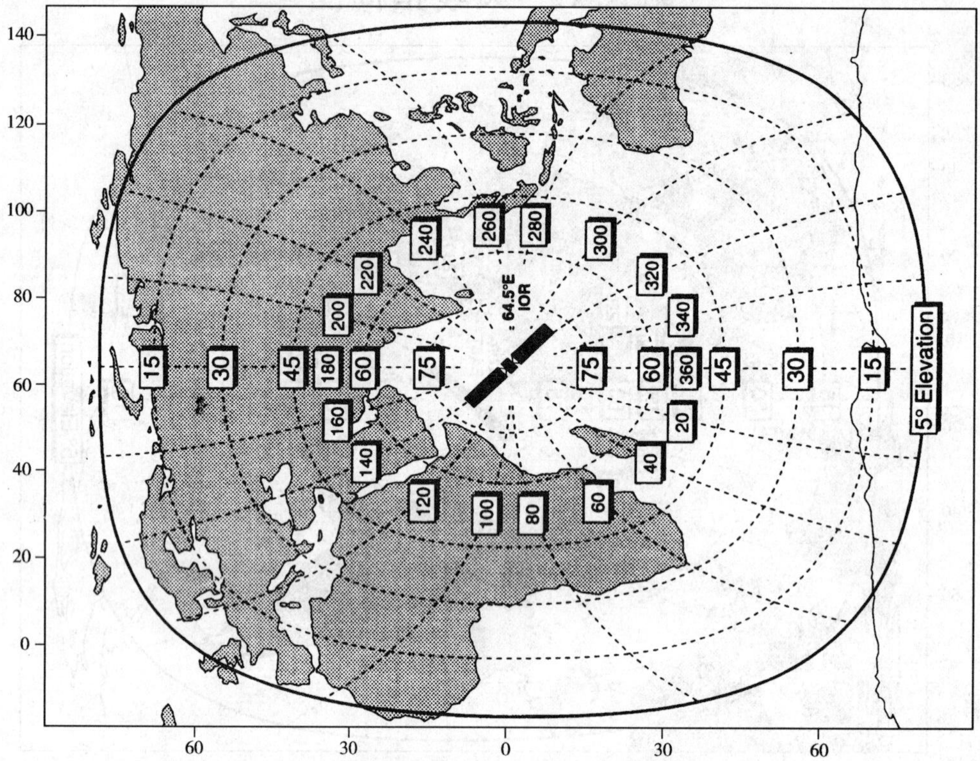
64.5°E
IOR
5° Elevation
15
30
45
60
75
180
200
220
240
260
280
300
320
340
360
160
140
120
100
80
60
40
20

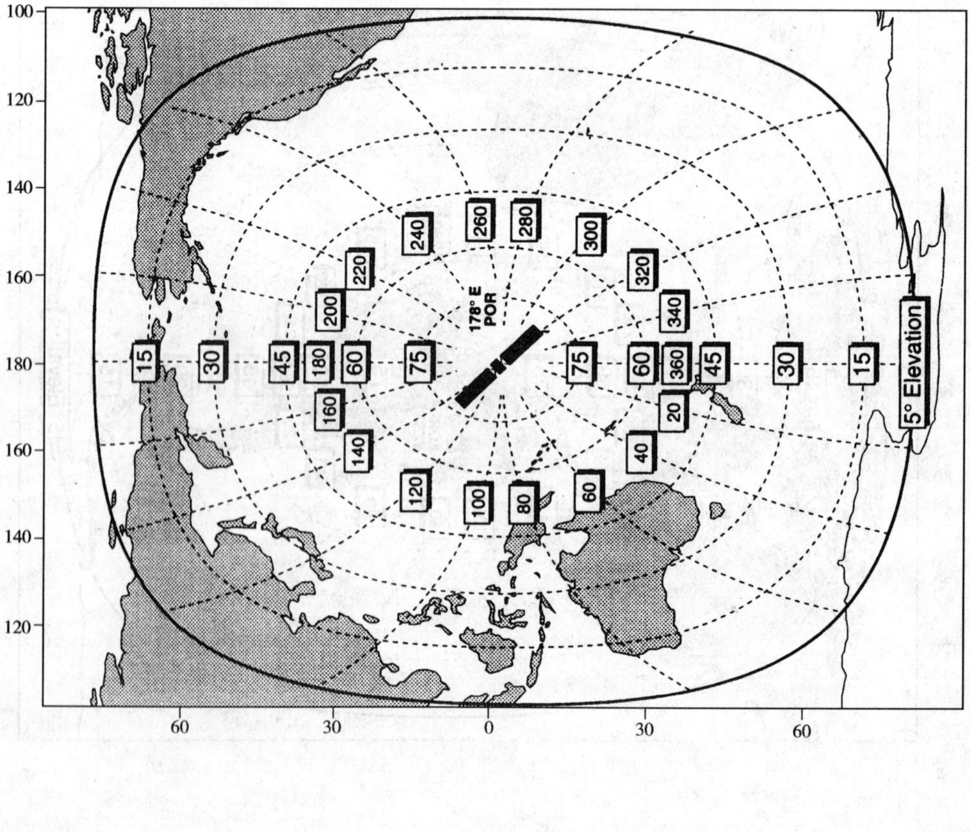
178° E
POR
5° Elevation
15
30
45
60
75
180
200
220
240
260
280
300
320
340
360
160
140
120
100
80
60
40
20

附录 D　海上 VHF 信道

VHF 国际信道　　(MHz)

CH	TX	RX	CH	TX	RX
01	156.050	160.650	60	156.025	160.625
02	156.100	160.700	61	156.075	160.675
03	156.150	160.750	62	156.125	160.725
04	156.200	160.800	63	156.175	160.775
05	156.250	160.850	64	156.225	160.825
06	156.300	156.300	65	156.275	160.875
07	156.350	160.950	66	156.375	160.925
08	156.400	156.400	67	156.325	156.375
09	156.450	156.450	68	156.425	156.425
10	156.500	156.500	69	156.475	156.475
11	156.550	156.550	70	156.525	156.525
12	156.600	156.600	71	156.575	156.575
13	156.650	156.650	72	156.625	156.625
14	156.700	156.700	73	156.675	156.675
15	156.750	156.750	74	156.725	156.725
16	156.800	156.800	77	156.875	156.875
17	156.850	156.850	78	156.925	161.525
18	156.900	161.500	79	156.975	161.575
19	156.950	161.550	80	157.025	161.625
20	157.000	161.800	81	157.075	161.675
21	157.050	161.850	82	157.125	161.725
22	157.100	161.700	83	157.175	161.775
23	157.150	161.750	84	157.225	161.825
24	157.200	161.800	85	157.275	161.875
25	157.250	161.850	86	157.325	161.925
26	157.300	161.900	87	157.375	161.975
27	157.350	161.950	88	157.425	162.025
28	157.400	162.000			

VHF USA 信道 (MHz)

CH	TX	RX	CH	TX	RX
01A	156.050	156.050	60	156.025	160.625
02A	156.100	156.100	61	156.075	160.675
03A	156.150	156.150	62	156.125	160.725
04A	156.200	156.200	63A	156.175	156.175
05A	156.200	156.200	64	156.225	160.825
06	156.300	156.300	65A	156.275	156.275
07A	156.350	156.350	66A	150.325	156.325
08	156.400	156.400	67	156.375	156.375
09	156.450	156.450	68	156.425	156.425
10	156.500	156.500	69	156.475	156.475
11	156.550	156.550	70	156.525	156.525
12	156.600	156.650	71	156.575	156.575
13	156.650	156.650	72	156.625	156.625
14	156.700	156.700	73	156.675	156.675
15		156.750	74	156.725	156.725
16	156.800	156.800	77	156.875	156.875
17	156.650	156.850	78A	156.925	156.925
18A	156.900	156.900	78A	156.975	156.975
19A	156.950	156.950	80A	157.025	157.025
20	157.000	161.600	81A	157.075	157.075
21A	157.050	157.050	82A	157.125	157.125
22A	157.100	157.100	83A	157.175	157.175
23A	157.150	157.150	84	157.225	157.825
24	157.200	161.800	85	157.275	161.875
25	157.250	161.850	86	157.325	161.925
26	157.300	161.900	87	157.375	161.975
27	157.350	161.950	88A	157.425	157.425
28	157.400	162.000			

VHF 气 象 信 道 (MHz)

CH	RX	CH	RX
WX0	163.275	WX5	162.450
WX1	162.550	WX6	162.500
WX2	162.400	WX7	162.525
WX3	162.475	WX8	161.650
WX4	162.425	WX9	161.775

附录 E　518kHz NAVTEX 电台表

NAV area	Country	Station	Latitude	Longitude	Freq (kHz)	Area (nm)	Station ID	Broadcast schedule(UTC)
I	Belgium	Oostende	51 11N	02 48E	518	55	T	0310,0710,1110,1510,1910,2310
	Estonia	Tallinn	59 30N	24 30E	518	250	U	0320,0720,1120,1520,1920,2320
	Iceland	Reykjavik Radio	64 05N	21 51W	518	550	R	0250,0650,1050,1450,1850,2250
					490	550	R	0318,0718,1118,1518,1918,2318
	Ireland	Valentia	51 27N	09 49W	518	400	W	0340,0740,1140,1540,1940,2340
		Malin Head	55 22N	07 21W	518	400	Q	0240,0640,1040,1440,1840,2240
	France	Niton	50 35N	01 18W	518	270	K	0140,0540,0940,1340,1740,2140
	Netherlands	Den Helder	52 06N	04 15E	518	110	P	0230,0630,1030,1430,1830,2230
	Norway	Bodo Radio	67 16N	14 23E	518	450	B	0010,0410,0810,1210,1610,2010
		Rogaland Radio	58 48N	05 34E	518	450	L	0150,0550,0950,1350,1750,2150
		Vardoe Radio	70 22N	31 06E	518	450	V	0330,0730,1130,1530,1930,2330
		Svalbard	78 04N	13 38E	518	450	A	0000,0400,0800,1200,1600,2000
		Orlandet	63 40N	09 33E	518	450	N	0210,0610,1010,1410,1810,2210
	Sweden	Bjuroklubb	64 28N	21 36E	518	300	H	0110,0510,0910,1310,1710,2110
		Gislovshammar	55 29N	14 19E	518	300	J	0130,0530,0930,1330,1730,2130
		Grimeton	57 06N	12 23E	518	300	D	0030,0430,0830,1230,1630,2030
	United Kingdom	Cullercoats	55 02N	01 26W	518	270	G	0100,0500,0900,1300,1700,2100
					490	270	U	0320,0720,1120,1520,1920,2320
		Portpatirck	54 51N	05 07W	518	270	O	0220,0620,1020,1420,1820,2220
					490	270	C	0020,0420,0820,1220,1620,2020
		Niton	50 35N	01 18W	518	270	E	0040,0440,0840,1240,1640,2040
					490	270	I	0120,0520,0920,1320,1720,2120
		Oostende	51 11N	02 48E	518	150	M	0200,0600,1000,1400,1800,2200
II	France	Cross Corsen	48 28N	05 03W	518	300	A	0000,0400,0800,1200,1600,2000
					490	300	E	0040,0440,0840,1240,1640,2040
		Niton	50 35N	01 18W	490	270	T	0310,0710,1110,1510,1910,2310
	Portugal	Horta	38 32N	28 38W	518	640	F	0050,0450,0850,1250,1650,2050
		Monsanto	38 44N	09 11W	518	530	R	0250,0650,1050,1450,1850,2250
					490	530	G	0100,0500,0900,1300,1700,2100
	Spain	Coruna	43 21N	08 27W	518	400	D	0030,0430,0830,1230,1630,2030
		Tarifa	36 01N	05 34W	518	400	G	0100,0500,0900,1300,1700,2100
		Las Palmas	28 10N	15 25W	518	400	I	0120,0520,0920,1320,1720,2120

NAV area	Country	Station	Latitude	Longitude	Freq (kHz)	Area (nm)	Station ID	Broadcast schedule (UTC)
III	Bulgaria	Varna	43 04N	27 46E	518	350	J	0130,0530,0930,1330,1730,2130
	Croatia	Split radio	43 30N	16 29E	518	85	Q	0240,0640,1040,1440,1840,2240
	Cyprus	Cypradio	35 03N	33 17E	518	200	M	0200,0600,1000,1400,1800,2200
	Egypt	Alexandria	31 12N	29 52E	518	350	N	0210,0610,1010,1410,1810,2210
		Serapeum	30 28N	32 22E	4209.5	400	X	0750,1150
	France	Toulon	43 06N	05 59N	518	250	W	0340,0740,1340,1540,1940,2340
					490	250	S	0300,0700,1100,1500,1900,2300
	Greece	Iraklion	35 20N	25 07E	518	280	H	0110,0510,0910,1310,1710,2110
		Kerkyra	39 37N	19 55E	518	280	K	0140,0540,0940,1340,1740,2140
		Limnos	39 52N	25 04E	518	280	L	0150,0550,0950,1350,1750,2150
	Israel	Haifa	32 49N	35 00E	518	280	P	0020,0420,0820,1220,1620,2020
	Italy	Roma	41 48N	12 31E	518	320	R	0250,0650,1050,1450,1850,2250
		Augusta	37 14N	15 14E	518	320	V	0330,0730,1130,1530,1930,2330
		Cagliari	39 14N	09 14E	518	320	T	0310,0710,1110,1510,1910,2310
		Trieate	45 41N	13 46E	518	320	U	0320,0720,1120,1520,1920,2320
	Malta	Malta	35 49N	14 32E	518	400	O	0220,0620,1020,1420,1820,2220
	Russian Federation	Novorossiysk	44 42N	37 44E	518	300	A	0300,0700,1100,1500,1900,2300
	Spain	Cabo de la Nao	38 43N	00 09E	518	300	X	0350,0750,1150,1550,1950,2350
	Turkey	Istanbul	41 04N	28 57E	518	300	D	0030,0430,0830,1230,1630,2030
		Samsun	41 17N	36 20E	518	300	E	0040,0440,0840,1240,1640,2040
		Antalya	36 53N	30 42E	518	300	F	0050,0450,0850,1250,1650,2050
		Izmir	38 22N	26 36E	518	300	I	0120,0520,0920,1320,1720,2120
	Ukraine	Mariupol	47 06N	37 33E	518	280	B	0100,0500,0900,1300,1700,2100
		Odessa	46 29N	30 44E	518	280	C	0230,0630,1030,1430,1830,2230
IV	Bermuda (UK)	Bermuda	32 23N	64 41W	518	280	B	0010,0410,0810,1210,1610,2010
	Canada	Riviere-au-Renard	50 11N	66 07W	518	280	C D	0020,0420,0820,1220,1620,2020 0035,0435,0835,1235,1635,2035
		Wiarton	44 20N	81 10W	518	300	H	0110,0510,0910,1310,1710,2110
		S. Johns	47 30N	52 40W	518	300	O	0220,0620,1020,1420,1820,2220
		Thunder Bay	48 25N	89 20W	518	300	P	0230,0630,1030,1430,1830,2230
		Sydney NS	46 10N	60 00W	518	300	Q J	0240,0640,1040,1440,1840,2240 0255,0655,1055,1455,1855,2255
		Yarmouth	43 45N	66 10W	518	300	U V	0320,0720,1120,1520,1920,2320 0335,0735,1135,1535,1935,2335

NAV area	Country	Station	Latitude	Longitude	Freq (kHz)	Area (nm)	Station ID	Broadcast schedule(UTC)
IV	Canada	Labrador	53 42N	57 01W	518	300	X	0350,0750,1150,1550,1950,2350
		Iqaluit, NU	63 63N	68 33W	518	300	T	0310,0710,1110,1510,1910,2310
					490	300	S	0300,0700,1100,1500,1900,2300
	United States	Miami	25 37N	80 23W	518	240	A	0000,0400,0800,1200,1600,2000
		Boston	41 43N	70 73W	518	200	F	0445,0845,1245,1645,2045,0045
		New Orleans	29 53N	89 57W	518	200	G	0300,0700,1100,1500,1900,2300
		Portsmouth	36 43N	76 00W	518	280	N	0130,0530,0930,1330,1730,2130
		Isabella	18 28N	67 04W	518	200	R	0200,0600,1000,1400,1800,2200
		Savannah, GA	32 08N	81 42W	518	200	E	0040,0440,0840,1240,1640,2040
	Netherlands Antilles	Curacao	12 10N	68 52W	518	400	H	0110,0510,0910,1310,1710,2110
V	NIL							
VI	Argentina	Ushaia	54 48S	68 18W	518	280	M	0200,0600,1000,1400,1800,2200
		Rio Gallegos	51 37S	65 03W	518	280	N	0210,0610,1010,1410,1810,2210
		Comodoro Rivadavia	45 51S	67 25W	518	280	O	0220,0620,1020,1420,1820,2220
		Bahia Blanca	38 43S	62 06W	518	280	P	0230,0630,1030,1430,1830,2230
		Mar del Plata	38 03S	57 32W	518	280	Q	0240,0640,1040,1440,1840,2240
		Buenos Aires	34 36S	58 22W	518	560	R	0250,0650,1050,1450,1850,2250
	Uruguay	La Paloma	34 40S	54 09W	518	280	F	0050,0450,0850,1250,1650,2050
					490	280	A	0000,0400,0800,1210,1600,2000
VII	Namibia	Walvis Bay	23 03S	14 37E	518	378	B	0010,0410,0810,1210,1610,2010
	South Africa	Cape Town	33 40S	18 43E	518	500	C	0020,0420,0820,1220,1620,2020
		Port Elizabeth	34 02S	25 33E	518	500	I	0120,0520,0920,1320,1720,2120
		Durban	30 00S	31 30E	518	500	O	0220,0620,1020,1420,1820,2220
VIII	India	Mumbay	19 05N	72 50E	518	250	G	0100,0500,0900,1300,1700,2100
		Madras	13 08N	80 10E	518	400	P	0230,0630,1030,1430,1830,2230
	Mauritius	Mauritius Radio	20 10S	57 28E	518	400	C	0020,0420,0820,1220,1620,2020
IX	Bahrain	Hamala	26 09N	50 28E	518	300	B	0010,0410,0810,1210,1610,2010
	Egypt	Serapeum	30 28N	32 22E	518	200	X	0350,0750,1150,1550,1950,2350
					4209.5	200	X	0750,1150
		Kosseir	26 06N	34 17E	518	400	V	0330,0730,1130,1530,1930,2330
	Iran	Bushehr	28 59N	50 50E	518	300	A	0000,0400,0800,1200,1600,2000
		Bandar Abbas	27 07N	56 04E	518	300	F	0050,0450,0850,1250,1650,2050
	Saudi Arabia	Jeddah	21 23N	39 10E	518	390	H	0705,1305,1905
	Oman	Muscat	23 36N	58 30E	518	270	M	0200,0600,1000,1400,1800,2200
	Pakistan	Karachi	24 51N	67 03E	518	400	P	0230,0630,1030,1430,1830,2230

NAV area	Country	Station	Latitude	Longitude	Freq (kHz)	Area (nm)	Station ID	Broadcast schedule(UTC)
X				NIL				
XI	China	Sanya	18 14N	109 30E	518	250	M	0200,0600,1000,1400,2200
		Guangzhou	23 08N	113 32E	518	250	N	0210,0610,1010,1410,2210
		Fuzhou	26 01N	119 18E	518	250	O	0220,0620,1020,1420,2220
		Shanghai	31 08N	121 33E	518	250	Q	0240,0640,1040,1440,2240
		Dalian	38 52N	121 31E	518	250	R	0250,0650,1050,1450,2250
	Indonesia	Jayapura	02 31S	140 43E	518	300	A	0000,0400,0800,1200,1600,2000
		Ambon	03 42S	128 12E	518	300	B	0010,0410,0810,1210,1610,2010
		Makassar	05 06S	119 26E	518	300	D	0030,0430,0830,1230,1830,2030
		Jakarta	06 06S	106 54E	518	300	E	0040,0440,0840,1240,1640,2040
	Japan	Otaru	43 19N	140 27E	518	400	J	0130,0530,0930,1330,1730,2130
		Kushiro	42 57N	144 36E	518	400	K	0140,0540,0940,1340,1740,2140
		Yokohama	35 14N	139 55E	518	400	I	0120,0520,0920,1320,1720,2120
		Moji	34 01N	130 56E	518	400	H	0110,0510,0910,1310,1710,2110
		Naha	26 05N	127 40E	518	400	G	0100,0500,0900,1300,1700,2100
	Korea, Republic of	Chukpyong	37 03N	129 26E	518	200	V	0330,0730,1130,1530,1930,2330
					490	200	J	0130,0530,0930,1330,1730,2130
		Pyongsan	35 36N	126 29E	518	200	W	0340,0740,1340,1540,1940,2340
					490	200	K	0140,0540,0940,1340,1740,2140
	Malaysia	Penang	05 26N	100 24E	518	350	U	0320,0720,1120,1520,1920,2320
		Miri	04 28N	114 01E	518	350	T	0310,0710,1110,1510,1910,2310
		Sandakan	05 54N	118 00E	518	350	S	0300,0700,1100,1500,1900,2300
	Singapore	Singapore	01 25N	103 52E	518	400	C	0020-0030,0420-0430,0820-0830, 1220-1230,1620-1630,2020-2030
	Thailand	Bangkok Radio	13 43N	100 34E	518	200	F	0050,0450,0850,1250
	United States	Guam	13 29N	144 50E	518	100	V	0100,0500,0900,1300,1700,2100
	Vietnam	Ho Chi Minh City	10 47N	106 40E	518	400	X	0350,0750,1150,1550,1950,2350
		Haiphong	20 44N	106 44E	490	400	W	0340,1540
					4209.5	400	W	0230,0630,1030,1430,1830,2230
		Danang	16 05N	108 13E	518	400	K	0140,0540,0940,1340,1740,2140
	Taiwan	Kaohsiung	22 29N	120 25E	518	216	p	0230,0630,1030,1430,1830,2230
	Associate Member of IMO	Hong Kong	22 13N	114 15E	518	400	L	0150,0550,0950,1350,1750,2150

NAV area	Country	Station	Latitude	Longitude	Freq (kHz)	Area (nm)	Station ID	Broadcast schedule(UTC)
XII	Canada	Prince Rupert	54 20N	130 20W	518	300	D	0030,0430,0830,1230,1630,2030
		Tofino	48 55N	125 35W	518	300	H	0110,0510,0910,1310,1710,2110
	United States	San Francisco	37 55N	122 44W	518	350	C	0400,0800,1200,1600,2000,2400
		Kodiak	57 46N	152 34W	518	200	J	0300,0700,1100,1500,1900,2300
		Honolulu	21 22N	158 09W	518	350	O	0040,0440,0840,1240,1640,2040
		Cambria	35 31N	121 03W	518	350	Q	0445,0845,1245,1645,2045,0045
		Astoria	46 10N	123 49W	518	216	W	0130,0530,0930,1330,1730,2130
XIII	Russian Federation	Khomsk	47 02N	142 03E	518	300	B	0010,0410,0810,1210,1610,2010
		Murmansk	68 46N	32 58E	518	300	C	0020,0420,0820,1220,1620,2020
		Arkhangelsk	64 51N	40 17E	518	300	F	0050,0450,0850,1250,1650,2050
		Astrakhan	45 47N	47 33E	518	250	W	0340,0740,1140,1540,1940,2340
XIV	NIL							
XV	Chile	Antofagasta	23 40S	70 25W	518	300	A H	0400,1200,2000 0000,0800,1600
		Valparaiso	32 48S	71 29W	518	300	B I	0410,1210,2010 0010,0810,1610
		Talcahuano	36 42S	73 06W	518	300	C J	0420,1220,2020 0020,0820,1620
		Puerto Montt	41 30S	72 58W	518	300	D K	0430,1230,2030 0030,0830,1630
		Punta Arenas	53 09S	70 58W	518	300	E L	0440,1240,2040 0040,0840,1640
		Isla de Pascua	27 09S	109 25W	518	300	F G	0450,1250,2050 0050,0850,1650
XVI	Peru	Paita	05 05S	81 07W	518	200	S	0300,0700,1100,1500,1900,2300
		Callao	12 03S	77 09W	518	200	U	0320,0720,1120,1520,1920,2320
		Mollendo	17 01S	72 01W	518	200	W	0340,0740,1140,1540,1940,2340

参 考 文 献

[1] Amendments to the 1974 SOLAS Conventions, 1988

[2] INMARSAT C SDM (System Definition Manual) Published by INMARSAT

[3] INMARSAT B SDM (System Definition Manual) Published by INMARSAT

[4] INMARSAT M SDM (System Definition Manual) Published by INMARSAT

[5] INMARSAT F SDM (System Definition Manual) Published by INMARSAT

[6] 日本古野电气公司. INMARSAT FLEET F77 SHIP EARTH STATION (Model FELCOM 70) 操作手册

[7] 日本古野电气公司. INMARSAT FLEET F77 SHIP EARTH STATION (Model FELCOM 70) 技术手册

[8] 日本古野电气公司. INM-C FEL COM-15 技术手册

[9] 日本古野电气公司. SSB fs-2570 技术手册

[10] 日本古野电气公司. VHF FM8500 技术手册

[11] 日本古野电气公司. NAVTEX700 OM

[12] 日本古野电气公司. NBDP-DP6 技术手册

[13] 日本古野电气公司. DSC60 值班接收机技术手册

[14] ADMIRALTY LIST OF RADIO SIGNALS. 英国海军水运测量航保部出版,2006 年

[15] General Requirements and Performance Standards for Shipborne Radio Communications and Navigational Equipment 2008 Edition IMO

[16] 交通信息通信导航技术标准汇编. 北京:中国标准出版社,2007 年

[17] 樊昌信. 通信原理(第六版). 北京:国防工业出版社,2006 年

此外,还参考了下列网站的资料:

www. inmarsat. org

www. imo. org

www. sailor. com

www. furuno. com